KB236230

신약**강해**설교전집 3

PROCLAIMING
THE NEW TESTAMENT

신약**강해**설교전집 3

랄프 G. 턴불 편집

원광연 옮김

◀ 고린도전후서
◀ 갈라디아서
◀ 에베소서
◀ 빌립보서
◀ 골로새서

크리스챤
다이제스트

PROCLAIMING THE NEW TESTAMENT

Edited by Ralph G. Turnbull

고린도전후서

줄리안 맥피터스(Julian C. McPheeters)

머리말

고대 세계에서 가장 부패한 도시 가운데 하나인 고린도의 교회는 주후 50년에 바울이 2차 전도 여행에서 세웠다. 누가는 이 교회의 설립 이야기를 사도행전 18:1-17에서 말한다. 바울은 고린도 체류 초창기에 아굴라와 브리스길라의 집에서 살았다(행 18:2-3). 후에 그는 회당 옆에 살았던 유스도의 집에 거처를 잡았다(행 18:7). 바울의 가장 주목할 만한 회심자는 회당장 그리스보였다(행 18:8). 바울의 고린도 사역은 18개월에 걸쳐 이루어졌는데, 이는 에베소 사역 기간을 제외하고 가장 길었다. 고린도전서는 에베소에서 기록되었다(고전 16:18).

고린도 시는 불의한 점에서 전략적인 곳으로, 인간 구속에서 복음의 강력한 역사를 이루는 중요한 기회를 제공했다. 큰 상업 중심지로서 전략적인 곳으로, 상업 관계에서 복음의 변화시키는 능력을 발휘하는 중요한 기회를 제공했다. 또한 오순절 때와 같이 복음이 세계의 많은 지역에 전파될 수 있는 중심지로서 전략적이었다.

바울은 고린도에 있는 동안 로마서를 썼다. 그는 로마서 1:18-32에서 열거한 인간의 주된 불의한 행동들을 고린도에서 직접 보았다. 「위클리프 성경 주석」은 말한다: "그러므로 이런 배경에서 바울의 고린도전서 즉 성화의 서신이 나왔다. 이는 마치 오늘날 파리나 싱가포르의 신자들에게 거룩의 서신을 전하는 것과 비슷하다."

고린도전서를 기록하는 첫번째 이유는 교회를 당파심과 부도덕에서 정화시키는 것이다. 이 서신은 두 가지 주된 부분으로 나누어진다.

I. 처음 열한 장의 주제는 지적 교만, 사회적 악, 당파적 분열, 인간 승

배, 세상 지혜에 대한 자랑 등 거짓된 사역관을 교회에서 씻겨 내는 것이다.

이 장들에는 바울의 사역에 대한 논의(2:1-6), 지도자들의 다툼(3:1-8), 참된 사역관(3-4:18-21), 교회를 정결케 하는 의무(5장; 6:9-20), 혼인의 성결(7:1-40), 연약한 자와 무지한 자를 위하여 어떤 권리와 특권을 희생함(8:13), 이런 점에서의 바울의 모범(9:1-27), 이스라엘의 불신과 교회에 대한 경고(10:1-15), 먹고 마시는 문제에서 기독교적 영향(10:23-33), 의복 문제에서 사회적 관습(11:1-16), 성찬의 올바른 준수(11:17-34).

Ⅱ. 결론적인 다섯 장의 주제는 교리적 교훈과 충고와 관계있다. 이 장들에는 영적 은사에 대한 논의(12:1-31), 사랑의 탁월함(13장), 다른 은사와 관련한 방언 은사의 사소함, 그리고 공적 예배에서 올바른 질서 유지(14:1-40), 부활의 탁월함(15:1-58), 마지막 교훈과 인사(16:1-24).

바울의 고린도후서는 아마 고린도전서보다 몇 달 혹은 일년 남짓 이후인 주후 57년 3차 전도 여행에서 기록되었을 것이다. 이 서신은 마게도냐에서 기록되었다. 정확한 기록 장소는 빌립보인 듯하다. 이 서신에서 바울은 자신의 생애에 대한 세세한 점들을 많이 밝히면서 자신의 마음을 드러내 보인다. 이는 바울의 모든 서신 가운데 가장 전기적(傳記的)이다.

기록을 보면 바울은 고린도전서 이전에 고린도 교회에 편지를 썼던 것 같다(고전 5:9). 또 다른 기록에 따르면, 고린도전서와 고린도후서 사이에 적어도 또 한 번의 편지를 보냈던 것 같다(고후 3:4). 이 편지는 마음의 큰 고뇌와 많은 눈물로 기록한 슬픔의 편지였기에 바울조차 잠시 그 편지를 쓴 것을 후회했다(고후 7:8). 하지만 편지를 심부름한 디도의 영향으로 복된 결과가 생겼다. 찰스 어드만(Charles R. Erdman)은 말한다: "이 편지를 고린도전서로 보기는 거의 힘들다."

바울은 고린도전서의 결과가 너무 빈약하여, 악화된 비극적 상황을 치유할 목적으로 고통스럽지만 고린도 교회를 짧게 방문했던 것 같다(고후 2:1; 12:14; 13:1). 이 두번째 방문에서 실제로 창피를 당하고는 곧 돌아오겠다는 기약을 하고 갑자기 에베소로 떠난 것으로 추측된다. 아마 엄한 책망을 담은 슬프고 고통스러운 서신을 써서 디도 편으로 보낸 곳은 에베소였던 것 같다. 어떤 학자들은 이 엄한 서신이 고린도후서 10-13장에 담겨 있는 것으로 보며 순서상 이 엄한 서신이 1장보다 앞선다고 지적한다.

「위클리프 성경 주석」은 이 관점에 관하여 이렇게 말한다: "이 일반적인 이론에 대한 치명적인 반대는, 그처럼 조각난 혹은 잘려진 서신에 대한 사본상의 증거가 절대적으로 없다는 것이다. 게다가 성실한 연구자가 이 서신을 좀더 꼼꼼하게 연구하면, 입이 쩍 벌어지게 할 통일성이 드러나게 될 것이다. 명백히 고린도의 전체 상황에 대한 우리의 지식은 너무 흐릿하여, 현대 학자 가운데 이 서신의 어느 부분이 다른 부분과 일치하지 않다거나 고린도의 실제 상황과 부적절하다고 확실히 주장할 수 있는 사람은 없다."

바울이 에베소에 있었을 때, 디도가 고린도로 가는 중이라는 소식이 그에게 다다랐다 그는 고린도 교회에 대한 디도의 보고를 받고 싶은 마음이 너무 간절하여 드로아로 그를 만나러 떠났다. 드로아에서 디도를 만나지 못한 바울은 마게도냐로 가서, 거기서 디도를 만나 디도로부터 고린도 교회가 회개하고 바울의 요구를 따랐다는 취지의 반가운 보고를 받았다(고후 2:12, 13). 고린도후서가 기록된 것은 바로 디도의 보고 이후였다.

이 서신의 사상 전개는 강력하고 힘차다. 바울은 마치 곳곳에 결연한 저항을 받으며 전쟁터와 같이 험악한 지역을 가로지른다. 이 서신은 바울의 사도직의 권위에 대한 전적 순종을 요구하는 최후 통첩이다. 그러나 험악하긴 하지만, 서신에는 6월 아침의 장미 정원처럼 조화와 영적 향기가 배여 있다.

이 서신에는 바울의 사도직에 대한 변호가 있는데, 전에 고린도의 거짓 교사들은 그의 사도직을 살벌하게 공격했다.

바울의 사역의 특징에 대한 목록은 1장에서 시작하여 마치 열쇠 꾸러미처럼 12장까지 계속된다. 그의 사역의 특징은 그리스도의 사랑을 사역의 지배적 동기로 삼음(4:11; 5:14), 위로(1:4-7), 고난(1:5-9; 4:8-12; 5:4; 7:5; 11:24-28; 12:7-10), 진실함(1:12; 2:17), 확고함(4:16), 승리(2:14;

4:8, 9; 12:10), 권함(5:11, 20; 6:1), 화목(5:19-21), 시련과 선행으로 가득참(6:4-10; 12:12), 자비량(11:9) 등이다.

8, 9장에는 선행에 관한 교훈이 나오며 아울러 모든 선행을 떠받치는 근본 원리가 밝혀져 있다. 바울의 사도직은 주님(1:2, 22; 6:4), 그가 대의명분을 위하여 참은 고난(6:4-10; 11:23-27), 현저한 계시(12:1-5; 12:12)에 의하여 증명된다.

이 서신의 결론은 세번째 방문을 예고하고 작별 인사를 하면서 마지막 경고를 말한다(12:19; 13:10).

줄리안 맥피터스(Julian C. McPheeters)
애쉬베리 신학교, 켄터키 윌모어

차례

고린도전서

고린도전서 제1장

십자가의 도

1:18. "십자가의 도가 멸망하는 자들에게는 미련한 것이요 구원을 얻는 우리
에게는 하나님의 능력이라."

I. 역사적 배경

고린도 교회의 분열은 분파 정신의 형식으로 나타났다(1:10-12). 상징과 성례를 강조하다 보니 이런 것들이 상징하도록 되어 있던 영적 실재가 잠시 가려진 것 같다(1:13-17). 설교의 중심성과 기독교 가르침의 명령이 뚜렷하지 않았다. 복음의 속죄하고 겸비케 하고 높이고 하나되게 하는 능력은 "시간의 잔해를 넘어서 솟구치는" 그리스도의 십자가이다. 고린도의 그리스도인들은 십자가가 기독교 신앙의 맥박이며 단순한 부속물이 아니라는 것을 망각하고 다른 일을 자랑했다.

II. 용어 해설

주의를 요하는 낱말이 여섯 개 있다: 도(道), 십자가, 멸망하다, 미련함, 구원을 얻는, 능력. 헬라어에서 "십자가의 도"는 "십자가의 말씀"이다. 1:23에서 "전한다"를 뜻하는 낱말은 케뤼소인데, 이 말은 (나라의 광고꾼처럼) 포고하는 것, 선포하는 것, 공포하는 것을 뜻한다. 헬라어로 스타우로스인 "십자가"는 곧게 세워진 말뚝 혹은 기둥, 장대나 십자형 나무를 뜻한다. 십자형 나무의 형벌 즉 십자가에 달림을 함축하며, 더 나아가 그리스도의 대속을 함축한다. 현재 분사는 파멸의 길로 가는 과정을 가리킨다. 헬라어로 모리아인 "미련함"은 둔함, 게으름, 어리석음, 우둔함, 모순됨을 뜻한다. 또

한 바보짓을 뜻한다. 헬라어로 소조메노이스인 "구원을 얻은"은 구원받고 있음 혹은 구원의 과정에 있음을 뜻한다. 헬라어로 뒤나미스인 "능력"은 이적적 능력, 이적 자체를 뜻한다.

Ⅲ. 교리적 의의

십자가는 기독교 신학의 중심에 있다. 구약의 피의 제사는 세상의 죄를 위하여 그리스도 안에서 드려진 더 나은 제사의 상징에 불과했다. 율법 아래서 "피 흘림이 없이는" 사죄가 없었듯이, 은혜 아래서는 십자가에서 드리신 그리스도의 희생 제사의 속죄 공로가 없이는 죄 사함이 없다.

Ⅳ. 실천적 목표

모든 사람이 믿음으로 사람의 죄를 위한 그리스도의 속죄의 죽음의 공로를 얻음으로써 십자가의 그리스도께 겸손히 순복하도록 하는 것이다.

Ⅴ. 설교 개요

제목: **"십자가의 도"**

도입부

십자가는 인간 역사의 중심점이다. 이는 길잃은 죄악된 사람을 위하여 필요한 것을 공급하는 점에서 만대의 가장 고상하고 광범위한 사건이다. 이스라엘의 역사에서 한때 십자가는 놋뱀으로 상징되었다. 뱀에 물려 죽어가는 이스라엘 백성은 그 상징을 보면 살 수 있었다. 예수님은 이렇게 말씀하셨다. "모세가 광야에서 뱀을 든 것같이 인자도 들려야 하리니 이는 저를 믿는 자마다 영생을 얻게 하려 하심이니라. 하나님이 세상이 이처럼 사랑하사 독생자를 주셨으니 이는 저를 믿는 자마다 멸망치 않고 영생을 얻게 하려 하심이니라. 하나님이 그 아들을 세상에 보내신 것은 세상을 심판하려 하심이 아니요 저로 말미암아 세상이 구원을 받게 하려 하심이라"(요 3:14-17). 십자가는 하나님의 사람 사랑하심에 대한 가장 고귀한 표현이다.

A. 멸망하는 세상.

십자가의 도는 멸망하는 세상에 대한 것이다. 인류 역사는 대개 퇴폐적인 제국과 문명의 이야기이다. 세상의 상태는 파멸을 향하여 나아가고 있다. 과거 부패하던 문명은 죄와 부정의 점진적 측면 때문에 완전히 파멸에 이르렀다. 심지어 오늘날 강대국들을 어쩌다 방문해 보면, 모든 혈족과 민족과 언어 가운데서 도덕적 부패와 영적 죽음의 사실에 대한 풍부한 증거를 대규모로 얻게 될 것이다. 세속주의, 성, 알콜 중독, 범죄 등으로 명백하게 드러나듯이 미국의 도덕적 타락 심화는 바깥에서 오는 어느 적보다 미국의 안정에 큰 위협이다.

B. 십자가

그리스도께서는 멸망하는 세상을 위하여 죽으셨다. 그리스도는 자진해서 십자가로 가셨다. "일찍 죽임을 당하신 어린양"의 제사를 위한 시간이 가까웠을 때, 우리 주님은 자신의 운명에 대하여 완전히 아시고 척척 앞으로 나아가셨다. 말씀은 이렇게 말한다. "예수께서 승천하실 기약이 차 가매 예루살렘으로 향하여 올라가기로 굳게 결심하시고……"(눅 9:51). 예수님의 십자가 혹은 자발적 행위를 바울 사도는 이런 말로 서술한다: "그러므로 사랑을 입은 자녀같이 너희는 하나님을 본받는 자가 되고 그리스도께서 너희를 사랑하신 것같이 너희도 사랑 가운데서 행하라. 그는 우리를 위하여 자신을 버리사 향기로운 제물과 생축으로 하나님께 드리셨느니라"(엡 5:1, 2). 십자가에 달리시는 일 바로 전에 극적이며 감동적인 사건으로는 승리의 예루살렘 입성, 성만찬, 겟세마네, 잡히심, 사도의 도망, 가야바 앞에 서심, 빌라도 앞에 서심, 헤롯 앞에 서심, 다시 빌라도에게 가심, 죽음의 선고 등이 있다.

갈보리에서 주님은 잔인한 로마 군인에 의하여 십자가 위에서 손에 못이 박히셨고 그 후에 두 강도 사이에 들려 올리우셨다. 십자가 위에서 고뇌의 6시간 동안 하신 주님의 마지막 말씀들은 주님이 어떤 사람이신지를 증거한다. 그 말씀들은 우리에게 이런 점을 보여 준다: 죽음에 이르는 사건들에 좌우간 참여하거나 한몫 연루된 모든 사람에 대한 주님의 용서: "아버지여, 저희를 사하여 주옵소서. 자기의 하는 것을 알지 못함이니이다." 그 말씀들은, 죽어가며 긍휼을 구했던 강도에 대한 주님의 불쌍히 여기심과 요한에게 어머니를 부탁하는 어머니에 대한 주님의 사랑과 "나의 하나님, 나의 하나님 어찌하여 나를 버리셨나이까?" 하고 외치셨을 때 주님의 말할 수 없는 고난과 비탄스러운 고독과 "내가 목마르다" 하는 말씀에 나타나는 주님의 고통당하는 인성(人性)과 "다 이루었다", "아버지여 내 영혼을 아버지의 손에 부탁하나이다" 하는 외침에 나타나는 주님의 최종적인 이김과 승리를 보여준다.

십자가 상의 죽으심 다음에 곧바로 따라오는 사건으로는 지진, 성전 휘장의 찢어짐, 백부장의 고백, 무리의 뉘우침, 강도들의 발을 부러뜨림, 예수님의 허리를 찌름, 매장, 무덤을 돌로 막고 보초를 세움 등이 있다.

예수님은 세상의 죄를 위하여 여러분의 죄와 나의 죄를 위하여 "죽기까지 복종하셨으니 곧 십자가에서 죽으심이라." 이는 "모든 무릎을 예수의 이름에 꿇게 하시고……모든 입으로 예수 그리스도를 주라 시인하여 하나님 아버지께 영광을 돌리게 하셨느니라"(빌 2:8-10, 11).

C. 전도(설교)

하나님은 십자가의 메시지를 멸망하는 세상에 선포하는 주된 수단으로 전도를 선택하셨다. 설교의 몇몇 유형은 다음과 같이 나열될 수 있다: (1) 강단 설교 (2) 평신도 설교 (3) 대로(大路) 설교, 거리 전도 (4) 축호 전도 (5) 모범 전도, 우리의 본받을 만한 성품과 행동.

D. 구원을 받은 자들

구원을 받은 자들이란 개인적인 믿음을 통하여 그리스도의 속죄의 죽으심으로 인한 공로를 얻은 자들이다. 불신하는 세상에게는 미련한 것이 구원을 받는 자들에게는 구원의 길이 된다. 예수님은 죄 사함을 얻기 위하여 그리스도의 죽음의 공로를 받아들이는 회개하는 죄인을 하늘의 천사들이 기뻐한다고 말씀하셨다. 사도 베드로는 베드로전서에서 길잃은 자들이 예수님의 십자가 상의 죽음으로 말미암아 얻는 구원은 천사라도 살펴보기를 원하는 바라고 지적한다(벧전 1:12).

E. 하나님의 능력.

하나님이 자기 아들의 죽음과 부활에서 죄인들을 위하여 마련하신 것에 드러났듯이, 하나님의 능력은 최고의 능력이며, 그의 구원은 최고의 구원이다. 십자가는 텅빈 무덤에 예비적인 것이다. 두 사건은 뗄래야 뗄 수 없다. 이 두 사건에 나타난 하나님의 최고 능력은 죄인에게 유효하게 되었다. 그리스도의 죽음으로 인한 속죄의 공로에는 [사람을] 가장 큰 죄책과 죄의 속박에서 그리고 죄의 가장 심한 오염에서 구원할 능력이 있다. 히브리서의 저자는 이 최고의 구원을 이런 말로 선포한다: "그러므로 자기를 힘입어 하나님께 나아가는 자들을 온전히 구원하실 수 있으니 이는 그가 항상 살아서 저희를 위하여 간구하심이니라"(히 7:25).

고린도전서 제2장

십자가에 달리신 예수 그리스도

2:2. "내가 너희 중에서 예수 그리스도와 그의 십자가에 못박히신 것 외에는
아무것도 알지 아니하기로 작정하셨음이라."
2:16. "……그러나 우리가 그리스도의 마음을 가졌느니라."

Ⅰ. 역사적 배경

바울의 서신은 고대 세계에서 큰 이교 중심지 가운데 하나인 고린도의
교회에게 보낸 것이다. 이 도시의 불의함은 비천하고 교묘한 점에서 전율
할 정도였다. 악의 세력들이 교회의 신앙을 다른 데로 돌려 세상의 포로
가 되게 하려고 사방에서 맹렬히 몰아 붙였다. 그런 시대에 하나님 백성의
북극성은 "그리스도와 그의 십자가에 못박히신 것"이었다. 이 고상한 진리
말고 고린도를 둘러싼 강력한 악의 세력 가운데서 기독교 신자를 붙들 수
있는 것은 없었다.

Ⅱ. 용어 해설

바울은 다음의 한 가지에 초점을 두었다: 예수 그리스도와 그의 십자가
에 못박히신 것. 그러나 그때 그는 고린도 형제들에게 주된 걸림돌이었던
것 즉 십자가에 달리심을 강조했다. 고대 세계의 사람들에게는, 사람들의
죄를 위하여 한 사람이 죽어야 한다는 것은 믿을 수 없는 일이었다. 하지
만 그리스도 안에 "하나님의 영광이 육체로 충만히 거하심"을 굳게 믿은
바울은, 오직 그리스도로 말미암아 사람이 구원 받을 수 있다는 것을 확신
했다. 따라서 바울은 무엇보다 그리스도의 마음을 알고 하나님의 뜻을 행

하려고 애썼다.

III. 교리적 의의

그리스도의 죽음으로 인한 속죄의 공로가 사람의 죄를 위하여 효과있게 되도록 하는 십자가에 달리심은 기독교 신학에서 우위를 차지한다. 범죄한 사람이 구원을 얻으려면 갈보리를 바라보아야 한다. 십자가에 달리신 분을 보는 데에 생명이 있다. 갈보리가 없으면 낙담과 영적 죽음밖에 있을 수 없다.

IV. 실천적 목표

우리 삶의 모든 영역에서 완전한 충성을 요구하시는 그리스도를 제시하기 위하여. 사람들로 하여금 사람의 지혜가 아니라 하나님의 지혜를 신뢰하게 하고, "모든 것 곧 하나님의 깊은 것까지라도 통달하시는" 성령님의 사역에 마음을 계속 열도록 도우려고.

V. 설교 개요

제목: **"십자가에 달리신 예수 그리스도."**

도입부

"시간의 잔해를 넘어서 솟아 오르는" 그리스도의 십자가는 우리의 혹성에 일어났던 가장 고상하고 효력있고 광범위한 사건이다. 십자가는 도덕적 필연성이었다. 이는 그리스도의 구속 사명에서 꼭 필요한 행위였다. 예수님은 사람의 대표로서 고난을 당하여 모든 사람이 구원을 얻을 수 있게 하셨다. 십자가에 달리심은 구속받은 사람들이라는 새로운 백성의 강력한 중심지가 되었다.

A. 십자가에 달리신 예수 그리스도는 하나님의 증거이셨다.

1절에는 "하나님의 증거를 전달할 때"라는 바울의 표현이 있다. 십자가에 달리심은 아버지 하나님에 대한 예수님의 증거의 절정이었다. 십자가에 달리신 예수 그리스도 안에서 우리는 무한한 사랑과 거룩함과 전지와 전능과 편재라는 아버지의 속성에 대한 증거를 갖는다. 예수님은 말씀하셨다: "나를 본 자는 아버지를 보았느니라." 예수님은 아버지에 대한 궁극적인 계시이셨다.

십자가에 달리심은 멸망한 세상에 대한 하나님의 사랑의 절정적 표현이었다. 로마서에서 바울은 이렇게 말한다. "의인을 위하여 죽는 자가 쉽지 않고 선인을 위하여 용감히 죽는 자가 혹 있거니와 우리가 아직 죄인 되었을 때에 그리스도께서 우리를 위하여 죽으심으로 하나님께서 우리에게 대한 자기의 사랑을 확증하셨느니라"(롬 5:7, 8). 우리는 하나님이 골고다의 수난 가운데 멸망한 죄인에게 베푸신 사랑의 방법을 목도한다.

십자가에 달리신 그리스도는 십자가에 달리심으로 하나님의 거룩하심을 증거하셨다. 올린 알프레드 커티스(Olin Alfred Curtis)는 「기독교 신앙」(*The Christian Faith*)에서 이렇게 말한다:

> 우리 구주는 육체의 죽으심으로 사람의 죄에 대한 역사적 신적 형벌을 남김없이 담당하셨으므로 범주상 죄인이셨거나 대신 죄인이 되신 것이다. 우리 구주께서는 이 사망의 형벌을 담당하실 때 하나님의 거룩함에 대한 도덕적 사랑의 개인적 완성으로 그 거룩함을 충만히 표현하심으로써 하나님의 거룩하심을 만족시키셨다. 그처럼 신적 거룩함을 만족시키심으로써 그리스도는 하나님께서 신앙을 조건으로 칭의의 가능성에 윤리적으로 문을 열어 놓으시게 했다.

예수 그리스도는 그 엄위와 영광으로 하나님의 모든 속성을 나타나시면서 사람들의 모든 아들 위로 무한히 높이 오르신다. 그는 "옛적"(the ancient of days)이시며 만대의 무시간적 존재이시다.

> 썩을 인생으로 그분과 비할 수 있는 자가
> 사람의 아들들 가운데는 없네.

천성 길을 채우는
모든 아름다운 것보다 그분 더욱 아름답도다.

고(故) 폴 컨(Paul B. Kern) 감독이 남감리교 대학의 신학교수였을 때, 수업을 듣던 한 학생이 예수님의 위대하심이 다른 사람들의 위대함보다 월등하다는 진술에 이의를 제기했다. 그 학생은 약간 오만스럽게 예수님의 비유가 너무 평범하므로 그리스도께서 말씀하신 비유의 내용과 중요성에 버금가는 비유를 자신이 쓸 수 있다고 말했다. 컨 박사는 그런 비유를 쓴다면 그 학생이 전과정을 마친 만큼 가치있을 것이라고 말했다. 젊은이는 곧 그런 비유를 제출하겠다고 약속했다. 하지만 며칠 후 그는 불가능한 숙제를 맡았다고 교수에게 실토했다.

B. 예수님은 십자가에 달리실 때 아들로서 순종하심을 증거하셨다.

어떤 사람들은 예수님이 마지막에 이르러 겟세마네 동산에서 이상하게 주저하는 태도를 보이셨다고 지적할 것이다. "내 아버지여 만일 할 만하시거든 이 잔을 내게서 지나가게 하옵소서." 이 고뇌의 말씀은 십자가에서 하신 말씀과 다소 비슷하다: "나의 하나님, 나의 하나님 어찌하여 나를 버리셨나이까?" 이 두 경우 우리 주님은 확실히 슬픔의 가장 깊은 곳으로 내려가신다. 게다가 주님은 하나님이시면서 여전히 인간이시다.

회개치 않는 죄인을 기다리는 고난으로는 하나님과 단절되는 심연의 징벌이 있을 것이다. 예수님이 말씀하신 것처럼 부자가 받는 형벌의 이중적 국면은, 고난의 불꽃과 단절의 심연이다. 그래서 바울 사도는 시간과 관련하여 이 심연을 다음과 같이 서술한다. "세상에서 소망도 없고 하나님도 없다." 그러나 영원과 관련하여 이 비극을 살펴보라.

C. 십자가에 달리신 예수님은 성령님에 대하여 증거하셨다.

예수님은 십자가로 다가가실 때 권위자(勸慰者)가 오시게 하려고 가셔야 한다고 제자들에게 말씀하셨다.

성령님의 사역의 어떤 국면이 본문이 나오는 장에 암시되어 있다:

성령의 나타남(4절): 성령님의 생명은 죄에 대한 각성, 중생, 확신, 성화, 성숙을 포함한 구원의 모든 국면에 나타난다. 성령의 나타남은 많고 다양하다.

성령의 계시(10절): "오직 하나님이 성령으로 이것을 우리에게 보이셨으니." 이 계시는 하나님을 사랑하는 자들을 위하여 하나님이 준비하신 것들에 관한 것이다. 성령의 계시는 때때로 오래고 지루하게 등산을 하고 나서 아름다운 골짜기의 파노라마 같은 광경이 갑자기 펼쳐지는 것과 같이 나온다.

"성령은 모든 것 곧 하나님의 깊은 것이라도 통달하시느니라"(10절). 그리스도인은 자신의 삶을 성령님의 살피심에 계속 노출시켜야 한다. 세계의 큰 저수지 가운데 하나를 둘러싸는 무지막지한 콘크리트 덩어리의 아무리 사소한 움직임이라도 탐지하기 위하여 네바다의 큰 볼더 댐에 광전지(光電池)가 계속 집중된다. 성령님은 하나님의 뜻에 반대되는 비정상적인 것을 우리의 삶에서 계속 살피신다. 기도 그리고 하나님의 은혜를 얻는 그밖의 방편을 통하여 우리는 성령님의 내적인 살피심에 우리의 삶을 드러낸다.

"성령의 가르치신 것"(13절)이라는 표현은 성령님을 선생으로 계시한다. 성령님은 어느 교사도 가르칠 수 없는 그리스도의 일을 우리에게 가르치신다.

D. 십자가에 달리신 그리스도는 사람의 지혜와 대립되는 하나님의 지혜를 증거하신다.

이 장에서는 지혜가 사람의 지혜나 하나님의 지혜와 관련하여 여섯 번 언급된다. 이 세상의 지혜는 없어진다(6절). 하나님의 지혜는 "영광을 위한"(7절) 것이다.

고린도전서 제3장

만물이 너희 것이라

3:21, 23. "만물이 다 너희 것임이라. 바울이나 아볼로나 게바나 세계나 생명이나 사망이나 지금 것이나 장래 것이나 다 너희의 것이요 너희는 그리스도의 것이요 그리스도는 하나님의 것이니라."

I. 역사적 배경

초대 교회의 탁월한 지도자 세 사람의 이름이 이 장에 나온다: 바울과 아볼로와 게바. 바울은 고린도에서 열여덟 달을 보낸 다음 선교 여행에서 아마 가장 큰 교회를 세웠다. 이 도시에서는 그의 사역이 있고 난 다음에 학식 깊고 유창한 아볼로의 사역이 있었다. 아볼로는 사람들에게 깊은 인상을 남겼다(행 18:28). 고린도에는 게바 당이 있었다(고전 1:12). 물론 이 말은 반드시 베드로가 거기 있었음을 함축하지 않는다. 교회 지도자의 비상한 매력을 중심으로 파당이 생겼고 따라서 십자가에 달리시고 부활하신 그리스도의 광경은 흐려졌다.

II. 용어 해설

이 성경 구절에는 교회와 개별 그리스도인의 소유 목록을 나온다. 그리스도인의 유업은 어찌나 큰지 매우 압도적이다. 그 범위와 담긴 것들을 파악하려면 망원경과 같은 믿음이 필요하다. 이 목록에는 다양한 은사를 가진 기독교 교사가 모두 포함된다. 세상과 생명과 지금 것과 장래 것이 포함된다. 그리스도 안에서 사망은 현재 것과 장래 것 사이에 놓여 있는 그리스도인의 통행로의 입구가 된다.

III. 교리적 의의

아버지 집에서 그리스도인이 사용할 수 없는 보화는 없다. 만물이 하나님의 후사이며 예수 그리스도와 함께 한 후사로서 그리스도인의 것이다. 그는 현재뿐만 아니라 미래도 소유한다.

IV. 실천적 목표

그리스도인이 그리스도 예수 안에 있는 자신의 충분함을 깨닫도록 돕기 위해. "너희는 그리스도의 것이요 그리스도는 하나님의 것이니라"라는 진술은 종교적 파당이 들어설 여지를 주지 않는다. 모든 사람(예. 당신의 교사)을 포함하여 만물이 그리스도에게 속한다. 그리스도는 모든 사람과 모든 것이 합력하여 우리에게 선을 이루게 하신다(롬 8:28). 하지만 그리스도인은 "육신에 속하고" 그리스도 안에서 어린아이인 동안 그리스도 안에 있는 자신의 유업의 충만이 획득될 수 없다는 것을 깨달아야 한다.

V. 설교 개요

제목: "만물이 너희 것이라."

도입부

고린도전서 3장은 신약에서 가장 중요한 장 가운데 하나이다. 이 장은 만대의 그리스도인이 직면해 왔던 내면적 낭패 즉 육적인 태도를 서술한다. 육적인 태도의 몇 가지 증거들이 열거된다: 시기, 분쟁, 분열(3절). 두 종류의 그리스도인 즉 육신적 그리스도인과 신령한 그리스도인이 나온다. 즉 우유만 먹을 수 있는 그리스도 안의 어린아이 그리고 복음의 단단한 고기를 먹을 수 있는 성숙한 그리스도인이 나온다. 고린도 교회에 불거졌던 분열은 영적 성장을 방해하고 있었다. 교회를 위한 규범은 "커지고" "더욱 많아지는" 것이다. 세속적 태도에 대한 설명과 더불어 시작되는 장은 큰 이김과 승리의 기록으로 끝맺는다. 이 장의 첫부분에 나타나 있는 것처럼 십자가의 흐릿한 광경은 끝에서 "만물이 너희 것이라"는 포괄적인 말로 표현되는 그리스도 안에 있는 신자의 무한한 자원을 보여주는 영광스러운 광경으로 대체된다.

A. 세속적인 태도에 대한 승리(1-4절)

교회의 당파 정신은 세속적 태도의 표출로 간주되며 올바르게 정죄된다. 그러나 정죄는 승리의 가능성을 함축한다. 성경은 이 사실을 풍부하게 증거한다. 가령 "그러나 이 모든 일에 우리를 사랑하시는 이로 말미암아 우리가 넉넉히 이기느니라"(롬 8:37). 우리가 승리를 얻어 "만물"이 우리의 것임을 깨닫게 되는데, 여기서 우리는 완전한 헌신이라는 현실과 "예수의 피가 우리를 모든 죄에서 깨끗하게 하실 것이요"(요일 1:7) 하고 믿을 수 있는 단순하지만 담대한 신앙의 필요라는 갈림길에 접어든다. 승리의 현실은 승리라는 말보다 훨씬 중요하다.

B. 유일하게 참된 터(11절)

예수 그리스도는 유일하게 참된 터이시다. 그리스도인의 모든 활동과 목표는 그리스도께 집중된다. 하나님의 사랑하시는 아들 그리스도를 통하여 "우리는 하나님의 동역자들이요"(9절). 또한 우리는 "하나님의 밭"(9절) 혹은 하나님의 농장 혹은 포도원이다. 농장이나 포도원의 경작과 발전을 위한 모든 계획은 그리스도를 전적으로 순종하여 이루어져야 한다. 그처럼 우리는 "하나님의 집"(9절)이며, 이 점에 관하여 "이 닦아 둔 것 외에 능히 다른 터를 닦아 둘 자가 없으니 이 터는 곧 예수 그리스도시라." 다른 터에 세우는 자는 "만물이 너희 것이라"는 약속을 내세울 수 없다.

C. 불로 시험받음(13절)

그리스도인은 시험을 벗어날 수 없다. 기록되었으되, "그 불이 각 사람의 공력이 어떠한 것을 시험할 것임이니라." 이 시험의 목적을 베드로 사도는 다음과 같이 진술한다. "그러므로 너희가 이제 여러 가지 시험을 인하여 잠깐 근심하게 되지 않을 수 없었으나 오히려 크게 기뻐하도다. 너희 믿음의 시련이 불로 연단하여도 없어질 금보다 더 귀하여 예수 그리스도의 나타나실 때에 칭찬과 영광과 존귀를 얻게 하려 함이라"(벧전 1:6, 7). 그리스도인의 성품과 활동이 참된지 여부는 불에 의하여 시험받는데, 이는 그가 "예수 그리스도의 나타나실 때에 칭찬과 영광과 존귀를 얻게 하려 함이라"(벧전 1:7).

D. 하나님의 전(16, 17절)

그리스도인의 몸은 하나님의 성전이다. "누구든지 하나님의 성전을 더럽히면 하나님이 그 사람을 멸하시리라"(17절). 적절한 영양, 운동, 햇빛, 휴식, 맑은 공기는 하나님이 거하시기에 적합한 거처인 성소로서 몸을 보존하는 데 꼭 필요하다.

E. 하나님의 지혜(18-20절)

"이 세상 지혜는 하나님께 미련한 것이니"(19절). 그리스도인은 위로부터 오는 지혜를 얻기 위하여 하나님의 지혜에 관련하여 자신을 미련한 자로 보아야 한다. "미련한 자가 되어라. 그리하여야 지혜로운 자가 되리라"(18절). 만일 우리가 "만물이 너희 것이라"는 약속을 충만히 깨달을 수 있으려면, 하나님의 지혜를 쉬지 않고 구해야 한다.

고린도전서 제4장

하나님 나라의 능력

4:20. "하나님의 나라는 말에 있지 아니하고 오직 능력에 있음이라."

I. 역사적 배경

고린도 교회는 매일 생활에서 복음의 본을 보이는 것보다 행정과 정치의 문제에 더 관심을 갖고 있었다. 교회의 어떤 사람들이 자기들 가운데 있는 추잡한 죄를 언급하지 않고 정치의 문제에 관한 자문을 바울에게 해 달라고 편지를 썼던 것 같다. 고린도의 형제들의 종교는 마음을 훈훈하게 하는 경험이 아니라 지적 지식에 있었다. 교만이 그들의 눈을 멀게 하여 그들의 삶은 일관성이 없었다. 그들은 성령의 능력이 결핍되었다.

II. 용어 해설

"나라"(헬. 바실레이아)는 왕권, 통치, 권위를 뜻한다. 하나님은 그 영토 혹은 국가에서 주권적 통치자이시다. "말에 있지 않다" 즉 말뿐인 신앙이나 의식이나 종교의 형식과 예식에 있지 않다. "능력"(헬. 뒤나미스)는 "세력" 혹은 "이적적 능력"을 뜻한다. "dynamic"이라는 영어는 이 헬라어에서 나온다. 하나님의 "능력"은 사람의 내면 생활에서 활동하고 거룩한 생활로 표현되는 하나님 나라의 동기 부여적 능력이다.

III. 교리적 의의

하나님 나라는 먼저 하나님의 이적적 능력의 수단으로 마음에서 실현되어 매일의 생활에서 나타나게 된다. 바울은 이렇게 쓴다: "하나님의 나라는 먹는 것과 마시는 것이 아니요 오직 성령 안에서 의와 평강과 희락이라"(롬 14:17). 예수님은 바리새인들에게 이렇게 말씀하셨다: "하나님의 나라는 볼 수 있게 임하는 것이 아니요 또 여기 있다 저기 있다고도 못하리니 하나님의 나라는 너희 안에 있느니라"(눅 17:20, 21).

Ⅳ. 실천적 목표

하나님의 능력이 아닌 기독교 신앙의 형식과 의식만 의지하는 위험에 관하여 경고하기 위하여. 이런 상태에 떨어진 자들을 일깨워서 오직 그리스도 안에 있는 구원의 길을 찾도록 격려하기 위하여. 사람들이 예수님의 이런 명령에 주의하도록 하려고. "너희는 먼저 그의 나라와 그의 의를 구하라. 그리하면 이 모든 것을 너희에게 더하시리라"(마 6:33).

Ⅴ. 설교 개요

제목: **"하나님 나라의 능력."**

도입부

바울은 교만하고 형식적이고 거만해진 고린도의 많은 회심자들에게 큰 관심을 갖고 있었다. 그들은 "하나님의 나라가 말에 있지 않고 능력에 있다"는 사실을 보지 못했다. 고린도 교회는 요한계시록 3장에서 서술하는 라오디게아 교회와 같은 상태였다: "네가 말하기를 나는 부자라 부요하고 부족한 것이 없다 하나 네 곤고한 것과 가련한 것과 가난한 것과 눈 먼 것과 벌거벗은 것을 알지 못하도다. 내가 너를 권하노니 내게 불로 연단한 금을 사서 부요하게 하고 흰 옷을 사서 입어 벌거벗은 수치를 보이지 않게 하고 안약을 사서 눈에 발라 보게 하라"(계 3:17, 18). 성령님을 소유한 교회는 언제나 무적이어서 이김과 승리의 용맹한 발걸음으로 행진한다. 교회가 하나님 나라의 능력말고 다른 것을 의지할 때 사람을 사망에서 생명으로, 흑암에서 빛으로, 사단의 권세에서 하나님께로 이끌 수 없다.

A. 하나님의 나라는 청지기 정신에서 실현되고 본보기로 나타난다 (4:2).

바울은 자신을 일꾼이요 하나님의 신비를 맡은 자라고 보았다. 헬라어로 "일꾼"은 갤리선 바닥에서 노젓는 사람들의 노예와 같이 "노젓는 사람의 조수"를 뜻한다. 하나님 나라에서 상승 방향은 내려가는 것이다. 주의 가장 높은 것을 얻을 수 있으려면 먼저 주의 가장 낮은 것을 기꺼이 받아들여야 한다. 예수님은 섬김을 받으러 오신 것이 아니라 섬기러 오셨다. 이는 사도들의 발을 씻기시는 일에서 입증된 사실이다. 청지기는 책임, 과제를 맡은 자이다. 청지기의 최고 특성 혹은 요구 조건은 "충성"이다. 충성은 예수 그리스도의 이름으로 그리고 그 이름을 위하여 삶의 모든 영역에서 믿을 수 있음을 뜻한다. 옐로우스톤 국립 공원의 한 유명한 간헐천은 이름이 "오래된 충성"(Old Faithful)이다. 교회 안에 있는 "오래된 충성"으로 말미암아 하나님 나라의 능력은 실현되고 본보기로 나타난다. 우리가 충성해야 하는 거룩한 위탁물은 "하나님의 비밀을 맡은 자"의 위탁물이다. "비밀"이란 한때는 알려지지 않았지만 지금은 알려진 것으로 특별히 이방인의 회개와 관련된 하나님의 구속 계획이다. 이는 하나님의 충성스러운 청지기가 경영해야 할 위탁물이다.

B. 하나님 나라의 능력은 하나님께 모든 판단을 맡기는 데서 실현되고 본보기로 나타난다(3-5절).

바울은 고린도 사람들이 자신에 관하여 말하는 비판적인 판단에 관하여 별로 관심이 없었다. 그는 자신의 견해조차도 가치를 두지 않았다. 그에게는 하나님이 유일하게 참된 재판관이셨다. 우리가 판단의 자리에 앉을 때 위험은 "그 알지 못한 것을 훼방하는"(벧후 2:12) 사람과 같아지는 것이다. 숨어 있고 어둠에 있는 모든 것은 주님이 판단하실 때 드러날 것이므로, 우리는 확신을 갖고 모든 판단을 하나님께 맡겨야 한다.

C. 하나님 나라의 능력은 겸손함에서 실현되고 본보기로 나타난다(4:6-8).

하나님 나라에서 우리의 모든 업적은 임금님께 돌아가야지 우리에게 돌아가서는 안 된다. 우리의 모든 재능과 덕은 하나님께로부터 선물로 온다. 고린도 교회의 지체는 자신이 영적으로 부요하고 번영한다고 교만스럽게 생각했다. 그들은 왕처럼 되었다. 바울은 그들이 참으로 부요하고 하나님이 보시기에 참으로 왕이 되기를 마음으로 바랐다. 겸손은 그리스도인의 제일 중요한 성품이다. 교만은 그리스도인의 가장 나쁜 원수이다. 하나님의 산에 오르는 사람의 첫 단계는 모든 이기적인 야심, 모든 자기 신뢰를 버리는 데 있다.

D. 하나님 나라의 능력은 그리스도와 함께 십자가에 못박히는 데서 실현되고 본보기로 나타난다(4:9-14).

바울은 사도들을 비유하기를 하늘의 천사들과 사람의 눈 앞에서 구경거리로서 투기장에서 죽는 사람이라 했다. 검투사는 투기장에 들어서서 격투에 참가할 때 감독자 앞에 서서 이런 말을 했다: "우리는 죽을 자로서 당신께 인사합니다." 바울은 십자가에 달리는 경기장에 들어섰으므로 역시 감독께 인사를 드릴 수 있었다. 위대한 사도는 그리스도를 위하여 구경거리, 미련한 자가 되었다. 그는 그리스도를 위하여 모욕당하고 굶주리고 목마르고 헐벗고 매맞고 정처가 없고 친히 손으로 일하고 후욕당하고 핍박당하고 비방당하고 만물 가운데 더러운 것과 만물의 찌끼같이 되었다. 그러나 그는 자기의 생명을 십자가에 못박을 때 "하나님 나라의 능력"을 실현했다.

고린도전서 제5장

교회를 정결케 함

5:7, 8. "너희는 누룩 없는 자인데 새 덩어리가 되기 위하여 묵은 누룩을 내
어버리라. 우리의 유월절 양 곧 그리스도께서 희생이 되셨느니라. 이러
므로 우리가 명절을 지키되 묵은 누룩도 말고 괴악하고 악독한 누룩도
말고 오직 순전함과 진실함의 누룩 없는 떡으로 하자."

I. 역사적 배경

고대 도시 가운데 방탕한 생활에서 고린도를 따를 도시가 거의 없었다.
소문에 따르면, 천 명 이상의 여사제(즉 음탕한 여자)가 이 도시의 아프로
디테 제단에서 섬겼다. 헬라인 가운데서 도덕적 순결의 개념이 현저히 흐
려졌다. 윤리의 일반적 타락 가운데 순결은 극소수에 국한되었다. 남편은
법으로 성적 부정을 보호받았으며, 아내는 의지할 데가 없었다. 성적 본능
의 탐닉은 다른 신체적 욕구의 만족에 뒤지지 않았다. 소크라테스, 플라톤,
아리스토텔레스 등 헬라 철학자들도 그렇게 생각했다. 국가는 공창(公娼)
을 세웠으며, 전승에 따르면 솔론은 이 극악한 매매에서 나오는 이익금으
로 아프로디테 판데모스에게 신전을 지어 바쳤다. 플라톤은 「국가론」
(*Republic*)에서 남성과 여성이 국가를 위하여 아이를 기르는 나이를 지나
면 광범위한 난혼을 즐길 수 있도록 허용했다. 근친 상간을 피하고 출산의
위험이 없다면 말이다.

고린도 교회에 보내는 이 편지는 다른 바울 서신보다 방탕에 대하여 강
력한 경고를 담고 있다. 5장 1절은 고린도 교회에 대한 깜짝 놀랄 고발이
다. 간음이 기어들어 왔는데 이방인도 눈뜨고 보지 못할 정도였다. 헬라인

은 생활에서 온갖 방탕을 저질렀지만 근친 상간은 비난했다. 그러니 도무지 생각할 수 없는 일이 일어났던 것이다. 이방인조차 비난했던 근친 상간이 교회에 들어갔다.

Ⅱ. 용어 해설

"묵은 누룩을 내어버리라 … ." 누룩은 일반적으로 악을 상징하는 데 사용된다. 교회를 위한 규범은 누룩없는 떡으로 상징되는 순결이다. 유월절 절기는 복수하는 천사가 애굽을 지나갔던 그 밤에 누룩 없는 떡으로 지켰다. "유월절 양 곧 그리스도께서 희생이 되셨느니라." 애굽을 심판하며 지나갔던 천사는 이스라엘의 자녀들을 지켰으니, 이는 그들이 하나님의 특별한 명령을 따라 절기를 지켰기 때문이다. 유월절 절기를 지킬 때 중요한 부분은 누룩 없는 떡을 사용하는 것이었다. "이러므로 우리가 명절을 지키되……." 절기는 우리의 기독교적 활동과 준수를 상징하지만, 이 기독교적 활동을 행하되 "묵은 누룩도 말고 괴악하고 악독한 누룩도 말아야" 한다.

Ⅲ. 교리적 의의

교회가 자신의 유월절 어린양 그리스도의 복과 보호를 향유하려 하면, 어떤 희생이 따르더라도 순결을 지켜야 한다. 우리의 기독교 활동은 "순전함과 진실함의 누룩 없는 떡으로" 이루어져야 한다. 저명한 독일 신학자 요한 알브레히트 벵겔(Johann Albrecht Bengel)은 말했다: "순전함은 선을 가지고 악을 허용하지 않도록 주의하는 것이며 진실함은 선 대신에 악을 허용하지 않는 것이다." 왜냐하면 하나님은 사회에서 영적인 변화를 일으키실 때 깨끗한 그릇만 사용하실 수 있기 때문이다.

Ⅳ. 실천적 목표

교회 안에서 대형화, 교회 조직, 이름, 명성, 혹은 불신 사회의 인기보다 순결에 주된 강조점을 두려고. 마음과 생활의 거룩함을 모든 그리스도인이 추구할 목적과 목표로 삼도록 하려고.

V. 설교 개요

제목: "교회를 정결케 함."

도입부

솔로몬의 시대에 하나님은 땅을 죄와 오염에서 치유하는 것이 그 백성에게 달려 있다고 선언하셨다. "내 이름으로 일컫는 내 백성이 그 악한 길에서 떠나 스스로 겸비하고 기도하여 내 얼굴을 구하면 내가 하늘에서 듣고 그 죄를 사하고 그 땅을 고칠지라"(대하 7:14). 교회가 위대한 부흥을 경험했을 때 성령의 정결케 하심과 충만하심으로 위대한 도덕적 사회적 개혁이 일어났다. 도덕의 수준과 인간 사회의 사상을 향상시키는 길은 교회의 내적 순결과 능력을 향상시키는 것이다.

A. 가장 추잡한 죄가 교회에서 나타날 수 있다.

바울은 고린도 교회에 나타난 방종에 관하여 소식이 전해지자 분개하며 얼굴을 붉혔다. 그는 이렇게 쓴다: "너희 중에 심지어 음행이 있다 함을 들으니 이런 음행은 이방인 중에라도 없는 것이라. 누가 그 아비의 아내를 취하였다 하는도다"(1절). 우리는, 이 특정한 시기에 이교도들이 간음죄를 가볍게 생각했지만 계모와 함께 사는 사람을 잔인 무도한 자로 보았음을 안다. 간음은 타락한 인류에게 만연한 악이다. 이는 성(性)의 잘못된 사용이다. 인간성의 가장 거룩한 능력 가운데 하나인 성은 혼인과 가정과 부모 됨의 기초이다. 성의 왜곡 때문에 사람은 도덕적 타락의 아주 저급한 곳에 떨어진다. 성의 왜곡은 수많은 악을 일으킨다. 교회를 더럽히고 가정을 파탄에 빠지게 하고 사회를 오염시킨다. 이는 한 민족의 멸망의 전조이다. 확실히 우리 시대에 광범위하고 점증하는 부도덕의 열매는 간음죄의 끔찍한 본성을 실감나게 보여주는 주석이다. 그러나 이 죄가 교회의 내부에서 그 머리를 세울 때 비극적 결과는 증폭된다.

B. 고린도 교회에는 추잡한 부도덕과 나란히 거룩하지 못한 교만이 있었다.

바울은 이런 말로 서술한다: "너희가 오히려 교만하여져서"(2절). 게다가 6절에서는 이렇게 되어 있다: "너희의 자랑하는 것이 옳지 아니하도다." 그들은 자랑할 근거가 없다는 사실을 보지 못한다. 그들은 실재하는 형편을 볼 수 없었다. 교만은 교회로 하여금 자기 속에 있는 죄의 민감함에 무감각하게 만든다. 그 결과, 교회는 애통하기보다 가장 심각한 죄를 지었던 사람을 용인했다. 바울은 적절한 권징 조치를 취해야 한다고 주장한다. 이는 단순히 처벌적인 조처가 아니어야 한다. 왜냐하면 바울은 영적 전쟁에 관심을 갖고 있기 때문이다. 그가 회개하도록 돕기 위하여, 성례에 참여해서는 안 되고 교인 자격을 박탈당해야 한다. 교만 때문에 우리가 죄의 엄청남을 감지하지 못하게 된다는 것을 깨달을 때, 잠언의 저자가 한 말은 당연하다: "무릇 마음이 교만한 자를 여호와께서 미워하시나니"(잠 16:5).

C. 악의 마지막 잔재도 우리에게서 제거되어야 한다.

7절의 권고는 옛적 이스라엘이 유월절에 참여하기 전에 행해야 하는 의식을 언급한다. 이 절기의 준수는 완벽한 정화를 요구했다. 바울은 그리스도의 수난과 죽음과 부활을 기념할 때 절기 준수를 그 마음에 "괴악하고 악독한 누룩"으로 지켜서는 안 된다고 권고한다(8절). 하나님은 내적인 순결을 요구하신다. 사도는 이렇게 쓴다: "새 덩어리가 되기 위하여 묵은 누룩을 내어버리라"(7절).

교회의 주된 임무는 내면적 순결을 유지하는 것이다. 교회는 "세상의 음행하는 자들이나 탐하는 자들과 토색하는 자들과 우상 숭배하는 자들을"(10절) 도무지 사귀어서는 안 된다.

고린도전서 제6장

값으로 산 것

6:20. "값으로 산 것이 되었으니 그런즉 너희 몸으로 하나님께 영광을 돌리라."

I. 역사적 배경

고린도 시는 세상에서 가장 부패한 도시이다. 이교적이며 부패한 몇몇 관행이 고린도 교회를 침범했으며, 바울은 크게 놀랐다. 가령 법정에 가는 문제가 있었다. 헬라인은 특성상 소송을 좋아하는 민족으로 서로 법정 소송을 벌이는 데 많은 시간을 보냈다. 그들에게 법정은 재미와 오락을 안겨다주는 주된 원천이었다. 의심할 나위 없이 아덴의 법정 관행을 능가하는 곳은 없었다. 그곳에서는 어떤 경우에 배심원이 천 명에서 육천 명에 이르렀으며, 배심원의 의무는 명령에 의한 것이었으며 거기에는 시민 참정권을 박탈하는 형벌이 붙어 있었다. 고린도 교회의 교인들은 만연한 유행에 따라 서로 대적하여 법정으로 갔다. 게다가 어떤 사람들은 신체를 불신하는 헬라의 태도를 급속히 받아들이고 있었다. 헬라인은 신체를 경멸했다. 중요한 것은 인간의 영혼이었다. 그러므로 영혼이 가장 중요하다면 사람이 자신의 신체로 하는 일은 중요하지 않다. 게다가 그리스도인이 자유로운 사람이라면 중요하지 않은 신체에 속박당하여 살 이유가 무엇이겠는가? 이교적이며 부패한 관행이 교회에 침범하였으므로 즉각적인 바로잡음이 필요했다.

II. 용어 해설

헬라어로 아고라조인 "산 것"이란 "시장에 가다"는 뜻이며 "구입한다"는 뜻을 함축하며, 따라서 마을 광장을 뜻하며 시장 가도 혹은 장터, 거리를 함축하는 아고라라는 말에서 "구속하다"는 뜻이 도출된다. "값"은 벌금을 지불하다는 뜻인 티오에서 나온 말로서 지급된 돈으로서의 가치를 말한다. "얼마나 큰 값인가!" 하는 함축 의미를 담고 있다. 그리스도는 전인 즉 영혼과 신체를 구원하려고 돌아가셨다. 사람은 자신의 것이 아니다. 그는 값으로 산 것이다. 그러므로 그는 하나님의 영광을 위하여 자신의 신체를 사용해야 한다.

III. 교리적 의의

사람의 의지의 주권에 대한 한계는 하나님의 뜻이다. 이는 사람의 가장 중요한 운명에 관하여 참될 뿐만 아니라 갈보리의 완성된 사역은 사람이 하나님께 절대적인 충성을 바칠 것을 요구한다.

IV. 실천적 목표

그리스도의 뜻이 인간의 삶의 모든 영역에서 적절하게 되도록, 사람의 영혼뿐만 아니라 사람의 신체도 거룩하게 하려고.

V. 설교 개요

제목: "값으로 산 것"

도입부

한 제품에 대한 우리의 관심은 일반적으로 그 제품이 요구하는 값으로 가늠된다. 우리는 그림과 골동품과 집 혹은 토지에 가치를 부착시킨다. 그 값에 따라 각각은 공개 시장에 나올 것이다. 다이아몬드는 돌이지만, 우리가 언덕이나 능선에서 흔히 발견하는 돌보다 훨씬 값진 것으로 여겨진다. 다아이몬드는 공개 시장에서 높은 값으로 팔린다.

바울 사도는 인격의 본래적 가치를 하나님이 인간의 구속을 위하여 지불하신 값이라는 측면에서 쟀다. 인간에게 가능한 존엄성과 가치는 이런 빛에서만 볼 수 있다. 인간은 "먼지의 약한 벌레"가 아니다. 사람의 참된 위상은 갈보리의 빛에서 볼 수 있다. 그리스도 안에서 구속받은 사람으로서 그의 존엄성은 그의 삶에 무슨 고의적인 죄가 없음을 뜻한다. 왜냐하면 죄는 그의 정체와 그리스도와의 교제를 손상할 것이기 때문이다.

A. 서로 법에 호소하는 그리스도인의 미련함

헬라인은 서로 법을 호소하거나 배심원 의무를 맡는 데 많은 시간을 썼다. 우리 기독교 유산의 선구자인 이스라엘인은 서로 까다로운 문제를 해결하기 위하여 세속 법정에 가는 관행을 받아들이지 않았다. 분쟁의 문제는 백성의 장로들이 해결했다. 바울은 고린도 교회에 생긴 비기독교적 관행을 강하게 비난한다: "너희 중에 누가 다른 이로 더불어 일이 있는데 구태여 불의한 자들 앞에서 송사하고 성도 앞에서 하지 아니하느냐?"(1절). 품위를 떨어뜨리는 이런 관행에 반대하여 사도는 고린도 그리스도인들에게 그리스도 안에서 그들의 높은 위치를 상기시킨다: "성도가 세상을 판단할 것을 너희가 알지 못하느냐? 세상도 너희에게 판단을 받겠거든 지극히 작은 일 판단하기를 감당치 못하겠느냐?"(2절).

사실 성도는 마지막에 천사를 판단하는 자리에 앉을 것이다: "우리가 천사를 판단할 것을 너희가 알지 못하느냐? 하물며 세상 일이랴?"(3절). 만일 사정이 이렇다면, 어찌 너희가 까다로운 일을 사람들에게 제출하고 그것도 이교도에게 제출할 수 있단 말이냐 하고 바울은 주장한다. 교회 안에 사려 깊은 형제에게서 너희의 고충거리를 중재해 달라고 하지 않느냐?

성도는 궁극적으로 새롭게 되고 구속받은 세상 즉 "새 하늘과 새 땅"을 다스릴 것이다. 그 날 천사는 구속받은 자들의 손님이 되어 그들의 지시를 받아 그리스도께서 이루신 것의 영광을 영원히 선포할 세상을 볼 것이다.

B. 무엇으로부터 구속받았는가?

바울은 두려운 죄의 목록을 제출한다. 고린도 교회가 접근하고 있던 문명에 대한 호된 설명이다. 사도는 이 추악한 목록 말미에 이렇게 덧붙인다: "너희 중에 이와 같은 이가 있더니"(11절). 즉 오직 하나님의 은혜 때문에 거기서 벗어난 것이다. 죄의 블랙 리스트에는 음란하는 자, 우상 숭배하는 자, 간음하는 자, 탐색하는 자가 있다(9절). 형언할 수 없는 성격의 관능성이 바울 시대의 이교 세계에 만연했다. 고린도 시는 짐승의 차원 아래로 떨어진 관능성의 거점이었다. 그 도시의 가장 유명한 건물인 사랑의 여신 아프로디데의 신전은 가장 수치스럽고 부도덕한 관행에 바쳐졌다. 여기서는 종교의 가면을 쓰고 수백 명의 여사제가 두려운 부패의 상태로 살았다. 최초의 로마 황제 15명 가운데 14명은 바울이 말하는 것처럼 "남색하는 자"로서 순리를 거스르는 악행을 저질렀다. 네로 황제는 스포루스라는 소년에게 정상적인 성별을 빼앗은 후에 완전한 의식을 거행하여 그와 결혼했고 황제 행렬을 통하여 왕궁으로 그를 호위했다. 거기서 네로는 그를 아내 삼아 함께 살았다. 그처럼 하드리아누스 황제는 안티누스라는 소년과 관계했다. 죽을 때 그 소년은 신성화되어 로마 제국 도처에 그를 기념하는 조상이 세워졌다. 멸망하여 수치스럽게 된 세상 속의 사람들을 구출하는 것이 기독교의 일이었다.

죄의 블랙 리스트에는 우상 숭배가 또한 언급되어 있다. 우상 숭배는 상징이 가리키는 것 대신에 상징을 섬김으로써 종교를 더 쉽게 만드려는 시도이다. 사람은 언제나 종교의 지름길 즉 쉬운 방법을 찾았다. 현대 세계에서 우상 숭배가 취하는 형식은 군대이다.

죄의 블랙 리스트에는 도둑과 탐람하는 자가 언급되어 있다. 고대 세계는 도둑질 때문에 괴로웠다. 공공 목욕탕과 공공 운동장은 도둑들의 은신처였다. 그들은 귀족의 옷을 훔쳤다. 노예 납치는 흔한 일이었다. 사실 도둑질이 너무 퍼져 있어서, 법률은 별로 비싸지 않는 물건을 훔쳤을 때에도 어떤 도둑질에는 사형을 규정했다. 기독교가 그다지 퍼져 있지 않는 오늘날 외국의 한 도시에서 "도둑 시장"이 그 도시의 가장 큰 시장 가운데 하나인 경우가 많다. 여행을 하면서 이런 시장을 방문할 때, 도둑 시장에 전시되어 있는 매우 다양한 물건은 미국의 대형 백화점에서 흔히 있는 것과 비슷하다는 것을 발견했다.

술취함은 죄의 블랙 리스트에서 가장 일반적인 것 가운데 하나이다. 어디에나 술취하는 사람이 있었다. 미국에서도 이런 죄가 널리 퍼져 있을 뿐만 아니라 상승 일로이다. 5백만 명의 알콜 중독자와 350만 명의 문제 음주자는 술취함의 비극적 결과를 증거한다.

죄의 블랙 리스트는 토색하는 자로 끝난다. 토색하는 자를 말하는 헬라어 하르팍스는 희생물을 찾는 늑대를 가리키는 데 사용된다. 토색하는 자는 강탈하는 사람들이었다. 이 헬라어는 강탈을 "언제나 더 많은 것을 얻으려 하고 권리도 없는 것을 거머쥐려 하는 정신"으로 서술했다.

C. 몸의 거룩함

구속의 큰 값은 영혼뿐만 아니라 사람의 몸도 샀다. 헬라인들은 이렇게 추론했다: "배는 음식을 위하며, 음식은 배를 위한다." 또한 "몸은 성적 행위를 위하여 만들어졌고, 성적 행위는 몸을 위하여 만들어졌다. 그러므로 몸의 욕망이 자유롭게 지배하게 하라." 바울은 배와 배를 위한 음식이 멸할 것이며, 덧없는 육체적 욕망을 넘어서서 신체적 욕구보다 오래 남는 인간의 인격이 있다고 지적함으로써 그들의 주장에 대답했다. 인간의 몸과 더불어 인간의 영원한 인격은 그리스도와 하나가 될 것이다. 그래서 바울은 말한다: "몸은 음란을 위하지 않고 오직 주를 위하며 주는 몸을 위하시느니라"(13절). 그리스도의 지체로서 몸은 창기와 연합해서는 안 된다(15절). 그런 연합은 그리스도와의 연합을 불가능하게 만든다. "몸은 성령의 전이다"(19절). 그리스도인은 자신의 것이 아니다. 그는 하나님께 속한다. 왜냐하면 하나님이 그를 사셨기 때문이다. 얼마나 큰 값으로 사셨는가! 갈보리!

고린도전서 제7장

하나님의 부르심 가운데 행함

7:17상. "오직 주께서 각 사람에게 나눠 주신 대로 하나님이 각 사람을 부르신 그대로 행하라."

Ⅰ. 역사적 배경

의심할 나위 없이 고린도 교회의 어떤 사람이 온갖 신체적 본능과 욕구를 완전히 억누르라고 가르치기 시작한 것은 몸을 중요하지 않은 것으로 보는 헬라적 견해에 대한 반응이었다. 혼인에 대한 두 가지 견해가 그 결과로 생겼다: 하나는 독신주의였고 다른 하나는 혼인 관계라는 가장 친밀한 행동을 부인하는 지경까지 혼인에 나타나는 자연적 본능을 전적으로 억압할 것을 주장했다. 이 관점들에 대한 바울의 대답은 지극히 현실적이었다.

Ⅱ. 용어 해설

여기서 바울은 각 사람이 하나님의 정해 주신 길로 행해야 한다고 말하고 있다. 다른 말로 하면 "자신이 있는 곳에서 하나님을 섬겨라" 하는 것이다. 바울은 사람에게 살 만한 새로운 환경을 주는 것이 기독교의 역할이 아니라 하나님이 부르신 환경에서도 새로운 삶을 살 수 있도록 하는 것이 기독교의 역할이라고 주장한다. 사회적 의무에서 벗어나려는 사람이 있었다. 믿는 부인은 불신 남편을 버리려 했고, 믿는 남편은 불신 아내를 버리려 했으며, 종은 주인에게 충실하기를 거부하고, 신하는 군주에 대한 충성을 거부하려 했다.

III. 교리적 의의

하나님은 혼인과 독신과 할례와 무할례를 포함하여 삶의 모든 관계에서 합법적인 주권자이시다. 자연적 본능은 죄악되지 않고 높고 거룩한 목적을 위하여 하나님이 주신 것이다. 성은 죄악된 것이 아니다. 그것은 인생 동반자들의 가장 친근한 관계를 위한 기초이다. 종족 보존을 위한 기초이다.

IV. 실천적 목표

삶의 어떤 관계에서든 실제적이고 살 만한 것으로 기독교적 삶을 제시하기 위하여.

V. 설교 개요

제목: "하나님의 부르심 가운데 행함."

도입부

사람은 그리스도인이 될 때 삶의 구체적 관계에서 하나님을 섬겨야 한다. 신영어성경(New English Bible) 번역은 17절이 이렇게 되어 있다. "어떻든지 각 사람은 하나님이 허락하신 선물과 하나님이 부르셨을 때의 상황에 따라서 삶을 질서있게 살아야 한다."

기독교의 첫번째 준칙 가운데 하나는 "자신의 세계"에서 기독교적 신앙의 모범이 되어야 한다는 것이다. "자신이 있는 곳에서 그리스도인이 되라"는 것이다. 기독교적 신앙을 실천하는 것은 삶의 모든 관계에서 그리스도를 통하여 가능하다. 그 관계가 유대인이나 이방인이나 할례나 무할례나 독신이나 혼인이나 종이나 자유자의 관계라도 상관없다.

A. 혼인 관계

삶의 가장 친근한 관계인 혼인은 하나님이 인류의 보존과 당신의 나라의 진행을 위하여 세우신 것이다. 예수님이 "어린아이들이 내게 오는 것을 용납하고 금하지 말라. 하나님의 나라가 이런 자의 것이니라"(막 10:14)고 말씀하셨을 때, 세상에서 하나님 나라가 진행하는 한 가지 중요한 국면은 혼인의 유대에서 낳은 아이의 영속적 관계임을 암시하고 계셨다.

혼인은 간음죄를 막는 성벽이다. 2절은 이렇게 되어 있다. "음행의 연고로 남자마다 자기 아내를 두고 여자마다 자기 남편을 두라."

결혼은 정서적 본능이 상호 건덕을 위하여, 하나님께 대한 더욱 풍부한 헌신을 고무할 만족감을 위하여 가장 친근히 상호 공유되어야 하는 협력 관계이다(3, 4절). 결혼 관계의 가장 친근한 활동에서 정서적 본능의 이와 같은 공유는 금식과 기도를 위하여 잠시 상호 동의에 의하여 중단될 수 있다(5절). 임시적인 중단도 영적인 목적을 위한 것이듯이, 공유의 체험의 재개도 영적인 목적을 위한 것이다. 사도는, "사단으로 너희를 시험하지 못하게 하려"(5절) 다시 결합하라고 권한다.

하나님의 계획에 따른 결혼은 평생의 관계로 여겨야 한다. 이 관계의 지속성에 영향을 주는 일들이 이 장에 밝혀져 있다. "아내가 그 남편이 살 동안에 매여 있다가 남편이 죽으면 자유하여 자기 뜻대로 시집갈 것이나 주 안에서만 할 것이니라"(39절). "혹 믿지 아니하는 자가 갈리거든 갈리게 하라. 형제나 자매나 이런 일에 구속받을 것이 없느니라. 그러나 하나님은 화평 중에서 너희를 부르셨느니라"(15절).

예수님은 이렇게 말씀하셨다: "나는 너희에게 이르노니 누구든지 음행한 연고 없이 아내를 버리면 이는 저로 간음하게 함이요 또 누구든지 버린 여자에게 장가드는 자도 간음함이니라"(마 5:32).

믿는 아내 혹은 남편은 그리스도를 위하여 불신 배우자를 설복하기 위하여 할 수 있는 모든 노력을 보여야 한다. "믿지 아니하는 남편이 아내로 인하여 거룩하게 되고 믿지 아니하는 아내가 남편으로 인하여 거룩하게 되나니"(14절 상).

B. 혼인하지 않은 관계

하나님의 다스림 아래 혼인하지 않은 관계는 혼인한 관계만큼 존귀한 상태이다. 바울은 혼인하지 않은 자신의 상태를 "하나님께 받은 자기의 은사"(7절)로 보았다. 또한 혼인 관계도 같은 시각에서 보았다. 혼인은 절제로 인한 괴로움과 욕구가 충족되지 않을 때의 고통에 빠진 자들을 위하여 하나님이 인정해 주신 것이다(9절).

어떤 사람은 동정 상태를 유지하고, 어떤 사람은 혼인하는 것이 하나님의 뜻이다. 바울은 모든 사람에게 타당한 하나의 행동 과정은 없다고 주장한다. 사람마다 다르다(36-38절).

혼인하지 않은 사람들의 자제와 절제는 감탄할 만한 것이지만, 우리는 혼인의 상태에서 열매를 맺도록 하나님이 정하신 "사람의 자연적 본능과 정념을 없애는 것이 그리스도인의 의무가 아니라는 것"을 계속 기억해야 한다.

기독교는 우리의 인간성을 부정하지 않는다. 기회가 주어질 때 인간의 자연적 본능을 만족시키며 하나님의 영광을 도모할 수 있게 한다.

C. 할례와 무할례의 관계, 묶인 자와 자유로운 자의 관계.

하나님의 부르심은 삶에서 묶여 있든지 자유롭든지 그 상태와 상관없이 사람에게 임한다. 기독교의 주된 목적은 인간 상태의 변화보다는 인간 상태 내에서의 성화이다(18-22절). 하지만 주어진 상태 내의 성화는 때때로 그 상태의 변화가 시작된다는 것을 보여주곤 한다.

사람의 환경적 여건이 어떠하든지, 기독교는 능력을 발휘하며 삶의 목표로 삼을 만한 것이다. 기독교적 증거는 사람의 모든 상태에 필요하다. 하나님을 발견하는 사회적 환경에서 증거하고 복음을 증거하는 것은 기독교의 특권이다.

고린도전서 제8, 9, 10장

모든 것을 하나님의 영광을 위하여 행하라

10:31. "그런즉 너희가 먹든지 마시든지 무엇을 하든지 다 하나님의 영광을
위하여 하라."

I. 역사적 배경

고대 세계의 종교 생활에서 빠지지 않는 부분은 신에게 제사를 바치는
것이었다. 영혼과 마귀에 대한 신념이 널리 퍼져 있었다. 그것들이 대기에
가득 차 있으며 사람의 영혼에 들어가려고 쉬지 않고 애를 쓴다고들 믿었
다. 한 가지 방법은 사람이 먹는 음식을 통한 방법이었다. 그들을 막는 한
가지 방법으로써 사람들은 선한 신에게 제사로 음식을 드리려 했다. 이런
상황 때문에 거의 모든 동물을 신에게 바쳤다. 사실 고대의 경제적 상황에
서, 신에 대한 경배와 어떤 식으로 연결되지 않은 고기를 발견하기가 힘들
었다. 그리스도인에게 우상에게 드린 고기를 먹지 않는 이 문제는 사회적
추방을 뜻할 뿐만 아니라 적절한 고기 공급의 문제를 뜻했다. 본문은 우리
와 거리가 먼 관행을 다루고 있지만 모든 시대의 그리스도인에게 타당한
기본 원리를 담고 있다.

II. 용어 해설

하나님의 영광을 위하여 먹고 마심은 삶의 모든 활동에 대한 상징적 부
분이 된다. 마치 동물 제사의 상징적 부분이 동물 전체를 하나님께 드린
것을 상징했던 것과 같다. 헬라어 티스는 어떤 무엇을 뜻한다. 헬라어 독사

는 광범위하게 응용되는데 엄위, 영광, 존귀, 찬송, 예배를 뜻한다. 주권자 하나님은 모든 것을 자신과의 관계 안에 두셨다. "모든 영광과 참된 가치가 하나님 안에 그 기원을 둔다." 사람의 모든 활동이 하나님의 영광과 관계될 때에만 사람은 위엄과 고상함과 가치를 얻는다.

III. 교리적 의의

삶의 문제는 개인 차원에서만 해결될 수 없다. 사람은 개체일 뿐만 아니라 사회 질서의 일원이다. 사람은 자신을 지키는 자일 뿐만 아니라 이웃을 지키는 자이다. 바울이 다음과 같이 말할 때 이런 사회적 맥락을 염두에 두고 있다: "그러므로 만일 식물이 내 형제로 실족케 하면 나는 영원히 고기를 먹지 아니하여 내 형제를 실족치 않게 하리라"(8:13).

IV. 실천적 목표

연약한 형제의 양심을 위하여 마땅히 주의하기 위하여. 우리가 다른 사람을 얻어 그리스도께 이끌려는 목적으로 다른 사람의 신념에 자신을 적응할 필요에 민감하기 위하여(9:22). 물론 이때 자신의 확신을 버리지 않아야 한다.

V. 설교 개요

제목: "모든 것을 하나님의 영광을 위하여 행하라."

도입부

고린도 교회는 중대한 문제에 직면해 있었다: 우상에게 드린 고기를 먹는 일이었다. 이 교회는 문제의 상황을 점점 예민하게 느끼게 되었다. 바울은 문제에 관심을 집중시킨 게 아니라 하나님께 영광을 돌리는 데 관심을 집중시킨다. "하나님께 영광을 돌리는" 것을 목표로 삼을 때 문제들은 8월의 햇살 아래 눈처럼 사라진다. 이런 목적을 염두에 두면 희생이나 적응이 그리 대단한 일이 아니다. 여기서 우상에게 드린 고기를 먹는 문제에서 비롯되는 바울의 논의는 3장으로 이루어져 있다.

A. 그리스도인 가운데서는 지식이 상대적이다.

어떤 사람은 다른 사람보다 빛을 더 많이 갖고 있다. 고린도 교회에는 고기 먹는 것을 꺼리지 않는 사람이 있었다. 그들은 계명되어 이교 신이란 존재하지 않는다는 것을 알았다(8:4). 그들은 이교 신에게 드리는 전체 제사 제도를 신화로 여겼다. 하지만 우상이 어떤 인격적인 영적 실재를 상징한다는 오랜 신념을 완전히 떨칠 수 없는 그리스도인들도 있었다. 그들은 양심상 우상에게 드린 고기를 먹을 수 없었다(8:7).

더 많은 빛을 가진 그리스도인은 빛을 덜 가진 형제를 마땅히 존중해야 한다(8:9-13). 바울의 주장은, 자신에게는 해롭지 않으나 다른 사람에게 고통을 주는 일을 포기해야 한다는 것이다. 그리스도인은 형제에게 걸림돌이 되지 말아야 한다. 계명된 양심을 가진 사람은 연약한 형제로 하여금 양심을 거슬러 범죄하게 하여 그를 정죄하는 길을 닦을 수 있다(8:10, 11). 이 보편적 원리는 삶의 모든 것에 대하여 타당하다: "어떤 사람에게는 안전한 것이 다른 사람에게는 아주 위험한 것이 될 수 있다."

B. 다른 사람의 안전을 위하여 그리고 복음의 증진을 위하여 바울은 자신의 특권을 내세우지 않으려 했다.

그는 혼인하여 가정을 가질 권리를 가졌다. 다른 사도들은 이 권리를 누렸지만, 바울은 그러지 않았다. 유추를 통한 추론으로 바울은 고린도 사역을 위하여 전적인 생계 지원을 요구할 권리를 입증한다(9:14). 군인, 포도원의 경작인, 양의 목자, "곡식을 밟아 떠는 소", "밭 가는 자"는 모두 일의 삯을 받을 자격이 있다(9:7-10). 바울은 이들 누구보다도 영적인 일의 사역자로서 생계 지원에 대한 권리가 있다(9:13). 바리새인과 거룩한 일에 봉사하는 제사장은 적절한 생계 지원을 받았다. 바리새인은 생계를 위하여 일하지는 않았지만 필요에 적절한 물질적인 복을 종교적 봉사의 대가로 받았다. 성전에서 섬기는 제사장은 제물의 몫에서 풍부한 생계 지원을 받았다. 바울이 고린도 교회로부터 보수를 받지 않았던 것은 바로 복음 때문이었다.

바울은 헬라인이 멸시하며 보았던 천한 일을 하지 아니할 권리가 얼마든지 있었다. 아리스토텔레스는 사람을 두 계급으로 나누었다. 즉 문화적이며 지혜로운 사람, 그리고 오직 사회의 상류 계층을 위하여 존재했던 나무 베는 사람과 물을 끌어들이는 사람으로 나누었다. 하류 계급을 교육시키고 그들의 지위를 높이는 것을 그는 실수일 뿐만 아니라 실제로 잘못된 일이라고 주장했다. 바울은 복음의 증진을 위하여 장막 만드는 자로서 손수 일을 했다(행 18:3; 20:34; 살전 2:9; 살후 3:8).

C. 필요에 이끌려 어쩔 수 없이 행함.

바울은 복음을 전파하기 위하여 그와 같은 속박을 당하며 일했으므로, 자신의 편의나 안락에 크게 이바지할 개인적 특권을 즐거이 양보했다(9:16-19). 그는 어떤 사람을 얻어 그리스도께로 이끌기 위하여 여러 사람에게 여러 모양이 되지 않을 수 없었다(9:20-23). 그는 그리스도를 위하여 몇 사람을 얻기 위하여 사람들의 확신과 관습에 자신을 맞추었으나 타협하지는 않았다. 그는 동감의 이해심으로 다른 사람과 하나되려 했다. 우리는 사람들을 얻어 그리스도께로 이끌 수 있으려면 먼저 접촉점을 발견해야 한다.

D. 단호한 극기.

단호하게 극기하지 않고서는 삶의 어떤 영역에서도 성공을 거둘 소망을 가질 수 없다. 바울은 당대 운동 경기의 이런 측면에 매료되었다. 사도는 자신의 가장 날카로운 예화를 위하여 운동 선수를 사용한다(9:24-27). 헬라의 달리기 선수는 경기에서 이기기 위하여 매우 엄격한 자기 수련을 해야 했다. 고린도 사람들은 바울이 예화에서 사용한 운동 선수 이야기의 뜻을 곧바로 이해했을 것이다. 왜냐하면 고린도는 널리 알려진 올림픽 경기 다음으로 유명한 이스두미안 경기가 열리던 곳이기 때문이다. 전인 즉 영혼과 지성과 육신과 관련하여 그리스도인의 삶에서 수양이 갖는 중요성을 바울보다 잘 알았던 사람은 없었다.

E. 과신의 위험.

10장의 논의는 우상에게 드린 고기를 계속 다룬다. 몇몇 고린도 그리스도인은 이 문제에 과신했다. 교회의 성례에 참여하면서 그들은 문제의 고기를 먹어도 해가 없으리라고 추측했다. 그러나 그리스도인이 되어 장점이 있지만, 죄의 오염에 빠지지 않을 보장은 없다. 죄악된 오염의 예들이 이스라엘의 역사에 흘러 넘친다. 가령 한 번은 사람들이 "앉아서 먹고 마시며" 그후에 일어나서 뛰놀았으며 그런 다음 그들은 우상 숭배와 간음에 빠졌다. 그리고 그때 그들은 "하루에 이만 삼천 명이 죽었다"(10:1-13). 교만한 과신에 빠져 시험에 대한 경계심이 늦춰질 때, 사단은 부지불식간에 우리를 올무에 빠뜨린다. 시험 때에 하나님의 은혜가 충족하여 자신을 의지하지 않고 "하나님을 의지하게" 한다.

F. 몇 가지 실제적 고려(10:14-22).

그리스도인은 자유롭게 시장에서 고기를 사서 그것이 우상에게 드린 것인지 아닌지 의심치 말고 먹어야 한다. 지나치게 신중하여 실제로 있지도 않는 문제를 일으킬 수 있다. 친구의 집에 가서 그것이 우상에게 드린 것인지 아닌지 의심치 말고 고기를 먹어도 좋다. 그는 "모든 사람에게 모든 모양"이 될 수 있다. 물론 언제나 자신의 확신을 버리지 않는 한에서 말이다. 그리스도인이 넘어서는 안 되는 경계선이 있다. "너희가 주의 잔과 귀신의 잔을 겸하여 마시지 못하고." 그리스도인은 우상 숭배자와 함께 우상 신전에서 우상 잔치의 일원으로서 음식을 먹지 말아야 한다. 그리스도인은 죄인을 얻으려 할 때 죄에 개입하지 말아야 한다. 그리스도인이 죄인을 얻지 못하는 확실한 길은 타협하여 죄인의 죄에 참여하는 것이다.

G. 모든 것은 하나님의 영광을 위한 것이다(10:31-33).

그리스도인에게 모든 문제에 지침이 되는 길의 등불은 하나님의 뜻이다. "내 뜻대로 마시고 아버지의 뜻이 이루어지이다." 그리스도인이 모든 상황에서 고려할 결정적인 요소는 하나님의 영광이다.

고린도전서 제11장

하나님의 모든 것

11:3, 12. "그러나 나는 너희가 알기를 원하노니 각 남자의 머리는 그리스도
요 여자의 머리는 남자요 그리스도의 머리는 하나님이시라. 여자가 남자
에게서 난 것같이 남자도 여자로 말미암아 났으나 모든 것이 하나님에게
서 났느니라."

I. 역사적 배경

바울은 이 서신을 썼을 때 2, 3년 정도 고린도에서 떠나 있었다. 어떤 교
회에서든 시간이 흘러가면 언제나 새로운 상황과 새로운 문제가 생긴다.
그 동안 많은 설교자가 그 교회를 다녀갔던 것 같다. 그들 가운데 아볼로
와 아마 베드로와 그리고 그 밖에 진리와 의의 경건한 영웅들이 있었다.
그러나 의심스러운 교리를 가르치는 선생들이 고린도에서 사역하여 형제
들 가운데 변론을 일으켰다. 이 논쟁 가운데 하나는 여자가 예배할 때 머
리에 무엇을 쓰지 않는 것과 관계있었다. 설교하고 증거하는 여성에 관한
문제는 없었던 것 같다. 브리스길라와 다른 여성들이 이 사역에 참여해 있
었다. 지금 문제는 머리에 무엇을 쓰지 않고 예배드리는 여성에 관한 것이
었다. 바울은 그 당시 사회적 성격에 따라 여성이 머리에 무엇을 쓰도록
권한다(15절).

또 한 가지 문제는 아가페 즉 애찬에서 생겼다. 이는 성찬식 다음에 함
께 식사를 갖는 초대 교회의 관행이었다. 이는 원래 형제애의 표시로서 차
린 간단한 식사였다. 시간이 흐르면서 성찬식을 심각하게 침해했던 어떤
악습이 끼여들었다(17-22절). 바울은 이와 같은 애찬의 왜곡에 대하여 숙

연케 하는 책망의 말을 전한다(22절).

악습은 성찬식 거행에서도 생겼다. 성찬식 거행의 모범은 성경에 지극히 간단하게 기록되어 있다. 그리스도인이 성찬식에 참여하기 위하여 갖추어야 할 준비는 죄와 불결함을 제거하려고 마음을 살피는 것이었다.

Ⅱ. 용어 해설

"각 남자의 머리는 그리스도요." 그리스도는 합당하고 능히 각 남자의 머리가 되신다. 바울은 그리스도인이라 하지 않고 각 남자라고 말한다. "여자의 머리는 남자요……여자의 머리는 남편이요……그리스도의 머리는 하나님이요." 그리스도는 모든 일에 아버지의 뜻에 순종하며 복종하셨다. 남자와 여자는 상호 의존적이다. 여자는 원래 남자에게서 지음을 받았고, 남자는 여자에게서 나며, 따라서 "모든 것이 하나님에게서 났느니라." 하나님은 모든 것의 원천과 주권자이시다.

Ⅲ. 교리적 의의

아버지를 제사장으로 둔 기독교 가정은 사회의 기초 단위이다. 기독교 신앙의 예식과 의식은 단순한 범위에서 지켜져야 한다. 가령 애찬과 거룩한 성례의 경우처럼 말이다.

Ⅳ. 실천적 목표

남편과 아내가 서로 순종하는 관계임을 인식함. 그리스도 안에서 남편과 아내 사이에 존재하는 본질적인 동반자 관계를 배움. 공예배에서 사람들의 관습을 적절히 존중하며 예절을 유지함.

Ⅴ. 설교 개요

제목: **"하나님의 모든 것"**

도입부

바울은 사랑으로 고린도의 교회가 어떤 악습을 용인하는 것을 책망하고 바로잡았다. 바울은 그렇게 하기에 앞서 그들의 몇몇 덕을 칭찬한다(2절). 칭찬할 만한 것을 고려하지 않고 비난하는 사람은 아마 영적 안내자로서 무능력한 사람일 것이다. 고린도 교회의 문제가 오늘날 교회의 문제와 멀리 떨어져 있는 것처럼 보이지만, 바울은 영원한 원리로 그 문제들을 해결한다. 이 문제들 가운데 하나는 복음 메시지의 가장 충만한 영향력을 실현하려고 그들의 습관과 관행에 맞게 가르침과 설교를 하는 것과 관계있다. 성경을 본국어로 번역하는 사람들은 언제나 이 원리를 지킨다. 이는 몇몇 새로운 운동이 교회 안에서 복음을 현대인에게 전달할 때 사용해 왔던 원리이다. 이전의 웨슬리 운동, 구세군, 좀더 최근의 오순절 집단은 이 원리를 행동으로 예증하는 데 이바지할 것이다.

A. 복음을 위하여 한계 안에서 발휘하는 자유.

복음은 사람에게 새로운 자유를 가져다준다는 점에서 혁명적이다. 복음이 여성에게 가져다주었던 자유는 인류의 역사에서 가장 놀라운 이야기 가운데 하나였다. 오늘날 중동의 여성들은 지금도 눈까지 머리와 얼굴을 가리며 때로는 이마까지 가리고 눈만 보이게 천을 쓰고 있다. 이 천은 여성에게 훌륭함의 표시였다. 오직 음탕한 여성만 천을 두르지 않았다. 이 천은 훌륭한 여성을 보호하는 보호막 노릇을 했다. 이는 여성이 다른 사람 즉 남편이나 아버지의 권위 아래 있음을 암시했다. 오늘날은 혼인 반지가 좀더 엄격한 의미에서 비슷한 관계를 암시한다. 천의 의미에 관하여 윌리엄 바클레이(William Barclay)는 「고린도 전후서 주석」(*The Letters to the Corinthians*)에서 「해스팅스 성경 사전」(Hasting's Dictionary of Bible)에 실린 데이비스(T. W. Davies)의 다음 글을 발췌하여 인용한다: "중동의 도시나 마을에서 훌륭한 여성은 천을 쓰지 않은 상태로 나가지 않는다. 그렇게 하면 여성은 오해받을 위험이 있다. 사실 이집트에서 활동하는 영국과 미국의 선교사들은 아내와 딸이 천을 쓰고 돌아다니는 것이 가장 좋다고 필자에게 말했다."

몇몇 여성 회심자는 공예배에 참석할 때 그리스도 안에서 얻은 새로운 자유를 발휘하여 천을 쓰지 않았다. 그러나 그들은 그렇게 할 때 복음을 전파하는 일과 관련하여 영향력을 잃어버렸다. 그래서 바울은 여성들에게 다시 천을 씀으로써 개인의 자유를 제한하도록 권고한다. 지나치게 단정치 못한 것보다 지나치게 엄격한 것이 더 낫다. 관습에 따르는 것이 훨씬 지혜로운 때가 있다. 그렇지 않으면 다른 사람들의 길에 걸림돌을 두게 된다.

B. 애찬.

여러 사람이 공동 식사에 자주 참석하는 것이 고대의 관습이었다. 에라노스라고 하는 한 유명한 잔치는 오늘날 "각자가 한 접시씩 갖다 함께 나눠 먹는 저녁"에 해당했다. 사람들은 준비한 음식을 모아 함께 잔치를 벌였다. 초대 교회는 아가페 혹은 애찬이라는 잔치를 가졌다. 교제의 식사를 통하여 초대 교회는 서로 사랑하는 그리스도인의 의무를 표현하려 했다. 인종적 사회적 장벽으로 엄격하게 나누어진 세계에서 모든 가르는 선들이 이 식사를 통하여 지워졌다. 하지만 시간이 흐르면서 이 식사는 잔인하게 왜곡되어 타락했다(17-22절). 고린도 사람들 가운데는 형제의 유대 대신 분열이 있었다. 부자는 자신이 준비한 것을 먹고, 가난한 자는 굶주린 상태로 갔다. 이런 일에서 사도는 교회를 엄하게 책망한다(22절). 이때 그는 교회 곧 그리스도의 몸에는 인종적 차별이나 계급적 차별이 들어설 여지가 있을 수 없다는 항구적 원리를 분명히 한다.

C. 성찬

애찬과 관련하여 발생했던 무분별함은 애찬의 처음이나 마지막에 함께 기념했던 교회의 성찬식을 오염시켰다. 교회 안에서 벌어지는 다툼과 분파주의와 용인할 수 없는 과도함(21절)은 성찬의 거룩함과 목적에 대비하여 추하게 두드러졌다. 사도의 질책이 신랄하다 해도, 성찬의 기원과 의미 그리고 그 의식의 정신은 숭고하게 도전적이며 불가항력적이다(23-29절). 사도의 서술은 사실상 신약에서 이 위대한 규례에 관한 절정적인 진술이다. 여기에는 성찬에 관한 다음과 같은 중요한 진리를 즉각 분별할 수 있다:

1. 성찬은 우리 주님의 죽으심에 대한 기념이다.

2. 성찬은 그리스도의 임재를 얻는 수단이다.

3. 성찬은 회개에 대한 권유이다. "죄를 진지하게 참으로 회개하는 너희."

4. 성찬의 의의를 알지 못하거나, 형제에 대하여 미움이나 모진 마음을 가지고 성찬을 자격없이 받아서는 안 된다.

5. 성찬은 그리스도인의 삶에서 죄사함과 완전한 확신에 이르는 길이다. 수잔나 웨슬리(Susanna Wesley)는 이 깊은 영적 만족을 성찬에 참여할 때 발견했다.

6. 천성을 향하는 거룩의 대로에서 영적인 진보를 성취할 수단으로 성찬을 언제나 지켜야 한다.

고린도전서 제12장

신령한 은사

12:13, "우리가 유대인이나 헬라인이나 종이나 자유자나 다 한 성령으로 세
례를 받아 한 몸이 되었고 또 다 한 성령을 마시게 하셨느니라."

Ⅰ. 역사적 배경

고린도 교회에는 성령님의 강력한 나타나심이 있었다. 그 결과 황홀경과
열정주의가 고조되었다. 그러나 참된 것이 있는 곳에는 가짜가 있기 쉽다.
어떤 형식의 종교적 히스테리를 대신 사용하거나 망상에 푹 빠지게 함으
로써 성령님의 참된 나타나심을 방해하는 것이 사단의 전략이다. 바울은
앞의 두 장과 마찬가지로 이 장을 성령님의 참된 나타나심에 대한 증거에
할애한다.

이 장은 신령한 은사와 관련하여 성령님의 나타나심과 관계있다. 고린도
에 많이 있던 헬라의 점쟁이는 광란의 격분 가운데 자신의 종교적 의식을
지켰다. 감정적 표출 가운데 보이는 자랑은 일종의 광기에 도달했다. 이런
배경에서 고린도 그리스도인들은 매우 실제적인 듯한 일들을 무시하고 더
놀라운 듯이 보이는 성령의 은사에 관심을 갖고 보는 경향이 있었다. 그러
므로 바울은 고린도 사람들 가운데 어떤 과도함을 바로잡으려 하면서 성
령님이 밝은 지성과 활기띤 비전을 통하여 활동하신다고 확언한다. 그는
예언하는 자들의 영이 예언하는 자들에게 제재를 받는다고 지적한다
(14:32).

Ⅱ. 용어 해설

"한 영" — 권위자(勸慰者) 성령님 — 예수님은 이 성령님의 오심을 승천 때에 말씀하셨다. "세례를 받아" — 의역신약성경(Amplified New Testament)의 번역에 따르면 "그리고 세례로 한 몸으로 연합되어"로 되어 있다. 그리스도인의 연합을 위한 끈은 규례나 신조나 신앙고백이 아니라 성령 세례이다. 이는 그리스도인의 연합을 위한 유일하게 가능한 기초이다. 한 몸 — 교회 즉 그리스도의 영적 몸이다. "유대인이나 헬라인이나 종이나 자유자나" — 매우 다양하지만 그리스도 안에서 하나가 됨. "마시게 하셨느니라" — 신영어성경 신약에서는 "그리고 성령님이 우리 모두가 마실 수 있도록 부어지셨다"고 되어 있다. 인간의 몸처럼 그리스도의 몸인 교회는 다양한 지체를 갖고 있으며 이 지체들은 상이한 신령한 은사를 상징한다.

III. 교리적 의의

하나님은 성령의 은사를 나눠주실 때 주권적이시다. 헌신과 감사로 하나님의 주권적 뜻을 받아들인다.

IV. 실천적 목표

사랑과 예언의 영이 다른 모든 은사보다 우선된다는 것을 기억하면서 가장 나은 은사를 열심히 찾기 위하여. 특이한 은사를 가진 사람들을 즐거이 용인하기 위하여. 세계 복음화를 위하여 은사를 최대로 사용하기 위하여.

V. 설교 개요

제목: "신령한 은사."

도입부

하나님은 신령한 은사를 통하여 자녀에게 다양한 사역을 나눠주신다. 각각 상이한 초자연적 능력을 이처럼 특별히 나눠주시는 것은 그리스도께서 높이 되시고 그의 나라가 전진하게 할 목적 때문이다. 성경은 모두 아홉 가지 은사를 언급한다.

A. 지혜

헬라어 소피아는 지혜 즉 거룩해진 지식을 뜻한다. 바로 이 지혜가 하나님을 안다. 이는 인간의 독창력에서 나오지 않고 하나님과의 교제를 통하여 얻는 통찰력에서 나온다. 이는 획득되기보다 계시된다. 지혜의 영감은 지적 계몽의 서재가 아니라 영적 활기의 작은 방에 있다.

B. 지식

헬라어로는 그노시스이다. 기독교의 맨 처음 이단 분파인 영지주의는 이 말에서 그 이름을 땄다. 기술적 지식이라기보다 주어진 상황에서 어떻게 진행할지를 아는 지식이다. 실제적 이해는 적절한 때에 올바른 일을 하는 것과 관계있다. 지혜가 하나님의 지식에 대한 통찰을 뜻한다면, 지식은 그 진리의 실제적 적용과 관계있다. 그래서 한 사람은 성화를 이렇게 정의했다: "성화는 주의 손에 있는 황금 잿불에 불과하다." 그의 정의는 학교에서 배운 지식이 아니라 예리한 통찰을 보여준다. 그와 마찬가지로 바울의 경우처럼 하나님께 헌신되고 드려진 축적된 지식은 하나의 신령한 은사이다.

C. 믿음

통상적인 믿음을 능가하는 것. 하나님의 전능 가운데 어떤 것을 얻고 결과를 내놓는 믿음. 이 믿음은 겉보기에 불가능한 것을 가능하게 만든다. 이는 산을 옮긴다. 치유를 일으킨다. "저희가 갔을 때 나았더라." 나라들을 이기는 것도 바로 이 믿음이다(히 11:33, 34).

D. 병고침

병고침에 관하여 우리는 사도를 이어 계속 병을 고친다는 사실을 앞으로도 기억해야 한다. 신적 치유라는 이 성경 진리는 암흑 시대 동안 가려져 있다가 이제 교회 생활에 다시 등장하고 있다. 사람의 영에 혼의 치유를 위한 움직임이 있듯이, 몸의 치유를 위해서 영의 생기 부여가 있다. 결국 사람은 하나의 전체로 보아야 하며, 교회는 몸을 무시할 수 없다. 신적 치유의 경륜은 "치유를 위하여 인간의 영을 채우고 흘러 나가 몸에 충만한 영적 생활의 넘침에 의하여" 이루어진다. 인간의 곤경은 하나님의 기회이다. 특별히 이는 질병에 맞는 말이다. 우리는 또한 치유를 구하는 것이 우리의 특권임을 안다. 그러나 우리는 영혼의 치유가 참으로 우리의 첫번째 관심사임을 기억해야 한다.

E. 능력 행함

우리는 여전히 이적의 시대에 살고 있다. 위대한 이적을 행하신 예수님은 "볼지어다. 내가 세상 끝까지 너희와 항상 함께 있으리라" 하고 말씀하셨다. 축사(逐邪) 즉 정신적 질병으로 고통당하는 사람에게서 귀신을 쫓아내는 것은 초대 교회의 공통적인 활동이었다. 축사보다 더 위대한 것은 영적 치유에 나타나는 이적을 행하는 능력이다. 교회사에서 모든 위대한 영적 부흥은 그리스도 안에서 영감을 얻었다. 부흥의 정신이 여전히 세계의 많은 곳에서 현저한 사실은 세계적인 부흥이 일어날 수 있는 가능성을 강력하게 암시한다.

F. 예언

여기서 강조점은 앞질러 말함보다 공포하는 것에 있다. 자유로운 프로페테이아는 계시된 진리를 공포하고 강력히 주장하는 은사적 능력을 뜻한다. 이 말은 "설교"라는 말로 이해하는 것이 가장 좋다. 이는 앞질러 말하는 것보다 공포하는 것과 더 관계있다. 이것에는, 하지 않으면 안 되겠다는 느낌이 있다. "만일 복음을 전하지 아니하면 내게 화가 있을 것임이로라"(9:16). 이 은사는 "분수와 같이 끓어 오르도록" 충만하여 쉽게 흘러 넘친다.

G. 영들 분별함

분별의 영은 사단의 계략을 이해하는 데 지극히 중요하다. 사단의 가장 중요한 일은 하나님의 자녀를 속이는 것이다. 요한은 요한일서에서 이렇게

말한다: "사랑하는 자들아, 영을 다 믿지 말고 오직 영들이 하나님께 속하였나 시험하라. 많은 거짓 선지자가 세상에 나왔음이니라"(요일 4:1). 이 은사는 기독교 사역에서 큰 자산이기도 하다. 영적 분별력이 없으므로 기독교 사역의 진실한 노력이 많이 낭비된다. 분별력이 없으면 추수 전에 낫을 대거나 추수기가 지나가고 가을이 끝날 때까지 지체할 수 있다. 게다가 예수님은 돼지에게 진주를 던지지 말라고 명령하셨다.

H. 방언

헬라어 글로싸의 복수 속격인 글로쏜은 혀를 뜻한다. 그러므로 언어를 함의한다. 빈센트의 「신약 낱말 연구」(*Word Studies in the New Testament*)는 "혀"에 귀속시킬 수 있는 뜻을 세 가지로 제시한다:

(1) 일차적인 의미는 언어 혹은 방언. (2) 성령님의 영향으로 특이한 형식으로 형성된 화자의 혀. (3) 전혀 새로운 영적 언어.

신약에서 방언의 은사가 현저하게 나타난 일들을 살피는 것이 유익할 것이다. 오순절에 "각각 자기의 방언으로 제자들의 말하는 것을 듣고." 여기서 모든 사람은 자기네 언어로 들었으니 통역자가 필요없었던 게 분명하다. 이는 첫번째 뜻과 일치한다.

가이사랴에서 성령님이 고넬료와 그 가족에게 부어지셨을 때, 성경은 이렇게 말한다: "이는 방언을 말하며 하나님 높임을 들음이러라"(행 10:46). 여기서는 통역자가 필요없었다. 왜냐하면 그들은 새로운 영적 언어를 말했다. 이는 정의 (3)과 일치한다.

방언의 은사가 에베소에 나타났을 때, 이런 말이 있다. "방언도 하고 예언도 하니"(행 19:6). 여기서도 통역자의 필요가 없었다. 왜냐하면 그들은 정의 (3)과 일치하여 새로운 영적 언어를 말했다. 가이사랴와 아덴의 사람들은 방언의 은사가 나타나는 것과 관련하여 새로운 언어를 이해했으며, 통역자가 필요없었다.

고린도에서 방언의 은사가 상이하게 나타났다. 통역하는 자들을 제외하고(14장), 이 방언은 말하는 자와 듣는 자 공히 알지 못한 것이다. 이 방언의 나타남은 정의 (2)와 일치한다. 마지막 형태의 방언 나타남은 교회에서 문제를 일으켰고 바울은 이를 바로잡아야 했다(14장). 그래서 스탠리 존스(E. Stanley Jones)는 고린도의 다양한 방언에 대하여 이렇게 주를 단다: "오늘날 나타나는 방언은 고린도 유형의 방언 즉 알지 못하는 방언이지 아는 언어로 말하는 오순절 유형의 방언이 아니다. '모든 사람이 하나님의 놀라운 역사를 자기의 언어로 들었다.' 고린도에서 나타났고 오늘날 나타나는 이런 알지 못하는 방언은 성령의 은사 가운데 하나였다. 그러나 성령의 은사들은 방언 은사와 혼동될 수 없다. 성령의 이 은사는 모든 사람을 위한 것이다. 그러나 성령의 은사들은 '그 뜻대로 각 사람에게 나눠 주시는'(고전 12:11) 것이다. 바울은 '다 병고치는 자겠느냐? 다 방언을 말하는 자겠느냐? 다 통역하는 자겠느냐?'(고전 12:30) 하고 묻는다. 말인즉슨 그렇지 않다는 것이다. 그러나 그들은 방언의 은사를 갖고 있다. 이 방언 은사는 좀 못한 은사 가운데 하나였다. 그리고 바울은 통역자가 없으면 행하지 말라고 말했다."

바울은 고린도 유형의 방언이 복음 전도의 힘으로 사용될 수 없다고 말한다: "믿지 아니하는 자들이 들어와서 너희를 미쳤다 하지 아니하겠느냐." 그러나 오순절에는 방언이 복음 전도의 힘이며 매우 효과적인 힘이었다.

이 장에 나오는 신령한 은사에 대한 바울의 논의는 가장 좋은 은사를 열심히 구하라는 권고와 사랑이라는 좀더 탁월한 방법으로 끝맺는다. 이것이 없이는 다른 은사는 하나님이 보시기에 아무 유익이 없다.

고린도전서 제13장

제일 좋은 길

12:31하, "내가 또한 제일 좋은 길을 너희에게 보이리라."

I. 역사적 배경

고린도 교회는 상이한 신령한 은사의 상대적 중요성에 관하여 혼란스러웠다. 이 교회는 즉각적으로 자신을 드러나게 하는 은사를 과도하게 강조했다. 난폭하고 색다른 종교적 주연이 이교적 의식과 관련하여 분명하게 존재했기 때문에, 최근에 이교 종교의 속박에서 해방된 몇몇 고린도 그리스도인들은 무의식중에 좀더 감정적으로 쏠린 신령한 은사에 솔깃했을 가능성이 농후하다. 바울은 기독교적 사랑에 초점을 두고 교회의 모습을 분명하게 하려 했다. 왜냐하면 이 사랑이 없을 때 다른 모든 은사는 하나님의 빛에 비추어 보면 가치 없기 때문이다.

II. 용어 해설

가장 좋은 길, "좀더 나은 길"은 사랑의 길이다. 헬라어 아가페는 사랑을 뜻한다. 우리의 인간 관계에 통상적으로 나타나는 것보다 더 높은 차원의 사랑이다. 그러므로 신적 사랑 혹은 인간의 마음에 있는 하나님의 사랑이 함의되어 있다.

III. 교리적 의의

하나님의 사랑은 우주에서 가장 강한 힘이다. 이는 성육신의 원천이며 멸망한 세상을 위한 모든 구속적 계획의 원천이다. 사람은 오직 그 마음의 왕좌를 이 사랑에게 내어줌으로써 구원을 받을 수 있고 경건한 삶을 살 수 있다.

IV. 실천적 목표

사랑에 중심을 두고 영적 추구를 집중시키기 위하여. 사랑이라는 최고 은사에 비추어 다른 모든 신령한 은사를 보기 위하여. 하나님의 시각에서 영적 진보를 가늠하려고 이 장의 엑스레이를 우리의 삶에 비추기 위하여.

V. 설교 개요

제목: "가장 좋은 길."

도입부

인생의 모든 길 가운데 가장 좋은 길은 사랑의 길이다. 왜냐하면 사랑은 내구성과 성취와 획득에서 다른 모든 것을 앞지르기 때문이다. 부요한 내용과 아름다운 모양 때문에 흔히 알고 있듯이 이 장을 바울의 "사랑의 찬송"으로 언급한다. 문학계는 이를 "세계에서 가장 위대한 사랑의 서정시"라고 본다. 존 웨슬리는 이를 성경에서 가장 위대한 장으로 보았다. 이 장은 헨리 드러먼드(Henry Drummond)의 불후의 논문 "세상에서 가장 위대한 것"에 영감을 주었다. 무디는 매년 자신의 학교에서 이 논문을 읽을 것을 요구했다. 이 유명한 장의 저자가 신학자이며 논리학자이며 어떤 사람들에게 냉철하고 엄격하다는 평을 받는 바울이라는 점은 중요하다. 전체 장은 우리를 위하여 사도의 맥박을 기록하는 청진기이다. 여기에는 "유모가 자기 자녀를 기름과 같이"(살전 2:7) 동정심이 크고 온유한 손길을 가진 사람의 맥박이 있다. 마음에 있는 하나님의 사랑이 사람의 모든 생활에서, 신령한 은사를 발휘하는 모든 활동에서 동기를 부여해야 한다. 우리가 "가장 좋은 길" 즉 사랑의 길을 발견하지 않으면, 우리는 우리의 삶을 위한 하나님의 계획을 놓친다. 사랑은 유일하게 의지할 만하고 영속적이며 만족을 주는 방법이다. 이는 천성을 향하는 거룩의 대로이다.

A. 사랑의 필요불가결성(1-3절)

아무리 뛰어난 것이라도 다른 신령한 은사는 결코 사랑을 대신할 수 없다. 사도는 이런 다른 은사들을 몇 가지 열거한다. 그러므로 첫번째 언급된 것은 고린도 교회에 많은 관심을 끌었을 것이다. 어떤 사람들은 방언을 말하는 것을 매우 높은 수준의 기독교적 체험에 대한 표시로 보았다. 개인의 삶에 성령님이 계심을 보여주는 표로 간주했다. 그러나 바울은 신령한 일의 표준은 사랑이지 방언 말하는 것이 아님을 분명히 밝힌다. 사람이 "사람의 방언과 천사의 말"을 할지라도 사랑이 없으면 "소리나는 구리와 울리는 꽹과리"가 된다. 예언의 은사를 풍부하게 드러내더라도 사랑이 없으면 아무것도 아니다. 예언의 은사도 기독교적 고결함을 정당화할 수 없다. 사람이 이 은사 덕택에 중요한 교회의 강단을 차지할 수 있어도 그 마음에 그리스도의 구원 얻는 사랑을 갖지 못할 수 있다.

사람이 많은 지식을 통하여 학문계에 부러운 기록을 남길 수 있지만, 사랑이 없으면 아무것도 아니다. 실로 지적으로 탁월한 사람은 지적 거만에 대한 시험을 계속 통과해야 한다. 고대의 지성인 그리스는 단순한 지혜로 오랫동안 버틸 수 없었다. 독일은 지난 세기 말에 세계의 교사였다. 그러나 그 모든 계몽은 호헨촐러른이나 히틀러가 일으킨 풍조를 막을 수 없었다. 미국은 광대한 교육 제도에도 불구하고 기독교적 사랑이 없을 때 동일한 운명에 이를 수 있다.

사람이 산을 움직일 만한 믿음이 있다 해도 사랑이 없으면 아무것도 아니다. 사랑은 시금석이다. 그로 하여금 가난한 자에게 자신의 모든 재산을 나눠 주게 하라. 그리스도를 위한 순교 정신으로 자기 목숨을 내놓게 하라. 한 가지 필요한 것은 사랑이다. 영적인 것을 위하여 신체적인 것을 부인하는 희생의 정신은 높이 칭송할 만하다. 이 정신은 기독교와 이교에 현저하게 나타났다. 때때로 두 가지 생활 방식을 따르는 추종자들은 신앙을 위하여 온갖 형식의 신체적 학대를 받았다. 2절을 다시 읽어라.

B. 사랑의 특성(4-7절)

사랑은 오래 참는다. 강조점은 상황보다는 사람과의 관계에서 참는 것에 있다. 상황이 아니라 사람에게 오래 참으려면 더 큰 사랑이 필요하다. 사람은 인격을 갖고 있다. 인격의 충돌 가운데 사랑을 나타내는 것은 당연히 사랑의 까다로운 시험이다. 헬라어 동사 마크로쑤메오(여기서 사용된 형태)에 관하여 열거된 정의 가운데 하나는 사람을 향하여 자비를 베푸는 성향을 뜻하는 관용이다. 스탠튼(Stanton)을 향한 링컨의 태도가 이를 보여줄 것이다. 스탠튼은 "저급하고 교활한 어릿광대" "원시적 고릴라"와 같은 추잡한 욕을 링컨에게 퍼부었다. 링컨은 대통령이 되었을 때 스탠튼을 전시 장관으로 삼았다. 대통령은 그가 그 일에 가장 자격이 있다고 생각하고 그를 뽑았다. 언젠가 스탠튼이 암살된 링컨의 시체 옆에 서서 "여기 세상에서 가장 위대한 지도자가 누워 있다"고 말했는데, 전혀 놀라운 일이 아니다.

사랑은 온유하다. 사랑은 부드럽고 동정적이고 이해심 깊다. 이는 인종이나 국적이나 종교나 사회 계급을 불구하고 모든 사람을 향한 온유한 태도를 견지한다. 사랑은 결코 파괴적으로 비판하지 않는다. 사랑은 다른 사람의 덕을 칭찬하지 흠을 드러내지 않는다. 비판적인 정신은 기독교적 체험에 치명적이다.

사랑은 시기를 알지 못한다. 사랑은 다른 사람의 소유를 시기하지 않는다. 사랑은 자신이 누리지 못하는 것을 다른 사람이 누린다고 해서 결코 비통해하지 않는다. 사랑은 다른 사람의 성공 때문에 좌절하지 않는다. 다른 사람이 성공할 때 사랑은 실패 가운데서도 평온하다.

사랑은 교만하지 않다. 사랑은 허풍쟁이가 아니다. 교만한 마음은 실패를 만난다. 예레미야는 말했다: "교만한 자가 걸려 넘어지겠고 그를 일으킬 자가 없을 것이며 내가 그 성읍들에 불을 놓으리니 그 사면에 있는 것이 다 살라지리라"(렘 50:32). 사랑은 자신이 무가치하다는 것을 느낀다. 사랑은 결코 거만이나 자부로 마음이 가득 차지 않는다.

사랑은 무례히 행치 않는다. 사랑은 버릇없이 행동하지 않는다. 은혜를 뜻하는 헬라어 카리스는 아름다움, 우아함의 개념을 내포한다. 조잡할 때까지 무딘 기독교가 있다. 쾌활함이 아주 빠져 있다. 가장 능력있는 설교는 쾌활한 그리스도인의 생활이다. 정중과 재치와 공손함은 기독교적 사랑의 정상적인 현현이다.

사랑은 자기의 유익을 구치 아니한다. 사랑은 하나님을 앞에 둔다. 사랑은 다른 사람을 희생시키고 자신의 유익을 구하지 않는다. 사랑은 할 수 있는 모든 선을 할 수 있는 모든 방법으로 행한다. 사랑의 지평선은 점점 펼쳐져서 더욱 많은 사람을 받아들인다. 결국 사랑은 자신의 것을 구하지 않는 데서 자신의 유익을 발견한다.

사랑은 성내지 아니한다. 흠정역은 "사랑은 쉽게 화를 내지 않는다"고 번역한다. 빈센트의 「신약 낱말 연구」는 다음과 같은 각주를 덧붙인다. "'쉽게'는 필요없는 말이며 절대적인 진술 즉 사랑은 성내지 않는다거나 격노하지 않는다는 진술에 그릇된 어취를 덧붙인다. 이 진술은 확실히 잘못된 표시이다." 윌리엄 바클레이는 말한다. "자신의 기질을 지배하는 사람은 어떤 것에 대해서든 지배자가 될 수 있다."

사랑은 악한 것을 생각하지 않는다. 사랑은 과거의 악에 머무르며 그것을 골똘히 생각하지 않는다. 사랑은 개인적인 불의를 망각한다. 사랑은 과거가 미래에 걸림돌이 되지 않게 한다. 어떤 폴리네시아 사람들은 움막 지붕에 자신의 미움을 상기시키는 물건을 달아 놓는다. 미움과 적의를 여전히 품고 있는 그리스도인은 불만과 패배의 황량한 광야에 있다.

사랑은 불의를 기뻐하지 않는다. 사랑은 도덕적 악이 다른 악을 덮칠 때 즐거워하지 않는다. 사랑은 비행에 대한 소문을 들을 때마다 근심한다. 사랑은 모든 곳의 모든 사람의 영적 안녕에 동정의 관심을 기울인다.

사랑은 진리와 함께 기뻐한다. 사랑은 오직 진리를 찾고 진리가 이길 때 즐거워한다. 사랑은 진리로부터 두려워할 것이 없다. 사랑은 개인적으로 희생하고 손해를 보더라도 진리를 추구한다. 오류는 속박을 가져다준다. 오직 진리만 자유를 가져다준다.

사랑은 모든 것을 참는다. 사랑은 그리스도를 위하여 명확한 기독교적 증거를 전하려고 모든 것을 참는다. 사랑은 모욕과 손해와 실망을 군소리나 불평 없이 참는다. 사랑은 어떤 것이든 참을 수 있다.

사랑은 모든 것을 믿는다. 사랑은 하나님의 말씀을 곧이 곧대로 믿는다. 사랑은 다른 사람들과 관련하여 가장 좋은 것을 믿는다. 사랑은 사람을 믿고 십리를 간다. 우리는 사람들에게 영향을 주어 우리가 바라는 모습대로 되도록 도움을 준다. 만일 우리가 사람을 진실되게 대하면, 그들이 진실한 사람이 되도록 도움을 준다.

사랑은 모든 것을 바란다. 예수님은 어떤 사람도 소망 없는 자로 보지 않으셨다. 예수님은 가장 나쁜 죄인에게서 능력있는 성도를 보셨다. 기독교적 사랑은 가장 앞날이 막막한 사람에게서 영적 가능성에 관하여 마음을 닫지 않는다. 헬렌 켈러를 역사에서 가장 현저한 여성 가운데 하나로 만든 것은 선생님의 믿음이다. 학교에서 가장 바보같은 소년으로 유명한 애덤 클락(Adam Clarke)에 대한 방문객의 격려하는 말이 소년 안에 불꽃을 피워 장차 기독교 신앙의 위대한 신학자가 되게 했다고 한다. 종교 편집인인 모리슨(H. C. Morrison)이 겉보기에 앞날이 막막하고 장애가 있는 버드 로빈슨(Bud Robinson)에게 종교 잡지에 기고해 달라고 요청했을 때, 그는 교회와 세상을 위하여 영적 에너지의 참된 발전소를 발견했다. 버드 로빈슨의 이름은 미국과 해외의 많은 사람에게 널리 알려졌다.

사랑은 모든 것을 견딘다. 견딘다는 뜻을 가진 휘포메네인은 다른 사람들이 떠났을 때 남는 것을 뜻한다. 단순히 수동적으로 머무는 게 아니라 즐겁고 적극적으로 진보하는 것이다. 일들을 견디면서 그것들을 정복하고 사용하는 정신이다. 바울이 에베소 그리스도인들에게 단순히 말없이 체념하지 말고 즐거워하여 참으라고 권하게 했던 것도 바로 이런 사랑이다.

C. 사랑의 탁월함(8-13절)

사랑은 모든 은사보다 탁월하다. 이는 하나님의 본성에 대한 표현이다. "하나님은 사랑이시다." 사랑은 세상에서 가장 위대한 것일 뿐만 아니라 "하늘에서 가장 영광스러운 것"이다. 예언과 방언과 지식과 같은 신령한 은사는 사라질 것이다. 그것들은 영원에서 수행할 역할이 없을 것이다. 사람의 제한된 지식은 영원에 대한 완전한 지식으로 대체될 것이다. 그러나 우리는 영원의 일을 거울에 비친 흐릿한 상으로 본다. 그런 다음 우리는 알려지듯이 알게 될 것이다. 그런 다음 우리는 하나님을 얼굴과 얼굴을 맞대고 볼 것이다. 이제 여기서 필요한 신령한 은사는 영원에서 가장 고귀한 봉사 방법으로 대체될 것이다.

그러나 믿음과 소망과 사랑은 영원히 있을 가치이다. 이것들 가운데 가장 큰 것은 사랑이다. 사랑은 영원의 만대에 찬송의 송가를 부를 것이다. 사랑은 보좌에 앉은 하나님 앞에 부복하여 하나님을 만왕의 왕이며 만주의 주라고 환호할 것이다. 사랑은 아버지와 아들과 성령, 경배받으실 삼위일체를 찬미하고 높일 것이며, 영원히 인간 구속의 드라마에서 삼위의 각각의 사역에 감사를 드릴 것이다. 영원한 도성의 정상에서 사랑은 시간의 시련과 시험에 불멸의 감사로 그 목소리를 높일 것이다. 잠시 있을 뿐인 이처럼 사소한 시련은 결국 "지극히 크고 영원한 영광의 중한 것"을 가져다주었다. 사랑은 아침의 날개를 달고 사시는 하나님을 섬기는 일을 향하여 최선을 다하여 날아갈 것이다.

고린도전서 제14장

영적 건덕

14:12, "그러므로 너희도 신령한 것을 사모하는 자인즉 교회의 덕 세우기를
위하여 풍성하기를 구하라."

I. 역사적 배경

스코틀랜드 성경 강해자인 윌리엄 바클레이는 이렇게 쓴다: "14장 전체
는 우리 대부분이 도무지 체험하지 못하는 현상을 다루므로 이해하기 무
척 까다롭다." 고린도 그리스도인들은 신령한 은사를 열정적으로 추구했는
데, 특별히 방언의 은사를 추구했다. 고린도에 나타난 방언 현상은 오순절
날 그리고 가이사랴와 에베소에서 일어났던 것과 달랐다. 고린도의 현상은
황홀경적이며 감정적인 발언의 형태로 되어 있었으며 통역자가 없이는 이
해할 수 없는 것이었다. 이 은사는 다른 은사보다 눈에 띄었으므로, 우선적
인 것이 되었다. 고린도 교회는 다양한 은사를 평가하는데 시야가 좁았다.
방언을 중요하게 여겼다. 잘못된 강조는 예배식에 혼란을 가져왔다. 14장
에서 사도는 방언의 은사를 예언의 은사와 관련하여 평가하며, 공예배의
행동에 나타난 폐습에 시정책을 제공한다.

II. 용어 해설

"덕을 세운다"는 말은 이런저런 형식으로 이 장에서 여섯 번 나온다. 헬
라어로 오이코도메의 대격은 '세운다, 기독교적 지식과 체험에서 발전에
이바지한다'는 뜻이다. 성령의 모든 은사는 전체 회중을 세우는 건덕의 능
력에 비추어 평가되어야 한다. 성령의 사적인 조명과 현현은 개인의 건덕

을 도모한다. 바울은 고린도후서에서 "사람이 가위 이르지 못할" 혹은 "말할 수 없는" 일들을 들었던 기회에 받은 신비한 계시를 말한다. 그가 들었던 일은 자신의 개인적 건덕을 위한 것이었다. 그러나 이 장은 개인적 건덕을 위하여 방언의 은사의 현현이 있을 수 있음을 분명히 밝히지만, 주된 강조점은 성령의 은사가 교회의 양육을 위한 것이라는 것이다.

Ⅲ. 교리적 의의

성령의 은사 수여는 다양하게 나타난다. 성령 은사를 받는 개인에게 이 은사가 삶에서 다양하게 나타나는 것과 같다. 성령의 이런 나타나심에서 주된 관심사는 교회의 건덕이다. 모든 신자는 하나님이 이 은사를 경영하시는 유형뿐만 아니라 은사들이 개인의 삶에서 나타나는 방법에 관하여 겸손하고 감사하는 순복의 자세로 절해야 한다.

Ⅳ. 실천적 목표

공예배에서 순서와 예절에 관하여 균형을 유지하고 성령의 강력한 현현에 민감하기 위하여. 주로 개인적 건덕을 위한 성령의 이런 움직임과 회중의 건덕과 본질적으로 상관있는 움직임을 분별하기 위하여. 성령의 모든 현현과 은사의 궁극적 목적은 교회의 건덕임을 기억하기 위하여.

Ⅴ. 설교 개요

제목: **"영적인 건덕."**

도입부

영적인 건덕이 이 장에서 중요한 것이다. 이 목적을 위하여 모든 신령한 은사를 주신다. 다른 목적을 위하여 이 은사를 사용하는 것은 그 가치를 악용하는 것이다. 은혜의 비밀에 대한 하나님의 사역에서 개인의 건덕은 매우 소중한 것임에 틀림없다. 그러나 그리스도의 몸인 교회의 건덕이 더욱 중요하다. 이 몸은 그 지체 가운데 누구보다 중요하다.

A. 방언의 은사와 예언의 은사(1-6절)

사랑이 모든 신령한 은사보다 높은 것처럼 예언 즉 하나님의 진리를 공포하는 것은 방언의 은사보다 높다. 고린도의 그리스도인들에게 임한 방언은 개인의 건덕을 위하여 주어진 것이지 교회의 건덕을 위한 것이 아니었다. 사도는 통역자가 없다면 그런 은사가 별로 가치 없을 것이라고 진술한다. 반면에 건덕과 권고와 위로를 위하여 진리를 공포하는 것과 상관있는 예언의 은사는 개인보다 교회의 덕을 세웠다.

교회의 건덕을 위한 신적 진리는 계시와 지식과 예언과 가르침의 영역에서 선포되어야 한다(6절). 그리고 이는 사람이 이해하는 말로 공포되어야 한다.

B. 방언의 은사와 생명 없는 것들(7-11절)

방언의 은사는 통역의 은사가 동반되지 않을 때 뜻없는 소리만 낼 수 있을 따름이다. 피리가 분명치 못한 소리를 낼 때 아무 소용없는 것과 같다(8절).

복음의 메시지는 분명하고 이해할 수 있는 언어로 회중에게 선포되어야 한다(9절). 내가 청중이 이해할 수 없는 언어로 말한다면, 그들에게 "야만인"과 같다. 여러 민족이 섞여 사는 고린도에서는 전적으로 납득할 수 있는 말이다(10, 11절).

C. 교회의 덕을 세움(12-20절)

신령한 은사는 교회의 건덕을 위한 것이다(12절). 방언의 은사를 발휘할 때 열매를 맺지 못하는 마음은 교회의 건덕을 도모하지 못한다(13, 14절). 기도와 찬송과 같은 회중의 활동이 회중의 덕을 세우려면 회중이 이해하는 언어로 이루어져야 한다(15-17절). 바울은 개인적인 체험에서 방언 은사의 현상을 익히 알고 있었다. 그리스도 안에서 그의 체험은 이 은사가 암시하는 그 어떤 것보다 깊었다(18절). 사도는 이해하지 못하는 방언으로 일만 마디를 하는 것보다 일반이 이해하는 뜻으로 다섯 마디로 말하는 편이 낫다고 말한다(19절). "지혜에는 아이가 되지 말고"(20절)라는 말은 고린도 사람이 은사를 유치하게 발휘하는 데 골몰했음을 암시한다.

D. 방언의 사역(21-25절)

이사야의 예언은 복음의 경륜에서 방언의 은사가 발휘하는 중요한 역할을 확언한다(21절). 여기서 인용문은 이사야 28:11에서 따온 것이다.

신약에서 방언의 현현은 세 가지 있다. 오순절에는 통역자의 필요가 없이 언어의 이적이 있었다(행 2:7, 8). 가이사랴와 에베소에서는 새로운 영적 체험의 결과로 신자는 방언으로 말하는 것이 들렸다(행 10:44-46; 19:6). 고린도에서는 말하는 자와 회중이 알지 못하는 방언의 이적이었다(13절).

고린도에서 방언 은사의 현현은 공적 건덕보다 사적 건덕을 위한 것이었다(4-9절). 필자의 아버지는 인생의 황혼기를 향하여 갈 때 큰 영적 조명을 받았다. 폐결핵 마지막 단계에서 저명한 의사들이 나의 경우는 가망 없다고 말했는데 내가 치유를 받았을 때 아버지는 방언의 체험을 한 적이 있다. 하나님이 내 아버지에게 주신 이 체험은 결국 확인되었다. 하나님이 베푸신 교제에 관하여 내게 편지를 쓰면서 아버지는 이렇게 말했다: "인생의 말엽에 하나님은 내게 심오하고 비밀스런 깨달음을 내게 많이 주셨다. 한번은 네가 폐결핵에서 완전히 치유 받은 일과 상관있다. 이 사실은 네게 전할 수 있지만, 사람들에게 전할 수 없는 다른 사실도 있단다."

하나님은 사람의 영혼에 내려오실 때 사용하시는 사적인 사닥다리를 갖고 계신다. 고린도에서 방언의 은사는 이런 사닥다리 가운데 하나였다. 이는 공적 복음화의 수단으로라기보다 주로 개인적 건덕을 위하여 사용되었다(9절). 그런데도 방언의 은사는 불신자를 이끄는 데 사용될 수 있다(22절). 방언의 은사는 오순절날과 가이사랴와 에베소에서 불신자의 관심을 끌었다.

고드비(W. B. Godbey)는 자신의 「신약 주석」(*Commentary on the New Testament*)에서 새로운 방언을 새로운 영적 체험의 결과(22-25절)

로 논의하면서 이렇게 말한다: "여기서 우리는 사도적 사역에서 성령의 인도를 받아 이루어지는 평상적인 복음 집회에 독특한 이런 방언 은사의 한 국면을 본다. 새로운 체험은 하나같이 새로운 언어를 준다. 죄인이 중생의 시련을 통과하여 승리에 차서 하나님 나라에 들어갈 때, 그 일이 참으로 성령이 하신 것이고 단순히 사람의 조작이 아니라면 즉시로 그 사람은 전에 듣지도 사용하지도 않은 새로운 언어를 말하기 시작한다. 이는 하나님의 권속이 널리 말하는 언어이며 마귀의 자녀들 가운데서 평생을 보내며 지옥의 말을 말하는 사람에게는 전혀 신기한 것이다. 가나안을 향하는 순례자가 갈라진 요단의 위협하는 물을 거쳐 안식의 땅으로 들어갈 때, 윙윙거리는 광야에서 들어본 적이 없는 전혀 새로운 가나안의 말을 즉시로 사용한다. 나는 부흥 사역에서 이 성경이 입증되는 것을 수천 번이나 보아 왔다"(Vol. IV, pp. 231, 232).

E. 질서있는 예배식을 위한 제한(26-35절)

방언을 포함하여 공예배의 형식과 실질이 무엇이든, 모든 것이 회중이 이해하는 것으로 이루어져서 건덕에 이르러야 한다(26절).

예배식에서 예절과 질서를 존중하여, 예배식이 부당하게 지체되지 말아야 한다. 방언을 말하는 자이든 예언하는 자든지 말하는 자의 수가 줄어야 한다(27-33절).

방언 문제 외에 고린도 교회의 예배에서 또 한 가지 무질서는 남편에게 작은 목소리로 말하는 부인이 일으킨 동요였다(34, 35절). 여성은 고대 이교 사회에서 교육을 받지 못했다. 헬라인은 문화의 최고 표준을 갖고 있었지만, 여성을 교육시키지 않았다. 교회에서 여성이 말많은 것은 권징이 요구되었다. 여성은 알고 싶은 것을 집에 가서 물어 보아야 했다. 바울은 어떤 이들의 공언과 달리 예배식에 여성이 참여하는 것을 거부하는 말을 여기서 한 마디도 하지 않는다.

F. 하나님의 명령에 따름(36-40절)

고린도 교회에서 어떤 사람은 예배식에 관한 하나님의 말씀의 권위를 주의하지 않고 예배식에 혼란스러운 새 제도를 도입하는 경향이 있었다(36절). 깊은 영성과 예언의 자유는 예배식에 적절한 질서를 지키라는 주님의 명령을 무시할 수 있는 자격을 결코 주지 않는다(37절). 매우 영적이라고 고백하는 자들의 주장이라도 하나님의 말씀과 상충될 때는 무시되어야 한다(38절). 여기서 바울은 독자의 관행에 관하여 자신의 글이 하나님의 권위를 갖는다고 주장한다.

예배식의 적절한 질서 유지는 예언이나 방언(통역 가능한)을 배제하지 말아야 한다. 예배의 영적 힘에 관하여 질서와 태도에 관련하여 언제나 균형을 유지해야 한다(39,40절). 영적인 힘이 없는 질서는 경건의 능력을 부인하고 경건의 모양을 만든다. 질서 없는 영적인 힘은 열광과 혼란을 낳는다.

질서와 능력의 아름다움과 위엄은 서로 떨어질 수 없이 우주에서 기이하게 혼합되어 기독교 교회의 예배식의 특징을 이룬다.

고린도전서 제15장

부활

15:3, 4. "내가 먼저 받은 것을 먼저 너희에게 전하였노니 이는 성경대로 그리스도께서 우리 죄를 위하여 죽으시고 장사 지낸 바 되었다가 성경대로 사흘 만에 다시 살아나사."

I. 역사적 배경

헬라인은 영혼이 사후에 계속 존재하는지에 관하여 모호한 개념을 갖고 있었다. 그러나 그들은 몸의 부활에 대해서는 전혀 알지 못했다. 이는 헬라 철학자들의 비위에 맞지 않는 것이었다. 우리는 바울이 무덤에서 그리스도의 부활하심을 선포하기 전까지 아덴의 아레오바고 언덕에서 전한 바울의 설교에 대한 반대의 기록을 전혀 보지 못한다. 반대는 이런 말로 기록되었다: "저희가 죽은 자의 부활을 듣고 혹은 기롱도 하고 혹은 이 일에 대하여 네 말을 다시 듣겠다 하니"(행 17:32). 동일한 회의론이 고린도에 만연했다. 그 도시의 교회에 회의론을 지지하는 사람이 없지 않았다. 고린도의 상황은 바울에게 심각한 문제였다. 이리하여 바울은 문학에서 뛰어난 장(章) 가운데 하나인 고린도전서 15장을 기록하게 되었다. 여기서 사도의 논의는 불신자가 아니라 신자의 부활을 다룬다. 재림 때 그리스도께서 친히 오실 때 일어나려고 정해진 사건말이다.

II. 용어 해설

예수님의 십자가에 달리심과 육체적 부활, 이 두 사건에 기독교의 모든 교리와 가르침이 서 있다. 이 두 가지 근본적인 것과 상이한 모든 가르침은 기독교적이지 않은 것이다. 개정표준역(Revised Standard Version)은 "무엇보다 먼저" "제일 중요한 것으로"라는 말로 번역한다. 십자가에 달리심, "우리 죄를 위한" 그리스도의 대속적 죽음, 예수님의 육체적 부활은 모든 기독교적 설교와 가르침에서 주된 강조점이 되어야 한다. 이 사도적 근본의 선포를 대체할 현대의 선포는 있을 수 없다.

Ⅲ. 교리적 의의

그리스도의 부활은 그리스도의 제자의 부활에 대한 보증이다: "내가 살았고 너희도 살겠음이라"(요 14:19). 그리스도께서 이제 영광스러운 부활의 몸으로 사시는 것처럼 우리는 그와 같은 몸으로 살 것이다. 몸의 부활은 그리스도 안에서 신자의 구속의 절정이다. 이는 펼쳐지는 영원의 세대 내내 신자가 행보할 수 있게 하는 준비이다. "사랑하는 자들아, 우리가 지금은 하나님의 자녀라. 장래에 어떻게 될 것은 아직 나타나지 아니하였으나 그가 나타내심이 되면 우리가 그와 같을 줄을 아는 것은 그의 계신 그대로 볼 것을 인함이니"(요일 3:2).

Ⅳ. 실천적 목표

신자의 부활에 관한 모든 의심과 불확실함을 제거하기 위하여. 우리의 삶을 위하여 그리스도의 뜻을 이루는 일에는 어떤 희생이라도 그다지 크지 않고 어떤 값이라도 그렇게 높지 않다는 것을 부활에 비추어 깨닫기 위하여. 새로운 확신을 가지고 우리의 소망의 새벽별께서 죽음을 정복하셨고 그렇게 하실 때 우리 각자에 대하여 사망의 정복이 가능하게 하셨다는 것을 깨닫기 위하여.

Ⅴ. 설교 개요

제목: "부활."

도입부

예수님의 부활은 만대에 경천 동지의 사건이다. 이는 사람의 모든 철학과 다르다. 이교 철학은 영혼의 윤회를 가르쳤다. 그것들은 "사후 생명"에 대하여 흐리고 희미한 시각을 지녔다. 헬라 철학자들은 바울이 아레오바고에서 부활의 이야기를 선포하는 것을 맨 처음 들었을 때 놀라고 욕했다. 텅빈 무덤에서 비친 빛은 지구를 두르며 만대에 걸쳐 헤아릴 수 없는 사람들의 삶에 영향을 주게 될 것이었다. 예수 그리스도께서 죽은 자들로부터 육체로 부활하심을 선포하는 것은 기독교 메시지의 심장 박동이다. 이 진리가 없으면 우리의 믿음은 헛것이며 우리는 모든 사람들 가운데 가장 비참한 자이다.

A. 그리스도의 부활(1-11절)

부활이 없으면 복된 소식의 복음이 있을 수 없다. 부활이 없으면 죄로부터 구원이 있을 수 없다. 복음이 전파되는 곳마다 이 진리들이 언제나 선포되어야 한다.

그리스도께서 우리 죄를 위하여 죽으셨다(3절).
그가 죽으시고 장사되셨다(4절).
그가 다시 살아나셨다(4절).

그리스도는 부활 이후에 게바(5절)와 오백 형제(6절), 야고보(7절), 바울(8-10절)을 포함하여 상당히 많은 증인에게 나타나셨다. 이 증인들은 숫자로나 진실함에서나 그리스도의 육체적 부활의 사실을 입증하기에 충분했다.

B. 부활을 부인하는 비극(12-19절)

그리스도의 부활이 기독교 신앙의 모퉁이 돌이므로, 부활의 부인은 다음의 결론에 이른다.

그리스도는 다시 살아나지 못하셨다(13, 16절).

우리의 전파가 헛것이다(14절).

우리의 믿음이 헛것이다(14절).

그리스도인은 거짓 증인이다(15절).

죄사함이 없다(17절).

그리스도 안에서 잠자는 자는 망하였다(18절).

모든 사람 가운데 신앙을 고백하는 그리스도인의 상태가 가장 비참하다(19절).

C. 부활의 확신(20-28절)

"그리스도께서 죽은 자 가운데서 다시 살아나셨다"(20절). 이는 만삭되지 못하여 난 자로서 부활하신 그리스도를 자기 눈으로 보았던 바울의 명백하고 적극적인 선포이다. 사도는 부활을 확언하면서 이런 진리를 확증한다: "그리스도는 잠자는 자들의 첫 열매가 되셨도다"(20절).

사망이 사람으로 말미암았다(21절).

죽은 자의 부활도 사람(그리스도)으로 말미암는다(21절).

아담 안에서 모든 사람이 죽었다(22절).

그리스도 안에서 모든 사람이 삶을 얻는다(22절).

그리스도는 부활의 선구자이시다(23절).

다음에는 그리스도 강림하실 때에 그에게 붙은 자이다(23절).

그리스도는 역사의 마지막 장, 만물의 끝을 기록하실 것이다(24절).

모든 정사와 모든 권세와 능력을 멸하실 것이다(24절).

모든 원수가 그 발 아래 있을 것이다(25-27절).

그리스도가 멸하실 마지막 원수는 사망이다(26절).

아들은 만물을 자기에게 복종케 하신 아버지께 복종케 될 것인데 이는 하나님이 만유의 주로 만유 안에 계시려 하심이다(28절).

D. 실천적 적용(29-34절)

사도는 죽은 자가 부활하지 못하면 죽은 자를 위한 세례가 아무 소용이 없다고 말한다(29절). 왜 초대 교회가 죽은 자를 위한 세례를 시행했는지의 이유에 관하여 몇몇 이론이 제시되어 왔다. 확실히 이는 죽은 자를 위하여 공로를 얻는 대리적 세례가 아니었다. 이 문제가 완전히 해결되지 않았지만, 이 관행은 죽은 자들을 기념하기 위하여 존중하는 심정에서 생긴 것 같다. 세례 지원자가 세례를 받기 전에 죽으면, 아마 그의 믿음을 교회에 증거하기 위하여 어떤 사람이 그를 대신하여 세례를 받았을 것이다. 바울은 그런 관행을 칭찬하지도 정죄하지도 않는다. 그는 단지 부활을 부인했던 자들을 반박하는 주장으로써 그것을 사용할 따름이다.

부활이 없다면 그리스도인이 위험을 무릅쓰는 것이 뜻없는 일이다(30-32). 오히려 그리스도인은 이교의 철학을 따르는 게 자연스러울 것이다: "내일 죽을 터이니 먹고 마시고 즐기자."

부활의 부인은 기독교적 교제를 위한 기초를 부순다(33절). 그런 부인은 뛰어난 지식의 표시가 아니다. 그것은 무지의 표시이다(34절).

E. 부활의 철학(35-39절)

자연계에서 죽음은 생명에 필수적이다(36절).

우리가 뿌리는 것은 장래 형체를 뿌리는 것이 아니고 알갱이뿐이다(37절).

하나님이 종자에게 그 형체를 주시듯이 부활 때 새로운 형체를 주신다(38절).

하나님이 동물에게 환경에 적합한 육체를 주시듯이 그리스도인에게 부활의 환경에 적합한 육체를 주실 것이다(39절).

F. 부활에서 다양성과 대립(40-44절상)

별이 크기가 다르듯이 부활 때 각 육체가 영광에서 다를 것이다(40, 41절). 부활 때의 상급은 하나님의 이름으로 행한 사람의 믿음과 기도와 봉사에 일치하게 될 것이다. 부활에서 지분이 없는 사람은 없을 것이다.

부활 때에 썩을 몸과 썩지 않을 몸의 대립이 놀라울 정도로 완전해질 것이다(42, 44절상). 사멸성은 불멸성 안에서 사라질 것이다.

G. 사람은 썩을 것으로 창조되었지만 썩지 않을 자로 계획되었다(44-49절)

"사람은 두 세계를 위하여 지음받았다"(44절하).

사멸성에서 인간의 연합적 머리는 아담이다(45-47절).

불멸성에서 인간의 연합적 머리는 그리스도시다(45-47절).

사람이 사멸하는 점에서 아담처럼 창조되었지만, 그처럼 불멸성에서 그리스도와 같이 창조되었다. 사람이 불멸성에서 그리스도와 같다는 것은 그리스도를 구주와 주로 영접하는가에 달려 있다.

H. 사망의 정복(50-58절)

예수님의 부활은 마지막 부활에 모든 신자가 사망을 궁극적이며 완전하게 정복할 수 있게 한다.

부활은 만대의 절정적 사건, 모든 시간의 가장 찬란하고 굉장한 일일 것이다(51, 52절). 신자에게 이 썩을 것이 썩지 않을 것을 입을 것이며 죽을 것이 죽지 아니함을 입을 것이다(53절). 사망에 대한 승리는 완전해질 것이다. 사망은 이김의 삼킨 바 될 것이다(54, 55절).

이 이김은 그리스도로 말미암는다. 그리스도는 수의를 벗고 허리에 매달려 있는 사망과 죽음의 열쇠로 텅빈 무덤에서 걸어 나오셨다(57절). 부활은 우리의 소망의 기초이다. 부활은 우리의 견고한 믿음과 "주의 일에 더욱 힘씀"이 헛되지 않음을 보장한다(58절).

고린도전서 제16장

연보에 관하여

16:1. "성도를 위하는 연보에 대하여는 내가 갈라디아 교회들에게 명한 것같
이 너희도 그렇게 하라."

I. 역사적 배경

문제의 연보는 예루살렘의 가난한 성도를 위한 것이다(3절). 그와 같은
권유는 바울이 마음으로 소중히 여기는 일이었다. 교회의 이방인 교인과
유대인 교인을 한데 묶으려는 열망에 사도는 이 헌금을 이 목적에 대한
수단으로 보았다. 이 예루살렘 신자들은 심한 핍박을 겪고 무서운 괴로움
을 겪고 있었다. 그들은 물질적 번영이 주로 예식과 종교의식에 달려 있는
도성에서 안정되게 일자리를 얻는 것이 어려움을 발견했다. 바울은 항상
지역 교회의 성도들에게 예루살렘의 형제들에게 기부금을 보내도록 권장
하곤 했다.

II. 용어 해설

바울은 여러 서신과 설교에서 이 연보를 서술하는 아홉 가지나 되는 상
이한 낱말을 사용한다. 여기서 그는 연보를 로기아라고 부른다. 이 말은
"별도로 모은 것"을 뜻한다. 로기아는 내야 할 세금에 짝을 이루는 어떤
것이었다. 즉 그것은 별도의 헌금이었다. 법적으로 하지 않을 수 없는 책무
를 담당하는 것으로는 자신의 기독교적 의무를 결코 만족시키지 못한다.
예수님은 "너희가 남보다 더 하는 것이 무엇이냐?"(마 5:47) 하고 물으셨
다. 이런 정의에 비추어 볼 때 십일조 이상의 헌물은 기독교적 헌금을 위

한 규범이다.

Ⅲ. 교리적 의의

연보를 내는 것은 "성도를 섬기는 교제"의 표현이다. 이는 기도와 말씀 전파와 마찬가지로 기독교 사역의 한 부분이다. 헌금하는 교회는 사역을 확대하고 영적 능력을 확장한다.

Ⅳ. 실천적 목표

청지기직의 문제에서, 주된 문제는 "내가 무엇을 지킬 것인가?"가 아니라 "내가 무엇을 줄 수 있는가?"이다. 그리스도인이 나눔의 교제에 참여하게 함으로써 기독교 헌금의 근본 원리를 실천하기 위하여.

Ⅴ. 설교 개요

제목: **"연보에 관하여."**

도입부

"성도를 섬기는 교제"는 교회의 건덕을 위하여 궁핍한 성도를 돕기 위하여 늘 행할 사역이다(2절). 그런 사역은 인종적·민족적·교단적 구분과 상관없이 하나님 나라를 땅에 전파하는 데 필수 불가결의 수단이다. 예수님은 말씀하셨다: "너희가 내 형제 중에 지극히 작은 자 하나에게 한 것이 곧 내게 한 것이니라"(마 25:40). 바울은 (15장에서) 부활의 숭고하고 유쾌한 고찰로부터 (16장에서) "연보에 관한" 현저히 실천적인 논의로 옮겨간다. 기독교의 실제적인 측면들은 기독교의 가장 심오한 영적 체험의 심원한 분위기와 결코 다르지 않다. 연보는 신비한 황홀과 마찬가지로 하나님의 경륜의 한 부분이다.

A. 기독교적 헌금의 원리(1-4절)

바울은 일찍이 예루살렘 성도들의 궁핍에 관심을 기울였지만, 그 일에 관하여 이루어진 일이 없었다. 고린도 교회를 움직여 활동하게 하려고 바울은 이전에 갈라디아 교회에 전한 교훈을 되풀이한다. 이 지시는 기독교 적 헌금과 재정 조달의 원리를 구체화한다.

1. 모든 사람이 참여해야 하며 과부라도 성의를 보여야 한다. "각 사람이 저축하여 두어서……"(2절).

2. 헌금은 규칙적이어야 한다 — "매 주일 첫날에……"(2절).

3. 헌금은 균형이 잡혀야 한다 — "이를 얻은 대로……"(2절).

4. 적절한 헌금은 좀더 깊은 영적 사역을 위한 길을 닦는다 — "내가 갈 때에 연보를 하지 않게 하라"(2절). 바울은 연보가 거두어져서 성령의 좀더 깊은 사역에 혼신의 힘을 기울일 수 있게 되기를 바랐다.

5. 하나님이 헌금 사역에 큰 상을 주시는 사실이, 사도가 부활의 놀라운 설명 바로 다음의 장에 이 주제를 다루는 것에 암시되어 있다.

6. 구제 기금을 운영할 때는 신중해야 한다 — "내가 이를 때에 너희의 인정한 사람에게 편지를 주어 너희의 은혜를 예루살렘으로 가지고 가게 하리니"(3절).

7. 구제의 헌금은 적절해야 하며 직분의 위엄과 헌금하는 사람의 자존심과 일치해야 한다. 바울은 자신이 가는 것이 합당하면 예루살렘으로 헌금을 가지고 가는 자들과 함께 할 수 있음을 보여준다(4절).

8. 다른 사람들을 위하여 헌금을 거둘 때 교회는 편협한 분파적 전망에서 벗어난다. 가정은 해외에 있는 사람에게 헌금하여 부요하게 된다. 우리 손의 빵을 잘라 다른 사람에게 나누어줄 때 빵 덩어리는 커진다.

B. 바울의 가까워진 방문(5-12절)

바울은 가난한 자를 위한 헌금 때문에 고린도를 방문할 뜻이 있음을 말한다. 그는 이제 자신의 계획을 좀더 직접적으로 밝힌다. 그는 마게도냐를 거쳐서 고린도로 가려 한다. 의심할 나위 없이 그의 여행은 교회들을 굳게 하려는 목적 때문이다. 그는 고린도 형제들과 상당한 시간을 보내고자 한다. 당장은 에베소에서 오순절까지 머물게 될 것이다. 이는 이곳에서 "내게 광대하고 공효를 이루는 문이 열리고" "대적이 많기" 때문이다. 공효를 이루는 문이 열릴 때마다 대적이 있다. 그 문이 크게 열릴수록 대적은 많아 진다(9절). 바울은 아볼로더러 고린도로 돌아오도록 권하려 했지만, 그가 "지금은 갈 뜻이 일절 없다"(12절). 성령으로 충만한 선한 사람들이 때때로 어떤 행동에서는 일치하지 않을 수 있다. 아볼로가 반대했을 때 바울은 복음으로 낳은 아들 디모데를 보냈다. 고린도 교회에게 디모데를 사랑하고 존경하라고 권한다.

C. 마지막 권고와 인사말(13-24절)

우리는 여기서 이별의 훈계를 연이어 접한다: "깨어라", "굳게 서라", "장부답게 처신하라", "강건하라", "모든 일을 사랑으로 행하라"(13, 14절).

에베소에서 바울은 스데바나와 다른 사람들에게서 고린도 일에 대하여 직접 듣고 마음에 원기를 회복한다(17절).

에베소에서 아굴라와 브리스길라 그리고 "모든 형제"가 인사를 보낸다(19, 20절상).

바울은 "거룩하게 입맞춤으로 서로 문안하라"(20절하)고 권한다. 이는 초대 교회의 관습으로 기도의 끝이나 성례를 갖기 전에 행한 것이 분명하다. 입맞춤은 추하게 하지 않았고 남녀간에는 하지 않았다. 교회가 성장하면서 이 관습은 사라졌다.

바울은 자필로 인사말을 쓴다: "나 바울은 친필로 너희에게 문안하노니"(21절).

그는 그리스도를 사랑하지 않는 모든 자를 주의하라고 경고한다. 그런 자는 "저주"를 받을 것이다. 추방자가 될 것이다. 그런 다음 그는 아람어로 "마라나타"라고 덧붙인다. 이는 "주여 오시옵소서"를 뜻한다.

그는 그들에게 축복한다: "우리 주 예수 그리스도의 은혜가 너희와 함께 할지어다."

사도의 마지막 말은 이 서신의 온유한 정신을 보여 준다: "나의 사랑이 그리스도 예수 안에서 너희 무리와 함께 할지어다. [아멘]"

고린도후서

고린도후서 제1장

환난의 때

1:8 "형제들아, 우리가 아시아에서 당한 환난을 너희가 알지 못하기를 원치
아니하노니 힘에 지나도록 심한 고생을 받아 살 소망까지 끊어지고."

I. 역사적 배경

고린도에 세워진 교회는 참으로 위대한 사도의 일에 대한 기념비적 증
거였다. 바울이 그 도시를 떠난 후에 기독교 공동체는 사도와 그의 가르침
을 의심하려 했던 거짓 선생에게 공격을 당했다. 바울은 영적 아버지로서
고린도인들에게 편지하면서 그들을 위하여 당했던 희생과 고난에 관심을
기울인다. 바로 이 서신에서 바울의 개인 생활에 대한 가장 상세한 점을
발견한다. 여기서 독자는 양들에 대한 목자의 깊은 관심을 분명하게 인식
하게 된다.

이 서신의 핵심 절은 12장 9절이다. '내 은혜가 네게 족하도다. 이는 내
능력이 약한 데서 온전하여짐이라 하신지라. 이러므로 도리어 크게 기뻐함
으로 나의 여러 약한 것들에 대하여 자랑하리니 이는 그리스도의 능력으
로 내게 머물게 하려 함이라."

이 1장은 환난의 때에 하나님의 충족하심을 말한다.

II. 용어 해설

"너희가 알지 못하기를 원치 아니하노니." 그 다음의 내용을 부각시키는
강조적 표현. "우리의 환난"에 관한 것이다. 이는 분명 두려운 경험인데, 우
리로서는 구체적인 내용을 알지 못하는 것이다. 그때 바울은 큰 위험 가운

데 있었다. 죽음이 가까이 있음을 가리키는 표시가 있었다. "심한 고생을 받아." 짓눌려. 고대 영국에는 죄인의 가슴에 무거운 것을 두어 거기에 눌려 죽게 하는 형벌이 있었다. 바울은 죽음에 이를 정도로 무거운 것에 짓눌리고 있다고 믿었다. "살 소망까지 끊어지고." 신영어성경은 이렇게 되어 있다. "우리는 마음에 사형 선고를 받은 것처럼 느꼈다."

Ⅲ. 교리적 의의

그리스도인은 환난을 회피할 수 없다. 하지만 그리스도를 통하여 그리스도인은 환난에서 승리할 수 있다. 그리스도인에게 환난은 권징의 조치이며, 그로 하여금 하나님께 좀더 완전히 의지하게 한다. 악과 고난의 오랜 문제는 철학적 접근법으로 측량될 수 없다. 그러나 "죽은 자를 다시 살리시는"(9절) 분을 통하여 이 문제를 맞서서 이길 수 있다.

Ⅳ. 실천적 목표

하나님이 삶의 모든 환난에 충족하시다는 사실을 우리가 좀더 충분히 인식하도록 하게 하려고. 또한 하나님이 주시는 위로가 이기적으로 사용되지 않고 다른 사람을 돕는 데 사용되어야 한다는 것을 우리가 깨닫도록 도우려고. 하나님의 복은 다른 사람들과 나눌 수 있도록 하려고 우리에게 주어진다.

Ⅴ. 설교 개요

제목: "환난의 때"

도입부

아시아에서 바울이 당한 환난은 그의 삶에서 매우 중요한 이정표였다. 이는 바울이 잊을 수 없는 체험이었다. 이로부터 하나님을 의지하는 새로운 느낌이 생겼다. 하나님이 바울의 삶에 계시므로, 바울의 환난은 이김 삼킨 바가 되었다. 바울은 이전에 알지 못했던 새로운 믿음의 정박지를 발견했다.

A. 환난에 처한 사람들은 위로의 하나님에게 도움을 받을 수 있다(3-7절).

이 서신의 인사말은 바울의 다른 서신들의 머리말과 비슷하다. 하지만 여기서 하나님은 다른 서신들의 머리말에 나오지 않는 두 가지 칭호로 두드러지신다: "자비의 아버지시요 모든 위로의 하나님"(3절). 사도는 개인적 체험으로부터 다음과 같이 쓴다: "모든 위로의 하나님." 하나님은 자녀의 환난을 괘념치 아니하지 않으신다. 그분은 그들을 위하여 언제나 희생하실 수 있다. 그분은 "우리의 모든 환난 중에서 우리를 위로하신다"(4절). 그분이 우리를 도우심은 "우리로 하여금 하나님께 받는 위로로써 모든 환난 중에 있는 자들을 능히 위로하게"(4절) 하려 하심이다. 바울은 받은 위로 때문에 다른 사람들에게 위로의 원천이 되었다. 하나님의 위로는 괴로움 가운데 있는 모든 자를 감싼다. 이는 복음의 복된 소식의 다른 국면이다. 복음의 "누구에게든지"의 특징은 단순히 구원을 구하는 죄인이 아니라 생명을 유지해야 할 필요가 있는 성도도 감싼다.

하나님이 주시는 위로는 아들이신 그리스도의 공로를 통하여 온다: "우리의 위로도 그리스도로 말미암아 넘치는도다"(5절). 바울은 자신의 곤경이 단순히 맹목적 세력의 필연적 결과가 아니라 하나님이 복을 주실 특별한 목적으로 허용하신 것임을 함축한다. 고린도 사람들은 또한 곤경을 겪었다. 바울은 그들로 시련을 견딜 준비를 갖추게 하려고 하나님의 위로를 받았다(6절). 그리스도인은 그리스도와 어떤 고난을 함께 받든지 그리스도로부터 받는 위로로 더욱 보상받는다.

B. 죽음을 맞닥뜨림

"공포의 왕" 죽음은 사람의 대적이다. 사단은 하나님의 자녀를 두렵게 하고 패배케 하려고 마지막에 죽음을 사용한다. 사람이 무덤의 공포로부터 건짐을 받는다면, 장차 올 어떤 것도 두려워할 필요가 없다. 바울은 "살 소망까지 끊어진"(8절) 결과, 하나님에 대한 흔들릴 수 없는 확신이 있었다. 사도는 무덤의 문지방에서 벌이는 이 싸움의 목적이 "우리로 자기를 의뢰하지 말고 오직 죽은 자를 다시 살리시는 하나님만 의뢰하게 하심이라"

(9절하)고 말한다. "죽은 자를 다시 살리시는 하나님"을 믿는 흔들리지 않는 믿음에는 패배가 있을 수 없다. 다시 생명을 가져다주는 하나님의 능력의 증거는 그리스도의 부활이다. 모든 괴로움에서 건지심을 바라는 바울의 기대는 하나님에 대한 신뢰이다. 권징으로서 괴로움이 갖는 가치는 우리로 하나님을 완전히 의지하게 하는 것이다. "다른 모든 토대는 가라앉는 모래이다."

C. 사람을 맞닥뜨림

그리스도인의 삶은 단독으로 영위할 수 없다. 사람들과 접촉해서 살아야 한다. 이런 영역에서 그리스도인의 믿음은 엄한 시험을 치른다. 하지만 바울은 하나님의 은혜가 이런 시험에 충족하다는 사실을 즐거워한다(12절). 가령 자신의 영적 자녀인 고린도 그리스도인들이 복음의 가르침을 왜곡하려 하는 다른 지도자에게 돌이킴으로써 실망을 시킬 때에도 그렇다.

바울은 고린도에서 좌절스러웠지만, 자신과 고린도인들이 동의하는 일들을 강조함으로써 이해를 쌓으려 한다(13, 14절). 바울이 고린도 교회에 약속한 두번째 방문을 지체했으므로, 그들은 바울의 숨은 동기를 비난하고 그의 말의 진실성에 이의를 제기하는 것 같다(15-18절). 이런 비판과 오해 가운데서 사도는 지혜롭고 온유하게 자신을 변호한다(15-22절). 그는 자신의 큰 위험과 그로 인한 결과를 말함으로써 이 동감을 일으킨다. 그는 그들의 기도를 확신하므로 장차 당할 위험에서 건짐받을 것을 기대한다고 지적함으로써 그들의 신뢰를 유도한다 그리고 그는 모든 일에서 자신의 행위가 하나님의 은혜에 지배되었음을 말할 뿐이다.

이 모든 일에 그리스도가 높이 되신다(19-22절). 그리스도는 괴로움과 오해의 시기마다 하나님의 모든 약속에 대한 확증이시다. 오해를 받는 사람이 그리스도를 바랄 때, 쓰라림은 기쁨으로 변한다(24절).

고린도후서 제2장

언제나 승리함

2:14. "항상 우리를 그리스도 안에서 이기게 하시고 우리로 말미암아 각처에서 그리스도를 아는 냄새를 나타내시는 하나님께 감사하노라."

I. 역사적 배경

고린도 교회에서 바울은 자신의 전체 사역에서 가장 까다로운 상황 가운데 하나를 만났다. 분열과 오해와 추잡한 죄가 있었고, 심지어 자신의 사도됨이 의심받았다. 그가 이 불의의 성에서 세운 교회는 많은 점에서 그의 전체 사역의 상이었다. 그가 세운 모든 교회들 중에서 이 교회가 가장 컸다. 여기서 참으로 복음은 구원을 주시는 하나님의 능력이었다. 사단은 하나님의 위대한 일을 방해하는 데서 특별한 희열을 취한다. 바울은 그런 상황을 다룰 때 큰 지혜를 사용했다. 그는 이 문제를 마음에 안았다. 그것을 하나님께 가지고 갔다. 그것에 관하여 무엇인가를 행했다. 고린도 전후서는 바울이 그 문제에 대하여 행한 것에 관한 표현이다.

II. 용어 해설

"항상 우리를 그리스도 안에서 이기게 하시고." 여기서 "이김"을 뜻하는 헬라어는 현재시제 여격 단수 남성 분사인 트리암베우오인데 그 뜻은 "승리 가운데 이끌다", "승리를 기념하다", "승리하게 하다"이다. 여기서 가리키는 것은 유명한 로마 개선식이다. "그리스도를 아는 냄새를 나타내시는." 냄새에 해당하는 헬라어 오스멘은 "향수 냄새"로 가득함을 뜻한다. 여기서 가리키는 것은 로마 개선식에서 냄새 좋은 향을 담은 향로를 흔들고 행진하는 제사장들이다. 그리스도인이 갖는 하나님의 지식은 향기로운 향기로서 신자에게는 생명을 뜻하며 불신자에게는 사망을 뜻한다.

Ⅲ. 교리적 의의

그리스도는 그리스도인이 직면하는 그 어떤 삶의 정황에서도 늘 이김을 주실 것이다. 범법자에 대한 형벌의 권징이 있지만, 회개가 참될 때는 사죄와 격려가 뒤따른다(6-8절). 그리스도를 통한 우리의 사죄는 죄를 뉘우치는 다른 사람을 우리가 온전히 용서할 마음이 생기게 한다.

Ⅳ. 실천적 목표

권징과 바로잡음이 관련되는 상황에서 사랑이 승리하게 하려고(4절). 사랑의 정신으로 뉘우치는 자를 용서하기 위하여. 사단이 용서치 않는 정신을 갖고 있는 자들을 이용하지 못하게 하려고(11절). 우리의 증거가 하나님의 지식을 전파할 때 향기로운 냄새가 되게 하려고.

Ⅴ. 설교 개요

제목: "언제나 승리함."

도입부

그리스도인의 삶은 전쟁이다. 사단은 그리스도인이 땅에서 순례하는 길마다 싸움을 건다. 바울은 그것을 알았다. 이 장의 처음 몇 절에는 바울이 맞붙어 싸웠던 달갑지 않은 상황의 메아리가 들리지만, 그리스도를 믿는 사도의 믿음은 흔들리지 않았다. 그의 기쁨과 그의 승리는 13절에 기록된 실망 가운데서도 흐려지지 않았다.

A. 불행한 일들의 메아리(1-4절)

바울은 무거운 마음으로 고린도 교회를 찾았던 첫번째 방문을 언급한다(1절). 이는 아마 급한 여행이었을 것이다. 고린도전서의 기록에 따르면 그 여행에 관해서는 바울이 실망했던 이야기밖에 없다. 고린도의 형편은 나아지지 않고 악화되었다. 아마 바울은 "근심하며" 급히 방문한 후에 또 다른 편지를 썼던 것 같다. 4절은 그런 것을 가리킨다: "내가 큰 환난과 애통한 마음이 있어 많은 눈물로 너희에게 썼노니."

바울이 이처럼 힘든 상황에서 유지했던 평정과 판단, 꺾이지 않는 신뢰와 기쁨은 모든 그리스도인에게 모범이 된다. 사도는 약속한 대로 고린도를 다시 방문하려니 마음이 위축되는 것을 느꼈다. 왜냐하면 그런 방문은 자신과 고린도 사람들의 마음만 상하게 할 뿐이었기 때문이다. 이번에는 방문을 연기하는 것이 좋았다. 하나님의 시계는 일초도 틀리지 않는다. 행간을 읽을 때, 바울이 사랑하던 자들을 호되게 대해야 했을 때 그 마음을 어느 정도 읽게 된다. 그는 마음을 상하게 하고 싶지 않지만 그들의 최고 유익을 충실히 도모하기 위하여 눈물로 글을 썼다. 그는 죄는 경멸하지만 죄인은 사랑한다.

바울은 고린도 교회에 대한 신념을 표현한다. 물론 그것 때문에 그는 큰 실망에 빠졌다: "너희 무리를 대하여 나의 기쁨이 너희 무리의 기쁨인 줄 확신함이로라"(3절). 바울의 서신을 보면 책망은 아껴서 사용하고 사랑은 항상 있다(4절). 기독교적 책망은 결코 모질지 않다. 바울의 관심사는 주의 기쁨이 사단의 올무에 빠진 자들에게 회복되도록 하는 것이다.

B. 죄인의 용서(5-11절)

고린도 교회는 결국 바울의 엄한 책망과 하나님의 명령을 악명 높게 범한 자에게 권징을 시행하라는 바울의 권고에 주의했다. 그러나 문제의 사람이 벌을 받고 합당히 회개한 후에 교회는 그를 용서하고 회복시키지 못했다. 이 뉘우치는 죄인에 대한 완전한 용서와 회복을 바라는 바울의 간청은 바울의 그 어떤 서신도 능가하는 영적 감동의 걸작이다(6-8절). 하나님께 대한 신앙을 고백하며 따르는 자들 가운데 누구의 마음에든 용서치 않는 마음이 있다면 그것은 가장 큰 죄이다. 이는 사단의 궤계를 입증한다(11절).

권징 시행의 동기는 복수가 아니라 바로잡음이어야 한다. 형벌을 위함이 아니라 변화를 위함이다.

C. 그리스도 안에서 이김(12-16절)

바울이 드로아에 갔을 때, 복음 전파의 큰 문이 그에게 열렸다(12절). 그렇지만 바울은 다시 쓰린 실망에 빠지게 되었다. 그는 고린도에서 전개된 일을 직접 듣기 위하여 드로아에 디도를 만나러 갔지만 허사였다(13절). 고린도 형제들에 관한 바울의 관심이 그러했으므로 그는 디도를 만나기 위하여 즉시로 마게도냐로 갔다.

드로아에서 실망한 일과 관련하여 바울은 신약에서 발견할 수 있는 가장 승리에 찬 기독교 증거 가운데 하나를 말했다(14절). 로마의 개선식은 고대 세계에서 가장 다채로운 광경에 속했다. 로마 장관에게 정복의 기준은 엄격했다. 그는 외국 원수와 싸워 승리할 때 최고 사령관이어야 한다. 그런 다음에 그는 개선식을 펼치며 로마로 돌아왔다. 그는 한 번의 전투에서 최소한 5,000명의 적을 죽여야 했다. 공격할 때 로마 제국의 영토를 확장해야 했다. 로마의 개선식은 로마 장군이 누릴 수 있는 최고의 명예였다. 이는 아마 그의 삶에서 중요한 사건이었을 것이다. 기념식날은 세계의 수도에 가장 찬란한 날이었다.

바울은 로마의 거리를 거쳐 신전으로 개선 행렬이 이어지는 감동적인 장면을 그린다. 국가의 관리와 원로원은 길다란 행렬의 머리에 선다. 다른 중요한 인물들과 장면은 순서에 따른다: 나팔수, 정복한 땅에서 가져온 전리품, 그 나라의 그림과 정복한 요새의 모델, 제사를 드리기 위하여 끌고 다니는 흰 소, 사슬에 묶인 적국의 왕자와 지도자와 장군을 포함한 포로들, 매를 들고 있는 릭토르(lictor, 집정관 등을 따라다니며 죄인을 잡던 관리—역주), 수금을 든 음악가, 좋은 냄새 나는 향이 담긴 향로를 흔드는 사제들이 있고, 그런 다음 자주빛 옷을 입은 장군이 네 마리의 흰말이 끄는 마차 위에 서서 손에는 꼭대기에 로마 독수리가 새겨진 상아 홀을 들고 있으며 노예 하나가 주피터의 관을 장군의 머리 위에 들고 있으며, 마지막으로는 온갖 장식을 단 군대와 승리의 외침인 "이오 트리움페"라는 함성이 있다.

그런 다음 바울은 로마의 모든 장군보다 더 위대한 정복자 즉 모든 것을 정복하시는 그리스도를 보았다. 그는 사망과 지옥과 무덤의 정복자이신 자기 주님의 개선식에서 행진하는 자신을 본다. "이오 트리움페"라고 외치는 로마 군대와 달리 바울은 만대의 구속받은 자들의 외침을 듣는다. "큰 음성이 가로되 죽임을 당하신 어린양이 능력과 부와 지혜와 힘과 존귀와 영광과 찬송을 받으시기에 합당하도다." 사도는 로마의 개선식에서 좋은 냄새 나는 향이 담긴 향로를 흔드는 사제를 그린다. 바울은 그들을 보고 "하나님께 왕과 제사장"이 되었고 이제 개선식에서 행진하고 있으며 "각처에서 그리스도를 아는 냄새를"(14절) 나타내는 삶을 사는 무리를 생각한다. 로마 개선식에서 사제의 향로에 담긴 좋은 냄새 나는 향은 승리자에게는 생명의 냄새였지만 포로에게는 사망의 냄새였다. 바울은 그리스도의 복음을 전파할 때 동료 사도들과 함께 자신을, 그리스도를 영접할 사람들에게는 좋은 향기 나는 냄새로서, 그리스도를 거부하는 자들에게는 사망의 냄새로서 본다.

D. 누가 감당하리요?(16, 17절)

사도는 로마 개선식의 장면을 다음과 같은 의문문으로 끝맺는다. "누가 이것을 감당하리요?" 모든 것을 정복하시는 그리스도의 개선식에 누가 나아가리요? 요한은 밧모 섬의 이상(異像)에서 한 힘있는 천사로부터 비슷한 질문을 들었다. "누가 책을 펴며 그 인을 떼기에 합당하냐?" 이런 일에 합당한 사람은 아무도 없다. 인간의 철학도 도덕 법전도 윤리 체계도 합당치 않다. 바울은 오직 그리스도 안에서 이런 일들을 감당할 수 있음을 발견했다(7절).

고린도후서 제3장

영광으로 영광에

3:18. "우리가 다 수건을 벗은 얼굴로 거울을 보는 것같이 주의 영광을 보매
저와 같은 형상으로 화하여 영광으로 영광에 이르니 곧 주의 영으로 말
미암음이니라."

I. 역사적 배경

고린도 교회는 길다란 천거서를 가지고 온 거짓 교사 때문에 골치를 썩
었다. 의심할 나위 없이 이들은 바울의 일을 헛되게 하려고 유대인이 보낸
사람들이었다. 고린도 교회의 일각에서는 바울의 자격에 관하여 의견이 왔
다갔다 했다. 그의 사도됨에 이의를 제기하고 있었던 것이다. 바울은 자신
도 천거서를 제시해야 하는가 하고 묻는다. 그는 고린도 그리스도인들이
"뭇사람이 알고 읽는" 자신의 유일한 추천장 즉 그리스도의 편지라고 그
들에게 상기시킨다. 그리스도는 바울을 통하여 자신의 메시지를 돌비에 쓰
지 아니하시고 인간 마음에 쓰셨다. 이 새로운 생명의 길은 성령의 길이며
이전의 의문의 길보다 훨씬 영광스럽다. 이전의 길은 끝났다. 그러나 새로
운 길은 "영광으로 영광에" 이른다.

II. 용어 해설

"[그러나] 우리가 다." 하나님의 영광을 백성의 단독 대표로서 체험한
모세와 다르다. 성령의 새로운 생활에서는 모든 사람이 그 영광에 참여할
수 있으며 심지어 "영광에서 영광"으로 나아간다. "벗은 얼굴로." 헬라어로
는 "열다, 진짜 특징과 상태로 드러나다"를 뜻하는 아나케칼륌메노의 여격

단수, 중성, 과거분사완료형으로 되어 있다. "거울로 보는 것 같이 주의 영광을 보매." 의역신약성경은 이렇게 번역한다: "계속 주의 영광을 보며 거울처럼 반영한다." "같은 형상으로 화하여." 그리스도의 모양으로 화한다. "영광으로 영광에 이르니" 광채가 점점 커진다. "주의 영으로 말미암음이니라." 개역성경의 번역은 이렇다: "영이신 주로부터."

III. 교리적 의의

시간에서든 영원에서든 기독교적 체험에는 종국성이 없다. 언제나 "영광으로 영광에 이르는" 규칙이 있을 뿐이다. 교회의 본질적이며 최상의 일은 "뭇사람이 알고 읽는 바" "심비에 새겨진" 그리스도의 "편지"를 만드는 것이다. 기독교 체험에는 항구적 장소가 없다. 사람은 점점 광채를 더하며 "영광으로 영광에" 나아가거나 점점 수치를 당하며 패배에서 패배로 나아간다.

IV. 실천적 목표

"그리스도의 편지"가 되는 영광에 대하여 깨닫기 위하여. 영광이 있음에 관하여 조심하는 마음을 불러일으키기 위하여. 모든 하나님의 자녀가 점점 진보하며 산다는 것을 좀더 충만히 깨닫기 위하여.

V. 설교 개요

제목: **"영광으로 영광에."**

도입부

하나님의 길은 자기 자녀에게 영광과 광채가 더해지게 하는 길이다. 그리스도인에게는 언제나 더 좋은 것이 앞에 있다. "오직 여호와의 율법을 즐거워하여 그 율법을 주야로 묵상하는 자로다. 저는 시냇가에 심은 나무가 시절을 좇아 과실을 맺으며 그 잎사귀가 마르지 아니함 같으니 그 행사가 다 형통하리로다"(시 1:2, 3). 고린도후서 3장의 주제 절은 개인적인 의문을 제기한다: "내가 지금 삶에서 하나님의 영광을 누리고 있는가?" 하나님은 자녀를 위하여 풍족히 갖고 계신다. 나는 하나님이 나를 위하여 가지시는 영광을 얻고 있는가? 이렇게 물을 수도 있다. 나는 영광으로 영광에 이르도록 변하고 있는가? 나는 새로운 영적 정상으로 올라가고 있는가? 나는 하나님의 은혜가 펼쳐지는 파노라마를 목격하며 새로운 정상에 발을 대고 있는가? 너무도 많은 사람이 낮은 곳에서 살고 있다 그러나 하나님은 우리가 높은 데 살도록 정하셨다.

몇 년 전에 시골 교회의 복음 전도 모임에 갔다가 농부의 집에서 환대를 받은 적이 있다. 농장 뜰에는 커다란 캐나다 혼커 종의 야생 거위가 몇 마리 있었다. 사람들은 이 거위를 잡아 날개를 자르고 농장의 땅에서 지내도록 했다. 큰 몸뚱아리와 긴 목을 가진 이 새들은 농장의 가금들과 비교할 때 위엄있게 돋보였다. 이 거위들은 가금 가운데서 거칠 것 없는 힘으로 돌아다녔다. 철새의 이동 기간 동안 야생 거위들이 먼 곳으로 날아가고 있을 때, 농장 뜰에 있는 이 거위들은 귀청이 떨어질 듯이 날아가는 거위들을 부르곤 했다. 그들은 농장 뜰에서 살도록 되어 있지 않고 높은 곳에서 살도록 되어 있었던 것이다. 그리스도인도 높은 데서 살도록 되어 있다.

A. 살아 있는 편지의 영광(2, 3절)

두툼한 천거서를 가지고 고린도 교회에 왔던 몇몇 거짓 교사들은 바울의 사도됨을 불신하게 만들려 했다. 그러나 바울은 아무도 반박할 수 없는, 자신의 사도됨을 확증하는 천거서를 갖고 있었다. 그것은 사도의 설교를 통하여 그리스도에 대한 구원얻는 지식을 얻게 된 고린도 그리스도인들이었다. 모든 그리스도인은 자신의 삶 즉 그리스도 안에서 하나님과 함께 행하는 행보라는 편지를 쓰고 있다. 일찍이 더 좋기는 어린 시절에 이 서신을 시작하는 사람은 참으로 복되다. 예수님은 말씀하셨다. "어린아이들을 용납하고 내게 오는 것을 금하지 말라." 성장하여 "나이 지긋한 때까지" 성숙하는 "산 편지"보다 하나님의 영광에 더 멋지게 기여하는 것이 무엇인가. 세상 사람들은 성경을 읽지 않겠지만, 그리스도의 "산 편지"를 읽지 않을 수는 없다. 그리하여 세상은 죄와 의와 장래의 심판에 대하여 깨닫게 된다. 하나님 안에서 그리스도와 더불어 숨어 있고 진실함과 조촐함과 겸손에 부요한 생명은 그리스도인의 길이 옳음을 보여 주는 결정적인 증거이다.

사도는 쓴다. "우리가 무슨 일이든지 우리에게서 난 것같이 생각하여 스스로 만족할 것이 아니니 우리의 만족은 오직 하나님께로서 났느니라"(5절). 자기 만족은 불모의 편지를 낳지만, 하나님을 의지함은 산 편지를 낳는다.

이 "편지"는 "의문으로 하지 아니하고 오직 영으로 함이니 의문은 죽이는 것이요 영은 살리는 것이니라"(6절). 우리는 성령의 생명을 주시는 능력으로 말미암아 "새 언약의 [유능한] 일꾼"으로 지음받았다. 하나님은 우리가 새 언약의 일꾼으로 적합하도록 영적인 힘을 우리에게 주셨다. 우리는 철저하게 정통주의자일지 모르나 성령의 생명을 주시는 능력을 갖지 못할 수 있다. 마귀도 정통신조를 갖고 있다. 야고보는 말한다. "네가 하나님은 한 분이신 줄을 믿느냐? 잘하는도다. 귀신들도 믿고 떠느니라"(약 2:19). 사단은 불가지론자도 무신론자도 아니며 건전한 정통주의자이다. 우리는 정통주의의 문자에 건전할 수 있지만, 생명을 주시는 성령을 갖지 못할 수 있다. 그리스도의 편지는 심비에 쓰여진다.

B. 옛 언약의 영광과 새 언약의 영광(7-11절)

모세 하의 구약 시대의 영광은 성령 하의 새 시대의 영광과 대비된다. 옛 언약은 영광 가운데 생겼다. 모세가 산에서 내려왔을 때, 그 얼굴이 빛나서 사람들은 그를 볼 수 없었다(출 34:30). 그러나 이 영광의 광채는 곧 사라졌다. 우리는 사람의 마음에 새 생명을 가져다주시는 성령의 시대에서 살고 있기 때문에 훨씬 큰 영광을 기대할 수 있다. 그리스도 안에서 가능하게 된 새로운 관계는 사망이 아닌 생명을 가져다 준다. 이는 결코 사라지지 아니할 영광이다.

참으로 홍수 이전 시대, 족장 시대, 사사 시대, 선지자 시대 등 하나님의 다양한 경영 시기를 줄곧 흐르는 계시의 넓어지는 시내를 따라갈 때 옛 언약에서 영광이 점점 커진다. 이는 지상에서 사실 때 예수님의 영광스러운 시대에서 약속을 성취하시는 성령이 오실 때에 절정에 이르렀다. 그러나 오늘날 우리는 사람의 마음에서 비할 데 없는 영광을 기대하며 살고 있다. 땅에 주님이 오실 영광의 날이다. "주께서 호령과 천사장의 소리와 하나님의 나팔로 친히 하늘로 좇아 강림하시리니 그리스도 안에서 죽은 자들이 먼저 일어나고 그 후에 우리 살아 남은 자도 저희와 함께 구름 속으로 끌어 올려 공중에서 주를 영접하게 하시리니 그리하여 우리가 항상 주와 함께 있으리라"(살전 4:16, 17).

하나님이 경영하시는 다양한 경륜의 전개되는 영광은 소위 "그리스도 안의 어린아이"의 때로부터 영적 이해에 온전한 상태에 도달했을 때까지 그리스도인의 삶에 나타나는 비슷한 점을 보여 준다. 삶의 근심과 시련과 낙심은 더 큰 영광을 위한 토대를 제거하고 있다. 그래서 베드로는 이 지상 생활의 시련과 시험에서 발견되는 영광을 말한다: "그러므로 너희가 이제 여러 가지 시험을 인하여 잠간 근심하게 되지 않을 수 없었으나 오히려 크게 기뻐하도다. 너희 믿음의 시련이 불로 연단하여도 없어질 금보다 더 귀하여 예수 그리스도의 나타나실 때에 칭찬과 영광과 존귀를 얻게 하려 함이라"(벧전 1:6, 7).

C. 영광을 가리는 수건(13-17절)

모세는 아무도 영광이 사라지는 것을 볼 수 없도록 얼굴을 수건으로 가렸다(13절). 옛 언약의 영광은 사라지는 영광이었다. 그리스도는 결코 사라지지 않으실 것이다. "우리가 이 같은 소망이 있으므로 담대히 말하노니"(12절). 이 영구적 영광은 그리스도인이 큰 담대함으로 증거하고 전파하도록 고무한다. 수건이 모세의 얼굴의 영광을 가렸듯이, 유대인이 회당에서 예배할 때 그들로부터 그리스도 안에 있는 새롭고 더 큰 영광을 가리는 수건이 있다고 바울은 말한다. 그러나 우리 가운데 많은 사람에게도 갈보리에서 우리를 위하여 이루신 그리스도의 영광을 가리는 수건이 있다. 그것은 편견의 수건, 미신의 수건, 미움의 수건이다.

죄는 그리스도의 새로운 영광을 가리는 수건이다(16절). 사람이 죄에서 돌이켜 그리스도께로 갈 때, 수건이 사라진다. "죄가 거하는 곳에서는 영광이 가린다."

성령으로 말미암아 그리스도로부터 오는 이 새로운 생명의 영광은 자유로 가득 찬다. 더 이상 우리는 하나님의 법을 지킴으로써 구원받으려고 발버둥칠 필요가 없다. 왜냐하면 이 법은 우리의 마음에 새겨져 있으며 우리는 성령 안에서 자유롭게 표출한다. 우리는 더 이상 율법주의적 종교의 속박 아래 있지 않다.

D. 영광을 반영하는 거울(18절)

그리스도인은 주의 영광을 밝게 반영하는 거울이 될 수 있다. 두 사람이 오랫동안 사랑과 연합의 유대를 맺으며 남편과 아내로 함께 살 때 결국 서로 닮았다는 말을 들을 정도로 비슷한 성품을 보인다. 그리스도인은 그리스도와 매우 친밀하게 살므로 그리스도의 영광을 반영하는 거울이 된다. 그는 그리스도의 형상으로 더욱 변할 때 주의 영광을 더욱 반영한다.

고린도후서 제4장

우리가 낙심하지 아니하고

4:1. "이러하므로 우리가 이 직분을 받아 긍휼하심을 입은 대로 낙심하지 아
니하고."

I. 역사적 배경

바울의 사역은 엄청난 어려움들로 가득 했다. 그는 소아시아에서 살 소
망까지 끊어지는 심한 시련에 봉착했다. 그는 원수와 친구와 동족 가운데
서 위험에 처했다. 그는 많이 매질당하고 돌에 맞고 죽은 줄 알고 버림 당
하고 옥에 갇혔다. 수치를 당하고 오해를 받았다. 돈을 노리고 사역하며 말
씀에 참되게 행하지 않는다고 비난을 당했다. 그는 삯도 없이 손수 일했다.
"육체의 가시"를 제거해 달라고 기도했지만 헛수고였다. 이 모든 것에도
교회에 대한 염려가 그를 무겁게 짓누르고 있었다. 바울의 자랑과 기쁨이
었던 고린도 교회는 그가 가장 크게 걱정하는 대상이 되었다. 이 교회는
분열과 추잡한 죄와 바울의 지도력에 대한 의심으로 흔들렸다. 하지만 바
울은 이 모든 것에도 흔들리지 않았다. 왜냐하면 자신의 소명이 하나님께
속한 것임을 알았기 때문이다. 이 어두운 배경에서 그는 "우리가 낙심하지
아니하고"라고 증거한다. 이 장에서 두 번 그는 동일한 말로 이처럼 증거
한다.

II. 용어 해설

"우리가 이 직분을 받아." 모세 하의 레위적 직분과 대조를 이루는 성령
의 사역. "사역"에 해당하는 헬라어는 디아코니아의 단순 대격으로 그 뜻

은 "섬김" "봉사" "복음을 봉사할 때 사역에 대한 임무"를 뜻한다. "우리가 긍휼하심을 입은 대로" — 이 사역은 하나님의 긍휼의 선물로 온다. "우리가 낙심하지 아니하고" — 헬라어로는 엥카케오의 1인칭 복수 현재 직설법으로 그 뜻은 "마음을 잃다" "소심하다" "게으름을 피우다" "게으른"을 뜻한다.

III. 교리적 의의

오직 성령을 통하여 기독교적 사역은 해이해지거나 소심해지지 않고 최고조로 유지될 수 있다. 사역이 본질적으로 성령님의 일이라는 것을 깨닫지 못하면 언제나 사역의 무력함에 이른다. 현대 교회에 나타나는 영적 능력의 비극적 결핍은 성령의 사역에 대하여 새로운 신학적 설교적 강조점을 불러일으킨다.

IV. 실천적 목표

믿음이 가장 낙심스러운 상황에서 해이해지거나 흔들리지 않도록 강하게 하고 격려하기 위하여. 전문 사역이든 평신도 사역이건 섬김을 받는 게 아니라 섬기는 것이 기독교 사역의 활동임을 우리가 깨닫도록 돕고, 역풍을 창조적으로 사용하도록 도우려고. 낙담은 자기 연민에 자리를 양보하지 않음을 우리가 주의하도록 도우려고.

V. 설교 개요

제목: "우리가 낙심하지 아니하고."

도입부

사단은 주님의 일에 대한 하나님 자녀의 열정이 느슨해지게 할 목적으로 언제나 하나님의 자녀와 전쟁을 벌이고 있다. 그래서 연약해진 그리스도인의 수는 많다. 신체적인 반사 능력 때문에 영향을 받기 쉬운 사람들이 있다. 그런 사람들은 가족과 친구에게 깊은 관심을 불러일으킨다. 바울은 사단이 계획한 온갖 시험을 겪었던 것 같다. 그러나 그는 믿음에 매우 견고하고 굳건했기 때문에 "우리가 낙심하지 아니하고"라고 말할 수 있었다. 바울을 시련 가운데서 낙심하지 않게 한 하나님의 은혜는 여러분과 나를 어떤 상황에서도 지킬 수 있다.

A. 우리는 그리스도를 전할 때 낙심하지 아니한다(1-6절).

바울은 "우리가 그리스도의 주 되심을 전파한다"(5절)고 말한다. 그리스도는 바울의 사역의 북두칠성이었다. 모든 것이 그리스도께 집중되었다. 그의 설교의 목적은 그리스도였다. 그의 오랜 선교 여행은 온갖 위험 가운데서도 하나의 목적을 갖고 있었으니, 그것은 그리스도를 사람들에게 알리는 것이었다. 그에게 그리스도의 복음은 모든 사람에게 구원을 주시는 하나님의 능력이었다. 그는 내적인 강한 욕구에 이끌렸다. "복음을 전하지 아니하면 내게 화로다." 그는 결코 "그리스도와 그의 십자가에 달린 것"을 전하는 일에서 벗어나지 않았다. 바울에게 그리스도는 모든 것이었다. 그는 그리스도께 자신의 생명을 걸었다.

1. 바울은 그리스도를 전할 때 어떤 일을 포기했다.

a. "숨은 부끄러움의 일." 바울은 비난하는 자 앞에서 자신은 언제나 하나님과 사람에게 매우 엄격하게 정직함을 갖고 행했다고 주장한다.

b. "궤휼 가운데 행함." 바울은 하나님의 말씀을 다룰 때 교묘한 책략을 쓰지 않았다. 그는 모든 대답을 가지고 있는 전문가처럼 처신하지 않았다. 사실상 그는 아무것도 행하지 않았다. 그가 아는 유일한 대답은 그리스도였다.

c. "하나님의 말씀을 혼잡게 함." 사도는 성경을 조작하여 사람의 관점에 맞추는 것을 거부했다. 오히려 그는 모든 사람을 성경에 계시된 진리에게로 데려가려고 했다. 그는 진리의 말씀을 올바르게 분류했다. 어떤 사람들은 자신의 목적에 성경을 합리화하는 전문가였다.

2. 그리스도를 전파하는 것은 적극적인 확언을 포함한다.

a. "진리를 나타냄." 예수님은 "나는 길이요 진리요 생명이니" 하고 말씀하셨다. 그리스도는 사람을 자유롭게 하는 진리이시다. 그분은 말씀하셨

다: "진리를 알지니 진리가 너희를 자유하게 하리라."

b. "하나님 앞에서 각 사람의 양심에 대하여 스스로 천거하노라." 모든 기독교적 가르침의 궁극적인 기준은 "하나님 앞에서"이다. 바울은 사람들에게 말하지만 교활함이 들어설 수 없는 하나님 앞에서 섰다. 데살로니가 사람들에게 바울은 이렇게 쓴다: "오직 하나님의 옳게 여기심을 입어 복음 전할 부탁을 받았으니 우리가 이와 같이 말함은 사람을 기쁘게 하려 함이 아니요 오직 우리 마음을 감찰하시는 하나님을 기쁘시게 하려 함이라"(살전 2:4).

3. 그리스도를 전파함은 "이 세상의 신"과 교전을 포함한다.

사단은 사람들 가운데 널리 통치하므로 이 세상의 신으로 일컬어진다. 그래서 베드로는 사단에 대하여 이렇게 말한다: "너희 대적 마귀가 우는 사자같이 두루 다니며 삼킬 자를 찾나니"(벧전 5:8). 사단의 전략은 사람의 지성을 진리에 대하여 어둡게 하려는 것이다. 이는 "그리스도의 복음의 광채가 비춰지 못하게 함이니 그리스도는 하나님의 형상이니라"(4절). 사단과의 불가피한 교전에서 승리는 다음에 의해서만 확실히 획득된다. "믿음의 주요 또 온전케 하시는 이인 예수를 바라보자. 저는 그 앞에 있는 즐거움을 위하여 십자가를 참으사 부끄러움을 개의치 아니하시더니 하나님 보좌 우편에 앉으셨느니라"(히 12:2).

4. 그리스도를 전파함은 자신을 드러내지 않는 것을 포함한다.

"우리가 우리를 전파하는 것이 아니라. 오직 그리스도 예수의 주 되신 것과 또 예수를 위하여 우리가 너희의 종 된 것을 전파함이라"(5절). 설교자가 높아지면, 그리스도의 모습이 흐려진다. 오직 그리스도만 끌어당기신다. 그리스도는 자신의 죽는 방법에 관하여 이렇게 말씀하셨다: "내가 땅에서 들리면 모든 사람을 내게로 이끌겠노라"(요 12:32).

5. 그리스도를 전파함은 예수 그리스도의 얼굴에 나타난 하나님의 영광의 빛과 지식을 선포함을 포함한다(6절).

하나님의 영광은 예수 그리스도의 얼굴에서 보인다. 예수님은 아버지의 궁극적이며 최종적인 계시이다. "나로 말미암지 않고는 아버지께로 올 자가 없느니라"(요 14:6). 또한 "나를 본 자는 아버지를 보았거늘 … 나는 아버지 안에 있고 아버지는 내 안에 계신 것을 네가 믿지 아니하느냐? 내가 너희에게 이르는 말이 스스로 하는 것이 아니라 아버지께서 내 안에 계셔 그의 일을 하시는 것이라"(요 14:9, 10).

B. 우리는 시련을 당할 때 낙심하지 아니한다(7-15절).

1. 하나님의 은혜는 상황이 어떠하든지 질그릇에 이 보화를 가질 만큼 충분하다.

 a. 사방으로 우겨쌈을 당함. 8절

 b. 답답한 일을 당함. 8절

 c. 낙심하지 아니함. 8절.

 d. 핍박을 받음. 9절.

 e. 버린 바 됨. 9절.

 f. 죽음에 넘기움. 11절.

2. 믿음은 시련 때 바울이 승리하게 하는 열쇠이다.

사도가 다른 데서 믿음의 방패가 "악한 자의 모든 화전을 소멸하기"(엡 6:16)에 충분하다고 서술한다.

3. 바울의 믿음의 기초는 예수의 부활이다.

바울은 우리의 믿음이 죽은 자 가운데서 예수님을 부활시키신 하나님께 머무는 한 사물의 궁극적 결과에 관하여 두려워할 필요가 없다고 추론한다.

4. 그는 고난 때 하나님의 목적을 깨달았다.

"모든 것을 너희를 위하여"(15절). 고난의 신비가 설명될 수 없지만, 고난 때 승리는 확실히 얻을 수 있다.

C. 외적인 것들이 소멸해도 우리는 낙심하지 않는다(16-18절).

1. 우리가 소멸되는 몸과 죽음이 지배하는 세상에서 살지만, 성령의 속사

람은 그리스도를 통하여 새로운 힘을 얻어 계속 자란다(16절).

우리는 소멸하는 세상에서도 힘이 새로워진다. 썩어가는 몸에 우리는 장성하는 영혼을 갖고 있다.

2. 이 소멸하는 세상에서 그리스도인의 순간적인 시련은 그가 "지극히 크고 영원한 영광의 중한 것"(17절)을 준비하게 한다.

이 아름다운 절을 감리교 감독 카바노(Cavanaugh)가 사용한 마지막 본문이었다. 그는 미시시피의 강단에서 이 본문을 막 읽고 하늘의 영광과 비교할 때 잠시 당하는 시련의 사소함에 관하여 주석을 달고 있었을 때 갑자기 뇌졸중으로 쓰러져 죽었다. 감독 맥티에이어(McTyeire)는 장례식 설교에서 동일한 본문을 사용하여 천상의 영광을 특별히 강조했다.

3. 우리는 외적인 사물이 소멸하는 세상에서 낙심하지 않는다.

왜냐하면 보이는 것을 보지 아니하고 보이지 않고 영원한 것을 보기 때문이다. 그래서 모세는 일관되었다: "믿음으로 애굽을 떠나 임금의 노함을 무서워 아니하고 곧 보이지 아니하는 자를 보는 것같이 하여 참았으며"(히 11:27). 베드로는 보이지 않는 분을 믿음으로 말미암아 찾아오는 기쁨을 이렇게 말한다: "예수를 너희가 보지 못하였으나 사랑하는도다. 이제도 보지 못하나 믿고 말할 수 없는 영광스러운 즐거움으로 기뻐하니"(벧전 1:8).

켄터키 감리교인 고(故) 고드비는 한때 교구장들에게 이렇게 말했다: "가서 감독과 위원회에게 고드비가 켄터키 회의에서 영광스럽고 가장 고되고 힘든 일을 지원한다고 말하십시오." 나이든 감독은 이 말을 듣고 일어나 고드비의 요청을 다시 말해 달라고 부탁했다. 선한 감독은 눈물을 흘리며 이렇게 말했다: "형제들이여, 그 사람을 돌보는 것은 우리의 의무가 됩니다. 왜냐하면 우리는 그가 자신을 돌보지 않을 것임을 알기 때문입니다." 고드비 박사는 후에 이 문제에 관하여 다음과 같이 언급했다: "그 결과, 그들은 내게 일을 임명할 때 언제나 우리가 왕족이나 된 것처럼 나와 나의 식구에게 먹을 것과 입을 것을 풍부하게 지원했다. 설교자를 곤궁의 허수아비로써 거룩함에서 벗어나게 하는 것은 마귀의 속임수이다. 그것은 거짓말에 불과하다. 왜냐하면 '땅과 거기 충만한 것이 여호와의 것이기' 때문이다. 설교자가 영원한 것을 계속 열정적으로 감사하며 무상한 것을 보지 않으려 하면, 하나님께 대하여 하늘과 땅과 지옥을 흔들 능력을 갖고 천년 왕국과 영광의 왕을 모실 것이다. 땅에 있는 모든 그리스도인이 이 태도를 취한다면, 계시록의 천사가 즉시로 마귀의 목에 두를 사슬을 준비하기 시작할 것이다."

고린도후서 제5장

그리스도 안의 새로운 피조물

5:17. "그런즉 누구든지 그리스도 안에 있으면 새로운 피조물이라. 이전 것은 지나갔으니 보라 새 것이 되었도다."

I. 역사적 배경

이 장은 바울의 사역의 현저한 특징을 밝히는 이 서신의 2:12-6:10의 부분에 속한다. 찰스 어드만은 이 특징을 다음과 같이 열거한다. 1. 승리한 사역 2:12-17; 2. 공인된 사역 3:1-3; 3. 영광스러운 사역 3:4-18; 4. 정직한 사역 4:1-6; 5. 고난당하는 사역 4:7-18; 6. 소망스러운 사역 5:18-21; 7. 인정받은 사역 6:1-10. 바울의 사역에서 이런 특징을 낳은 하나님의 은혜는 모든 그리스도인의 생활과 일에서도 그런 특징을 재생산할 수 있다. 성령의 열매를 설명하는 이 장은 바울의 생애와 사역에서 역사하는 하나님의 은혜를 풍부히 증거한다.

II. 용어 해설

"누구든지 그리스도 안에 있으면."―누구든지 그리스도를 영접하면(요 1:12). 누구든지 마음의 문을 열고 그리스도를 구주로 영접하면(계 3:20). 누구든지 그리스도 안에 거하면(요 15:4-7). "새로운 피조물."―헬라어 크티시스 "피조물"은 여기서 영적 피조물을 뜻한다. 빈센트의 「신약 낱말 연구」는 기록한다: "랍비는 우상숭배에서 회개한 사람에게 이 낱말을 쓴다. '외인을 데려다가 하나님을 경외하는 자로 삼는 자는 그를 창조한 것과 같다.'" "지나갔다."―말 그대로 "사라졌다"를 뜻한다. "보라."―급속히 변하는 장면이 떠오른다. 여기서 변화는 번개처럼 일어난다. 이전 것은 사라지고 모든 것이 새 것이 된다.

Ⅲ. 교리적 의의

세상에 대한 하나님의 구속적 접근법은 그의 아들 예수 그리스도를 통한 방법이다. 하나님은 다른 접근법을 두지 않으신다. 죄인이 얻을 수 있는 유일한 의는 그리스도로 말미암은 하나님의 전가된 의이다. 사람이 그리스도의 눈으로 볼 때 삶의 모든 것은 새로운 전망을 갖는다.

Ⅳ. 실천적 목표

"그리스도 안에서" 우리가 두 세계 즉 시간의 세계와 영원의 세계에 대하여 새로운 관점을 갖게 된다는 것을 깨닫기 위하여. "그리스도 안에서" 새로운 피조물로서 우리가 개인적으로 이 세상에서 그리스도를 대표하는 사명을 받은 것을 깨닫기 위하여. 더욱이 그리스도께는 다른 대리인이 없으며, 그의 나라의 전진이 우리에게 달려 있으며, 우리가 실패하면 그분께 달리 계획이 없다는 것을 깨닫기 위하여.

Ⅴ. 설교 개요

제목: **"그리스도 안에서 새로운 피조물."**

도입부

기독교 신앙의 경이는 그리스도의 복음의 이적을 행하는 능력이다. 이 능력의 최고 수준은 사람을 새로운 피조물로 만드는 사람의 중생이다. 이로써 악한 사람이 선한 사람이 되고, 속이는 자가 정직한 자가 되고, 거짓말쟁이가 믿음직한 사람이 되고, 속된 자가 경건한 자가 되고, 사랑스럽지 못한 자가 사랑스러운 자가 되고, 하나님을 모욕하는 자가 하나님을 사랑하는 자가 되고, 술주정뱅이가 정신 온전한 사람이 되고, 매춘업자가 정순하고 순결한 사람이 되고, 교만한 자가 겸손한 자가 되고, 천박한 자가 정숙한 자가 되고, 죄의 옛 생활이 성령 안에서 의와 평강과 희락의 새 생활로 변한다. 이 장에서 우리는 "그리스도 안에" 있는 새로운 생활의 훌륭한 모습을 본다.

A. 이생과 무덤 이후의 생활에서 갖는 새로운 관계(1-5절)

바울은 자신이 두 세계의 시민임을 깨달았다. 이 세상에 머무는 것은 잠깐이다. 우리가 이 짧은 생애에서 거하는 썩을 몸은 천막과 비슷하다. "장막"에 해당하는 헬라어는 "천막" "장막" "임시 거처"를 뜻하는 스카이노스의 단수 소유격이다. 천막 깁는 자인 바울은 이 표현의 영적 의미를 잘 알았다. 천막은 한때 편하지만, 집의 영구적 성질이 없다. 바울은 이 땅의 몸을 장막에 비유한다. 이는 짧은 한철 머무는 곳이다. 그리스도인은 "땅에 있는 우리의 장막집"이 무너지고 "하나님께서 지으신 집 곧 손으로 지은 것이 아니요 하늘에 있는 영원한 집"(고후 5:1)을 가질 날을 기대하며 산다. 우리는 죽을 것이 불멸에게 삼킬 것을 바란다. 성령님은 이 모든 것이 하루에 이루어질 것임을 그리스도인에게 보증하신다(5절). 우리 시대의 많은 사람은 사망이 사람에게 전멸을 가져다준다는 생각에 체념한다. 그러나 죽은 다음에 존재가 없다는 생각이 사도의 마음에는 결코 스쳐 가지 않는다. 사도는 믿음과 소망 가운데 부요롭게 산다. 그는 그리스도인에게 이 땅의 생활의 한계로부터 자유로운 삶이 계속되는 것을 기대한다.

B. 죽음 앞에서 갖는 새로운 확신(6-10절)

바울은 죽음과 관련하여 세 가지 가능성을 묵상하면서 큰 확신을 드러낸다. 그는 영광스러운 죽지 않을 몸으로 옷입기 위하여 죽음으로 벗을 수 있었다. 또 죽음을 맛보지 않을 주님의 재림 사건 때 주님에게 사로잡힐 수 있었다. 이것이 바울의 첫번째 선택이다. 이는 의심할 나위 없이 재림 때 주님을 만나려고 준비하는 모든 그리스도인의 선택이 될 것이다. 바울이 죽음과 관련하여 취할 수 있는 또 한 가지 가능성은 땅에 남아서 의기양양한 승리 가운데 주님을 섬기는 것이다.

사도는 죽음을 소멸의 평강과 더불어 열반으로 들어가는 것으로 보지 않았다. 그는 죽음과 주님의 재림과 장차의 심판을 해방의 때로 보았다. 이 때 그는 새롭고 신령한 몸을 가지고 하늘의 장소에서 주님을 섬길 것이다. 죽음은 그리스도인의 가장 높은 갈망과 소망을 성취한다. 하지만 바울은 장차 올 생활에 대한 갈망에도 불구하고, 이생을 경멸하지 않는다. 그는 새로이 확신하고 성령님을 소유한 것을 기뻐한다. 성령님은 "장차 올 생명의 보증"이시다. 이 세계에서 바울은 장차 올 세계의 반영에 불과한 영광을 본다.

중간 상태 즉 육신으로부터 영혼이 분리된 상태는 그리스도와의 복되고 자각 있는 교제의 상태이다(8절 ; 빌 1:20-23).

그러나 우리는 영광으로 가는 길에 있을 뿐만 아니라 심판으로 가는 길에 있다(고후 5:10상). 바울은 심판을 우주의 최종적 상고 법정으로 서술한다. 심판이 최종 운명을 가리는 것은 아니다. 최종 운명은 우리가 이 세상을 떠나기 전에 정해졌다. 이 심판은 하나님의 경영을 정당하다고 입증할 것이며 그로부터 의인에게 다양한 상급과 불의한 자에게 최종적인 보복이 나올 것이다. 의인은 지은 죄 때문에 심판을 받지 않을 것이다. 왜냐하면 이들은 그리스도의 피로 덮음을 받기 때문이다. 의인의 상급은 하나님 나라를 전진시키는 데 행한 일에 따를 것이다. 불의한 자는 회개하지 않고 죽었으므로 죄에 대하여 심판을 받을 것이다. 그들의 벌은 사단의 나라를 전진시키는 데 행한 일에 따를 것이다.

C. 성품의 시금석(11-13절)

회개하기 전의 바울의 결정적인 성격은 그가 엄격한 레위 율법을 얼마나 잘 지켰는가로 드러난다. 회개한 다음 그의 기준은 그리스도였다. 그러나 그는 자기 본위적이라는 비난을 받았다. 우리가 보았듯이, 바울은 고린도 교회에 들어온 거짓 교사에 의하여 오인되고 비방당했다. 이제 바울은 사람들이 자신에게 돌리는 명성의 성격에 관심을 갖는다. 그는 하나님을 욕되게 할 어떤 오해든지 바로잡으려 했다. 그는 자신의 삶이 마음에 있는 영원의 엄중한 현실에 의하여 움직였음을 고린도 사람들에게 상기시킨다. 하나님께 대한 의로운 두려움은 그가 말하고 행한 모든 것에 있었다(11

절). 바울이 자신의 성품에 대하여 관심을 갖는 것은, 그리스도를 높이려는 목적 때문이었다. 그는 하나님 보시기에 자신의 동기가 순수하고 깨끗하다고 선언한다. 그들은 그를 미쳤다고 비난했지만, 그는 "내가 만일 미쳤어도 주를 위한 것이라"고 말한다. 그의 모든 관심은 자신의 생활과 인격으로 그리스도를 높여야 한다는 것이다.

D. 사랑의 새로운 강권(14-16절)

바울의 일은 사랑의 강권에 따라 모두 이루어졌다. "그리스도의 사랑이 우리를 강권하시는도다"(14절). "강권하다"는 달리 길이 없는 상태의 좁은 길처럼 하나의 목적에 몰입함을 뜻한다. 바울이 그리스도의 복음을 위하여 고난을 받고 견딘 것은 사랑의 강권에 의한 것이었다.

E. 하나님과 삶의 총체적 관계에 관한 새로운 관점(17-19절)

"모든 것이 하나님께로 났나니." 유대인인 바울은 하나님을 믿었고 모든 사물이 하나님께 관계됨을 믿었다. 그러나 바울은 "그리스도 안에 있는 사람"이 되었을 때 모든 사물이 그리스도로 말미암아 하나님께 관계됨을 깨달았다. 그리스도는 바울의 삶을 완전히 변화시켜 죄의 옛 생활이 더 이상 없게 하셨고 바울이 자신을 그리스도 예수 안에서 새로운 피조물로 발견하게 하셨다. 바울은 사물을 판단할 때 더 이상 옛 표준, 세상의 표준을 사용하지 않았다. 한때 그는 사람의 표준으로 그리스도를 판단했다. 그 결과 그는 그리스도를 따르는 자를 죽이려 했고 지면에서 그리스도의 이름을 지우려고 했다. 이제 바울이 멸하려 했던 그분은 사도에게 생명보다 더 귀한 사랑의 존재가 되신다.

F. 최고직의 사신(20, 21절)

대사는 최고 외교관이다. 그는 다른 나라의 법정이나 수도에서 국가의 머리를 대표한다.

로마의 도(道)는 두 종류가 있다. 하나는 원로원의 다스림을 받았고 다른 하나는 황제의 직접 통치를 받았다. 군대의 점령을 받지 않는 평화로운

도(道)는 원로원의 다스림을 받았다. 군대가 배치되어 있는 도는 황제의 다스림을 받았다. 황제를 대신하여 도를 다스리는 사람을 일러 라틴어로 레가투스(헬라어. 프레스비테스)라 했다. 이 라틴어는 상관에게 직접 위임 명령을 받는 사람을 뜻한다. 바울은 자신의 위임령이 그리스도로부터 직접 온 것으로 보았다. 이는 모든 그리스도인에게도 당연히 그러하다.

그리스도의 사신인 바울은 "그리스도 안에서" 완전히 새로운 생활 가운데 외교적 사명을 받았다. 그리스도의 대표로서 그는 그리스도를 대신하여 사람들에게 하나님과 화목하라고 간청했다. 그는 사람들에게 오직 그리스도로 말미암아 오는 의를 가리켜 보여 주었다. 이 그리스도는 "죄를 알지 못하시는" 분으로서 우리를 위하여 죄가 되셨다. 예수님은 자신의 몸에 모든 사람의 죄를 담당하셨다. 바로 이 사실은 죽으시는 구주께서 십자가에 달려 있을 때 하나님이 얼굴을 돌리신 것을 설명해 준다. 왜냐하면 그 순간 하나님은 사랑하는 아들에게 세상의 죄를 짊어 지우셨기 때문이다. 우리는 장엄한 침묵 가운데 이런 하나님의 처사를 기억한다. 하나님의 아들은 자원하여 모든 사람의 개별적 구원을 위하여 십자가에 달리셨다. 모든 사람의 운명에게 임할 수 있는 가장 놀랍고 매력적인 소명은 사신이 되라는 소명, 즉 우리를 위하여 자신을 주신 이 그리스도의 대표가 되라는 소명이다.

고린도후서 제6장

하나님과 함께한 일꾼

6:1. "우리가 하나님과 함께 일하는 자로서 너희를 권하노니 하나님의 은혜
를 헛되이 받지 말라."

I. 역사적 배경

이 서신의 좀 긴 부분의 전반적 주제는 "바울의 사역의 성격"이다
(2:12-6:10). 이 넓은 범위의 논의는 윌리엄 바클레이가 일컫는 "괴로움의
폭풍설"에서 절정에 이른다. 바클레이는 크리소스톰에게서 표현을 빌려 쓴
다. 바울의 사역의 성격에 관한 이야기는 모든 그리스도인들에게 적용될
수 있다. 바울은 인생의 험한 폭풍과 시험을 맞닥뜨려야 하는 만대의 그리
스도인에게 안정과 오래 참는 인내의 모범을 보여준다.

II. 용어 해설

"하나님과 함께 일하는 자로서." 말 그대로 "함께 일을 하는 사람"이다.
해당 헬라어는 "함께 일하다, 협력하다, 돕다, 도움을 주다" 등의 뜻을 가진
쉬네르게오의 남성 주격 복수 현재 분사형이다. 그리스도 안에서 우리는
모든 창조물의 하나님을 돕는 자, 하나님과 함께 일하는 자가 될 수 있다.
얼마나 숭고하고 진지하게 만드는 사실인가!

"헛되이"에 해당하는 헬라어는 텅빈, 열매 없는, 속이 빈, 그릇된, 부질없
이 등을 뜻하는 케노스의 대격 단수 중성형이다. 이 말의 동의어는 "부질
없이"이다.

Ⅲ. 교리적 의의

거룩함은 선택이나 책임이 없는 윤리적 성질을 가질 수 없다. 하나님은 자녀의 업적에 의존하신다. 하나님의 나라는 하나님 자녀의 협력을 통해서만 전진한다.

Ⅳ. 실천적 목표

하나님과 함께 일하는 자로서 우리가 차지하는 높은 책임의 위치를 인식하기 위하여. 하나님과 함께 일하는 자로서 우리의 관계를 손상시키는 것이 우리의 삶에서 없도록 항상 경계하기 위하여. "괴로움의 폭풍설"이 곧 우리를 덮칠 때 버틸 수 있도록 그리스도 안에서 충분히 뿌리를 박고 터를 잡기 위하여.

Ⅴ. 설교 개요

제목: "하나님과 함께 한 일꾼."

도입부

어떤 것이 얼마나 지속될 수 있는지를 알아보는 시험은 그것이 얼마나 실행 가능한가 하는 것이다. 이 시험을 통과할 수 없으면 대실패를 뜻할 수 있다. 이 장에서 우리는 기독교의 실행 가능성에 관하여 주목할 만한 그림을 본다. 압도하는 괴로움 가운데서도 흔들리지 않고 끄덕없이 버티는 믿음이 계시되어 있다. 바울은 하나님의 은혜로 생활의 온갖 폭풍우를 맞이할 수 있는 준비가 충분히 갖추어졌음을 개인의 체험을 통하여 발견했다.

A. 구원의 날

구원은 자동적으로 오지 않는다. 여기서 인용문은 이사야 49:8이다: "여호와께서 또 가라사대 은혜의 때에 내가 네게 응답하였고 구원의 날에 내가 너를 도왔도다. 내가 장차 너를 보호하여 너로 백성의 언약을 삼으며 나라를 일으켜 그들로 그 황무하였던 땅을 기업으로 상속케 하리라." 이 말은 여호와의 종에게 전한 것인데, 그에게 능력과 영향력을 입혀 주고 이스라엘과 다른 사람에게 빛이 되게 하겠다고 약속한다. 바울은 이 말씀을 메시야적 의미로 사용하여, 지금은 하나님이 그리스도에게 호의를 베푸시고 그리스도로 말미암아 사람에게 호의를 베푸시되 가장 큰 호의 즉 구원의 호의를 베푸시는 때라는 것을 가리킨다. 이는 사람이 구원받을 수 있는 좋은 시기이다. 지금 아니면 기회는 결코 오지 않는다. 시간의 모래는 인간의 구원을 위한 운명의 모래 시계에서 빨리 빠져나가고 있다. 인간의 지상 체류 시기는 너무 짧아서, 그리스도를 구주로 영접해야 하는 결단의 긴급성이 열정과 더불어 지속적으로 인식되어야 한다. 미국의 개척 순회 목사는 "죽어가는 사람으로서 죽어가는 회중에게 설교했다." 순회 목사는 영접받는 시간으로서 바로 오늘 이 순간 그리스도를 위하여 즉각 결단을 내릴 것을 촉구했다.

B. 시련과 괴로움

케네스 포어먼(Kenneth J. Foreman)은 「평신도 성경 주석」(*Layman's Bible Commentary*)에서 이 구절에 관하여 이렇게 말한다: "다시 우리는 설명보다 묵상을 요구하는 구절을 발견한다." 이런 점에서 이 구절은 "설명보다 묵상"을 요구하는 별과 같다. 일반 사람에게 그랜드 캐년은 지질학적 탐사보다는 놀라움과 경이 가운데 묵상을 요구한다. 많은 매우 심오한 현실은 설명을 거부한다. 이런 구절에서 그리스도인을 공격할 수 있는 시련과 괴로움은 설명 없이 진술된다. 하지만 이것들은 하나님의 은혜의 충분성에 의하여 상쇄된다. 사역자가 당할 수 있는 것으로 열거된 괴로움의 현저한 예들은, 모든 그리스도인이 동일한 하나님의 충분성에 의하여 맞닥뜨리고 극복할 수 있는 것임을 또한 뜻한다.

1. **많이 견디는 것에서.** "큰 인내를 통하여"(R.S.V.). 수동적 체념의 인내가 아니라 역경을 변화시키는 감격에 찬 승리이다. 시련은 능력과 영광으로 바뀐다. 이는 사람이 좌절하지 않고 한계점을 지날 수 있게 하는 승리이다.

2. **환난에서.** 시련은 슬픔과 실망처럼 인간의 마음을 짓누르는 삶의 곤경이다.

3. **궁핍에서.** 삶의 어떤 짐은 벗어날 수 없는 것이다. 슬픔은 불가피하고 죽음은 확실하다.

4. **곤란에서.** 삶의 걱정거리가 찾아올 것이다. 헬라어 스테노코리아는 "너무 협소한 장소," 너무 협소하여 편안하게 지낼 수 없고 역경에 꼭 죄어 막혀 있는 것을 뜻한다. 그러나 그리스도인은 옴짝달싹할 수 없는 상태에서 하늘의 드넓은 대기를 마실 수 있다.

5. **매 맞음에서.** 바울은 복음을 전한 많은 곳에서 머리가 깨어지고 등에 피를 흘렸다. 하지만 이와 같은 역경에서 그의 몇몇 큰 승리가 이루어졌다.

6. **갇힘에서.** 바울은 빌립보와 예루살렘과 가이사랴와 로마에서 그리고 의심할 나위없이 언급되지 않은 다른 곳에서 옥에 갇혔다. 고대 저자 가운데 몇 사람은 바울이 일곱 번이나 옥에 갇혔다는 견해를 취했다. 바울은 복음을 전한 결과로 들어간 감옥을 강대상으로 바꾸었다. 그의 두드러진 체험 가운데 하나는 빌립보 감옥에서였다. 여기서 간수와 온 가족이 회개했다.

7. **수고로움에서.** 바울은 지치지 않는 일꾼이었다. 소아시아와 유럽이 그의 작업 현장이었다. 그는 발로 이 방대한 지역을 여행했다.

8. **자지 못함에서.** 바울은 광범위한 곳을 여행하는 동안 숙소가 없거나 위험 때문에 많은 밤을 뜬눈으로 지샜다.

9. **먹지 못함에서.** 돈이 없어 음식을 구할 수 없다든지 광야나 사람이 살지 않는 지역을 여행하느라 어쩔 수 없이 먹지 못한 경우가 잦았다.

C. 그리스도인의 생활을 위한 준비(6절).

1. **깨끗함.** 깨끗함에는 능력이 있다. 예수님은 말씀하셨다: "마음이 정결한 자는 복이 있나니 저희가 하나님을 볼 것임이요." 동물에게는 혈통의 깨끗함이 능력의 원천이다. 더욱이 그리스도인에게는 마음의 깨끗함이 능

력의 원천이 된다. 갈보리에서 예수님이 이루신 속죄로 그리스도인은 마음의 깨끗함을 얻었다.

2. **지식으로**. 행동을 위한 지식. 헬라어로 그노시스는 특별한 종류의 지식과 상대적으로 고상한 인격을 뜻한다. 여기서 강조점은 신학적 선언에 있지 않고 좀더 구체적으로 인간 사회에서 복음의 진리에 관한 기독교적 계몽이라는 측면에 있다. 복음의 표현과 같이 좀더 많은 개혁은 기독교 양심의 계몽이 없으므로 오랫동안 지체되었다.

3. **오래 참음에 의하여**. 헬라어 마크로쑤미아는 인내, 자제, 관용을 뜻한다. 이는 사람에게 인내함을 가리킨다. 많은 그리스도인은 사람들에 대한 인내와 자제라는 점에서 워털루의 패배를 맞는다. 인내는 신약의 위대한 낱말 가운데 하나이다. 이는 패배를 알지 못하는 자질을 뜻한다. 그리스도인이 이 자질을 분명히 갖출 때, 전투의 패배는 당해도 전쟁의 패배는 당하지 않을 것이다.

4. **자비함에 의하여**. 여기 또 하나 위대한 신약 낱말이 있다. 자비는 겨울 눈을 녹이고 움이 돋기 시작하고 꽃이 피고 새가 노래하기 시작하는 봄의 따스한 햇살과 같다. 자비는 오해의 철의 장막을 깨뜨리고 개인과 종족과 민족을 분열시키는 틈에 다리를 놓는다.

5. **성령에 의하여**. 성령은 그 모든 은혜와 자질을 관리하시는 행위자이시다. 성령은 이 은혜에서 발산되는 놀라운 결과의 위대한 비밀이시다. 성령은 그리스도인의 내면에 거룩함의 정신을 부여하시며, 이리하여 지배적인 동기가 거룩하게 되어 오직 하나님의 존귀와 봉사를 향하게 된다.

6. **거짓이 없는 사랑에 의하여**. 사랑을 뜻하는 헬라어는 아가페이다. 이 사랑은 사람이 무엇을 행하든 상관없이 언제나 다른 사람의 최고선을 추구한다. 사랑은 모든 무례와 대면하고 자비와 자선으로 저지한다. 사랑은 패배를 알지 못한다. 언제나 즐거워하며 승리의 노래를 부른다. "모든 것을 참으로 모든 것을 믿으며 모든 것을 바라며 모든 것을 견디느니라"(고전 13:7).

D. 바울의 사역의 열쇠(7-10).

1. **진리의 말씀으로.** 그리스도의 복음과 관계있는 전체 진리.

2. **하나님의 능력으로.** 오직 하나님의 능력으로만 바울은 자신이 행한 업적을 이룰 수 있었다. 그는 자신의 지혜나 힘을 의지하지 않고 하나님의 능력을 의지했다.

3. **좌우에 있는 의의 병기로.** 오른손에 있는 창은 공격을 위한 무기를 상징했고, 왼손에 있는 방패는 방어 무기를 상징했다.

4. **영광과 욕됨으로.** 바울은 사람에게 모욕을 받았지만 하나님에 의하여 영광스럽게 되었다. 어떤 이유로든 그가 땅에서 시민권을 박탈당하더라도 그에게는 하늘의 시민권이 여전히 있었다.

5. **악한 이름과 아름다운 이름으로.** 바울은 악평도 받고 호평도 받았다. 그를 속이는 자와 사기꾼으로 비난한 사람들이 있었다. 또한 깊은 감사를 품고 그를 영적 아버지로 대하는 사람들도 있었다.

6. **무명한 자 같으나 유명한 자요.** 바울의 어떤 비판자들은 그가 사기꾼이며 바울에 관하여 이야기를 들은 사람이 없다는 비난을 했다. 그러나 이런 비난과 반대로 많은 무리가 그의 사역에 따라 그리스도를 알게 되었다.

7. 바울은 죽음과 늘 직면하면서도 승리했고 심지어 슬픔 가운데서도 기뻐했으며, 가난했지만 그리스도 안에서 모든 것을 소유했으며 많은 사람을 부요롭게 했다.

E. 사랑의 간청. 살아 있는 편지

의역 서신(Paraphrased Epistles)은 11절을 이렇게 번역한다: "오 고린도에 있는 나의 귀한 친구여, 나는 여러분에게 나의 모든 심정을 말했습니다. 나는 온 마음으로 여러분을 사랑합니다." 바울의 마음은 많은 실패로 자신을 괴롭혔던 고린도 사람들에 대한 사랑으로 넘쳤다. 자신을 낙심시켰을 혹은 악의적으로 자신을 이용했던 자들에 대한 이런 사랑의 태도는 모든 그리스도인의 규범이다.

F. 불신자들과 잘못된 결혼을 피함

섞여지지 않는 것들이 있다. 이는 레위기의 율법에 표시되어 있다. "너희는 내 규례를 지킬지어다. 네 육축을 다른 종류와 교합시키지 말며 네 밭에 두 종자를 섞어 뿌리지 말며 두 재료로 직조한 옷을 입지 말지며"(레 19:19). 신명기에는 이런 글이 있다: "양털과 베실로 섞어 짠 것을 입지 말지니라"(22:10).

우리는 하나님과 함께 한 일꾼이면서 어울리지 않게 불신자와 더불어 멍에를 맬 수 없다. 그리스도와 사단은 교제의 근거를 갖지 않는다. 하나님의 성전과 우상은 섞일 수 없다.

고린도후서 제7장

거룩함을 온전히 이루어

7:1. "그런즉 사랑하는 자들아, 이 약속을 가진 우리가 하나님을 두려워하는
가운데서 거룩함을 온전히 이루어 육과 영의 온갖 더러운 것에서 자신을
깨끗케 하자."

Ⅰ. 역사적 배경

바울은 고린도 교회를 회복하려 했을 때 전체 사역에서 가장 엄청난 투
쟁 가운데 하나에 개입했다. 이 투쟁에는 두 서신이 관련되었다. 바울은 고
린도 교회에서 계속되는 잘못에 깊은 관심을 갖고 있었다. 그는 연기했던
방문을 할 생각을 마음에 품었고, 그 결함을 고치려고 디도를 대표자로 보
냈다. 이 장에서 디도가 전한 보고는 바울에게 큰 기쁨을 가져다주었다. 이
장에서 고린도인에게 베푼 바울의 사랑과, 잘못의 궁극적 치유에 대한 그
의 확신은 결코 실패하지 않았다.

Ⅱ. 용어 해설

"그러므로 이 약속을 가진." ─ "우리는 이 약속을 가졌으므로"(RSV).
6:17, 18에 있는 약속들이다. "자신을 깨끗케 하자." 위클리프 성경 주석은
말한다: "부정과거 시제는 행위가 완전히 선취되고 최종적인 것으로 만든
다." 헬라어 용어 분해 사전(*Analytical Greek Lexicon*)은 부정과거 시
제에 관하여 말한다: "부정과거는 엄격하게 임시적인 혹은 잠정적인 단일
행위에 대한 헬라어적 표현이며 그리하여 미완료 시제와 구별된다. 그리고
부정과거 시제는 직설법으로는 대개 과거 시간을 표시한다. 하지만 그런

상황의 직접법 표현을 할 적극적인 필요가 없다면, 부정과거 시제는 연기된 행위에 관하여 사용된다. 그래서 부정과거 시제는 과거 행위에 대한 이야기에서 항상 사용된다."

"육과 영의 온갖 더러운 것에서."― "몸과 영혼의 온갖 추함에서"(RSV). "거룩함을 온전히 이루어."― "온전히 이루어"에 해당하는 헬라어는 "끝을 맺다, 끝내다, 완결하다, 성취하다, 수행하다"를 뜻하는 에피텔레오 동사의 한 형태로서 여기서는 과정이 지속적임을 가리키는 현제 시제로 사용된다. "하나님을 두려워하는 가운데서." ― 두려움에 해당하는 헬라어는 경외의 두려움, 존경, 절제를 뜻하는 포보스의 단수 여격이다(행 9:31을 보라). 신영어 신약 성경은 이렇게 되어 있다. " … 그리고 하나님을 두려워하며 우리의 성결을 완전케 하자."

III. 교리적 의의

거룩함을 온전케 이루는 데 분기점과 계속적 과정이 관련된다. 칭의와 깨끗함은 지속적 과정의 두 가지 구별되는 분기점이다. 성숙함은 이생에서 최고 국면이다. 영화는 영원에서 계속되는 과정으로 들어가는 도입적 분기점이다. 시간이나 영원에서나 거룩함을 온전히 이루는 데는 결말은 없다.

IV. 실천적 목표

하나님의 약속이 그리스도인의 생활의 일차적인 경험에 관련하여 의지할 만한 것이므로, 그의 약속이 "하나님을 두려워하는 가운데서 거룩함을 온전히 이루는" 것과 관련하여 역시 의존할 만한 것임을 깨닫기 위하여. 예수님이 "마음이 정결한 자는 복이 있나니 저희가 하나님을 볼 것임이요" 하고 말씀하셨던 그 마음의 순결과 예수님이 "의에 주리고 목마른 자는 복이 있나니 저희가 배부를 것임이요" 하고 말씀하셨던 그 의의 충만함에 대한 갈구를 되살리기 위하여.

V. 설교 개요

제목: "거룩함을 온전히 이루어."

도입부

"하나님을 두려워하는 가운데서 거룩함을 온전히 이루어"라는 진술은 기독교적 체험의 방대한 범위와 깊이를 상당히 계시한다. 범위라는 측면에서 기독교적 체험은 시간과 영원을 포함하여 끝없는 파노라마와 같다. 깊이에서는 가장 깊은 바다보다 더 깊은 곳에 이른다. 기독교적 체험은 "나는 여호와 너희 하나님이라. 내가 거룩하니 너희도 몸을 구별하여 거룩하게 하고"(레 11:44)라고 말씀하신 거룩하고 무한하신 하나님을 중심으로 삼는다. 이 장에서는 거룩함의 분기점과 과정 둘다에 강조점이 있다. 그리고 바울의 체험의 어떤 국면에 나타나는 거룩함의 모범에 강조점이 있다.

A. 거룩함을 온전히 이루는 데 관련되는 영적 체험의 범위.

1. 거룩한 생활의 시작.

새생명이 시작되어 처음 단계들에서 거룩함으로 들어가는 것은 여기 지적된 명령을 주의함으로써이다: "나오라." "따로 있으라," "만지지 말라." 여기서 부정과거의 명령법은 그 행위의 긴급성과 단호성을 가리켜 보여준다. 이 행위를 통하여 죄인은 거룩의 대로의 처음 단계로 접어든다.

2. "그런즉 이 약속을 가진."

6:17, 18에서 그들을 위하여 말한 약속들로는 "너희를 영접할 것이다." "너희에게 아버지가 될 것이다" "너희는 내 자녀가 될 것이다" 등이 있다. 하나님은 "나오라" "따로 있으라" "부정한 것을 만지지 말라"는 자신의 명령에 주의하는 자들을 "영접하실 것이다." 자신의 계명에 주의하는 자들에게 하나님은 "아버지가 되시며" 그들은 하나님의 "자녀"가 될 것이다.

"자신을 깨끗케 하자." 여기서 우리는 그 행위를 선취적이며 최종적인 것으로 만드는 부정과거 시제를 다시 본다.

3. "하나님을 두려워하는 가운데서 거룩함을 온전하게 이루어."

온전하게 이룬다에 해당하는 "완결하다," "성취하다," "수행하다"를 뜻하는 헬라어 에피텔레오의 한 형식이다. 이는 현재시제로 되어 있으며 그 과정이 지속적임을 가리켜 보여준다. 세상에서 구별되는 분기점, 정결하게 하는 분기점, 그 후에 따라 나오는 지속적 과정은 모두 "하나님을 두려워하는 가운데서 거룩함을 온전하게 이루어"의 엄청난 범위의 모든 국면이다. 이 거룩함의 분기점적 국면은 가장 높이 존중해야 하지만, 때때로 거룩함의 지속적 과정에 대한 강조의 결여로 이 국면이 강조된다. 타락하여 흠 있는 고린도 그리스도인을 향하여 바울이 보여주는 사랑은 틈을 메우고 배반자를 회복시켜서 바울에 대한 사랑과 감사를 회복한 다리였다. 사랑은 우리의 영적 전쟁에서 정복될 수 없는 강한 힘이다. 이 영적 무기를 대신할 수 있는 것은 없다. 우리가 사랑할수록 우리의 사랑하는 능력은 커진다. 그리고 우리는 사랑 안에서 "하나님을 두려워하는 가운데서 거룩함을 온전하게 이루어" 가고 있다.

4. 시련에서.

a. 마케도니아에서. 이 문단은 2:13로 연결된다. 위에서는 5절 "우리 육체가 편치 못하고"라는 구절이 나온다. 이런 썩을 몸으로 우리는 불안을 일으키는 불가피한 상항에 직면한다.

"사방으로 환난을 당하여." 바울이 돌이켰던 모든 방향에는 고뇌가 있었다.

"밖으로는 다툼이요." 그는 갈등과 언쟁과 맞닥뜨린다.

"안으로는 두려움이라." 그는 일이 어떻게 해소되는지에 관하여 큰 관심을 갖고 있었다.

b. 책망의 일에서. 바울로서는 책망하기가 고통스러운 일이었다. 책망은 필요한 상황에서 그가 마지막으로 취한 조처였다.

5. 위로에서.

"나는 위로를 한껏 받았다. " 기운을 불어넣으시는 하나님의 임재는 바울이 맞은 모든 불편한 상황에도 더욱 크게 갚아 준다.

"그러나 하나님은." 하나님은 온갖 까다로운 상황에서도 그리스도인에게 패배와 승리를 확연히 구별해 주신다. 세상이 자신의 정복과 관련하여 고려하지 못했던 요소는 바로 하나님이시다. 로마 황제들은 약 삼 세기 동안 확장됐던 기독교를 파멸시키려 했을 때 하나님을 고려하지 못했다. 가이사의 왕조는 멸망했지만 기독교는 살아 남았다. 히틀러와 무솔리니는 로마 황제와 같은 실수를 범했다. 그들도 하나님을 고려하지 않았다. 오늘날 공산주의도 같은 실수를 범하고 있다. 언젠가는 공산주의 세계가 "그러나 하나님은"이라는 깨달음으로 놀라게 될 것이다.

"비천한 자들을 위로하시는." 하나님은 "모든 위로의 하나님"으로서 비천한 자들에게 위로를 주시기를 즐거워하신다.

"디도의 옴으로." 하나님은 온갖 위기에도 항상 해답을 갖고 계신다. 디도는 당시에 위기를 당한 바울에게 해답이었다. 하나님의 숨은 자원은 그 자녀의 필요보다 훨씬 넘친다.

6. 기쁨.

a. "나로 더욱 기쁘게 하였느니라"[영어로는 "나는 지극히 즐겁도다"로 되어 있음-역자주]. 현재 시제로 사용된 "나는 [기쁨으로] 넘친다"(ASV)는 말은 "계속 흐르는 강"처럼 흘러넘치는 것을 가리킨다. 예수님은 시련 때 그리스도인에게 있을 수 있는 넘치는 기쁨을 말씀하신다. 이렇게 말씀하셨다: "의를 위하여 핍박을 받는 자들은 복이 있나니 하늘 나라가 저희 것임이라. 나를 인하여 너희를 욕하고 핍박하고 거짓으로 너희를 거스려 모든 악한 말을 할 때에는 너희에게 복이 있나니 기뻐하고 즐거워하라. 하늘에서 너희의 상이 큼이라. 너희 전에 있던 선지자들을 이같이 핍박하였느니라"(마 5:10-12).

b. 복음의 전진에 관한 복된 소식에 대한 기쁨. 디도가 고린도 교회의 잘못이 고쳐진 것에 관하여 복된 소식을 바울에게 전했을 때, 바울은 "[그래서] 내가 더욱 기뻐한다"고 말할 수 있었다.

c. 화목에 관한 기쁨. "내가 기뻐함은 … 너희가 회개함에 이른 까닭이라"(9절). 화목에 관한 기쁨은 이 땅뿐만 아니라 하늘에까지 확장된다. 예수님은 천사들이 회개하는 자들을 보고 즐거워한다고 말씀하셨다. "하나님

을 두려워하는 가운데서 거룩함을 온전히 이루어"의 매우 중요한 국면은 사람을 이끌어 하나님께 회개하게 하는 것이다. 우리가 다른 사람을 하나님의 지식으로 데려갈 때 우리의 신지식은 증가한다.

d. 우리가 신뢰하는 다른 사람들의 생애에서 일어난 좋은 사건에 대한 기쁨. 다른 사람에 대한 우리의 확신이 정당할 때 그것은 우리에게 기쁨의 샘이 된다. 고린도 교회에 관한 디도의 좋은 소식은 그들에게 대한 바울의 믿음과 확신이 옳았음을 온전히 입증했다.

바울은 매우 믿었던 디도에게 보여준 환영과 선대를 보고 큰 기쁨을 체험했다. 바울의 친근한 동역자인 디도는 고린도 교회에서 관대한 대접을 받았다.

7. 다른 사람을 믿는 확신의 기쁨.

"내가 너희를 인하여 범사에 담대한 고로 기뻐하노라." "어떤 사람을 의지할 수 있을 만큼" "나는 담대하다." 믿을 만하다는 것은 항구적인 성질을 포함한다. 바울이 고린도 그리스도인에 대한 확신을 포기했다면, 그 교회가 회복되지 못할 가능성이 컸을 것이다.

B. 샘 존스(Sam P. Jones)는 지난 세대의 위대한 복음 전도자 가운데 하나였다.

그는 영민한 변호사였지만, 알콜중독에 빠졌다. 죽어가는 그리스도인 아버지의 진지한 권고를 통하여 샘 존스는 회개하고 곧 사역에 부름을 받았다. 그는 감리교의 성공적인 목회자가 되었다. 하지만 시험의 때에 영민한 젊은 설교자는 죄에 빠졌다. 그는 술에 취해 흥청대면서 말을 타고 목회하는 마을을 가로질러 달렸다. 술이 깨자마자, 그는 크게 겸비하여 교구 감독에게 사임할 뜻을 보였다. 감독은 그의 사임을 수락하지 않고 직무 위원회에 출석할 것을 요구했다. 분명 샘은 깊이 회개했으며 직무 회원회는 다시 그를 목회자로 불렀다. 훗날 샘 존스가 미국 기독교 역사에서 탁월한 복음 전도자가 되었고 남부 지방과 그후 미국 전역을 휩쓴 위대한 금주 운동을 주도한 인물이 되었으니, 샘 존스에 대한 교구 감독의 신뢰는 전적으로 옳았다.

고린도 사람들에 대한 바울의 태도처럼 신뢰하며 책망하는 것은 "하나님을 두려워하는 가운데서 거룩함을 온전히 이루는" 일의 또 한 가지 국면이다.

고린도후서 제8, 9장

연보의 은혜에 풍성함

8:7. "오직 너희는 믿음과 말과 지식과 모든 간절함과 우리를 사랑하는 이 모든 일에 풍성한 것같이 이 은혜에도 풍성하게 할지니라."

I. 역사적 배경

바울은 앞서 보낸 편지의 결과와 고린도 교회를 찾은 디도의 방문에 관하여 좋은 소식을 디도로부터 받고는 크게 기운을 얻게 되었다. 부정한 일이 바로잡혔다. 매우 극악한 죄를 지은 사람이 권징을 받았다. 그 교회에는 고백과 회개가 있었다. 바울의 두번째 서신에 이 상황을 다루는 부분은 만족스러운 결과에 대한 바울의 즐거운 마음으로 끝난다. 이제 바울은 상당한 분량을 할애하여 예루살렘의 가난한 그리스도인을 구제하기 위하여 모든 교회에서 모은 기부금에 관하여 다룬다. 예루살렘에 있는 어머니 교회가 가난하였으므로, 바울은 모든 이방인 교회가 예루살렘 교회를 돕는 일에 이바지했으면 하고 바랐다.

예루살렘 교회의 곤궁에 관한 자세한 내용은 알려져 있지 않지만, 몇 가지 원인이 될 만한 요인을 추측해 볼 수 있다.

오순절 성령 강림 기간과 그 직후에 있었던 일시적인 형태의 공동 생활로 몇 사람이 궁핍해졌다.

의심할 나위 없이 예루살렘 교회의 많은 지체들은 상인이나 장인처럼 재산이 보잘것 없는 사람들이었다. 그들은 새로 발견한 믿음을 따라 살므로 사회적으로 추방되는 고통을 겪었다. 그래서 많은 경우 그들은 일자리를 얻지 못했다.

예루살렘의 경제 구조는 대개 레위적 제사 제도를 중심으로 이루어져 있었다. 그리스도인이 되는 사람들은 곧바로 직업과 관련하여 형편없는 처지에 떨어졌다.

바울이 예루살렘의 궁핍한 그리스도인을 위한 헌금에 관심을 갖게 된 데는 몇 가지 요인이 이바지했다. 복음을 통하여 임한 연보의 은혜로 바울은 가난한 자의 필요에 민감하게 되었다. 게다가 예루살렘의 그리스도인들은 육신으로 바울의 친척이며 그리스도 안에서 그의 형제였다. 이방인의 사도로서 예루살렘 공의회로부터 바울이 받은 위임 명령으로는 "가난한 자를 기억하라"는 지시가 있었다. 즉 예루살렘의 가난한 그리스도인을 뜻한다. 헌금은 유대인과 이방인의 간격을 좁히는 데 도움을 주었고, 이방인이 유대인과 동일하게 복음의 후사가 된다는 것에 관련된 모든 의심을 유대인의 마음에서 지워버렸을 것이다. 바울은 그리스도의 한 몸인 교회에서 이루어지는 통일에 큰 관심을 갖고 있었다. 예루살렘의 가난한 그리스도인들을 위한 헌금은 유대인과 이방인의 하나됨을 공고히 했을 것이다.

Ⅱ. 용어 해설

"너희는 이 모든 일에 풍성한 것같이." 성령의 은사와 기독교적 은혜가 고린도 교회에서 매우 분명히 나타났다. "믿음." 이는 다른 모든 은혜를 떠받치는 근본 은혜이다. 이는 대양과 대륙과 산맥을 떠받치는 지구의 근본 구조와 같다. "말." 설교와 증거와 권고와 복음 메시지의 선포. "지식." 하나님의 말씀에 빛을 비추며 그 영적 의미를 더 잘 이해하도록 하는 성령의 은혜 가운데 하나(고전 12:8). "모든 간절함." 복음 메시지의 요구를 강조할 수 있는 모든 기회에 주의함. "우리를 사랑하는." 바울에 대하여 고린도 사람들의 마음에 가득한 하나님의 사랑. "이 은혜에도 풍성하게 할지니라." 복음의 계획으로 하나님이 사람에게 향하여 특별히 나타내신 거저의 호의를 뜻하는 헬라어 카리스의 단수 여격. 이 구절에서는 자선의 행위, 관대한 선물을 뜻한다. 위클리프 성경 주석은 이 구절에 관하여 이렇게 말한다: "그들은 몇몇 은혜(믿음, 말, 지식, 간절함)에 아주 익숙했지만, 한 가

지 은혜 즉 연보의 은혜에는 아주 부족했다. '오히려 한 가지가 부족하니'
(막 10:21)."

III. 교리적 의의

연보는 복음 메시지에 빠져서는 안 되는 부분이다. "이 은혜" 즉 연보의
은혜는 다른 은혜와 아울러 열정적인 집요함으로 선포되어야 한다. 연보의
복음 메시지는 세계의 경제적 불균형을 해결하는 열쇠이다. 우리가 연보로
우리의 영혼을 구할 수는 없지만 연보가 없이는 영혼을 잃을 것이다.

IV. 실천적 목표

영적 기초를 가지고 연보를 확립하기 위하여. 그리스도를 모든 나눠줌의
주된 동기로 높이기 위하여: 그는 갈보리에서 희생의 죽음으로 자신의 가
장 좋은 것을 주셨다. 세계 복음화를 위하여 사용할 수 있는 기금을 마련
하는 데 충분한 연보의 부흥 운동을 고무하기 위하여.

V. 설교 개요

제목: "연보의 은혜에 풍성함."

도입부

이 서신의 8, 9장은 기독교적 헌금에 관한 고전이다. 바울은 예루살렘의
가난한 그리스도인을 위하여 모으고 있는 범교회적 헌금을 논의할 때 영
적 정상으로 오른다. 찰스 어드만은 자신의 저서 「고린도후서」에서 말한
다: "기독교 헌금을 규제할 수 있는 모든 원리가 여기 밝혀져 있다. 이는
교회 지원과 교회 자선의 동기와 방법에 대한 완전한 요약이다. 만일 현대
그리스도인들이 이 원리를 잘 알고 사도의 이 교훈을 따른다면, 결코 특별
히 간청할 필요가 없을 것이며 모든 위원회와 자선 기관의 기금은 흘러넘
칠 것이다."

8장에서는 연보를 은혜로 세 번 언급한다. "하나님께서 마게도냐 교회들
에게 주신 은혜는 … 저희로 풍성한 연보를 넘치도록 하게 하였느니라"(1,

2절). "이 은혜에도 풍성하게 할지니라"(7절). 그리고 19절 "이뿐 아니라 여러 교회의 택함을 입어 우리의 맡은 은혜의 일로 우리와 동행하는 자라." 19절에 나오는 "이 은혜"는 예루살렘의 가난한 자를 위한 헌금을 가리킨다. 이 교회는 어떤 형제를 뽑아 헌금을 갖고 예루살렘으로 바울을 동행하게 했다.

바울은 고린도 그리스도인이 예루살렘의 가난한 그리스도인들을 위하여 거둔 헌금에 관하여 디도의 보고를 받았다. 그들은 일년 전에 헌금을 시작했으며 그렇게 해서 다른 교회들에게 감화를 끼쳤다. 하지만 그들은 계속하여 완수하는 일을 게을리했다. 바울은 정중하게 그리고 즐거운 마음으로 헌금의 문제에 접근한다. 그의 쾌활한 접근은 대단히 훌륭하며 교회에서 모으는 모든 기금의 근본 원리를 제시한다.

A. 연보의 모범

마게도냐 교회의 연보는 헌금에 대하여 고린도 사람들에게 모범과 자극제로 서술되었다. 이는 시련과 극한 가난 가운데서 행한 것이었다. 초대 교회의 그리스도인들은 한결같이 다양하고 많은 고난을 당했다. 오늘날 편리한 시설로 둘러싸인 우리로서는 초기 그리스도인들의 고난을 깨닫기가 어렵다.

그리스도인의 큰 시련과 가난 가운데서 사도는 "저희 넘치는 기쁨"에 관심을 기울인다. 혹심한 핍박 가운데서 초기 그리스도인의 넘치는 기쁨은 고대 이교 세계에 경이와 놀라움이었다. 사나운 핍박 가운데서 보이는 그들의 승리에 찬 기쁨 때문에 많은 이교도가 그리스도인이 되었다. 그들의 연보는 시련과 극한 가난 가운데서도 넘쳤다.

마게도냐 교회는 스스로 바울더러 예루살렘의 불운한 형제들을 위한 헌금에 참여할 수 있게 해달라고 간청했다. 교회에서 모으는 많은 헌금의 경우처럼 그들은 구제해 달라고 요청을 하기보다 구제할 기회를 원했다. 여기 이상적인 헌금의 모범이 있다. 그러나 의심할 나위가 없이 그런 헌금은 평범한 것을 넘어서는 영성에 뿌리를 박고 있다. 그 열쇠는 하나님께 자신을 드리는 태도에 있다. 그들은 먼저 자신을 주님께 드렸다.

바울이 헌금에 대한 요청에서 돈을 언급하지 아니하고 높은 영적 가치를 담은 말을 사용하는 것을 지적하는 것은 즐거운 일이다. "은혜," "성도를 섬기는 일," "너희의 사랑의 진실함을 증명한다"는 말이 사용되었다.

여기서 우리는 교회에서 헌금을 모을 때 취할 일차적인 태도가 영적인 기초에 서 있는 것이어야 한다는 원리의 모범을 발견한다.

8장에서 연보와 관련하여 가장 자주 사용된 낱말은 "은혜," "이 은혜"이다. "이 은혜"는 두 번 사용된다. 구속과 관련하여 은혜라는 낱말은 하나님의 거저 주시는 호의를 뜻한다. 어떤 의미에서, 우리의 소유는 이런 범주에 속한다. 우리는 모든 것에 대하여 하나님을 의지한다. 하나님의 은혜로 우리에게 위탁된 일시적인 위탁물로서. 영적으로 보면 어떤 연보든지 핵심적인 문제는 하나님의 뜻이다: "주여, 주님은 내게 무엇을 하게 하시려나이까?"

B. 연보에 대한 권고(7-15절).

1. 연보는 헌금의 은혜가 다른 은사와 은혜의 나타남과 일치해야 한다는 근거로 권고된다(7절).

2. 연보는 저희의 사랑의 진실함에 대한 증거로서 권고된다(8절).

3. 연보는 그리스도의 자신을 주심이라는 근거로서 권고된다(9절). 그리스도의 자신을 주심은 사람과 천사가 아는 것 이상으로 사랑과 자기 희생의 나타남이었다.

4. 연보는 과거의 헌신을 근거로 권고된다(10절).

5. 연보는 자신이 가진 것과 관련하여 자원하는 마음을 근거로 권고된다(12절).

6. 연보는 다른 사람들의 현재 필요와 장차 있을 필요를 충족시키는 것을 근거로 권고된다(14절).

7. 연보는 성경에 기록된 것을 근거로 권고된다(15절).

여기서 언급하는 것은 광야에서 만나를 모으는 이스라엘 자녀이다. 많이 거둔 자나 적게 거둔 자를 균등케 하는 이적이 있었던 것과 마찬가지이다. 전세계 그리스도인들이 "가진 것에 따라" 나누려 할 때, 세계의 상처를 치유함과 아울러 하나님의 은혜의 나타남을 다시금 증거하게 될 것이다. 바울은 연보에 대한 권고와 관련하여 명령하거나 강요하거나 압력을 가하지 않는다.

C. 연보에 참여하는 인간 도구(8:16-9:5)

하나님은 연보의 은혜를 포함하여 모든 기독교 은혜를 드러나게 하실 때 인간 도구를 통하여 일하신다. 이 부분에서, 우리는 관련된 수많은 사람을 특별히 언급하겠다.

그들은 하나님이 고린도 교회의 연보를 계발하고 거둘 때 사용하신 도구였다. 여기 경작과 추수의 원리가 포함되어 있다.

디도는 첫번째로 언급된 인간 도구이다. 그는 바울의 위임을 받은 "동료요 동역자"로서, 마게도냐에서 바울을 만나 고린도 교회의 잘못이 고쳐진 것에 관한 복된 소식을 전해 주었다. 디도는 바울이 고린도에 보낸 파견대를 인솔했다. 이 위임 명령은 예루살렘의 가난한 그리스도인들을 위한 헌금을 받는 것이다.

고린도 교회에 대한 디도의 관심사는 16절에 나온다. 디도의 관심을 요약하는 낱말은 "간절함"이다. 거기에 담긴 뜻은, 고린도 사람의 연보와 관련된 디도의 "간절함"은 첫째 그들 자신을 위한 것이었다. 그들은 자신의 은사를 억제했다면 잃는 자가 되었을 것이다. 여기서 우리는 연보와 관련된 또 한 가지 원리를 본다. 억제하는 사람은 도움을 받는 사람들보다 더 큰 손실을 겪을 수 있다.

바울이 임무를 주어 고린도에 보내는 두 지체의 이름은 언급되어 있지 않다. 한 사람은 "복음으로서 모든 교회에서 칭찬을 받는 자"(18절)로 표시되어 있다. 이 형제들은 교회들이 바울을 동행하여 가난한 자를 위한 헌금을 가지고 예루살렘으로 가도록 뽑힌 사람들이었다. 이 예방책은 바울을 즐겁게 했다(19-21절). 여기 적절한 예방책으로 위탁한 기금을 맡아야 한다는 것을 보여주는 원리가 밝혀져 있다.

위임을 맡은 세번째 지체는 "우리가 여러 가지 일에 그 간절한 것을 여러 번 시험한"(22절) 형제이다.

이 사람들은 바울의 전폭적인 지원을 받고 고린도 교회에 추천되었다. 그는 그들을 "여러 교회의 사자들이요 그리스도의 영광"(23절)으로 표시한다.

헌금의 결과에 관한 바울의 확신은 그가 말하는 다음의 말에서 거의 아첨의 수준에 이른다: "성도를 섬기는 일에 대하여 내가 너희에게 쓸 것이 없나니"(9:1). 여기에 포함된 원리는 헌금을 소극적 태도가 아닌 적극적 태도를 취해야 한다는 것이다. 사람들은 소극적 강제력보다 적극적인 확신에 좀더 즉각적으로 반응을 보인다.

고린도 사람들은 일년 전에 헌금을 시작했으며, 바울은 이를 사용하여 마게도냐 사람들에게 헌금을 격려했다. 이제 마게도냐 교회의 몇몇 형제들이 바울을 동행하여 고린도에 올 가능성이 농후했다(2-4절). 그럴 경우 고린도 사람들이 헌금을 준비하지 않았으면 바울에게는 매우 당황스러운 일이 되었을 것이다. 여기서 밝혀진 원리는 헌금할 때 훌륭한 태도를 지지한다. 헌금은 형편없는 태도로 내려가기가 매우 쉬울 수 있다.

D. 연보에 대한 격려

바울은 예루살렘의 가난한 그리스도인들을 위한 헌금을 조금 광범위하게 논의하고 그 결말에 연보를 위하여 아홉 가지를 격려한다.

1. 연보와 관련하여 우리는 무엇을 뿌리든지 그대로 거둘 것이다(6절).
2. 하나님은 즐겨 내는 자를 사랑하신다(7절).
3. 하나님은 연보에 풍성한 자들에게 항상 많이 보상하신다(8절).
4. 영적으로 볼 때 연보의 상급은 "영원토록 있다"(9절).
5. 헌금에서 거두는 것은 농부의 수확물과 비슷하다. 수확물은 심은 씨보다 훨씬 많다. 이런 점에서 하나님은 수확물이 훨씬 많아지도록 더 많은 씨를 주신다. 연보는 정체적인 게 아니다. 헌금은 더 많은 헌금을 낳는다

(10, 11절).

6. 연보는 궁핍한 자들의 필요를 채울 뿐만 아니라 유익을 얻는 자들이 하나님께 드리는 많은 감사를 낳는다(11, 12절).

7. 연보는 다른 사람들로 하여금 "너희가 참으로 주님을 사랑하는 이 증거를 인하여 하나님을 찬송하게"(13절) 한다.

8. 연보는 다른 사람들이 여러분을 위하여 기도하게 한다. 이는 헌금한 것보다 더 많은 것을 뜻할 수 있다(14절).

9. 하나님의 아들의 말할 수 없는 은혜는 연보를 위한 다른 모든 동기를 초월한다(15절).

고린도후서 제10장

주 안에서 자랑함

10:17. "자랑하는 자는 주 안에서 자랑할지니라."

I. 역사적 배경

이 서신의 마지막 넉 장에는 그리스도의 사도로서 바울의 권위에 대한 변호가 나온다. 수많은 주석가들은, 이 장들이 2:3, 4에 언급된 바울의 첫 번째 서신 다음에 쓰여진 두번째 서신에 해당한다고 믿는다. 이 견해는 앞의 장들과 관련하여 이 넉 장의 대조적인 어조에 근거를 두고 있다. 앞 부분에서 바울은 친구라고 믿지만 거짓 교사의 손에 놀아나 잘못을 범한 많은 신자에게 말을 하고 있었다. 이제는 자신을 예수 그리스도의 사도로서 완전히 불신하고 자신의 복음을 부패시키려고 결심한 소수의 모진 원수들에게 말을 하고 있다. 그들은 유대 율법의 요구와 복음의 거저 베푸는 은혜를 혼합하려 했던 유대주의자라는 집단에 속해 있었던 것 같다.

바울에 대한 비난 가운데 하나는 그가 그들 가운데 있을 때 보이는 유약하고 겸비함이 능력과 신적 권위의 명백한 결여 때문이라는 것이었다. 바울은 사랑의 정신으로 하지만 큰 담대함으로 이 상황을 다룬다.

그는 자신이 그들을 방문할 것이지만 그들이 회개하여 자신이 당도할 때 그들의 잘못을 다루어야 하는 고통스러운 일이 없어지게 하기를 바란다는 뜻을 그들에게 알린다. 또한 거짓 교사를 책망한다.

II. 용어 해설

"[그러나] 자랑하는 자는." 자랑하다에 해당하는 헬라어는 "우쭐대다," "증거를 제시한다"를 뜻하는 카우하오마이의 단수 남성 불변화사의 현재형이다. "자랑하는 자는 주님에 대하여 자랑하게 하라"(RSV). "누구든지 자랑하려 하면, 주님이 행하신 것을 자랑하게 하고 자신에 대하여 자랑하지 않게 하라"(의역 서신). 이 구절에 관한 난외 구약 관주는 중요하다. "여호와께서 이같이 말씀하시되 지혜로운 자는 그 지혜를 자랑치 말라. 용사는 그 용맹을 자랑치 말라. 부자는 그 부함을 자랑치 말라. 자랑하는 자는 이것으로 자랑할지니, 곧 명철하여 나를 아는 것과 나 여호와는 인애와 공평과 정직을 땅에 행하는 자인 줄 깨닫는 것이라. 나는 이 일을 기뻐하노라. 여호와의 말이니라"(렘 9:23, 24). "우준하여 지각이 없으며 눈이 있어도 보지 못하며 귀가 있어도 듣지 못하는 백성이여 이를 들을지어다"(렘 5:21). 어떤 성취에 대해서든 모든 영광은 하나님께 속하는 것이지 사람에게 속하지 않는다. "주 안에서." 그리스도와 현저하고 신비한 관계를 말한다. 이는 바울이 상당히 자주 사용하는 구절이다. 다른 신약 저자는 이 말을 사용하지 않는다.

III. 교리적 의의

사람의 제일 되는 목적은 하나님을 영화롭게 하는 것이다. 예수 그리스도로 말미암아 이루어지는 영광이야말로, "주 안에서"라는 구절에서 가리키는 것처럼 하나님이 받으실 만한 것이다. 사람이 갖고 있는 모든 것은 하나님께로부터 나온다. 그러므로 이는 사람 편에서 자랑할 근거를 남기지 않는다. 자기 도취는 인간의 인격을 추하게 만든다. 모든 일에 공로를 주장하지 않고 하나님께 영광을 돌리면 사람의 인격은 고매해진다.

IV. 설교 개요

제목: **"주 안에서 자랑함."**

도입부

이 장에서 우리는 고린도 교회에 나타난 또 한 가지 흐릿한 점을 본다. 거짓 교사가 신자들 가운데 침입하여 그들 가운데 소수로 하여금 그리스도의 사도로서 바울의 권위를 의심케 했다. 바울은 단호하지만 온유하게 책망한다.

A. 우리의 행동 준칙으로서 주 안에서 자랑함(1절상).

바울은 엄한 책망을 하기 전에, 안전하고 확실한 행동 준칙에만 관심을 기울인다: "나 바울은 이제 그리스도의 온유와 관용으로 친히 너희를 대하고." 바울은 "보복"의 정신을 갖고 있지 않고 그리스도와 같이 관용의 정신을 갖고 있음을 주장한다.

관용에 해당하는 헬라어는 에피에이케이아인데, 이는 합당함, 관용, 온유를 뜻한다. 윌리엄 바클레이는 주석을 단다: "헬라어 에피에이케이아는 친절한 정당함을 뜻한다. 헬라인은 에피에이케이아를 '정당하고 심지어 정당한 것보다 더 나은 것'이라고 정의했다. 그들은 이를 (정당함이 일반적인 것이므로) 부당해지는 위험에 처할 때 개입해야 하는 자질로 서술했다. 엄격하게 법률과 준칙과 규례를 적용하는 것이 사실상 부당할 때가 있다. 엄격하고 공평한 정의가 사실상 부정의에 이를 수 있는 때가 있다. 때때로 참된 정의가 준칙이나 율법의 의문을 주장하지 않고 좀더 높은 자질이 우리의 결단에 들어오게 하는 상황이 일어나곤 한다. 에피에이케이아를 갖고 있는 사람은 결국 그리스도인의 표준이 정의가 아니라 사랑이라는 것을 아는 사람이다. 바울은 모두에 이 낱말을 사용함으로써 사실상, 자신은 자신의 권리를 위하지 않고 율법의 의문을 주장하지 않고 온갖 준칙과 규례를 강요하지 않는다고 말하고 있다. 그는 인간의 가장 순수한 정의조차 초월하는 그리스도의 사랑과 같은 사랑으로 이 상황을 다루려 한다. 그는 그리스도처럼 상황을 다루려 할 것이다"(「고린도전후서」, p. 266).

B. 우리의 전쟁 무기와 관련하여 주 안에서 자랑함(1절하-6절).

바울에 대한 고린도의 거짓 교사의 고소의 성격은 바울이 그들에게 주는 대답에 나온다. 바울은 부재중일 때 편지로 담대하지만 친히 있을 때는 연약하다는 비난을 받았다(1절하). 어떤 주석가들은 바울의 외모가 매우 볼품없었던 것으로 묘사했다. 어떤 해석가들은 여기서 언급하는 것이 바울의 외모가 아니라 관대하고 온유한 태도를 가리킨다고 주장한다. 그들은 여기에 바울이 호감가는 외모를 갖고 있는 것으로 암시되어 있음을 지적한다. 찰스 어드만은 이 구절에 대하여 이렇게 주석을 단다: "바로 이것이 바울이 분개하던 거짓 고소임을 기억해야 한다. 그는 친히 가서 편지로 하던 것처럼 그의 말이 힘과 용기로 가득 차서 말할 것이라고 대답한다. 이제 어떤 사람이 이 구절에서 사도의 개인적 용모에 관하여 주장하려 한다면, 유일하게 가능한 결론은 그의 용어가 인상적이긴 해도 위압적이지는 않았다는 것일 것이다. 왜냐하면 그의 용모는 그의 글과 같은 특징을 갖고 있었기 때문이다"(「바울의 고린도후서」, p. 96).

하지만 바울의 개인적 용모에 관한 이 문제에서 또 한 가지 고려할 것이 있다. 루스드라 사람들은 바울과 바나바가 신이라고 결론을 내리고 바나바를 쓰스(제우스)라고 부르고 바울을 허메(헤르메스)라고 부르면서 경배했다. 희랍인들에게 하늘과 땅의 최고신인 쓰스(제우스)의 모든 신상은 크고 멋지게 생긴 남자의 모습을 나타낸다. 허메(헤르메스)는 웅변가들에게 영감을 주고 시인에게 불멸의 노래를 주는 그리스의 웅변 신이었다. 그의 조상(彫像)은 다소 작고 못생기고 몸에 비해 머리가 크고 날카롭고 도드라진 얼굴을 가진 남자의 모습을 나타낸다.

주후 200년으로 연대가 추정되는 「바울과 데클라의 행전」(*The Acts of Paul and Thecla*)이라는 초창기 책은 바울을 "키가 작고 머리카락 숱이 적고, 발이 굽고 건강한 체격에 눈썹이 맞붙고 조금 매부리코이며 은혜로 가득했으며, 때로는 사람처럼 보이기도 하고 때로는 천사의 얼굴을 보이기도 했다"고 묘사한다.

외모가 어떠했든지, 바울은 자신이 갈 때 회개하지 않는 범죄한 배신자들에게 엄한 처벌을 시행할 것이라는 말을 분명히 한다. 그가 시행하려고 염두에 두는 권징은, 실상 그가 당도하기 전에 잘못이 시정되어 예상했던 권징이 필요없도록 만들기를 진심으로 바라는 그런 것이다(2절).

바울은 연약하다는 비난과 관련하여 육신을 따라 행한다는 비난을 받는다(2절하). 이 비난에 대한 그의 대답은 이렇다. "우리가 육체에 있어 행하나 육체대로 싸우지 아니하노니"(3절). 여기서 사용된 육체라는 말은 이중적 의미를 갖고 있다: 신체적인 몸을 뜻하는 육체와 육적 성향을 뜻하는 육체이다. 여기서 바울은 자신이 일반적으로 연약한 인간이지만 전쟁에서 이기려고 인간의 계획과 방법을 사용하지 않는다는 것을 가리켜 보여준다.

기독교 전쟁의 무기는 육적인 것이 아니라 "견고한 진을 파하는 강력"(4절)이다. 바울은 자신의 전쟁 무기를 전적으로 확신했다. 이는 에베소서의 마지막 장에서 진리와 의와 평안의 복음과 믿음의 방패와 구원의 투구와 하나님의 말씀 곧 성령의 검과 기도로 열거된다(엡 6:10-20).

바울은 이 무기를, 세상을 정복한 강한 로마 군대의 무기와 대립하여 둔다. 그것들은 결국 로마 군대의 무기보다 월등한 것으로 입증되었다.

위대한 미트리다테스는 바울의 시대 조금 전에 살았는데, 바울이 태어나서 자란 땅에서 해적을 추방했다. 소문에 따르면 그는 120개의 요새를 진압하고 1천 명 이상의 죄수를 포로로 잡았다고 한다. 바울은 사람이 만든 무기는 인생의 궁극적 승리를 얻는 데 연약하고 의지할 수 없는 것임을 알았다. 유일하게 의지할 만한 무기는 "하나님 앞에서 견고한 진을 파하는 강력한" 무기이다.

이 신령한 무기만이 "하나님을 아는 것에 대적하여 높아진 모든 것"(5절)을 무찌를 수 있다. 이는 사람들의 생활을 변화시키고 "모든 생각을 사로잡아 그리스도에게 복종케 하는"(5절) 데 필요한 하나님의 도구이다. "모든 생각"에는 사람의 존재 전체 즉 영혼과 지성과 몸이 포함된다.

이것들은 바울이 고린도 사람의 회복을 위하여 의지하는 무기들이다(6절).

C. 주 안에서 자랑하고 외모를 자랑하지 아니함(7-11절).

외모는 매우 기만적일 수 있다. 바울이 제기하는 질문에 표시되어 있는 것처럼 고린도 사람들은 이 거짓된 표준을 사용했다. "너희는 외모만 보는

도다"(7절상). 교회 안의 거짓 교사와 배신자는 바울의 외모를 보며 그 안에 있는 하나님의 강력과 능력, 그리고 그에게 맡기신 하나님의 권위를 고려하지 않았다.

기독교 신앙의 하늘 아래 기치를 들어올리는 거짓 교사들의 한 가지 특징은, 그들이 별도의 것을 요구한다는 것이다. 그들은 그렇게 할 때 자신의 군호를 채택하지 않는 사람들을 거의 비기독교인으로 취급한다. 그들은 설교에서 기독교보다 자신이 특히 좋아하는 개념에 중심을 둔다. 바리새인처럼 그들은 바다와 육지를 돌아다니며 개종자를 얻고는 그리스도의 중심성과 아무 관계가 없는 표어를 그에게 부가하려 한다. 그리스도 안에서 출중한 바울의 믿음은 거짓 교사의 믿음과 비교할 때 두더지의 흙 두둑 옆의 산 정상과 같았다.

바울은 자신의 사도적 능력에 관한 그들의 도전에 결코 좌절하거나 당황하지 않았다. 자신의 신령한 전쟁 무기와 사도직의 권위는 교회의 건덕을 위하여 받은 것이다(8절). "성경 전체에서 웅장한 광경은 건덕 즉 하나님 나라의 건축이다."

바울의 서신에 나타나는 견고함과 엄격함은 그들을 놀라게 하려는 것보다 그들의 건덕을 위한 것이었다(9절).

바울은 자신에게 맡기신 거룩한 위탁물을 포기하고 거짓 교사가 고린도 교회를 파멸하도록 용인할 의도가 전혀 없었다. 그는 고린도 사람들에게 자신이 가면 편지에 나타난 용기와 담대함으로 그들 가운데 있을 것임을 분명히 말한다(10, 11절).

D. 자신을 평가할 때 주 안에서 자랑함(12-18절).

인생의 모든 문제에 대한 잣대는 하나님의 뜻이다. 이것을 염두에 두지 않을 때 사람들은 자신으로 자신을 평가한다(12절). 오류가 없으신 그리스도는 우리의 유일하게 안전한 인도자이시다. 다른 사람을 평가 기준으로 삼아 자신을 비교할 때 이런 점에서 선한 것을 쉽게 내세울 수 있다. 그러나 그리스도와 자신을 비교할 때는 선함이 오직 그리스도의 은혜를 통해서만 나올 수 있다는 것을 깨닫게 된다. 기도하려고 성전에 들어간 바리새인은 다른 사람들과 자신을 비교했고 의롭다 함을 얻지 못하고 떠났다. 하나님 앞에 홀로 서 있던 세리는 가슴을 치며 "하나님이며 죄인인 나에게 긍휼을 베푸소서" 하고 말했으며 의롭다 하심을 받고 떠났다.

오만은 우리를 하나님의 용서하시는 은혜로부터 벗어나게 한다. 우리는 그리스도로 자신을 평가할 때 교만할 여지가 없다.

바울은 지경을 넘어 [복음을 전하려는] 마음에 늘 사로잡혀 있다. 경계를 넘어 복음을 전하기 위하여 고린도에서 일을 바로잡기를 원했다(15, 16절).

"넘어"라는 말은 하나님 나라의 근본 법칙을 표현한다. 용서는 일곱 번을 넘어 일흔번씩 일곱 번 해야 한다. 하나님의 사랑은 사랑스러운 자를 넘어서 사랑스럽지 않은 자를, 사랑하는 자와 친구를 넘어서 우리의 원수에게 이른다. 언제나 높은 곳을 넘어 더 높은 곳이 있고, 깊은 곳을 넘어 더 깊은 곳이 있다. "넘어"의 열정이 바울에게 임했던 것처럼 오늘날 교회에 임한다면 세상은 이 세대 안에 복음화될 것이다.

고린도후서 제11장

그리스도의 신부 됨

11:2. "내가 하나님의 열심으로 너희를 위하여 열심내노니 내가 너희를 정결
한 처녀로 한 남편인 그리스도께 드리려고 중매함이로다."

Ⅰ. 역사적 배경

고린도에서 바울은 거짓 교사들의 등장에 의하여 파괴된 자신의 수고의
열매를 찾을 수 있을지의 가능성에 봉착했다. 그곳에서 그의 사역으로 성
취된 놀라운 일이 심각한 위험에 처했다. "사도"라는 말은 더 이상 열한
명의 사람에게 국한되지 않고 여행하는 선교사 혹은 복음 전도자라는 일
반적 의미로 사용되게 되었다. 거짓 교사는 바울이 전한 것과 다른 복음을
전하고 있었다. 그들은 바울의 사도직을 불신했다. 「평신도 성경 주석」 시
리즈의 한 책을 쓴 케네스 존스 포어먼은 이 거짓 교사들을 "자칭 사도,"
"자기를 선전하는 복음 판매상"으로 지칭한다. 상황이 너무 절박하고 요구
가 긴급하므로 바울은 자신에게 싫은 방법을 의지하는 것이 필요함을 발
견했다. 즉 자신의 사도직에 대한 변호와 관련된 방법이었다. 이는 자랑하
는 어조가 담겨 있지만 결코 자랑하는 것이 아니었다. 왜냐하면 그의 변호
는 자신보다는 그리스도의 대의를 위하여 한 것이었기 때문이다. 거짓 교
사들은 고린도 교회의 관심을 그리스도가 아니라 그들 자신과 의식 제도
와 공로를 내세우는 일에 쏠리게 했다. 바울은 그들의 관심을 신랑이신 그
리스도와 신부인 교회에 쏠리게 함으로써 이 왜곡을 바로잡으려 했다. 자
신의 사도직에 대한 바울의 변호는 친밀한 개인적 관점에서, 그의 사역에
더 궁극적 동기가 없고 그의 생애가 신랑이신 그리스도와 신부인 교회에

집중되었음을 보여준다. 이런 점에서 그의 고린도 사역에는 그가 금전적 보상을 전혀 받지 않고서도 당한 많은 희생이 포함되어 있었다. 바울의 변호는 지극히 개인적이었지만, 겸손함의 모범이었다. 그와 관련되는 온갖 주목할 만한 개인적 체험에서 동기는 그리스도의 높아지심이다.

II. 용어 해설

"내가 열심내노니." 해당 헬라어는 '~에게 강력한 호감을 갖는다'는 뜻을 가진 젤로오의 1인칭 단수 직설법이다. 이 낱말은 그 다음에 나오는 묘사에 적절하다. 바울은 여기서 유대교 혼인 관습에서 나오는 생생한 그림을 사용한다. 그는 자신을 신랑의 친구 가운데 하나로 표시한다. 유대의 관습에 따르면, 신부를 표시하는 한 친구과 신랑을 표시하는 한 친구 해서 두 친구가 있었다. 그들은 신랑과 신부의 접촉점이었다. 그들의 특별한 활동은 신부의 순결을 보장하는 것이었다. 그들은 손님에게 혼인식 초대장을 전달하고 혼인식과 관련된 다른 의무를 수행했다. 은유에 등장하는 신랑은 예수 그리스도이며 신부는 교회이다. 바울은 신랑의 친구로서 신부의 순결을 보장할 의무를 지고 있다. 그래서 그는 고린도 교회를 순결하게 유지하기 위하여 자신의 능력 안에서 모든 것을 해야 한다: " … 티나 주름 잡힌 것이나 이런 것들이 없이"(엡 5:27). "내가 중매함이로다." 말 그대로 '함께 어울리다, 혼인으로 결합하다, 시집가다, 약혼하다'를 뜻하는 하르모조의 일인칭 단수 부정과거 시제이다. "한 남편에게." 그리스도는 다른 경쟁자를 허용하지 않으신다. 그리스도는 "만물의 주이시든지 아니면 전혀 주가 아니시든지" 해야 한다.

III. 교리적 의의

신랑으로서 그리스도는 신부인 교회의 온갖 필요를 넉넉히 채우신다. 복음의 그리스도가 아닌 다른 그리스도를 선포하는 설교는 무효이다. 신랑이신 그리스도는 신부인 교회의 모든 지체로부터 완전하고 완벽하고 주저없는 충성과 헌신과 성별을 요구하신다. 멸망한 자를 위한 구원뿐만 아니라 교회의 정결을 위한 속죄에 필요한 것이 마련되었다.

IV. 실천적 목표

거짓 교사에게 잘 속지 않으려고. 그리스도를 위한 우리의 증거에서 결정적인 요인이 우리가 증거하는 그리스도가 복음의 그리스도이신지 아닌지임을 깨닫기 위하여. 바울처럼 그리스도의 대의를 위하여 당하는 질책은 아무리 크다 해도 지나침이 없으며 그 상급은 질책보다 훨씬 크다는 것을 사람들로 알게 하려고. 우리의 연약함이 그리스도께 온전히 바쳐질 때 그의 영광을 위하여 사용될 수 있음을 깨닫게 하려고.

V. 설교 개요

제목: "그리스도의 신부됨"

도입부

바울은 신부에 대한 신랑의 열심을 공유하는 자로 자신을 나타낸다. 왜냐하면 혼인식 친구로서 그는 신부를 신랑에게 중매했기 때문이다. 세례 요한도 신랑의 친구로 자신을 나타낸다. 요한은 말했다: "나의 말한 바 나는 그리스도가 아니요 그의 앞에 보내심을 받은 자라고 한 것을 증거할 자는 너희니라. 신부를 취하는 자는 신랑이나 서서 신랑의 음성을 듣는 친구가 크게 기뻐하나니 나는 이러한 기쁨이 충만하였노라"(요 3:28, 29).

신랑으로서의 그리스도와 신부로서의 교회라는 개념은 구약에 뿌리를 두고 있다. 구약에서 하나님은 자기 백성의 배우자로 표상되신다. 구약 개념은 이사야 54:5과 같은 구절에서 밝혀져 있다: "이는 너를 지으신 네 남편이시라. 그 이름은 만군의 여호와시며 네 구속자는 이스라엘의 거룩한 자시라. 온 세상의 하나님이라 칭함을 받으실 것이며." "마치 청년이 처녀와 결혼함같이 네 아들들이 너를 취하겠고 신랑이 신부를 기뻐함같이 네 하나님이 너를 기뻐하시리라"(사 62:5). "내가 네 곁으로 지나며 보니 네 때가 사랑스러운 때라. 내 옷으로 너를 덮어 벌거벗은 것을 가리우고 네게 맹세하고 언약하여 너로 내게 속하게 하였었느니라. 나 여호와의 말이니라"(겔 16:8). "내가 네게 장가들어 영원히 살되 의와 공변됨과 은총과 긍휼히 여김으로 네게 장가들어"(호 2:19).

예수님은 자신을 신랑으로 교회를 신부로 묘사하셨다. "그때에 요한의 제자들이 예수께 나아와 가로되 우리와 바리새인들은 금식하는데 어찌하여 당신의 제자들은 금식하지 아니하나이까? 예수께서 저희에게 이르시되 혼인 집 손님들이 신랑과 함께 있을 동안에 슬퍼할 수 있느뇨? 그러나 신랑을 빼앗길 날이 이르리니 그때에는 금식할 것이니라"(마 9:14, 15).

순결함은 죄악된 세상 가운데서 신부에게 필요한 규범이다. 순결의 상징인 층층나무의 흰눈 같은 꽃은 숲 언덕 전체를 화려하고 아름다운 광채로 바뀌게 할 수 있다. 순결의 광채 가운데 사는 그리스도의 신부는 세상을 천사들의 관심을 끄는 광경으로 바꾼다. 신부가 순결을 더럽혔을 때, 이는 신랑에게 중대한 관심사를 일으킬 수 있는 원인을 제공한다. 바울과 같이 신랑의 친구들도 그 관심사를 공유한다. 신랑의 친구라는 사실은 바울이 신부의 정결에 관하여 품는 관심사에 반영되어 있다. 이는 자신의 사도됨을 변호하는 바울의 메시지에 부가된 책임이다.

A. 사단의 속임수(1-6절)

사단은 간계로 이와를 미혹했다(3절). 의역 성경은 이렇게 되어 있다: "그러나 나는 사단이 에덴 동산에서 이와를 속인 것처럼 너희가 어떤 식으로 우리 주께 대한 순결하고 깨끗한 헌신에서 벗어날까 두려워한다." 사단은 속이는 자이다. 그는 양의 옷을 입은 늑대로, 광명의 천사로 가장한 방해자로 나타난다. 전체 진리를 대체할 목적으로 반쪽 진리를 선포하는 거짓 교사들을 통하여 하나님의 모든 참된 사역에 이의를 제기하는 것이 사단의 전략이다.

고린도 교회에 들어온 거짓 교사들은 예수님을 전했지만 바울이 전한 예수님이 아니었다(4절). 그들은 성령님과 다른 영을 전했다. 그들은 구원을 전했지만 그것은 바울이 전한 것과 다른 구원이었다.

케네스 조셉 포어먼은 이렇게 주석을 단다: "그리스도께 대한 충성은 좋은 표현이며 좋은 일이다. 만일 우리가 충성하는 그리스도가 참된 그리스도라면 말이다. 강력하게 충성하지만 좋은 그리스도인이라고 부를 수 없는 사람들이 고린도에 있었으며 오늘날 우리 주변에도 있다. 왜냐하면 그들의 기독론은 매우 왜곡되었기 때문이다. 고린도의 거짓 교사는 고린도 사람들을 유혹하여 자신의 형상으로 만든 '그리스도'께 충성하게 했다"(「평신도 성경 주석」, p. 145).

바울은 원래의 열한 사도든지 거짓 선지자들이든지 사도 가운데 지극히 큰 사도보다 조금도 부족하지 않았다(5절).

거짓 선지자와 관련하여 바울은 말에서 자신이 열등함을 인정한다(6절). 하지만 그는 자신이 무엇을 말하고 있는지 알았다. 그는 복음의 사실에 뿌리를 내리고 터를 잡았다. 그는 복음의 전체 진리를 선포했지 단순히 반쪽 진리를 선포하지 않았다.

B. 가짜 그리스도인(7-15절)

가짜는 언제나 진짜와 더불어 모습을 보여 왔다. 사단은 모든 선한 것에 대하여 가짜를 만드는 일을 하고 있는데, 특별히 가짜 그리스도인을 만들고 있다. 고린도 교회에 가짜 그리스도인이 침입했다. 거짓 선지자는 바울의 희생적인 사도직에 이의를 제기했다. 바울은 고린도에서 교회를 세우기 위하여 힘쓰면서 자신의 생활을 스스로 꾸렸다. 그는 어떤 사람에게도 속박되지 않기로 결심했다. 그는 자신이 일하는 지역 교회에서 생계를 지원받을 권리가 얼마든지 있다고 주장했지만, 그곳에 있는 동안 그들의 지원을 받지 않았다. 빌립보 교회의 경우처럼 떠난 다음에는 보답을 받았다(7-9절). 에베소 교회의 장로에게 주는 작별 메시지에서 바울은 자신의 자비량 관행에 관하여 말한다: "너희 아는 바에 이 손으로 나와 내 동행들의 쓰는 것을 당하여"(행 20:34).

고린도의 거짓 교사는 바울의 이 희생적 관행을 그의 자격에 의혹이 생기게 하는 것으로 바꾸려 했다. 그들의 주장에 따르면 그것은 그가 자신을 참 사도가 아니라고 알고 있는 표였다. 거짓 교사들은 바울을 거짓 사도라고 주장하면서 자신들의 수고에 대한 보상을 받고 스스로 참 사도라고 주장했다. 그들은 의심할 나위 없이 돈받는 사도직과 바울의 희생적 사도직의 차이를 유감으로 생각했다. 그들은 바울의 희생적 사도직을 불신임함으로써 세인의 관심을 그들의 금전적 동기로부터 벗어나게 하고 싶었다.

바울은 자신에 대한 비난에 대면하여 자신의 자비량 관행을 바꿀 생각이 없으며 거짓 교사들을 만천하에 폭로하며 "그들의 주장을 논파하겠다"는 것을 지적한다. 바울은 모범을 보이며, 복음의 그리스도가 아닌 그리스도를 전하는 거짓 교사를 줏대없이 관용하거나 그들에게 복종해서는 안 된다는 것을 가르친다.

거짓 교사는 광명의 천사처럼 사악하게 가장한 사단의 사신이었다(14절). 그들은 "의의 일꾼"인 체했지만, "그 행위대로"(15절) 분명한 심판 때를 향하여 달려 갔다.

C. 사도로서 바울의 신임장(16-33절).

바울은 어쩔 수 없이 드러내 놓고 자랑하는 것을 변명한다(16-18절). 그런 자랑은 자신을 위한 것이 아니라 그리스도의 대의를 위한 것이었다. 고린도의 거짓 교사들이 행한 폐습 가운데 몇 가지가 나열되었다: 고린도 사람을 종으로 삼음, 사로잡음, 자고함, 뺨까지 칠 정도의 형벌(20절).

바울은 거짓 교사만큼 자랑할 수 있었으며 그의 상처의 신임장에 관해서는 더욱 자랑할 수 있었다(21절). 바울의 상처의 신임장은, 신랑이신 그리스도께 대한 의심없는 충성과 신부인 교회의 순결에 대한 그의 열정을 보여준다.

히브리인이며 이스라엘 사람이며 아브라함의 씨로서 그가 갖는 민족적 유산은 거짓 교사 누구의 민족적 유산보다 한 치도 뒤지지 않았다(22절). 그러나 그의 상처의 신임장은 그들 누구의 신임장보다 훨씬 뛰어나다.

그가 받은 상처는 옥에 갇힘, 수없이 맞음, 여러 번 죽을 뻔함, 사십에 하나 감한 매를 다섯 번 맞음, 태장을 세 번 맞음, 한 번 돌에 맞음, 세 번

파선당함, 일 주야를 깊음에서 지냄, 여러 번 여행함, 강의 위험, 강도의 위험, 동족의 위험, 이방인의 위험, 시내의 위험, 광야의 위험, 바다의 위험, 거짓 형제 중의 위험, 수고하고 애씀, 여러 번 자지 못함, 주림, 목마름, 여러 번 굶주림, 춥고 헐벗음(23-27절). 그리고 그 밖에도 모든 교회를 매일 돌보는 일이 있었다(28, 29절).

이는 그리스도의 십자가를 위하여 전쟁에서 상처 입은 전사 바울에 관하여 가장 꼼꼼한 요약이다.

바울은 해야 한다면 자신의 연약함에 대하여 자랑하기를 좋아했다. 왜냐하면 자신이 연약한 가운데 하나님의 충족한 은혜가 나타났기 때문이다(30, 31).

회개한 다음 처음으로 크게 구출을 받은 다메섹 탈출은 바울의 뇌리에 지울 수 없는 흔적을 남겼다. 그가 다음과 같이 불멸의 말로 서술했듯이, 마지막 구원의 날까지 계속되는 길디긴 구원의 연쇄 가운데 첫번째가 바로 이 사건이었다. "내가 선한 싸움을 싸우고 나의 달려갈 길을 마치고 믿음을 지켰으니 이제 후로는 나를 위하여 의의 면류관이 예비되었으므로 주 곧 의로우신 재판장이 그 날에 내게 주실 것이니 내게만 아니라 주의 나타나심을 사모하는 모든 자에게니라"(딤후 4:7, 8). 교회의 한 지체로 바울은 마지막 구원에서 신랑과 더불어 영원히 있기 위하여 떠났다. 그곳에서 그는 어린양의 혼인 만찬에 참여할 것이다. 죽음에 이를 뻔하기도 했던 온갖 시련과 핍박 가운데서 울려 퍼지는 승리와 이김의 이 서사시가 바울뿐만 아니라 "주의 나타나심을 사모하는 모든 자"를 위한 것이었음을 깨달으면 위로가 된다.

고린도후서 제12장

가장 족한 은혜

12:9. "내게 이르시기를 내 은혜가 네게 족하도다. 이는 내 능력이 약한 데
서 온전하여짐이라 하신지라. 이러므로 도리어 크게 기뻐함으로 나의 여
러 약한 것들에 대하여 자랑하리니 이는 그리스도의 능력으로 내게 머물
게 하려 함이라."

I. 역사적 배경

바울은 점점 많은 증거를 대면서 자신의 사도직을 계속 변호한다. 그는
자기가 옳은 것을 내세우기를 싫어하기 때문에 그의 말은 변명투로 들린
다. 이 구절에서 우리는 그의 개인 생활에 대한 통찰을 얻는다: 그의 헌신
의 깊이, 하나님과 친밀한 그의 동행, 그를 덮쳤던 큰 시험과 위험, 이 모든
것 가운데서 그의 흔들리지 않고 견고함.

II. 용어 해설

"이르시기를." 빈센트의 「신약 낱말 연구」는 이렇게 설명한다. "정확하게
말하면 '말씀해 오셨다' 이다. 완료 시제의 어조가 강조되어야 한다. 이는
바울에게 시련이 여전히 끊이지 않았으며 그가 글을 쓸 때 그의 마음에
사건의 기억뿐만 아니라 그리스도의 은혜의 여전한 능력과 가치가 있었음
을 보여준다. 그러므로 주님이 '내 은혜' 하고 말씀해 오셨으므로 이제 바
울은 계속되는 시련 가운데서도 '내가 그리스도를 위하여 … 기뻐하노니
이는 내가 약할 그 때에 곧 강함이니라' 하고 말할 수 있다. 신약에서 완
료시제를 이처럼 아름답게 사용한 예는 찾기 어려울 것이다."

"내 은혜" 즉 하나님이 자기 자녀를 위하여 마련하신 것. "내 능력"이 내게 족하다. 하나님의 공급하시는 것으로 채워지지 않는 필요는 없다. "내 능력이 연약한 데서 온전하여짐이라." 필립스(J. B. Phillips)는 이렇게 번역한다: "왜냐하면 연약함이 있는 곳에서 내 능력이 더욱 온전하게 드러나기 때문이다. … 그러므로 지극히 즐겁게 나는 나의 연약함을 자랑하려 한다." 의역 서신에는 이렇게 번역되어 있다: "이제 나는 내가 얼마나 연약한지를 즐거이 자랑한다. 나는 내 힘과 능력을 뽐내기보다 그리스도의 능력을 드러내는 산 증인이 되기를 즐거워한다."

Ⅲ. 교리적 의의

몸의 치유는 죄와 달리 대속에 해당되지 않는다. 몸의 치유를 위하여 유용한 기도는 하나님의 뜻에 대한 완전한 헌신과 썩을 몸으로 정하신 것에 대한 순복에 뿌리를 박고 있어야 한다. "하나님의 가장 족한 은혜" 가운데서 우리는 인생의 온갖 역경에 대한 해답을 발견한다.

Ⅳ. 실천적 목표

특별히 구한 것을 응답으로 얻든지 다른 것을 응답으로 얻든지 상관없이 인생의 모든 역경에 관하여 사람들로 기도하도록 가르치기 위하여. 그리스도인들이 구한 것과 응답이 다를 때 확신과 기쁨과 감사로 그 응답을 받아들이게 하려고. 정신적이든 신체적이든 영적이든 인생의 모든 문제에 대한 해답을 얻기 위하여 "그리스도의 가장 족한 은혜"를 더욱 의지하게 하려고.

Ⅴ. 설교 개요

제목: "가장 족한 은혜."

도입부

이 장은 바울이 삼층천으로 사로잡혀 올라갔을 때 본 지복의 환상(幻

像)을 포함한다. 의심할 나위 없이 이는 그리스도인인 바울의 전체 생활 가운데 가장 숭고한 절정적 체험이었다. 이 심오한 체험에 관한 상세한 내용은 바울과 하나님 사이에 비밀로 인봉되었다. 설사 그 비밀을 공개한다 해도, 바울은 자신이 듣고 본 것을 전달할 수 없다. 왜냐하면 그것은 인간의 언어로는 말할 수 없는 것이었기 때문이다

지복의 환상과 뚜렷하게 대조를 이루는 것으로, 바울의 육신의 가시에 대한 현실적인 이야기가 있다. 이는 하나님의 섭리로 바울이 "너무 자고하지 않도록" 막기 위함이었다. 이 체험들은 이 장에서 완료되는 사도직에 대한 바울의 계속적 옹호에 이바지한다.

A. 지복의 환상(1-6절)

여기 기록된 지복의 환상은 자신의 사도직에 대한 바울의 변호의 연속이다. 그 당시에 환상과 계시는 의혹의 대상으로 간주되지 않고 하나님과 친밀한 교제와 동행에서 나오는 당연한 것으로 간주되었다. 환상과 계시는 권위뿐만 아니라 특별한 성도됨에 대한 표시로 여겨졌다. 모든 주석가는 환상 중의 사람이 바울 자신이었다는 데 동의한다. 그는 자신의 높음을 반대하는 데 대한 방어책으로 이 이야기를 미묘하게 접근한다. 이 체험과 비슷한 것은 사도행전이나 바울의 서신 어디에서도 나오지 않는다. 바울이 자신의 사도직을 옹호하는 데 필요하다고 느끼지 않았다면 아마 우리는 이 환상에 관하여 전혀 알지 못했을 것이다. 거짓 교사들은 종종 자신의 권위와 위상을 옹호하려고 환상을 중요하게 강조하곤 한다. 고린도의 거짓 교사들이 바울의 사도직을 불신임하고 자신들의 사도적 권위에 대한 중요한 증거로 환상에 의지하고 있다는 소식이 바울에 이르렀다. 그런 소식을 들은 암시가 바울의 다음 진술에 있는 것 같다: "내가 주의 환상과 계시를 말하리라."

바울의 환상이 참되다는 것을 보여주는 몇 가지 특징이 있다. 역사적 정황과 관련하여 명확함이 없다. 이 환상은 신비의 옷을 고치거나 바꾸려는 노력이 없이 신비로 휩싸인 역사적 사실로서 서 있다. 이 환상은 자주 되

풀이되는 일이 없었다. 그렇게 되면 하나님과 비밀을 지키겠다는 약속을 깨뜨리는 것이 될 것이다.

이 환상에 대한 찰스 어드만의 고전적 평가를 우리는 놓쳐서는 안 된다: "바울의 이 체험이 갖는 정확한 성격을 이해하거나 설명할 수는 없다. 이는 분명 그의 인생에서 가장 성스러운 시간이었으며 그의 활동기 가운데 최고의 시간이었다. 그리고 그는 그 사건이 너무 찬란하고 기이하여 자신에게는 비교할 수 있는 것이 전혀 없는 것임을 우리로 충분히 볼 수 있게 하는 만큼만 베일을 벗긴다. 사실 이것이 그가 알고 있던 다른 어떤 체험과도 다르므로, 그는 다른 사람의 생애에서 일어난 것인양 말한다."

B. 육체의 가시(7-10절)

가시에 해당하는 헬라어는 스콜로프스인데, 이는 말뚝이나 막대기라는 의미로 고전 헬라어에서 자주 사용된다. 이는 찌르는 형벌을 위한 막대기이다. 이 표상은 찌르는 막대기의 표상인데 "야만인이 포로의 떨리는 몸에 막대기를 관통시켰을 때와 같다."

바울이 "육체의 가시"를 무슨 뜻으로 말했는지에 관하여 많은 설명이 있어 왔다. 견해는 정신적 시련 혹은 영적 시련 혹은 육체적 시련으로 갈린다. 현저한 증거는 육체적 질병을 가리키는 것 같다.

바울의 육체의 가시에 관련된 논의는 끊이지 않는다. 육체에 있는 가시가 무엇이었는가 하는 질문에 대하여 정신적 혹은 영적 시험을 받은 것이라고 하는 대답이 두드러졌다. 바울이 끊임없이 직면했던 반대와 핍박, 로마 가톨릭의 일반적 해석인 성적 본능을 누그러뜨리는 것과 관련된 육적 시험. 육체적 시련이라는 항목에는, 바울의 외모, 혹은 호감을 주지 못하는 성격이라는 전반적인 질환, 간질, 심한 두통, 눈병(갈 4:15; 6:11), 지중해 동쪽 해안에 흔했던 악성 말라리아 열병의 재발 등이 있었다. 대부분의 개신교 주석가는 그것이 고통스러운 신체적 질병이었다는 데 동의한다.

바울은 구체적으로 자신의 "가시"를 지적하지 않았으며 그 의미를 개인적으로 해석할 수 있는 권리를 우리에게 남겨 놓았다. 여기서 도출할 수 있는 교훈은, 인생의 어떤 가시든지 승리로 제어할 수 있는 가장 족한 은혜가 있다는 것이다.

바울의 접근법은 기도였다. 세 번 그는 가시를 제거해 달라고 열심히 기도했다. 그의 기도는 응답받았는데, 가시의 제거라는 응답이 아니라 그것을 참을 수 있는 은혜라는 응답이었다. 참으로 기도하는 사람의 구체적인 부탁을 거절하실 때 하나님은 더 큰 것을 주신다. 즉 가시를 제어할 수 있는 가장 족한 은혜를 주신다. 이는 하나님 나라의 전진과 관련되는 증거가 확대되고 영향력이 커짐을 뜻할 것이다.

자신의 필연적 고난과 역경으로 그리스도께서 더 잘 알려지고 계심을 깨닫고 바울은 하나님의 가장 족한 은혜를 통하여 고난과 역경을 견딜 수 있을 뿐만 아니라 다음과 같은 그의 증거에 드러나듯이 그것들을 즐거워할 수 있다고 결론을 내린다: "그러므로 내가 그리스도를 위하여 약한 것들과 능욕과 핍박과 곤란을 기뻐하노니 이는 내가 약할 그때에 곧 강함이니라."

C. 대가다운 변호가 끝남(11-19절)

우리는 전체 문학에서 견줄 만한 것이 없는 바울의 대가다운 변호문을 줄곧 살펴 왔다. 바울은 어쩔 수 없어서 변명하고 주의하며 영혼의 내면적 비밀의 창을 열어 자신의 영광과 아픔을 드러내었다. 그는 거짓 교사에 반대하여 자신의 사도직을 변호했으며 어떤 희생을 치르고서라도 그리스도의 신부인 고린도 교회의 순결을 유지하려 했다. 전체 변호에는 자기 정당화를 싫어하는 바울의 태도가 속속들이 배어 있다.

바울은 고린도의 상황 때문에 자랑하는 일에 "어리석은 자"가 되지 않을 수 없었다. 그는 고린도 교회 때문에 자신에 관하여 글을 쓰지 않을 수 없게 되는 것보다 고린도 교회가 자신에 관하여 높이 천거하는 글을 썼어야 했다고 진술한다. 바울은 자신을 성도 가운데 가장 작은 자로 보고 스스로 "아무것도" 아니라고 보았지만, 자신의 복음이 불신을 당하고 있는 동안은 조용히 앉아 있지 않으려 했다.

바울의 사도직은 18개월의 고린도 사역 동안 완전히 입증되었다(12절). 온갖 이적과 기사가 그 당시에 이루어졌다. 회당장 그리스보가 회개했을 뿐만 아니라 그의 후계자이며 바울 반대파의 지도자인 소스데네와 다른 많은 유대인까지도 영광스럽게 회개했다. 많은 수의 이방인이 회개했으며, 심지어 그 도시의 재무관 에라스도와 의심할 나위 없이 유대인과 이방인의 수많은 저명 인사도 회개했다.

바울은 고린도 교회를 위하여 많은 일을 했지만, 그들에게 폐를 끼치지 않으려 했다고 변명했다. 그는 이 점에서 너무 신중했다(13절). 하지만 그는 곧 있을 세번째 방문 때에도 계속 자비량할 생각이다. 그는 자신에 대한 그들의 사랑이 약해지는 데도 즐겁게 계속 자비량하려 한다. "너희를 더욱 사랑할수록 나는 덜 사랑을 받겠느냐?"(15절).

16절에서 거짓 교사가 바울의 자비량을 걸고 넘어진 궁극적인 동기가 의역 서신의 번역에 생생하게 묘사되어 있다. "그리고 그는 우리를 바보로 만들었다. 무엇보다도 그는 우리에게서 좌우간 돈을 벌었던 게 분명하다."

더 나아가 바울을 고소하는 자들은 디도와 예루살렘의 가난한 성도들을 위한 헌금을 받으라고 바울이 보낸 다른 형제들이 오는 것도 결국 뒷궁리가 있다고 비난했다. 이 비난은 터무니 없고 아무런 근거도 없는 것이었다(18절).

바울의 변명의 목적은 자신이 고린도 교회의 선한 은혜에 앙갚음하려는 것이 아니라 그 교회를 영적으로 도와 그들을 배도에서 건지려 함이었다(19절).

바울은 엄청난 비방과 오해에 맞닥뜨렸다. 바울은 이 혹심한 시련을 통하여 그리스도의 가장 족한 은혜가 얼마든지 충분함을 발견했다.

D. 소망과 두려움(20, 21절).

바울은 큰 소망과 엄숙한 두려움을 표현하면서 사도적 권위에 대한 동정적 변호를 끝맺는다. 그는 자신의 서신으로 곧 있을 자신의 방문 때 고린도 교회와 만족스러운 만남을 위한 길이 닦이길 바란다. 두번째 방문에 관해서는 자세한 이야기가 없지만, 그 방문은 짧았고 고통스러웠다는 암시가 들어있다. 그리고 그는 세번째 방문에서 이전 방문처럼 고통스러운 측면을 피했으면 하고 바란다. 그의 소망은, 거짓 교사들이 침묵하고 그들이 타락하는 데서 돌이키고 하나님의 능력이 첫번째 방문 때처럼 다시 나타나는 것이다.

바울은 "내가 갈 때에 너희를 나의 원하는 것과 같이 보지 못하고 내가 너희에게 너희의 원치 않는 것과 같이 보일까"(20절) 두려워한다. 여기서 바울은 자신이 쓴 문제에 관하여 타협이나 간과함이 전혀 없을 것이며 그들이 바울로부터 받은 복음과 일치하게 태도를 바꾸지 않으면 엄한 조처가 있을 것임을 보여준다.

바울은 자신이 갈 때 "다툼과 시기와 분냄과 당짓는 것과 중상함과 수군수군하는 것과 거만함과 어지러운 것이 있을까" 두려워한다. 이런 것들은 고집과 방종의 나타남이며, 교회를 파괴하려고 위협하는 것들이었다. 이 죄들은 신부의 옷과 성품을 더럽히며 신부가 신랑에게 영접을 받지 못하게 한다.

바울은 "내가 다시 갈 때에 내 하나님이 나를 너희 앞에서 낮추실까 두려워하고 또 내가 전에 죄를 지은 여러 사람의 그 행한 바 더러움과 음란함과 호색함을 회개치 아니함을 인하여 근심할까"(21절) 두려워한다.

중대한 운명의 시간이 고린도 교회 앞에 닥쳤다. 이 교회는 회개하고 악한 길에서 떠나고 거짓 교사를 추방하고 바울이 전한 복음으로 교회를 유지할 수 있다. 그렇지 않으면 이 교회는 현재와 같이 이름만 교회로 계속 남을 수 있을 뿐 복음의 교회는 아니게 된다. 고린도에 교회가 생기도록 한 위대한 부흥은 이 복음의 전파로 말미암았다.

고린도후서 제13장

그리스도인을 위한 실험장

13:5. "너희가 믿음에 있는가 너희 자신을 시험하고 너희 자신을 확증하라.
예수 그리스도께서 너희 안에 계신 줄을 너희가 스스로 알지 못하느냐?
그렇지 않으면 너희가 버리운 자니라."

I. 역사적 배경

바울이 마지막 장을 쓸 때 그간의 사건들과 당장 아주 중요한 상황들이
절정으로 다가간다. 그는 고린도 교회에 대한 앞서 두 번의 방문을 언급하
고 임박한 세번째 방문을 언급한다. 바울은 교회에 벌어진 비극적인 일탈
행위와 양의 털을 입은 늑대처럼 기어들어온 거짓 교사들이 자신의 사도
직에 대하여 보인 대담한 도전에 대하여 큰 인내를 발휘했다. 교회의 장
차 운명과 관련될 위기를 일으키지 않고서 이 상황은 애매하게 계속될 수
없었다.

바울은 고린도의 상황을 고치려고 수많은 방법을 의지했다. 그는 서신을
썼다. 그리고 몇몇 주석가들은 그가 지금은 존재하지 않는 두번째 서신을
썼다는 의견을 갖고 있다. 그는 잠깐 재방문했다. 디도와 주 안에서 사랑받
는 다른 형제들을 보냈다. 바울은 심판하는 데다가 자신의 사도적 권위를
발휘하기가 싫었다. 그러나 다음의 말에 표현되어 있듯이 심판은 더 이상
지체될 수 없었다: "내가 다시 가면 용서하지 아니하리라"(2절). 이 장은
고린도 교회에 대하여 하나님의 뜻을 따라 하나님 앞에서 자신을 시험하
고 확증하라는 그의 마지막 간청과 호소를 담고 있다.

II. 용어 해설

"자신을 시험하라." 여기에 해당하는 헬라어는 '시도하다, 시험하다'를 뜻하는 페이라조의 2인칭 복수 현재 능동 명령형이다. "너희가 믿음에 있는가." 너희가 참으로 그리스도인인가, 너희가 기독교의 능력은 없이 기독교의 형식만 갖고 있는가. "확증하다"에 해당하는 헬라어는 시험하다, 테스트하다는 뜻을 가진 도키마조의 이인칭 복수 현재 능동 명령형이다. 페이라조와 도키마조의 현재 명령형은 영속적인 "계속"을 가리키며 반복된 행위를 표현한다. "예수 그리스도께서 너희 안에 계신지 알지 못하느냐." 「의역신약성경」의 번역은 이렇다: "너희는 예수 그리스도께서 너희 안에 계심을 (철저하게, 계속 심화되는 체험에 의하여) 깨닫고 알지 못하느냐?" "그렇지 않으면 너희가 버리운 자니라." 하나님이 너희를 버리셨는데, 그리스도인인 체하는 것이다. 그 뜻은 현실과 정반대이다.

III. 교리적 의의

사람이 회개치 않으면 심판을 피할 수 없다. 사람의 죄에 대하여 하나님의 오래 참으심에는 시한이 있다. 하나님의 말씀은 거룩의 성취를 살피는 영적 재고 조사의 잣대이다.

IV. 실천적 목표

그리스도인의 믿음이 성숙하려면 계속 시험하고 확증하는 과정이 없으면 불가능하다는 것을 깨닫기 위하여. 하나님의 능력을 하나님이 받으실 만한 업적을 이루는 데 유일하게 확실한 것으로 의지하는 태도를 진작하기 위하여. 고린도 교회를 위하여 바울이 밝힌 원칙의 수준이 오늘날 교회 안에서도 유지되게 하려고.

V. 설교 개요

제목: "그리스도인을 위한 실험장."

도입부

자동차 산업은 자사의 자동차를 위한 실험장을 운영한다. 실험장에서 모든 모델의 자동차는 시장에 출시되기 전에 엄격한 테스트를 받는다. 온갖 형태의 거친 길, 가파른 비탈, 위험한 상황이 실험장에 갖추어져 있다.

분명 그리스도인을 위한 실험장도 있다. 이 실험장을 바울은 이렇게 밝힌다: "너희가 믿음에 있는가 너희 자신을 시험하고 너희 자신을 확증하라." 헬라어 번역은 '시도하다, 실험하다'이다. 여기서 실험의 목적은 실험한 결과 적합한 기준에 이르지 못할 경우 그것에 관하여 무슨 일을 하기 위함이라는 뜻이 나온다. 물론 무엇인가 할 의도가 없이 단순한 호기심에서 살피는 일은 있을 수 있다. 바울은 이 장에서 "그리스도인을 위한 실험장"과 관련되는 수많은 지침을 제공한다.

A. 하나님의 능력으로 생활함(4절)

바울은 자신이 세번째 방문차 고린도에 갈 때 "그리스도께서 말씀하시며" 그들을 대하는 자신의 태도가 하나님의 능력으로 될 것이지 자신의 지혜나 힘으로 되지 않을 것이라는 증거가 그들에게 가득할 것임을 말한다. 많은 고린도 사람들은 이 능력을 알았고 이 능력으로 살았다. 그들 안에 있는 하나님의 능력은 초기 그리스도인들의 성공 비결이었다. 우리는 이 능력으로 사는가? 이는 오늘날 실제적인 질문이다. 우리는 누구를 일차적으로 의지하는가? 우리 자신인가 하나님의 능력인가? 인간의 지혜인가 하나님의 지혜인가? 하나님의 능력으로 사는 것은 삶의 걱정을 덜어 준다. 왜냐하면 모든 것을 하나님께 맡겼기 때문이다. 하나님의 능력은 힘들고 겉보기에 불가능한 모든 상황에서도 넉넉하다.

B. 그리스도와 점차 깊어지는 체험(5절)

그리스도인을 위한 마음의 실험장에서 한 가지 중요한 국면은 그리스도인과 예수 그리스도의 관계이다. "너희가 믿음에 있는가 너희 자신을 시험하고 너희 자신을 확증하라." 의역 서신은 일부 이렇게 번역하고 있다: "너희는 그리스도의 임재가 너희 안에 있는 것을 더 많이 느끼는가?" 그리스도와의 체험은 "영광에서 영광으로" 가는 길이다. 그리스도 안의 부요로움은 증가하는 부요로움이다. 그분과 우리의 지평선은 점점 확대된다. 우리는 "그리스도 안에서 어린아이"로 남은 결과로 난쟁이인가? 아니면 성장과 확장의 결과로 주 안에서와 그 힘의 능력으로 강한가? 우리는 약속의 땅, 성벽으로 둘러진 도시를 정복하고 있는가 아니면 그 땅의 거인 때문에 무력한가?

C. 악을 조금도 행하지 말라(7절)

바울은 고린도 사람들이 "악을 조금도 행하지 말기"를 기도한다. 우리는 악의 모양이라도 피함으로써 악행을 피한다: "악은 모든 모양이라도 버리라"(살전 5:22). 좌우간 죄와 타협하거나 죄를 용인하는 것은 위험하다. 악에 대한 하나님의 율법은 총체적 자제이다. 악은 악을 낳는다. 에덴 동산에서 하와의 경우처럼 악은 종종 확장과 부요로움을 위하여 바람직한 일로 제시된다. 지혜와 지식이 늘어난다는 미명하에 하와는 시험에 굴복하여 완전히 환상을 깨게 되었다. 방울뱀의 독이 몸에 치명적이지만, 악은 영혼에 더욱 치명적이다.

악을 조금도 행하지 않는 것과 관련된 엄격한 테스트 가운데 하나는 정직의 영역에서 이루어진다. 바울은 "너희가 선[영어 원문에는 정직으로 되어 있음-역주]을 행하기를" 기도한다. 인생의 모든 관계에서 정직은 "그리스도인을 위한 실험장"에서 가장 힘든 길 가운데 하나이다.

D. 진리를 위함(8절)

바울은 진리를 따라 어디에 이르든지 상관없이 진리와 혼인했다. 여기서는 복음의 진리를 가리킨다. 바울은 이 진리를 두고 타협하지 않고 온갖 핍박을 당했다. 모든 그리스도인은 곧 복음의 진리를 두고 타협하려는 시험에 맞닥뜨릴 것이다. 사람이 구원받을 수 있는 다른 복음은 없다.

E. 그리스도인을 위한 실험장의 일곱 가지 교훈(11절).

1. 기뻐하라.

많은 주석가는 기뻐하다에 해당하는 헬라어가 작별 인사와 기뻐하다의 이중적 의미를 갖고 있다고 지적한다. 헬라어 카이로를 「스트롱 성구 사전」(*Strong's Exhausive Concordance*)은 '조심하다 즉 고요한 가운데 행복하다, 잘살다, 특별히 (만날 때나 헤어질 때) 인사로서 건강, 안녕, 행운, 즐겁다'로 정의한다. 신약에 나오는 카이로의 두드러지는 번역어로는 '즐거워하다'이다. 라이트푸트(Lightfoot)는 적절한 번역어가 "작별 인사만도 즐거워하다만도 아니다" 하는 견해를 주장한다. 빈센트는 이런 견해를 주장한다: "이것이 신약에서 작별 인사의 의미를 갖고 있는지는 다소 의심스럽다." 동일한 헬라어가 데살로니가전서 5:16에서는 기뻐하다로 번역되어 있다: "항상 기뻐하라." 기뻐하라는 권고는 성경 전체에 속속 퍼져 있다. 시편 기자는 이렇게 말했다. "하나님의 희락이 네 힘이라."

2. 온전케 되라(9, 11절).

온전함은 회개와 성화와 성숙을 포함하여 기독교 체험의 전범위와 관련된다. 그리스도인의 온전함은 절대적이지 않다. 그것은 하나님께 속한 것이다. 그것은 천사에게 속하는 천사의 온전함과 같지 않다. 그것은 죄를 지을 수 없는 상태에 도달하는 것이 아니다. 시험을 넘어서는, 판단할 때 잘못을 범하지 않는 상태에 이르는 게 아니다. 그것은 다른 무엇보다 이웃을 자신처럼 사랑하는 데서 절정에 이르는 사랑의 온전한 상태이다.

3. 위로를 받으라(11절).

하나님이 자녀에게 주시는 "선한 위로"를 발견하는 것은 우리가 하나님의 뜻에 완전히 맡길 때이다. 예수님은 하나님의 자녀 가운데 하나님의 뜻에 전적으로 자신을 복종하는 자들에게 보혜사 성령님에 대한 약속을 주셨다.

4. 마음을 같이 하라(11절).

이 명령은 예수님이 "우리가 하나가 된 것같이 저희도 하나가 되게"(요 17:22) 기도하셨을 때 대제사장으로서 드리는 예수님의 기도의 성취를 위한 것이다. 이 명령은 교리나 조직에 집중된 게 아니라 몸인 교회의 머리로서 그리스도께 집중된 통일의 성취를 바라보고 있다. 이는 조직적 통일로도 이룰 수 있고 그것이 없어도 이룰 수 있다. 그리스도께 집중하는 이 깊은 영적 통일이 없이도 조직적 통일을 가질 수 있다. 심지어 그리스도 안에 있는 이 깊은 영적 통일이 없이 교리적 통일을 가질 수 있다. 이는 예수님의 초창기 제자들이 실현했던 통일이다: "오순절날이 이미 이르매 저희가 다같이 한 곳에 모였더니"(행 2:1).

5. 평안하라(11절).

예수님은 "평강의 왕"으로 지칭되어 오셨다. 예수님은 제자들에게 말씀하셨다: "평안을 너희에게 끼치노니 곧 나의 평안을 너희에게 주노라. 내가 너희에게 주는 것은 세상이 주는 것 같지 아니하니라. 너희는 마음에 근심도 말고 두려워하지도 말라"(요 14:27). 우리는 그리스도의 뜻을 중심으로 살 때 평안하게 산다. 우리 주위에 인생의 태풍이 불 때 그분의 완전한 뜻 안에 고요하고 평화로운 [태풍의] "눈"이 있을 것이다. 그분의 평안은 매우 안정되고 영구적이다. 그것은 "모든 지각에 뛰어나는" 평강이다. 평강의 왕이신 그리스도는 사람들 가운데 분열의 틈을 잇고 세상에 평강을 안겨 주실 수 있는 유일한 다리이시다.

6. 기독교적 교제에 모범이 되라(12, 13절).

여기 언급된 그리스도인의 진심에 우러난 인사는 그리스도 안에서 이루어지는 그들의 훈훈한 교제에 대한 상징이다. 그리스도를 통하여 우리는 입양되어 하나님의 가족에 속한다. 우리의 인사는 가족적 교제를 반영한다. 이 교제는 세상이 아는 그 어떤 것보다 뛰어나다. 여기서 가리키는 인사의 형식은 동양적이다. 악습 때문에 이 형식의 인사는 후에 폐지되었지만, 후에 어떤 지역에서는 다시 채택되었다. 인사의 형식은 중요하지 않고 하나님 자녀의 훈훈한 교제를 반영하는 그 정신이 중요하다.

7. 사랑과 선의의 태도로 보편적인 정신을 나타내라(14절).

이 주목할 만한 서신은 모든 송영 가운데 가장 숭고한 송영으로 끝맺는다. "주 예수 그리스도의 은혜와 하나님의 사랑과 성령의 교통하심이 너희

무리와 함께 있을지어다." 이는 기독교 신앙의 방대한 범위를 반영한다. 바울은 보편적 정신과 사랑의 선의의 태도로 삼위 하나님의 복을 모든 사람에게 빈다. 큰 싸움으로 상처를 입은 이방인 사도가 다툼으로 찢기고 이단이 퍼진 고린도 교회에게 보내는 놀라운 서신을 끝맺으면서 이 장엄한 축복 기도를 드리는 것은 모든 사람을 향하여 넘치는 사랑의 마음에서 비롯된다.

갈라디아서, 에베소서

앤드류 블랙우드 2세

머리말

신약 성경들의 순서에 따라 이 책에서는 갈라디아서와 에베소서를 함께 다루어야만 하게 되었다. 서신의 순서에 관한 이유는 고대의 자욱한 안개 속에 꼭꼭 숨어 있다. 그 이유는 몇몇 서신이 쓰여진 시기와 아무 관계없으며, 한 핵심 사고에서 다른 핵심 사고로 옮아가는 논리적 진행과도 거의 상관없다. 그렇다 해도, 갈라디아서와 에베소서를 함께 살피는 것은 즐거운 배열이다. 이들이 바울의 생애에서 서로 다른 시기에 서로 다른 필요를 충족시키고 상이한 진리를 강조하며 문체와 내용에서 상당히 다르게 기록된 전혀 다른 편지이지만, 각 서신은 두 서신을 하나로 묶는 하나의 중심 진리를 구체화한다.

두 서신은 우리 시대의 두 가지 뜨거운 종교적 정치적 문제에 초점을 두는데, 갈라디아서는 자유에, 에베소서는 질서에 초점을 둔다. 여러분은 사람들이 이 목표 가운데 어느 하나를 추구했던 과거 수세기의 역사를 도표로 만들 수 있을 것이다. 자유를 거의 확보할 때 사람들은 질서를 요구한다. 질서가 거의 완전해졌을 때, 사람들은 자유를 갈망한다. 오늘날 미국의 시민이 소위 안정이라는 질서를 큰소리로 요구하고 있을 때, 우리 미국이 한때 자유에 봉헌된 나라였다는 것을 깨닫기는 힘들다. 독재 정치가 나름대로의 질서를 수립했던 나라에서는 열이면 열 사람들이 자유를 향하여 마음을 쏟고 있다.

아마 언젠가 우리는 자유도 질서도 인간이 갈구하는 최종적 목표가 아님을 깨달을 정도로 성숙해질 것이다. 부랑자는 자유로운 생활을 하며, 죄수는 질서에 얽매인 생활을 하지만, 그리스도인은 어느 것도 되지 않으려

한다. 아마 언젠가 우리는 "먼저 그 나라와 그 의를 구하라. 그리하면 이 모든 것을 더하시리라"(마 6:33)고 하시는 예수님의 말씀을 진지하게 대하는 법을 배울 것이다. 이는 갈라디아서와 에베소서를 통일하는 핵심적 메시지이다. 자유도 질서도 아닌 그리스도이다.

나는 이 두 머리말을 쓰면서, 독자들에 관하여 많은 것을 가정했다. 첫째 가정은 당연히 독자가 신약을 선포하는 일에 관심을 갖고 있다는 것이다. 나는 여기에 개인적 생각과 기도의 풍성함을 위한 자료가 있기를 바라지만, 교사와 설교자를 일차적으로 염두에 두었다. 나는 독자가 성경을 인간에게 주신 하나님의 말씀이라고 믿는다고 가정했다. 이 질문은 논쟁의 대상이 될 수 있지만, 여기서 나는 그것을 논의하지 않을 것이다. 나는 갈라디아서나 에베소서의 자세한 지식은 몰라도 성경 메시지를 전반적으로 잘 알고 있다고 가정했다. 한 친구는 내가 이 일에 관하여 연구하고 있다는 것을 알고는 "나는 신약을 16번 통독했지만, 갈라디아서에 이르면 언제나 빨리 읽네" 하고 말했다.

애석하지만 나는 독자가 헬라어를 모른다고 가정했다. 나의 자유로운 음역은 헬라어 연구자에게 상당히 곤혹스러움을 안겨줄 것이다. 이 음역이 헬라어 연구자에게는 유익되지 못할 것이다. 헬라어 연구자는 본문을 살펴서 오미크론과 오메가의 차이, 그리고 내가 음역에서 무시한 유사한 문제에 관하여 부족한 것을 보충하면 된다. 또한 독자가 과거에 취해진 하나님의 행위를 이해하므로 오늘날 생활을 맞닥뜨릴 수 있게 되는 경우말고는 고대 역사에 뚜렷하게 관심을 갖고 있지 않다고 나는 가정했다.

나는 무모하게도 독자가 어떤 부분을 열심히 살피기 전에 서신에 대한 완벽한 연구서를 읽을 것으로 가정하기도 했다. 다음 주일날 전할 설교나 강의를 위하여 열심히 살피려고 5장을 보는 독자는 자연스럽게 자신이 알고자 하는 것이 대부분 3장에 담겨 있다는 것을 알게 될 것이다. 나는 부득이 바울이 이끄는 데로 따라갔다. 그 과정에서 나는 전반적인 시각과 구체적인 분석이 필요하다는 것을 새로이 발견했다.

성령님과 사도 바울과 가상의 독자와의 만남을 통하여 나온 이 논문들은 주석서가 아니다. 물론 많은 주석을 담고 있긴 하지만 말이다. 주석가는 결론을 말하기에 앞서서 인쇄된 대안들을 살핀다. 여기서 나는 서재에서 대안 고찰을 하지 않고 가장 뛰어난 현대 학계의 견해를 따라 결론을 말하려고 했다. 물론 어떤 결론이든지 문제가 생기면 다른 사람이 아닌 나의 탓이다. 이 책들이 스스로 좀더 깊게 공부하고자 하는 연구자에게 도움을 줄 것이라고 믿는다.

사려 깊게 편집 작업을 해준 턴벌(Turnbull) 씨와 코넬리우스 질스트라(Cornelius Zylstra) 씨에게 감사를 드린다.

원고를 치고 또 다시 치면서 한없는 인내를 보여준 호머 비비언(Homer Vivian) 부인에게 감사를 드린다.

무엇보다도 우리의 험한 혹성에 질서와 자유를 주려고 오신 예수 그리스도의 선물을 인하여 하나님께 감사를 드린다.

앤드류 블랙우드 2세(Andrew W. Blackwood, Jr.)
플로리다 웨스트팜 비치
제1장로교회 목사 서재

차례

갈라디아서

갈라디아서 개요

Ⅰ 자유의 복음에 대한 변호

    A. 하나님이 주신 것 제1장

    B. 교회가 받은 것 제2장

Ⅱ 자유의 교리에 대한 변호

    A. 구약 신앙의 발전 제3장

    B. 그리스도인의 체험에서 확증된 것 제4장

Ⅲ 자유의 윤리에 대한 변호

    A. 자유를 실천함으로써 제5장

    B. 자유를 확장함으로써 제6장

갈라디아서 제1장

I. 자유의 복음에 대한 변호

A. 하나님이 주신 것

1:3. "우리 하나님 아버지와 주 예수 그리스도로 좇아 은혜와 평강이 있기를
원하노라."
1:4. "그리스도께서 하나님 곧 우리 아버지의 뜻을 따라 이 악한 세대에서
우리를 건지시려고 우리 죄를 위하여 자기 몸을 드리셨으니."
1:5. "영광이 저에게 세세토록 있을지어다. 아멘."

1. 역사적 배경

갈라디아서는 분노로 쓰여진 글이지만 또 사랑으로 쓰여진 글이기도 하
다. 가장 급진적인 비평가조차도 다소 출신의 장막 깁는 자인 바울이 저자
라는 점에 동의한다. 연대에 관한 논쟁이 있지만, 많은 사람은 바울이 세번
째 선교 여행을 하면서 에베소에 있던 주후 53년과 55년 사이에 썼다고
믿는다. 갈라디아의 정확한 의미는 연대와 마찬가지로 논쟁의 대상이다.
아마 갈라디아는 소아시아 중앙 로마의 갈라디아 도(道)를 뜻할 것이다.
이는 안디옥, 더베, 이고니온, 루스드라 등의 도시를 포함했다. 어떤 사람들
은 이 용어가 갈라디아 도의 북부에 있는 훨씬 작은 지역을 뜻한다고 믿
는다. 좀더 큰 지역이라고 하는 주장이 좀더 설득력있다. 갈라디아서의 메
시지에 대한 평가는 서신의 작성 연대나 수신인이 살던 지리적 영역에 의
존하지 않는다.

인사말은 바울의 서신 가운데 가장 짧다. 흔히 바울은 하나님이 독자들

가운데 행하신 모든 것에 대한 감사의 말로 인사를 하고 그런 다음 송영을 말한다. 그런 감사가 여기서 생략된 것은 중요하다. 갈라디아인들은 복음을 왜곡하는 잘못을 범하여 사실상 기독교를 바리새파와 사두개파와 에세네파 등과 같은 유대교의 또 하나의 파로 만드려 했던 자들에게 깊은 관심을 보였다.

반증을 연구하여 주장을 재구성하는 것은 언제나 위험하다. 그래도 바울이 강조하는 요점으로부터 유대주의자들이 말했던 것을 잠정적으로 재구성할 수 있다. 분명 그들은, 바울이 열두 사도 가운데 한 사람이 아니므로 그의 가르침을 믿을 수 없다고 주장했다. 아마 바울은 열두 사도에게서 복음을 배우고 그런 다음 교묘히 복음을 바꾸어 유대교의 율법주의를 버리고 그리스도의 십자가를 강조했을 것이라 한다. 혹은 그들은 바울이 믿을 수 없는 교사들로부터 복음을 배웠으니 처음부터 복음을 실제로 결코 이해하지 못했다고 주장했다.

1, 2장의 요지는, 바울이 완전한 사도적 권위로 말할 수 있다는 것이다. 첫째로 바울은 자신의 회개를 인용하며, 이 극적인 체험 이후에 자신이 무슨 인간적 권위로, 심지어 사도들에게도 가지 않았음을 강조한다. 왜냐하면 그는 그리스도를 만났기 때문이다. 1:18-24에서 바울은 어떻게 유대의 교회가 자신과 자신의 일을 인정했는지 보여준다. 2:1-10에서 그는 (사도행전 15장에 기록된 사도적 공의회가 확실한) 예루살렘의 교회 공의회에 참석한 것을 말한다. 여기서 열두 사도는 '바울의' 복음을 받아들였을 뿐만 아니라 '기둥들'은 그에게 교제의 손을 내밀었다.

바울이 (그리스도를 의지했으므로) 인간에게서 독립했음을 지지하는 역사적 주장의 절정은 2:11-14에 나오는 안디옥에서 베드로를 책망한 극적인 일이다. 여기서 바울이 표현하는 바와 같이 그리스도의 진리는 베드로가 표현한 유대주의적 이단을 압도했다. 이 모든 고대 역사의 요점은, "바울의" 복음이 유일한 복음이며 그와 다른 사도들이 처음부터 그리스도와 그의 십자가에 대한 동일한 복된 소식을 선포했다는 것이다. 1, 2장에서 바울은, 이후로 바울의 생애 역사를 재구성하려고 시도했던 기독교 학자들을 감질나게 해 왔던 자신의 활동에 대한 몇 가지 힌트를 제공한다. 사도행전과 바울 서신에 나오는 전기적 단편 정보를 묶어 하나의 통일된 유형을 만들기가 대단히 어렵다. 그런 유형을 구성하려 할 때 두 가지 점을 지적할 수 있다. 첫째로, 진상이 언제나 중요하다. 할 수 있는 대로 역사에서 탁월한 인물에 관하여 아는 것이 중요하다. 둘째로, 성경은 하나님에 관한 것이지 바울이나 베드로나 이사야나 그밖의 사람들에 관한 것이 아니다. 성경은 우리로 하나님과 우리의 삶에 대한 그의 뜻을 알게 하려고 주신 것이다. 만일 우리가 그런 과정에서 흥미있는 역사적 부수적 정보를 얻을 수 있다면 상당한 수확이다. 그러나 우리의 역사적 정보가 완전하지 않다는 것을 깨달았다 해도, 돌이킬 수 없는 상실감을 느낄 필요는 없다. 1:18-2:14에 나오는 세부 사항의 일람표를 작성하는 것보다 5:22-23에 서술된 삶을 사는 것이 훨씬 중요하다.

II. 용어 해설

1:1. "바울." 어릴 때 그는 유대적 이름 '사울'을 받았다. 로마 시민으로서 그는 로마의 이름 '바울'을 가졌다.

"사도." 말 그대로 "보냄을 받은 자", 사신이다. 이 용어는 승천하신 후 제자들에게 적용되었다. 어떤 사람들은 제자 아닌 사람이 사도가 되는 권리에 의심했다.

1:3. "은혜"(카리스). 죄인을 향한 하나님의 사랑인데, 우리의 공로 때문에 베푸시는 게 아니라 하나님이시므로 베푸시는 사랑이다. 이는 바울의 모든 서신에서 핵심 낱말이다. 은혜는 그리스도인의 유일한 존재 근거이다(1:15). 이는 그리스도께서 사람을 위하여 행하신 것의 총체이다(2:9). 은혜는 그리스도를 십자가로 내몰았던 내적인 욕구이다(2:21). 그리고 이는 참으로 기독교적인 생활의 본질이다.

"평강." 영광스러운 전통 히브리 인사말. 적어도 생각있는 히브리 그리스도인들은 평강을, 시련에서 벗어난 자유를 능가하는 것으로 보았다(요 16:33). 구약에서 이 말은 총체적 안녕을 함의했다. 신약에서는 영원한 지복의 상태로 높아진다.

"주." 원래 이 말은 능력과 권세를 가진 자를 뜻했다. 때때로 이는 "선생님"(요 12:21)으로 번역할 수 있다. 입 밖에 낼 수 없는 하나님의 이름 야웨가 성경에 나왔을 때, 히브리인은 "주"(아도나이)라고 말하곤 했다. 이 용법이 70인역으로 넘어갔다. 적어도 이 말이 예수님과 연관되어 사용될 때는 사람이 예수님을 의지하는 것을 말한다. 그러나 크게는 이 낱말은 예수님의 이름이 모든 이름 위에 높아져야 함을 말한다.

1:4. "세대"(아이온). 물질적인 피조계 지구가 아니라, 인간사의 현재 상태를 말한다.

1:6. "다른 복음." 이 절과 7절에 나오는 언어 유희는 번역이 거의 불가능하다. 6절의 "다른"(헤테로스)은 "종류에서 다름"을 뜻하는 반면에, 7절의 "다른"(알로스)는 "동일한 종류에 속하는 다른 것"을 뜻한다. 다른 "복음"을 선포하고 있는 자들은 실제로 복음을 선포하는 게 아니다.

"복음"(유앙겔리온), "복된 소식." 70인역은 이사야 61:1에서 이 용어를 사용한다(눅 4:18을 보라). 영어 "gospel"은 "좋은 기별"을 뜻하는 앵글로색슨어 "godspel"에서 나온다. 부활 이후에 사도들은 그리스도를 복음으로 생각했다(막 1:1). 그리스도인들 가운데 이 낱말은 더 이상 일반적인 복된 소식을 뜻하지 아니하고 그리스도의 복된 소식을 뜻했다.

1:8. "하늘로부터 온 천사." 도무지 불가능함을 뜻한다.

"복음을 전한다." 바울은 한 낱말로 썼지만 영어는 두 낱말로 되어 있다. 바울의 단일한 동사는 영어로 "evangelize"라는 말이 되었다. 이 말은 복음을 아직 받지 않은 사람들에게 전달하는 것이다. 이는 복음 전파의 꼭 필요한 부분이지만 여전히 하나의 부분일 뿐이다.

"저주를 받을지어다"(아나테마). 여기서처럼 "에" 발음을 짧게 하면, 이는 하나님께 미운 바 되므로 파괴되도록 되어 있는 무엇을 뜻한다. 즉 하나님으로부터 떠난 자를 말한다.

1:10. "종." 좀더 나은 번역은 "노예"이다. 노예제에 대한 성경의 언급은 자주 오해된다. 갤리선이나 채석장에서 당하는 노예의 곤경은 형언할 수

없을 정도로 두려운 것이지만, 가정 노예는 육체적으로는 상당히 안락할 수 있었다. 어떤 노예들은 신임 받아 어느 정도의 일을 책임졌다. 모든 노예의 공통점은 고된 노동과 잔인한 고난이 아니라 주인의 뜻에 대한 전적인 순종이다.

1:12. "이는 내가 사람에게서 받은 것도 아니요 배운 것도 아니요." 바울은 복음을 선포할 수 있는 사도적 인가의 도장이 필요치 않았다. 왜냐하면 그는 그리스도로부터 명령을 받았기 때문이다.

1:13. "유대교." 유대인의 신앙은 본질보다는 외적인 것이다. 바울은 기독교가 참된 유대교임을 주장한다.

1:15. "은혜로." 바울의 신앙은 인간적 노력에서 나온 사물이 아니라 하나님의 계시이다. 하나님은 바울의 공로 때문에 마음이 움직이신 게 아니라 자신의 은혜 때문에 마음이 움직이셨다.

"택정하신." 물리적인 출생 행위가 아니라 특별한 목적에 대한 헌신을 말한다.

"부르신." 낱말의 누적적인 설득력을 주의하라. 각 낱말은 하나님이 구원의 창시자시라는 중심 진리를 가리키고 있다: "은혜로 … 택정하신 … 부르신."

1:16 "나타내시기를." 12절에서 하나님을 계시하시는 분은 그리스도이다. 여기서는 아버지께서 그리스도를 나타내신다. 요한복음 14:19을 보라.

"이방"(heathen). 말 그대로 "열방"이다. "열방"은 흔히 이스라엘과 대조되는데, 그래서 "이방인"(gentiles)이라는 번역이 있다. 그러나 바울은 2:12, 14에서 유대적 배경이 아니나 다른 배경에서 나온 그리스도인에게도 동일한 말을 사용한다.

1:17. "나보다 먼저 사도된 자들." 유대주의자들은, 사도들은 권위를 가지고 말할 수 있지만 바울은 사도가 아니라고 주장했다. 바울은 열두 사도가 시간적으로 먼저 사도가 되었다는 것을 흔쾌히 인정하지만 그들과 동일한 사도적 권위를 주장한다.

"아라비아." 이 짧은 언급이 아라비아 여행에 관하여 아는 지식의 전부이다. 아라비아는 다메섹만큼 북쪽에 있는 사막 나라를 포함하는 막연한 용어였다.

"다메섹." 바울은 회개한 후에 다메섹으로 갔고, 거기서 아나니아에게 세례를 받았다. 거기서 그의 위상은 확실하지 않았다. 아마 신체적 안전을 위하여 그는 아라비아로 갔을 것이다. 후에 그는 다메섹으로 돌아왔고, 그곳에는 사도는 없고 작은 기독교 공동체가 있었다.

1:18. "게바." 말 그대로 "베드로"의 아람어 이름이다. 이 또한 "반석"을 뜻한다. 바울은 베드로가 지도자로 있는 현존 교회의 사도들에게 배우러 간 것이 아니라 그들과 협력하기 위하여 갔다.

"십오 일." 방문 기간은 짧았다(행 9:26-29을 보라).

1:19. "주의 형제 야고보." 야고보는 (여기서) 사도가 아니다. 왜냐하면 그는 열두 사도 가운데 하나가 아니기 때문이다. 야고보는 예루살렘 교회의 보수적이며 사려깊고 강인한 지도자였다. 마가복음 6:3, 고린도전서 15:7을 보라.

1:21. "그 후에." 사도행전 9:30을 보라. 바울의 그후 여정을 알아 내려는 시도들은 그럴 듯하지 못하고 교묘한 발상에 지나지 않았다. 문제의 요점은 바울의 여행 일정에 관한 정보가 아니라 바울이 사도적 증거를 구할 기회를 가질 수 없었다는 것이다.

"수리아와 길리기아." 이 두 이름은 동일한 지역을 형성하므로 함께 언급되었다. 수리아는 지중해 서극단에 있는 로마의 한 도였고 그 수도는 안디옥이었다. 여기에는 북동쪽으로 길리기아가 있고 길리기아 지역의 중심은 다소였으며, 또 유대 지역이 있었고 유대 지역의 중심은 예루살렘이었다.

1:22. "유대의 교회들." 사도행전에는 단수형이 사용된다. 분명 실질적인 통일을 형성한 몇몇 회중 교회가 있었을 것이다.

1:23. "함"(that). 직접 인용을 이끌어들이기 위하여 사용한 헬라어 어법이다. 이는 인용 부호를 사용하여 번역하면 더 좋다.

III. 교리적 의의

1장에서 교리적 문제는 믿음의 원천과 관계있다. 바울은 자신이 매개자 없이 하나님으로부터 직접적인 계시에 의하여 메시지를 받았다고 주장한다. 자연히 그는 이 계시와 그 논리적 함축 의미와 실천적 적용에 관하여 생각하지 않을 수 없다(고전 7:6, 12을 보라). 자연스럽게 그는 우리 주님의 지상 생활에 관하여 사람들로부터 많이 배웠다. 바울은 예수님에 관하여 회개하기 전에 알지 못했던 사실을 하나라도 알았는가? 그의 회개는 그리스도를 향한 태도에 있는 것이지 그리스도에 관한 별도의 정보에 있는 게 아니었다. 계시의 동일한 원리는 합법적인 확대에 의하여 모든 성경에 적용된다. 이는 사람이 기록한 인간의 기록이다. 하지만 하나님이 이 사람들에게 말씀하셨고 이 저술들을 통하여 우리에게 말씀하신다.

하나님이 바울에게 주신 계시는 바울이 믿고 존재하고 행할 것을 배우는 다른 타당한 방법보다 우선되었다. 바울은 하나님으로부터 메시지를 받았을 때, 교회의 당국과 바로 상의하지 않았다. 분명 그는 복음의 내용에 관하여 깊이 생각하기 위하여 몇 년을 보냈을 것이며, 그것은 바울에게 복음이 요구하는 의무였다.

로마 가톨릭에서는 교회 전통을 비중있게 강조하므로, 이 문제가 실천적으로 매우 중요한 문제가 된다. 개신교도들은 나름대로 전통을 발전시켰지만, 모두가 추천할 만한 것은 못된다. 하나님이 계시하신 것이 종교적 진리의 유일하고 최종적인 원천이다. 사람은 자신의 전통과 조직과 관습을 성경의 빛에 비추어 최종적으로 점검해야 한다.

IV. 실천적 목표

믿음의 원천보다 더 실천적인 문제가 그리스도인에게는 없다. 이는 하나님께 이르려는 인간의 실수투성이 노력에 대한 기록인가? 아니면 하나님이 자신을 인간에게 계시하심에 대한 기록인가? 성경은 계시라고 주장한다. 오늘날 많은 사람은 오히려 그렇게 보지 않으려 한다. 1장에서 바울은 성경의 중요한 부분이 어떻게 생기게 되었는지 말한다. 하나님은 바울에게 복음을 열방에 전하라고 명령하셨다. 서신은 그 사명에 대한 문자적 표현이다.

갈라디아서 1장은 복음의 신적 출처를 다룬다. 이는 바울의 메시지가 아니라 하나님의 메시지이다. 11-12절을 선택하여 이 생각을 표현할 수 있다. 하지만 서신의 다음 내용에서 은혜가 가장 중요한 점에 비추어 보면, 3-5절을 본문으로 택하지 않을 수 없었다.

바울의 생각과 저술의 초점은 그리스도께 있지 바울에 있지 않다. 그의 목표를 존중하라. 이 부분을 고대 역사에 나오는 한 문제로 주장하지 말라. 바울은 1세기에 살았지만, 그의 생각은 격동의 20세기에 적용되어야 한다.

V. 설교 개요

제목: **"하나님이 주신 자유."**

도입부

갈라디아서는 어렵지만, 측량할 수 없을 정도로 연구할 보람이 있는 책이다. 이는 사도 바울이 자신을 실망시킨 몇몇 친구들에게 보낸 편지이다. 이 편지는 우리가 죽은 문제라고 생각하는 바를 다룬다. 사실 죽은 것은 외적인 형식뿐이다. 실제 문제는 오늘날 종교적 혼돈 한가운데 있다. 이는 우리 시대의 뜨거운 정치적 쟁점이다. 그 쟁점은 자유이다.

A. 갈라디아의 문제.

바울 사도는 그리스도를 위하여 여행하는 과정에서 소아시아의 큰 지역 갈라디아에 몇몇 교회를 세웠다. 그는 목사와 장로와 교사가 있는 조직된 교회를 만들고 떠났다. 몇 년 지나서 — 몇 년인지는 모른다 — 바울은 갈라디아로부터 당혹스러운 소식을 들었다. 그 소식 때문에 바울의 모든 서신 가운데 가장 분노의 서신이 생기게 되었다.

그 소식은, 일단의 사람들 즉 유대주의자가 모세의 율법을 따르라고 갈라디아 그리스도인들을 설득하기 시작했다는 것이다. 이것이 우리에게 전혀 시험이 되지 않으므로, 우리는 이를 죽은 문제로 생각하기 쉽다. 우리는 이 쟁점이 오늘날 중요하다는 것을 확인하기 전에, 어제의 용어로 이 쟁점을 이해해야 한다. 그 당시에 이 문제는 오늘날처럼 쉽게 해결되지 않았다. 결국 예수님은 모세의 율법을 하나님의 말씀으로 받아들이셨다. 예수님은 율법을 폐하러 오신 게 아니라 이루러 오셨다. 우리는 예수님이 율법의 의식적 요구 조건을 철폐하셨다는 기록을 보지 못한다. 다만 예수님은 당대에 널리 퍼져있던 율법의 번문욕례와 너절한 탈법을 비꼬셨다. 초대 그리스도인은 모두 유대교인으로, 율법을 꼼꼼하게 지켰다. 교회가 이방인 지체를 받아들이기 시작하기 전에는 율법에 관하여 아무 문제가 없었다. 그런 다음 1세기 교회 앞에 중대한 문제가 발생했다. 이방인 배경에서 나와 기독교 신앙을 갖게 된 사람은 모세의 율법을 순종하는 길을 따라야 하는가? 그리스도를 믿는 믿음이 그리스도인이 되게 하는가, 아니면 다른 요구 조건이 붙어야 하는가?

갈라디아서의 핵심은 엄격하게 말해서 모세의 율법이 아니라, 그리스도를 믿는 믿음말고 그리스도인이 되게 하는 어떤 원칙의 요구 조건이다.

모세의 율법은 하나님으로부터 왔다. 서신의 뒷부분에서 바울은 모세의 율법을 "그리스도께로 이끄는 몽학선생"이라고 부른다. 이는 매우 철저하고 일관되고 고상한 철학과 생활 방식이었다. 사실 오늘날은 율법주의를 지지하여 그만큼 말을 할 수 있었으면 한다.

모든 법률 체계에는 몇 가지 위험이 내재되어 있다. 첫째로, 정적 준칙과 규율에 대한 순종을 훌륭한 삶으로 생각하게 될 것이라는 점이다. 삶은 언제나 변한다. 도덕의 기본 원리는 변하지 않지만, 외적 형식은 끊임없이 바뀐다. 삶은 전진하며 율법은 정지 상태이다. 예수님이 그렇게 자주 경고하시듯이, 언제나 율법의 외적인 문자는 순종하지만 내면적 의도를 회피하는 위험이 있다. 이 위험이 크지만, 가장 큰 위험은 자신의 행위로 성취한 무엇이 선한 것이며 공로를 차곡차곡 쌓아서 마침내는 성인이 된다고 생각하는 것이다. 그리고 여기에 행위로 얻는 구원의 치명적인 위험이 있다. 관심의 초점이 그리스도와 십자가로부터 나와 나의 선함으로 옮겨 갔는데, 아마 너무 천천히 변해서 알아차리지 못할 것이다.

오래 전에 갈라디아의 유대주의자들은 사람에게 그리스도를 믿는 믿음을 포기하라고 요구하지 않았다. 그들은 계속 동일한 찬송을 부르고 동일한 기도를 드렸다. 다만 믿음의 초점을 그리스도로부터 자신에게로 옮겼을 뿐이다. 그것에 관심을 기울이지 않게 하면서 그들은 예수님을 구주에서 모범적 인물로 교묘히 바꾸었다.

나의 믿음은 어디에 집중하는가? 그리스도와 그의 십자가인가 아니면 나와 나의 선함인가? 이는 갈라디아서에서 논의되는 문제이다. 모세의 율법은 우리 조상을 시험했던 형식에 불과했다. 우리에게는 그 시험이 백 가지 다른 형식으로 찾아오지만, 확실히 지금 여기에 시험이 있다. 바울이 오래 전에 상황을 분석하는 것처럼 그는 오늘날 우리와 우리의 필요에 대하여 말한다. 나는 자신에게 묶여 있는가 아니면 그리스도를 믿는 나의 믿음을 통하여 해방되었는가? 이것이 쟁점이다. 즉 자유의 쟁점이다.

B. 기독교적 대답.

바울은 갈라디아의 소식에 충격과 상처를 받았다. 그의 서신에는 대부분 따스하고 우호적인 도입부가 있고, 마땅한 찬송을 드린다. 고린도전서의 시작 부분에 있는 찬송을 읽고 나서 서신에 기록되어 있는 바와 같이 고린도 교회의 저급한 도덕 수준을 발견하고 나면, 여기 갈라디아서에는 찬송의 말이 없다는 사실에 놀라게 된다. 고린도에서는 연약한 사람들이 힘 있는 데 이르는 길을 걸어가고 있었다. 그러나 갈라디아에서는 그리스도인이 그 길에서 떠나려는 시험을 강하게 받고 있었다. 갈라디아서의 인사말은 짧지만, 여전히 그것은 기도이다. 바울은 자신의 친구들이 행하고 있는 것에 관심을 기울이는데, 이는 그들을 사랑하기 때문이다. 이 서신에 기록된 분노를 보고 고개를 돌리지 않도록 하라. 진노 아래에 사랑이 있다.

이 기도는 기독교적 자유를 위한 모든 적극적 변호의 간략한 요약이다. 한 문장이 복음의 본질을 표현한다. 이 문장은 매우 세심한 관심을 요구한다.

첫번째 단어는 "은혜"이다. 이는 아마 신약의 핵심 낱말일 것이다. 은혜

(grace, 감사 기도라는 뜻도 있다)는 무엇인가? 아이는 "감사 기도란 식사하기 전에 우리가 말하는 것이에요" 하고 대답할 것이다. 사실 그건 나쁜 정의는 아니다. 왜냐하며 식사 전의 기도는 하나님의 선물에 대한 사람의 감사이기 때문이다. 해당 헬라어는 카리스이다. 카리스의 많은 뜻이 거의 변하지 않고 현대 영어로 들어왔다. 생각 깊은 사려의 일반적 태도인 정중함(graciousness)이라는 말이 있다. 유쾌하고 매력적인 것인 우아함(gracefulness)이 있다. 거저 주는 것 혹은 관대함을 뜻하는 무보수적 호의(gratuitous)라는 뜻도 있다. 신약에서는 이 유쾌한 사회적 용어가 하나님의 마음으로 몰려 들어갔다. 십자가에는 우아함이 전혀 없다. 그것은 소름끼치고 두려운 것이다. 하지만 이 소름끼치는 십자가는 하나님의 은혜의 최고 표현이다.

신약 저자들이 하나님의 은혜에 관하여 말할 때 그 뜻은 우리가 사랑받을 만하지 않을 때 우리에게 베푸시는 하나님의 사랑이다. 바울은 왜 자신의 회개 체험에 관하여 그렇게 많이 생각하는가? 그것은 하나님의 은혜가 인간 생활에 역사한다는 부정할 수 없는 증거이다. 왜냐하면 바울은 그리스도 안에 계시된 하나님의 사랑을 무시하고 있었을 뿐만 아니라 이 신적 사랑을 짓밟고 파괴하려고 적극적으로 시도하고 있었기 때문이다. 그리고 하나님은 그 은혜로 핍박자인 바울을 부르셨다. 세상에 하나님의 사랑을 받을 자격이 없는 사람이 있다면 다름 아닌 바울이었다. 그런데 하나님은 그를 부르기를 기뻐하셨다.

"은혜가 있기를 원하노라." 하나님은 당신을 사랑하신다. 감사하며 이 사랑을 받아들이라. 이것이 바로 갈라디아인들을 위하여 드리는 바울의 기도의 핵심이다. 좀더 중요한 점은 이것이 바울을 통하여 말씀하시며 갈라디아서를 통하여 말씀하시며 수세기 지나 당신에게 말씀하시는 성령님의 기도라는 것이다.

"평강이 있기를 원하노라." 그런데 갑자기 바울은 우리가 이해할 수 있는 말로 말하고 있다. 평강이다. 모든 사람은 그것을 원한다. 그런데 그것을 갖고 있는 사람은 거의 없다. 이는 찬란한 히브리 인사 샬롬이다. 이는 예수님이 죽은 자 가운데서 일어나셨을 때 제자들에게 하신 인사였다. 유대인에게 이 말은 땅에 임하는 총체적 안녕을 뜻했다. 초대 그리스도인에게는 이 인사가 영원한 행복을 함의했다.

예수님의 생애나 바울의 생애를 잠시 살펴보면, 그분들이 위하여 기도하는 평강이 시련에서 벗어나는 자유가 아니라 폭풍우를 견디는 자를 위한 복된 상태임을 넉넉히 알게 된다. 인생의 폭풍우가 우리 주변에 몰아칠 때, 우리는 이 내면적 행복을 얼마나 보는가? 정신적인 아픔에 말할 수 없이 도움을 주는 찬란한 의학 발명품인 안정제의 판매고를 보라. 하지만 많은 사람이 '건강'한데도 영적 문제에 대하여 이 화학 해결책을 사서 쓴다. 근본적 인간 관계의 실패인 이혼의 무시무시한 통계를 보라. 미국에서 16명의 성인 가운데 거의 한 명꼴로 알콜중독자로서 인생의 긴장을 벗어나 마비상태로 들어간다. 아이들이 저지르는 범죄를 뜻하는 소위 청소년 범죄의 급증을 생각해 보라.

평화에 대한 현대인의 욕망은 심각하고 깊다. 현대인은 평화가 없는 곳에서 평화를 미친 듯이 찾고 있다. 새로운 배우자, 새로운 스릴, 성공에 대한 열정적인 경배와 같이 평화가 없는 곳에서 말이다. 그리고 갑자기 우리는 갈라디아로 돌아간다. 그리스도와 그의 십자가로부터 나와 나의 노력으로 초점을 바꾸려 했던 자들에게로 돌아간다. 갈라디아인들은 평화를 원했다. 그들은 인간의 노력을 구원의 중심에 둠으로써 평화를 찾았다.

역시 평화가 없는 곳에서 그렇게 한 것이다. 이제 평화는 어디 있는가? 하나님의 말씀은 대답한다. "아버지 하나님과 자신을 주신 우리 주 예수 그리스도로부터." 이 표현은 갈라디아인들의 근본적 오류이며 세상에서 아직 사라지지 않은 오류를 폭로한다. 주 예수님은 세상에 새로운 준칙과 규례를 주신 또 하나의 모세가 아니시다. 우리 주님은 또 하나의 율법주의를 주신 게 아니라 자신을 주셨다. 옛 율법주의가 성공하지 못한다면, 왜 또 다른 율법주의가 더 성공하겠는가? 그리스도는 자신을 주셨다. 은혜는 거저 주는 선물이다. 평화는 이 선물을 받아들이고 하나님의 은혜에 감사하는 삶을 사는 데 있다.

그분은 "우리 죄를 위하여 자기 몸을 드리셨다." 우리는 오늘날 많은 사람에게 전체 죄 개념이 농담에 불과하다는 사실을 인정하는 게 좋다. 모든 사람이 세상에 상당히 문제가 있다는 데 동의할 것이다. 모든 사람이 다른 많은 사람이 죄악되다는 데 동의할 것이다. 대부분의 사람은 범죄가 죄이며 과도한 노름과 음주와 성적 관심이 죄라는 것에 동의할 것이다. 그래서 범죄자도 아니고 부랑자도 아닌 사람들은 성경이 자신이 아닌 다른 사람에 대하여 말하고 있다고 생각하기 쉽다. '죄'로 번역된 신약의 낱말은 '하마르티아'이다. 이 말은 '과녁을 벗어나다'를 뜻한다. 당신은 매일 계속 과녁을 맞추고 있는가? 당신은 하나님이 의도하신 사람이 되고 있는가? 모든 사람이 범죄자는 아니다. 모든 사람이 부랑자는 아니다. 그러나 모든 사람은 죄인이다. 많은 사람은 과녁이 어디 있는지 알지도 못한다. 그들이 과녁을 놓치는 것은 전혀 놀라운 일이 아니다.

많은 사람은 평화의 선물을 원한다. 하나님은 먼저 당신을 참된 자아로, 하나님이 의도하신 자아로 돌리심으로써 그 선물을 주신다. 그리고 이는 하나님의 선물을 당신이 받음으로써 가능하다.

그분은 "이 악한 세대에서 우리를 건지시려고 우리 죄를 위하여 자기 몸을 드리셨다." 바울의 저술에서 세상은 하나님이 창조하시고 좋다고 하신 땅이 아니다. 이는 자아에 묶여 거짓 표준에 속박된 인간 본성이다. 혹은 바울이 갈라디아서에서 표현하는 것처럼 "율법에 종노릇함"이다. 율법은 우리가 빠져 있는 소동에서 벗어나려는 인간의 노력을 뜻한다. 갈라디아서의 메시지는, 우리는 올라서서 벗어날 수 없다는 것이다. 오직 하나님만 우리를 들어 벗어나게 하실 수 있다.

"하나님 곧 우리 아버지의 뜻을 따라." 하나님은 우리를 들어 벗어나게 하기를 원하신다. 그래서 그리스도는 세상에 오셨다. 우리를 자아에 종 노릇 하는 데서 벗어나게 하고, 우리를 하나님의 아들들의 영광스러운 자유에 들어가게 하시려고 오셨다. 때때로 그리스도인들은 세상에서 지극히 좋은 의도를 갖고 있지만, 그리스도의 사랑과 아버지의 공의를 대조함으로써 복음을 파괴한다. 아버지께서 그리스도를 세상에 보내신 목적은 사람이 자신과 영원히 교제할 수 있도록 만드시는 것이었다. 이것이 자유이다.

바울은 송영 곧 찬송의 노래로 기도를 끝맺는다. "영광이 저에게 세세토록 있을지어다. 아멘." 영광은 우리가 하나님께 드리는 것이 아니다. 하지만 그의 영원한 영광을 깨닫고 그 빛으로 삶을 사는 것은 우리의 특권이다. 하나님의 영광들 가운데 사람이 하나님께 대하여 생각하는 것이 있다. 너희의 빛을 사람들 앞에 비치게 하여, 그들이 너희의 선한 행위를 보고 너희 아버지께 영광을 돌리게 하라. 이것이 갈라디아인들을 위한 바울의 기도이다. 즉 그들이 하나님의 선물을 받아 주위 사람들이 하나님께 영광을 돌리게끔 살 수 있는 것이다. 그는 갈라디아인들을 부르고, 그들을 통하여 성령님은 여러분을 불러 단순히 준칙과 규례를 순종하는 게 아니라 더 높은 생활 즉 하나님의 영원한 영광을 반영하는 생활을 하게 하신다.

영광이 마지막 말은 아니다. 이 기도는 "아멘"으로 끝맺는다. 측정할 수 없는 고대로부터 소리나 의미에서 거의 변하지 않은 이 낱말로 끝맺는다. 이 말은 '확고하다'는 어근에서 나온 것이다. 히브리인들이 예배드리면서 이 말을 사용할 때 말하고 행한 것의 엄숙한 확증을 뜻한다. 초대 교회는 그 말과 용법을 채택했다. 이는 법률 문서의 참임을 입증하는 엄숙한 표와 같다. "아멘"이라고 말하는 사람은 마땅히 이런 의도를 갖고 있어야 한다. "나는 이것이 참되다고 믿습니다. 그리고 하나님의 은혜로 그 진리를 실천할 것을 약속합니다."

갈라디아서 제2장

I. 자유의 복음에 대한 변호

B. 교회가 받은 것

2:1. "십사 년 후에 내가 바나바와 함께 디도를 데리고 다시 예루살렘에 올라갔노니."

2:3. "그러나 나와 함께 있는 헬라인 디도라도 억지로 할례를 받게 아니하였으니."

2:4. "이는 가만히 들어온 거짓 형제 까닭이라. 저희가 가만히 들어온 것은 그리스도 예수 안에서 우리의 가진 자유를 엿보고 우리를 종으로 삼고자 함이로되."

2:5. "우리가 일시라도 복종치 아니하였으니 이는 복음의 진리로 너희 가운데 항상 있게 하려 함이라."

2:6. "유명하다는 이들 중에 (본래 어떤 이들이든지 내게 상관이 없으며 하나님은 사람의 외모를 취하지 아니하시나니) 저 유명한 이들은 내게 더 하여 준 것이 없고."

2:7. "도리어 내가 무할례자에게 복음 전함을 맡기를 베드로가 할례자에게 맡음과 같이 한 것을 보고."

2:8. ("베드로에게 역사하사 그를 할례자의 사도로 삼으신 이가 또한 내게 역사하사 나를 이방인에게 사도로 삼으셨느니라.)

2:9. "또 내게 주신 은혜를 알므로 기둥같이 여기는 야고보와 게바와 요한도 나와 바나바에게 교제의 악수를 하였으니 이는 우리는 이방인에게로 저희는 할례자에게로 가게 하려 함이라."

2:10. "다만 우리에게 가난한 자들 생각하는 것을 부탁하였으니 이것을 나도 본래 힘써 행하노라."

Ⅰ. 역사적 배경

사도행전 15장에서 우리는 예루살렘 사도 공의회에 관하여 읽는다. 이것이 갈라디아서 2:1-10에 서술된 공의회라고 믿을 탁월한 이유가 있다. 지역이 동일하게 예루살렘과 안디옥이다. 시간이 거의 동일하다. 언급된 사람들이 동일하다. 논의의 주제도 동일하며 그 결과도 동일하다. 만일 이 결론을 받아들이면, 우리는 꽤 분명한 연대를 얻는다. 사도 공의회는 주후 51년에 있었다. 그러므로 베드로(1:18)에 대한 방문은 약 38년경에 있었을 것이며 바울의 회심은 주후 36년경이었을 것이다.

예루살렘에서 어떤 바리새파 그리스도인들이 안디옥 교회에 와서(그리고 다른 많은 교회에 갔을 것이다) 이방인 그리스도인에게 유대교의 의식법을 구원의 필수 조건으로 받아들이라고 가르쳤던 것 같다. 물론 이는 갈라디아인들이 심각하게 혼란을 일으키는 문제이다. 이 쟁점은 안디옥에서 뚜렷하게 되고, 그래서 판결을 위하여 예루살렘 사도들에게 회부되었다. 바나바는 바울을 데리고 갔고 바울은 디도를 데리고 갔는데, 이 디도에 관하여 논쟁이 집중되었다. 토론은 연기되고 때때로 신랄했으며, 디도가 할례 의식을 통하여 유대인이 되어야 한다는 새로운 압력이 있었다.

디모데 사건에 관해서는 여기 분명한 언급 구절이 있다(행 16:3). 그 경우에는 할례가 복음 전도 사역에 유익한 것이었다. 그리스도를 발견한 유대인으로서 디모데는 동료 유대인에게 복음을 전할 수 있었다. 그러나 디도의 경우는 실질적으로 달랐다. 이 경우에 양보하는 것은 할례(그리고 나머지 유대교 의식 율법)가 구원에 꼭 필요한 것이라는 것을 시인하는 것이 될 것이다. 바울은 그렇게 하지 않으려 했다.

사도 공의회는 바울과 그의 입장을 옹호했다. 바울은 여러 해 독립적인 활동을 벌인 후에 "자신의" 복음 즉 갈라디아에서 공격을 당하고 있는 그 복음을 예루살렘의 사도들이 지지한다는 것을 발견했다. 사실 유대주의자들은 예루살렘 사도들의 권위에 호소하고 있었던 것이다.

기독교 신학자들은 2:11-14의 분명한 의미를 회피하려고 힘껏 씨름했다. 알렉산드리아의 클레멘트는 여기서 언급된 베드로가 사도라는 것을 부인했다. 오리게네스는 베드로와 바울이 유대주의자를 논박하기 위하여 전체 논쟁이 일어났다고 말했다. 어느 사도에게도 공로를 돌리지 않는 이 견해는 아우구스티누스에게 반박되기 전까지 그리스도인 가운데 널리 퍼졌다. 아우구스티누스는 반대로 언급된 사건이 2:1-10에 나오는 사건들에 선행한다고 주장했다. 성경의 명백한 의미에 대한 이 모든 재배열의 동기는 물론 베드로의 명성을 높이기 위함이었다. 역사적 정보가 그다지 없는 곳에서 독단적인 태도를 취해서는 안 된다. 그러나 바울이 자신의 주장을 확립하려고 연대기적 순서를 따르고 있었으므로 이제도 계속 그런 과정을 밟고 있다고 보는 것만이 합당할 것이다. 베드로의 잘못에 대한 지적은 유대주의자를 반박하는 역사적 주장의 절정이다.

아마 논의되는 쟁점은 2:14에서 끝난다. 그리고 2:15-21은 오늘날 대단히 중요하다. 이 부분을 표현하는 용어는 현대인에게 모호하다. 유대주의자들은 은혜에 대한 바울의 강조점이 의를 파괴할까 참으로 두려워했다. 그들은 그가, 언약에 들어가는 것을 너무 쉽게 만들고 있으며, 하나님의 거룩함을 값싼 것으로, 죄의 심각함을 사소한 것으로 만들고 있다고 두려워했다. 그들의 다음 주장은 부인할 필요가 없다. "만일 기독교 신앙이 유대교 신앙보다 저급한 도덕 행동에 이르게 되면, 우리는 다시 유대교 신앙으로 돌아가는 것이 낫다." 이것에 대한 논리적 반박은 그리스도인의 자유가 영적 생활의 최고 형식임을 자신의 행동으로 보이는 것이다.

그리스도인의 자유는 쉽지 않다. 구원은 거저 주시는 것이지만, 값싼 것은 아니다. 믿음은 자아를 그리스도께 완전히 맡기는 것이다. 전적으로 그리스도께 자신을 맡긴 사람은 엄격하게 적용된 영적 권징의 외적 규제가 필요치 않다. (물론 대부분의 그리스도인은 바울처럼 스스로 짊어진 권징이라는 내면적 규제를 즐거이 채택하고 따른다. 우리는 언제나 유익한 것과 본질적인 것을 조심스럽게 구별해야 한다.)

II. 용어 해설

2:1. "십사 년." 아마 베드로를 만난 후 14년일 것이다. 분명 바울은 사도행전 11:30에 서술된 방문을 무시한다. 왜냐하면 그때 사도들은 감금되어 있었거나 밖으로 흩어져 있었기 때문이다.

"바나바." 신약에서 가장 유쾌하고 매력적인 그리스도인 가운데 한 사람. 그는 바울과 요한 마가를 모집하고 훈련시키실 때 도움을 주었다. 폭풍우 치는 사도 공의회 때 그는 논쟁에 참여한 양측으로부터 호감을 사고 있었던 게 분명하다.

"디도." 디도는 이방인 그리스도인으로 모범적 성격의 소유자이다. 그는 할례를 받지 않았다. 디도와 같은 사람이 선한 그리스도인이 될 수 있다면, 유대주의자의 주장은 무너진다.

3-5절은 헬라어로 길게 한 문장을 이룬다. 많은 상이한 사본은 우리 조상들이 오래 전에도 이 문장을 혼란스럽게 생각했음을 입증한다.

2:3. "디도라도." 이 표현은 "유대주의자의 주장이 타당하다면, 열두 사도가 모든 이방인 회심자에게 할례를 요구할 것으로 기대할 것이다. 그러나 안디옥에서 소동의 중심 인물인 디도조차도 억제로 [할례를 받게] 하지 않았다 … "는 뜻을 갖고 있다.

"억지로." 강력한 압력을 행사하여. 흠정역의 번역은, 헬라어 본문의 당혹스러운 상태를 반영하여 디도가 사실상 할례를 받았다는 해석을 허용한다. 라이트푸트는 이 본문을 일러 "문법의 이 난파선"이라고 부른다. 몇몇 독실한 비평가들이 의견을 달리하긴 하지만, 이 구절의 요지는 디도가 할례를 받지 않았다는 것을 가리킨다.

2:4. "거짓 형제들." 불신자가 아니라 잘못 믿는 자들이다.

"엿보고." 거짓 형제들은 비기독교적 전술을 채택하여 자신이 믿는 기독교적 목표에 이르고자 했다.

"그리스도 예수 안에서 가진 자유." 그리스도는 그리스도인의 생활에 덧붙는 또 하나의 부가물이 아니시다. "그리스도 안에서" 그리스도인은 자유롭기 때문이다.

2:5. "복음의 진리." 믿음으로 얻는 구원. 그 당시에는 역사적 예수에 관

한 문제가 없었다.

2:6-9. 여기서 바울은 2절 끝에서 중단된 이야기를 계속 한다. 이 절들은 하나의 긴 문장(95개 낱말)을 형성하여 많은 문법적 난점을 제시한다.

2:6. "유명하다는 이들." 야고보와 베드로와 요한. 바울은 동료 사도를 얕보고 있는 게 아니라 열두 사도가 '상당한' 인물인 반면 자신은 '아무것도 아니다'고 주장하던 사람들을 논박하고 있다.

"어떤 이들이든지 내게 상관이 없으며." 바울이 이렇게 말하는 것으로 생각할 것이다. "유명하다는 이들로부터 내가 … 받았고." 오히려 바울은 그 생각을 중단시키며, 사실상 "하나님이 주신 메시지는 어떤 인간적 권위로부터 확증을 필요로 하지 않는다"고 외친다.

"하나님은 사람의 외모로 취하지 않으시나니." 하나님은 지위나 재산이나 교회 내의 위치 등 외적인 상황에 영향을 받지 않으신다.

2:7. "베드로." 이 사도는 이방인 가운데서는 베드로로 고향 교회에서는 게바로 알려져 있었다.

2:9. "야고보와 게바와 요한." 야고보가 맨 먼저 거명되었는데, 아마 그가 공의회의 의장이었을 것이기 때문이다. "기둥같이 여기는." 즉 "유대주의자들이 '기둥'이라고 부르고 있는."

2:10. "가난한 자." 팔레스타인은 먹을 것이 빈곤한 땅이다. 오랜 가뭄으로 많은 사람이 기아선상에 이르렀다. 성전 금고가 굶주린 자들의 먹을 것을 공급했지만, 주후 51년까지 굶주린 그리스도인들은 회당에서 쫓겨나고 성전의 공궤를 받지 못했다. 메시아적 공동체 전체를 일러 때때로 '가난한 자들'이라고 부르긴 했지만, 우리는 여기서 바울이 굶주린 그리스도인을 언급한다고 가정해야 한다.

2:11. "게바가 이르렀을 때." 아마 사도행전 15:30-35에 서술된 시기일 것이다.

"안디옥." 로마 수리아 도의 수도로서 유대인이 상당히 많이 살고 있었다. 주후 51년에 이 도시는 이방 기독교의 중심이었다.

2:12. "야고보에게서." 보수주의자들의 반응에 관해서는 사도행전

21:18-25을 보라. "게바가 이방인과 함께 먹다가." 아마 회중이 함께 식사하는 아가페(애찬) 때였을 것이다. 찢어지게 가난한 가정을 제외하고 가정마다 자기 음식을 가지고 왔을 것이다. 회중은 자연스럽게 소그룹의 가정들이나 친한 친구들끼리 모여 식사했을 것이다. 이방인 그리스도인들은 민감한 유대인들의 기분을 상하게 하는 식사에 관하여 공의회의 결정을 존중했을 것이다. 유대인 그리스도인은 코쉐르 음식을 가지고 왔을 것이다. 베드로는 이방인 그리스도인과 함께 식사를 하고 있었는데, 그때 예루살렘에서 온 사신들이 그로 하여금 다르게 행동하게 했다.

2:13. "바나바도." 안디옥의 그리스도인들에게 이는 베드로의 잘못보다 더 훨씬 참기 힘든 일이었다.

"외식에 유혹되었느니라." 이 동사는 종종 '연극하다'를 뜻하는데, 경멸적인 내용이 없는 경우가 많다. 영어 명사와 마찬가지로 헬라어 명사는 '위선자'를 뜻한다.

2:16. "의롭게 되는." 바울 서신의 핵심 낱말. 공의의 어근적 의미는 '옳다'(디케)이다. 이는 한 사람이나 사물을 테스트하는 기준이다. 기독교적 칭의에서는 하나님이 행위자이지 사람이 아니다. 이 개념은 법정에서 나온 은유인데, 원래와는 상당히 차이가 난다. 지상의 재판장은 한 사람을 의인으로 만들지 못한다. 그는 율법에 대한 순종을 기초로 그 사람을 의롭다고 선언한다. 재판장이신 하나님은 죄를 용서하고 우리를 의롭게 만들기 위하여 자기 생명을 주셨다. 잘못을 용서받은 사람을 정당하게 의인이라고 부를 수 있다. "의롭다 하심을 입을 육체가 없느니라." 시편 143:2을 의역했다. 로마서 3:20을 보라.

2:17. "죄를 짓게 하는 자." 죄가 거의 의인화되었다. 만일 우리가 그리스도를 믿는 믿음으로 의롭다 하심을 추구하다가 구원의 정하신 길을 버리게 된다면 그리스도는 죄에서 떠나게 하시는 게 아니라 죄를 짓게 하시는 것이다.

"그럴 수 없느니라." 말 그대로 "하나님이 금하신다." 흠정역은 문자적 정확성을 희생하고 정서적 내용을 전달하는 해석을 제공한다.

2:18. "세우다, 파괴하다[한글개역성경은 '헐다'로 되어 있음-역주]." 랍비 신학의 전문 용어. '세우다'는 율법의 논점을 인정하는 것이며 '파괴하다'(좀더 낮게 번역하면: '헐다')는 해석을 허용하지 않는다.

2:19. "율법으로 말미암아." 이것이 주장의 급소이다. 믿음의 원리는 율법에 웅장하게 계시되어 있듯이 사람에게 율법을 넘어 은혜로 들어갈 것을 요구한다. 세 가지 단계가 있다: (1) 율법 이전의 단계 — 죄악되고 그 [죄악된] 사실을 모르는 단계; (2) 율법 아래 있는 단계 — 죄악되며 그 사실을 알지만 그것을 바로잡을 수 없는 단계; (3) 율법을 넘어선 단계 — 그리스도로 말미암아 의롭다 하심을 얻었기에 자유로운 단계. 바울은 율법으로 "말미암아" 그리스도께로 갔다. 로마서 5:20을 보라.

2:20. "그리스도와 함께 십자가에 못박혔나니." "율법에 대하여 죽었다"에서 전개된 내용. 그리스도와 함께 십자가에 못박힘은 몇 가지 기본적 의미를 갖고 있다. (1) 5:24에서 바울은 육체와 그 욕망을 십자가에 못박았음을 비유적으로 말한다. 여기서는 그런 뜻이 담겨 있다. (2) 로마서 6장에서 바울은 어떻게 신비한 의미로 그리스도인이 그리스도와 함께 살기 위하여 세례로 '죽는지'를 보여준다. (3) 골로새서 1:24에서는 그리스도의 고난에 자신이 참여함을 언급하면서 이렇게 말한다. "내가 그리스도의 남은 고난을 그의 몸된 교회를 위하여 내 육체에 채우노라." (4) 골로새서 2:12-15에서는 어떻게 그리스도인이 (세례로) 그리스도와 함께 죽음이 십자가 달림의 모든 유익에 참여하는 것을 뜻하는지 보여준다. 이 동사에서 논의중인 유익은 "율법"으로부터의 자유이다.

"내가 산 것은." 이는 생물학적 존재가 아니라 그리스도와 함께 한 영적 생활이다. 이전의 "죽음"의 직접적 결과이다.

"나를 사랑하사." 바울은 그리스도께서 자신을 대신하여 십자가에 자신을 내어 주신 것만큼 그리스도를 사랑하는 자의 사랑을 자신에게 돌린다. 그리스도의 사랑은 개인을 향한 사랑이다.

III. 교리적 의의

2:1-10에 걸려 있는 쟁점을 표현하는 신학의 전문 용어는 아디아포론이다. 아디아포론은 그 자체로 대수롭지 않은 것이다. 바울은 모세의 의식법을 결연히 고수했지만, 다른 사람은 그렇게 할 필요가 없다고 주장했다. 그에게는 의식법이 그리스도인의 생활을 영위하는 데 유익했다. 하지만 유대주의자들은 이 도움을 필수적인 것으로 만들려 했다. 아디아포론이 구원의 필수 조건으로 요구되는 때마다, 이는 더 이상 아디아포론이 아니라 인간 영혼과 그리스도 사이에 있는 걸림돌이다.

2:11-14이 교황의 무오성과 직접 관련되어 있지만, 이는 그 주제에 관한 것이 아니며 구원의 정면 대립되는 방법들로서 율법과 은혜에 관한 것이다. 2:15-21은 책망에서 나온 것이다. 사실 이는 책망의 일부일 수 있다. 물론 대부분의 학자는 그렇게 생각하지 않지만 말이다. 개신교도가 수립한 많은 율법주의에 비추어 볼 때, 우리는 이 구절들의 중요성이 크게 평가절하되었다고 결론을 내리지 않을 수 없다. 행위의 규범(혹은 신조문이나 교회 조직)을 구주의 자리에 세우는 자는 자신을 범법자로 만들었다. 2:18. 그리스도가 구주시다. 교인 생활의 모든 도구는 부차적인 것이다.

Ⅳ. 실천적 목표

독립은 어느 정도까지 덕목이다. 바울은 자신이 예증한 독립이 쉽게 오해될 수 있음을 알았다. 바울은 자신과 열두 사도가 본질적으로 일치한다는 것을 알므로 열두 사도에게서 독립했다. 바울보다 못한 사람이 그와 비슷한 독립적 태도를 드러낼 때 교회에 막대한 피해를 줄 수 있다. 개신교 역사는 신자의 교제와 고의적으로 단절한 자들의 비극적 예들로 가득 차 있다. 만일 계시의 직접적 수납자였던 바울이 동료 그리스도인들에게 뜻을 명료하게 하고 납득하게 만들 필요를 느꼈다면, 우리에게는 얼마나 더 필요하겠는가?

하나님은 교회 안에 불일치가 있을 때 바울이 동료 그리스도인들과 상의해야 한다고 생각하셨다. 개신교에 특유한 재앙은 분열적 태도, 즉 실제로든 상상으로든 불일치가 있기 때문에 다른 사람을 그리스도인으로 보지 않으려는 태도였다. 서로 좋은 사이가 될 수 없는 사람들은 세상을 구원할 수 있는 복음을 선포할 때 매우 귀에 거슬리는 소리를 낸다. 그러니 세상은 "의원이여 자신을 고쳐라" 하고 소리친다.

하나님의 성도의 한 사람에게 돌을 던지든지 아니면 현대 그리스도인들에게 비판적인 태도를 취할 것을 장려하지 않고서 베드로에 대한 책망(2:11-14)을 건설적으로 다루기는 어렵다. (많은 사람은 이 점에서 그다지 자극이 필요치 않다.)

2:15-21에서 바울은 사실상 그리스도인들에게 랍비의 신학을 벗어나도록 설득하기 위하여 랍비 신학의 무기를 사용하고 있다. 까다로운 용어에 감추어져 있긴 해도 사유의 흐름은 분명하다. 구원은 은혜로 말미암지 사람의 노력으로 되지 않는다. 구원받은 사람은 율법에 대한 단순한 외적 순종보다 좀더 높은 도덕 수준에 올라 은혜의 빛 가운데 살아야 한다. 그런 문제를 제시하는 목표는 역사적 정보가 아니라 믿음에 의한 생활이다.

설교할 때 바울의 지적을 이해할 수 있을 만큼만 충분히 히브리 율법 제도를 논의해야지 그 이상 할 필요는 없다. 개별적인 경우를 제외하고, 사람들이 "율법의 행위"로 말미암아 "의롭다 하심"을 추구하는 형식은 그런 것[히브리 율법 제도]이 아니다. 그러나 많은 사람은 오늘날 기독교의 본질이 구체적인 일을 하지 않는 것 즉 "음주나 카드 놀이를 하지 않는 것"에 있다고 굳게 믿는 것 같다. 이런 활동이 본질적으로 칭찬할 만한 것으로 보지 않으면서도, 우리는 여전히 그런 것을 피하는 것은 기독교의 본질이 아니라고 지적할 수 있다. 사람들이 자신의 지역 공동체에서 "의롭다 하심"을 추구하는 구체적인 "율법의 행위"는 무엇인가? 옛적 갈라디아에 나타난 구체적인 것말고 이런 것들을 논의하라.

V. 설교 개요

제목: "교회가 받아들인 자유."

도입부

당신은 바울 사도에 관하여 이야기를 할 때마다 어떤 사람이 "예수님은 우리에게 분명하고 단순한 복음을 주셨다. 그런데 바울이 나타나서 물을 흐렸다"하고 말하는 것을 들을 것이다. 이 비난이 진짜라면 심각한 것이다. 갈라디아의 유대주의자는 오래 전에 그런 비난을 하고 있었다. 바울은 기독교인의 자유에 대한 꼼꼼하고 복잡한 변호를 다루는 처음 두 장에서, "자기의" 복음이 유일한 복음이라는 것을 보여주는 데 관심이 있었다. 1장에서는 어떻게 "자기의" 복음이 그리스도로부터 자신에게 왔는지를 보여주었다. 2장에서는 어떻게 "자기의" 가르침이 초대 교회의 지상적 지도자인 열두 제자의 가르침과 실천과 완벽하게 조화를 이루었는지를 보여준다.

A. 디도를 살펴보라

믿음의 길은 언제나 오르막길이었다. 세상은 길에 많은 장애물을 둔다. 그리스도인은 자신 안에 곤경들을 발견한다. 심지어 그리스도의 몸인 신자의 교제에서도 끝없는 불일치가 있다. 갈라디아의 유대주의자들은 모든 그리스도인이 모세의 율법을 따라야 한다고 요구하며 교회를 동요시키고 있었다. 어떤 사람들은 자신의 목적에 조화를 이룰 때 유대주의자들처럼 역사의 사실을 서서히 바꾸었다. 그들은 열두 제자들이 — 베드로와 야고보와 요한과 다른 지도자들이 — 예루살렘 그리스도인들에게 율법을 지킬 것을 요구한다고 주장했다. 어떤 사람이든지 예수님이 가르치신 것을 알아야 한다면, 이들도 마땅히 그렇게 해야 한다. 왜냐하면 그들은 예수님을 따랐으며 그의 가르침을 들었으며 개인적으로 예수님을 의심했으며 부활 후에 그를 뵈었으며 온 세상에 가서 모든 피조물에게 복음을 전하라는 그의 명령을 받았기 때문이다.

갈라디아서를 조심스럽게 읽지 않는 사람은 바울이 이 열두 제자를 하찮게 본다고 결정을 내릴 수 있다. 왜냐하면 그는 자신이 열두 제자와 독립적임을 강조하며 내놓고 그들의 지도자를 책망하기 때문이다. 그러나 사실은 그렇지 않다. 그들은 사도 즉 그리스도의 명령을 받은 사신이었다. 바울은 똑같이 명령받은 사신이며 동료 사도였다. 그와 열두 제자들이 실질적으로 의견이 일치했기 때문에 그는 그들로부터 독립했다.

　기독교 역사에서 갈라디아서가 기록되기 전인 1세기 중반에 기독교 신앙과 유대교 관행의 관계에 관한 논쟁이 절정에 달했다. 그 불일치는 안디옥에서 지극히 날카로웠다. 문제의 진원지는 디도였다. 우리가 디도에 관하여 얼마나 적게 알고 있는지는 바울의 여러 서신에서 드러난다. 우리는 그가 특이한 재치와 외교술을 가지고 있어서 바울이 몇몇 미묘한 사명을 맡겼던 사람이었다는 지식을 얻는다. 그와 바울은 평생 협력하며 영원하신 그리스도를 섬기고 찬양했다. 아마 디도는 안디옥 본토 사람이었을 것이다. 아마 바울은 디도가 회개하도록 한 사람이었을 것이다. 우리는 이런 일들을 확실하게 알 수 없다. 그러나 의심의 구름을 모두 넘어서 우리는 디도가 그리스도인이며 철저하게 모범적인 인격과 그리스도께 대한 견고하고 흔들리지 않는 믿음의 사람이라는 점을 안다. 그러면 디도가 그리스도인이라고 인정받을 권리에 대하여 왜 의심해야 하는가? 그는 히브리인이 아니었던 것이다.

　교회 안에서 디도의 위상에 관한 의문은 너무 분열을 일으키게 되었으므로 모든 문제를 사도에게 일임하여 해결하게 되었다. 아무도 그의 인격을 공격할 수 없었다. 아무도 그리스도를 믿는 그의 신앙을 공격할 수 없었다. 그러나 그는 할례를 받지 않았다. 그는 히브리인의 식사 율법을 따르지 않았다. 우리 대부분은 이런 일들이 기독교와 무관한 것이라고 본다. 때때로 우리는 중세 동안 새로운 율법주의가 예수 그리스도의 이름으로 발전했던 것을 망각한다. 사람들을 기독교 신앙의 기초적인 단순함으로 돌아가게 하는 데는 개신교 종교개혁이 필요했다. 그리고 이제 개신교도들은 그리스도의 이름으로 새로운 속박을 만들어 내며 계속 새로운 준칙과 규례를 세울 위험에 처해 있다.

　로마 가톨릭은 권위주의적 교회가 되는 문제에 관하여 개의치 않는다. 당신은 이것 이것을 믿어야 한다. 그리고 당신은 구원받기 위하여 그렇게 그렇게 해야 한다. 개신교도들이 신학적인 것이든 윤리적인 것이든 사회적인 것이든 구원을 방해하는 장애물을 세울 때, 우리는 동정적으로 그러나 비판적으로 디도의 사건을 검토해야 한다. 무엇이 그를 그리스도인이 되게 했는가? 그의 모범적인 삶인가? 아니다. 죄로 더욱 물든 생활 가운데 있는 많은 사람이 역시 하나님의 자녀였다. 교회를 위한 그의 탁월한 활동이었는가? 아니다. 디도라도 하나님의 사랑을 돈으로 살 수 없었다. 그것은 주 예수 그리스도를 믿는 그의 믿음이었다. 그리고 오직 이것만이 그를 그리스도인으로 만들었다. 유대주의자들은 그리스도를 믿는 믿음을 덤으로 주장했다. 아마 우리는 그들에게 돌을 던지기보다 우리 자신의 삶과 행위를 살펴야 한다.

B. 열두 사도를 살펴보라

다툼이 끝났는데 왜 그 쟁점이 계속 의심의 대상이었는지를 알기란 어렵다. 오늘날 우리 주위에서 온통 다툼이 벌어지고 있을 때 우리는 사도들과 그들이 취해야 했던 잔인한 결정에 십분 동감할 수 있어야 한다. 오늘날 사람들이 그리스도와 동료 인간 사이에 사회적이거나 조직적이거나 윤리적이거나 신학적인 장애물을 세워 주장하는 것보다 안디옥의 유대주의자들은 더 강력한 주장을 내세울 수 있었다.

예수님은 정통 유대인이셨다. 예수님은 생애 내내 모세의 율법을 지키셨다. 그는 이렇게 말씀하셨다. "천지가 없어지기 전에는 율법의 일점 일획이라도 반드시 없어지지 아니하고 다 이루리라"(마 5:18). 당신과 나는 그리스도께서 십자가에서 가장 큰 제사를 드리셨을 때 모든 것이 성취되었음을 안다. 그러나 우리는 사람이 그의 말씀으로부터 히브리 율법을 따르라고 모든 그리스도인에게 요구하는 강력한 주장을 내세울 수 있음을 동의하지 않을 수 없다. 예수님은, 그리스도인이라면 신앙의 경계를 넘어서 동정심을 발휘해야 한다는 것을 거듭 입증해 주셨다. 예수님은 사마리아 이단자가 경건한 레위인보다 율법의 참된 의미를 더 잘 실천할 수 있음을 보여주셨다. 그는 수로보니게인과 로마인에게 긍휼을 보이셨다. 예수님은 장벽을 허물어뜨리기 시작하셨다. 그러나 예수님이 승천하셨을 때 지상의 장애물은 여전히 굳게 서 있었다.

예수님의 사도들은 정통 유대인이었다. 그들 모두는 사역 초기 동안 율법을 꼼꼼하게 지켰다. 우리는 부활하신 구주를 목격한 오백 명과 오순절

첫날에 회개한 삼천 명이 모두 정통 유대인이었다고 믿는다.

놀랍게도 이방인이 유대인보다 그리스도를 더 잘 영접한다는 것을 사도들이 발견하기까지는 히브리 법전이 쟁점이 되지 않았다. 한 에디오피아 사람이 "물이 있으니 내가 세례를 받음에 무슨 거리낌이 있느뇨?" 하고 말했을 때, 빌립은 그에게 참으로 진실함과 참된 믿음이 그 속에 있음을 분별했다. 그는 유대인이 아니었지만 그리스도인이었다. 그래서 빌립은 그에게 세례를 베풀었다. 우리는 빌립에게 양심의 갈등이 일어났고 거기서 믿음이 전통을 이겼다고 확신할 수 있다. 차례로 다른 사도들은 자기 속에서 동일한 싸움을 치렀다. 차례로 그들은 결론에 도달했다. 그리스도를 믿는 믿음, 오직 그리스도를 믿는 믿음이 그리스도인을 만든다.

현재 이용할 수 있는 단편적 증거들을 통하여, 주후 51년에야 교회 지도자 가운데 전부는 아니라도 많은 사람이 기독교 신앙이 유대교 관행과 독립적이라고 확신했던 것 같다. 예루살렘 교회의 지도자인 야고보는 유대주의자에게 공공연히 동정적이었던 같다. 베드로는 열정적인 기도로 시대를 주도했지만 여전히 소년 시절 받은 교육에 끌려가는 자신을 알았다. 모세의 율법은 하나님의 거룩한 말씀의 절대 필요한 부분이다. 우리 조상들은 기독교적 자유의 높은 원리를 좋아했지만 그래도 율법을 가볍게 제쳐둘 수 없었다.

우리 조상들은 그리스도인들답게 행동했다. 그들은 물러 앉아 음울하게 불평하지 않았다. 그들은 서로에게 저주의 말을 함부로 던지지 않았다. 그들은 사물을 철저하게 알아보려고 함께 모였다. 그들은 결론에 도달하기 전에 모든 증거를 살폈다. 그들은 증거와 성경의 분명한 가르침과 이성에 근거하여 판단을 내렸다. 감정이 깊이 파고들긴 했지만, 그들은 감정을 제쳐두고 그리스도의 뜻을 구했다. 그들은 교회가 언제나 잊지 않고 따라야 했던 책임있는 기독교적 자유의 모범을 세웠다. 갈라디아서의 간결하고 압축적인 이야기와 사도행전의 좀더 확대된 이야기로부터 우리는 지도자들이 결론에 도달하기가 힘들다는 것을 알았음을 배운다. 한편에는 전통의 무게가 있었다. 그래서 우리는 우리에게 익숙한 것이 옳다고 쉽게 가정한다. 다른 한편으로 믿음의 논리가 있었다. 그래서 모든 사람은 하나님께 미래를 맡기기를 대단히 주저한다. 참기 힘든 압력이 몰려왔다. 디도에게 할례를 받으라고 요구하라. 그러면 괴로움은 끝날 것이다. 바울은 원칙에 굳게 섰다. 디도는 그리스도인이다. 당신들의 어떤 행위가 디도를 지금보다 더욱 그리스도인이 되게 할 수 없다. 그리스도를 믿는 그의 믿음말고 여러분이 그에게 이런 일을 하라고 요구한다면, 여러분은 그의 기독교를 약하게 만든다. 왜냐하면 여러분은 믿음의 중심을 그리스도와 그의 십자가로부터 디도와 그의 의식적 의(義)로 바꾸기 때문이다.

우리 조상들은 증거를 들었다. 그들은 그리스도를 우러러보았다. 그리고 그들은 디도가 주 예수 그리스도를 믿기 때문에 그리스도인이라고 선언했다. 이는 코쉐르 음식을 먹거나 율법의 다른 교훈을 따르는 일이 그리스도인이 되게 하는 데 도움이 된다면 그가 그런 일을 자유로이 행할 수 있음을 의미한다. 그러나 아무도 그로 하여금 믿음의 필수적 조건으로 그런 일을 요구할 수 없었다.

C. 가난한 자를 살펴보라

사도행전에서 우리는 안디옥 교회에 보낸 편지를 읽을 수 있는데, 이 편지는 15:28, 29의 실제적 명령과 더불어 끝난다. 우리가 보기에 이 "요긴한 것"은 중요한 것과 중요하지 않는 것의 절묘한 결합이다. 안디옥에서 어떤 이교 의식은 종교의 이름으로 간음을 자행했다. 교회의 지체들은 성적인 방종을 장려하는 사회에서 자랐다. 그리스도인은 성적 관계를 거룩한 것으로 다룰 자유가 있다. 그러나 출산의 거룩한 행위에서 자신이든지 다른 누가 됐든지 추하게 만들 자유는 없다. 우리는 이를 분명하게 알 수 있다. 상상력을 발휘하여 우상에게 드린 고기에 관한 금지 명령을 이해할 수 있다. 그러나 왜 피 넣은 순대를 강조하는가? 우리는 1900년 전 우리 조상의 생각과 감정을 이해하지 않고서 오늘날의 시각에서 말하려 했다: 그리스도인은 이웃을 존중할 자유가 있다. 평생 피 넣은 순대를 혐오했던 민감한 유대인은 어떤 사람이 같은 식탁에 앉아 그런 것을 먹는 것을 보면 영적으로나 신체적으로 역겨웠을 것이다. 그리스도인은 온갖 것을 행할 자유가 있다. 그러나 형제의 감정을 상하게 할 자유는 없다. 피 넣은 순대는 죄악된 것은 아니지만 감정을 상하는 것이다.

갈라디아서에서 바울은, 공의회가 끝났을 때 "우리에게 가난한 자들 생각하는 것을 부탁하였으니 이것을 나도 본래 힘써 행하노라" 하고 말한다. 모든 기독교 역사에서 가장 중요한 모임은 인간의 필요에 대하여 실제적이며 구체적인 배려를 표하는 말로 끝났다.

기독교는 사람에게 관심을 갖고 있다. 일차적으로 이념에 관심이 있는 것이 아니라 사람에게 관심이 있다. 하나님이 사람들을 만드셨고 이들이 자기의 아들들이 되게 하시려고 자기 아들을 세상에 보내셨다. 확실히 우리는 옳은 생각이 필요하지만 단순한 교리적 정당함이 그리스도인을 만드는 것은 아니다. 대제사장인 가야바는 교리에서 옳았지만, 예수님을 십자가에 못박는 일에 공모했다. 확실히 우리에게는 점잖고 질서있는 예배가 필요하다. 그러나 예배의 행동을 다 거친다고 해서 그것이 예배인 것은 아니다. 그리스도인으로서 우리는 하나님께 힘을 공급받아 가장 높고 가장 좋고 가장 고상한 수준으로 살 수 있게 부르심을 받았다. 이는 우리의 자유이며 하나님의 자녀답게 행하는 것이다.

하나님의 힘있는 아드님은 지상에서 걷고 행하셨을 때, 매일 가난한 자에게 관심을 보이셨다. 그분은 가난한 자들이 우리에게 항상 있다는 것을 말씀하셨다. 궁핍이 있는 곳에 도움을 주어야 함으로 도움을 주는 것이 우리의 자유가 아니라 도울 수 있으므로 도움을 주는 것이 우리의 자유이다. 예루살렘 공의회에서는 디도의 할례 문제에 관하여 첨예한 논쟁이 있었다. 논쟁이 끝난 후 사도들은 바울의 주장을 뒷받침해 주었다. 인간의 궁핍에 관한 그리스도인의 동정심 문제에서는 논쟁이 있을 수 없었다. 이 문제는 예수님에 의하여 단번에 해결되었다. 바울은 다른 곳에서 그리스도인의 의무와 책임을 열거하고 "그 중에 제일은 사랑이다" 하고 결론을 내렸다. 그처럼 바울은 다른 사도들이 가난한 자를 기억하라고 부탁한 것에 관하여 갈라디아 사람들에게 말할 때, "이것을 나도 본래 힘써 힘쓰노라"하고 결론을 내렸다.

갈라디아서 제3장

Ⅱ. 자유의 교리에 대한 변호

A. 구약 신앙의 발전

3:6. "아브라함이 하나님을 믿으매 이것을 그에게 의로 정하셨다 함과 같으니라."

3:7. "그런즉 믿음으로 말미암은 자들은 아브라함의 아들인 줄 알지어다."

3:8. "또 하나님이 이방을 믿음으로 말미암아 의로 정하실 것을 성경이 미리 알고 먼저 아브라함에게 복음을 전하되 모든 이방이 너를 인하여 복을 받으리라 하였으니."

Ⅰ. 역사적 배경

갈라디아서 3장은 3:2-5에서 물은 신랄한 질문에 대한 대답이다. 이 대답은 아브라함과 관련하여 표현된다. 바울의 결론은 아브라함의 성취된 믿음을 공유하는 자들이 아브라함의 참 "자손"이며 따라서 하나님의 약속의 후사라는 것이다.

바울과 그의 대적은 아브라함의 중요성에 동의하지만, 그의 믿음이 먼저인지 그의 의가 먼저인지에 관하여 의견이 달랐다. 여기서 바울은 믿음이 우선된다는 것을 아주 분명히 밝힌다.

3:10-14에서 바울은 대단히 깊이 개입하며 복잡하다. 그러나 이는 우리에게 실제로 난점이 아니다. 오늘날 사람들은 의식(儀式)에 의한 오염을 참으로 '저주'로 받아들일 수 있는 사고의 틀에 동정적인 태도로 들어가는 일을 거의 불가능한 일로 본다. 창세기에는 하나님의 형상으로 지음을

받았지만 하나님께 거역하는 인간이 기록되어 있다. 인간은 반역했기 때문에 하나님과 올바른 관계를 맺고 살지 못한다. 이 문장은 특색 없고 추상적이고 흠잡을 게 전혀 없다. 이것이 바로 다채롭고 구체적이면서 역시 흠잡을 데 없는 '저주'라는 개념의 뜻이다.

하나님과의 정당한 관계를 회복하기 위하여 인간은 무엇을 할 수 있는가? 어떻게 사람은 '저주'를 제거할 수 있는가? 지금처럼 통상적인 대답은 도덕의 행위로 하나님의 사랑을 사는 것이다. 기독교적 대답은 (구약에서 분명히 나타났듯이) '믿음'이다. 결코 바울은 우리로 하여금 우리 믿음의 대가를 망각하게 하지 않는다. 믿음에서 비롯되는 하나님과의 올바른 관계는 십자가를 통하여 획득되었다. 이 사건 이전에 믿음의 사람들은 오실 그리스도를 알았다. 마치 오늘날 우리가 오신 그리스도를 알고 있듯이 말이다.

3:15-18에서 쟁론은 일단 유언이 발효되었으면 유언장에 유언 보충서를 첨가할 수 없다는 것이다. 아브라함과 그의 '씨'에 대한 약속은 하나님이 모세에게 율법을 주시기 수세기 전에 아브라함의 율법에 대한 순종이 아닌 아브라함의 믿음에 근거하여 발효한 하나님의 '유언'이었다. 바울은 단수의 사용으로부터 성경이 개인 즉 그리스도를 언급한다고 주장한다. 이 역사적 사건은 부인될 수 없다. 이 언어학적 분석은 논쟁의 여지는 있지만 논리적이다. 종말 때까지 문법학자들은 '씨'가 군집 명사라고 지적할 수 있다. 그들은 기독교적 자유를 위한 바울의 주장을 뒤흔들지 못할 것이다. 왜냐하면 이 주장은 그와 같은 세밀한 언어학적 구분에 근거를 두지 아니하고 사시는 그리스도께 근거를 두기 때문이다.

3:27은 세례를 다룬다. 히브리인들은 물에 의한 정화 의식을 거행했다. 유대교 신앙에 귀의한 사람은 할례와 세례를 받았으며 제사를 드렸다. 유대교 세례에서는 사람이 물에 완전히 잠기었다. 그는 물속에 있으면서 신앙을 고백하고 읽어 주는 율법을 듣고 축복을 받았다. 그가 물에서 나오면 그는 세례로 히브리 신앙 공동체로 들어갔다.

유대교 관행과 기독교 관행의 유사점과 차이점이 표명되었다. 그리스도인은 제사를 드리지 않았다. 왜냐하면 그리스도께서 최고의 제사를 드리셨기 때문이다. 그리스도인은 할례를 받지 않았다. 그리고 그리스도인은 세례로 그리스도와 영적인 연합에 들어갔다.

II. 용어 해설

3:2. "성령." 이는 갈라디아 그리스도인들이 특별한 성령 은사를 받은 것을 함축하지 않는다. 그들은 훨씬 놀라운 것 즉 사시는 하나님의 임재를 받았다.

"듣고 믿음." 의역하면 "사람이 믿을 때 오는 이해력으로"이다.

3:3. "시작하였다가." 제사를 시작한다는 뜻에 해당하는 헬라어가 사용되었다.

"성령 … 육체." 앞 절에 나오는 "율법의 행위 … 듣고 믿음"과 상응하는 대립 개념.

"마치다." 제사를 마친다는 뜻에 해당하는 헬라어가 사용됨.

3:4. "괴로움을 받다." 사도행전 14:22, 요한복음 15:20을 보라. 우리는 바울이 여기서 언급하는 핍박에 대한 역사적 지식을 전혀 갖고 있지 않다.

3:5. "행하라." 동사(에피호레인)은 원래 공적인 절기에 "합창 가무단을 이끄는 비용을 부담하다"는 뜻이다. 그러므로, 어떤 후한 관대함을 말한다.

"능력." 말 그대로 "능력의 일들"이다. 바울은 그리스도인이 능력으로 채워지는 것을 당연하게 생각한다.

3:6. "아브라함." 믿음의 본질을 이해하는 열쇠. 우리의 믿음은 그로부터의 직접적이고 단절없고 역사적인 연속성으로 등장한다. 여기서 질문은 "왜 아브라함은 하나님을 기쁘시게 했는가?"이다. 창세기 12-25장을 보라.

"하나님을 믿으매." 창세기 15:6(70인역경에 따름). 로마서 4:3을 보라.

"이것을 그에게 의로 정하셨다." 아브라함의 믿음을 통하여 하나님은 [이삭을 드리는] 제사의 산에서 고뇌스런 시험 앞에서 그를 의롭다고 선언하셨다.

3:7. "믿음으로 말미암은 자들." 인생의 기본 원리가 믿음인 자들.

"아들"(휘오이). '자녀들.' '아들'은 '아버지'의 필수적 본성에 공유하는 자들이다. 아브라함의 믿음을 — 그 믿음이 완전히 전개될 때 — 가진 이방인 그리스도인들은 직계 조상에게서 나온 자들과 달리 "아들"들이다.

3:8. "성경이 미리 알고." 신약에서 성경이 의인화된 유일한 경우. 이는 랍비들 가운데 꽤 자주 사용되었던 용법이다. 시리아어역은 "하나님이 미리 아시고."

"먼저 복음을 전하되"(프로유앙겔리사토). 요한복음 8:33-59을 보라. 이는 매우 드문 낱말로서 필로의 글에서만 나온다.

3:10. "율법 행위에 속한." 스스로 의롭게 되기 위하여 율법에 대한 순종에 의존하는 사람.

"저주." 저주는 복의 대립 개념이다. 감정적 뉘앙스 없이 그 의미를 간취하기 위해서 이렇게 의역해 볼 수 있다: "법전의 규정을 따름으로써 스스로 구원을 얻으려고 노력하는 자마다 복을 받지 못했다."

"기록된 바." 성경의 인용을 소개할 때 사용하는 관례적 표현.

"누구든지 … 저주 아래 있는 자라." 신명기 27:26을 보라. 70인역은 이렇게 되어 있다. "이 율법의 모든 말을 행하기 위하여 거기 거하지 않는 자는 누구든지 저주를 받을지라." 이 주장은 "모든"에 근거한다. 모세의 법을 모든 세밀한 점까지 성취했다고 주장할 수 있는 사람은 없다. 그래서 율법 준수에 표현되어 있듯이 자신의 의를 확신하는 자는 자신의 불의를 입증한다.

3:11. "아무나 의롭게 되지 못할 것이라." 삼단논법의 결론. 대전제와 소준제는 다음에 나온다.

"의인은 믿음으로 살리라." 하박국 2:4을 보라. "믿음"은 다양한 의의를 가진 개념이다. 그러나 그 상이한 강조점들은 갈등을 일으키지 않는다. 하박국의 용어는 일차적으로 "신실함"을 의미한다. 히브리서 10:38을 보라. 여기서는 로마서 1:17에서처럼 일차적인 강조점이 의롭게 하는 믿음에 있으며, 이 믿음이 신실함에 이른다. 이것이 삼단논법의 대전제이다.

3:12. "율법은 믿음에서 난 것이 아니라." 하나님은 의롭게 하는 것으로

율법을 주신 것이 아니라 "신실한 자들"을 인도하는 것으로 율법을 주셨다. 이것이 삼단논법의 소전제이다.

"행하는 자." 레위기 18:5을 보라. 바울은 여기서 율법주의자들의 주장을 이용하여 그들을 반박하는 데 사용하고 있다. 율법주의적 관점에서 "살" 수 있는 사람만이 이미 성공을 거둔 사람이다.

"살다." 탈굼은 "삶"이 영원한 생명을 가리킨다고 말했다.

3:13. "속량하셨으니." 통상적 의미는 노예를 자유롭게 하려 매매가를 지불하는 것이다. 스스로 구원을 얻으려고 노력하는 자들은 자신의 영적 무능력에 노예가 된다.

"저주 아래 있는." "저주받은"이라는 구체적인 형용사 대신에 추상적 명사를 사용하는 히브리어 숙어는 보편적 의미를 이 행위에 부여한다. 그리스도는 우리 모두가 관련되어 있는 '저주'가 되셨다.

"우리를 위하여." 말 그대로 "우리 위에." 3:10에서 율법을 바라보는 자는 저주 "아래" 있다. 그리스도는 우리 "위에" 저주가 되셨다. 그래서 그리스도는 우리와 저주 "사이"에 오신다. 이는 영원한 사건을 서술하는 공간의 언어이다.

"저주 아래 있는 자라."(신명기 21:23). 이 구절은 유대교 율법 아래 사형 집행을 받아 ― 유대인들은 교수형을 집행하지 않았다 ― 그 몸이 매달려 만천하에 드러나고 조롱을 받는 범죄자를 가리킨다. 그러나 이교 관습처럼 밤새도록 달려 있지는 않다. 그래서 율법의 본래 의도에 따르면 어떤 사람이 마땅히 저주를 받을 자라면 나무에 매달렸다. 법률 관계에서 자주 등장하듯이, 바로 그 언어가 지칭되는 일보다 더 중요해진다. 엄격한 율법주의자에게 매달린 혹은 십자가에 못박힌 자는 그의 도덕적 죄책이나 결백과 전혀 상관없이 그 나무와 신체적으로 접촉하였으므로 저주를 받았다. 하나님의 죄없는 아들은 우리를 대신하여 저주가 되셨다. 그는 사람의 지극한 비극에 들어가셨다. 의식에 의한 오염이라는 측면에서 '저주'의 전체 개념을 우리는 거의 이해할 수 없다. 그리스도의 빛은 적어도 거의 모든 마음의 어두운 구석을 꿰뚫었다.

3:14. "아브라함의 복"(창 12:3). 한 가지 역설이 있다: "그리스도는 우리로 복받게 하시려고 저주를 받으셨다." 물론 이방인들은 불결한(저주받은) 상태에 있는 동안 언약의 복에 들어갈 수 없다. 갈라디아의 그리스도인들은 이미 예수 그리스도를 통하여 복을 받았으며 그 복은 아브라함에게 그리고 아브라함 "안에서" 땅의 모든 족속에게 주신 것과 동일한 복이었다.

"우리." 아브라함의 신체적 후손과 영적 후손.

"우리로 … 받게 하려 함이니라." 3:14은 완벽한 대구를 형성한다. 첫번째 부분은 구약의 용어로 표현된다. 두번째 부분은 신약의 용어로 표현된다.

3:15. "사람의 예대로." 더욱 유력한 증거에 의한 주장. "만일 이것이 인간의 차원에서 참되다면 하나님의 차원에서는 훨씬 참되다."

"사람의 언약"(디아테케). "유언." 언약(쉰테케)는 두 사람간의 엄숙한 약속이다. 유언은 자신의 재산을 자원하여 처분하는 의사이다. 고전 헬라어에서는 둘의 구분이 세심하게 이루어졌지만, 70인역경에서는 디아테케가 언약(베리트)에 해당하는 히브리어의 번역어로 사용되었다. 하지만 다음의 예는 유언의 예이지 언약의 예가 아니다. 일단 유언이 발효하면, 유언자의 사망 이후에 후사는 거기에 유언 보충서를 붙일 수 없다. 하나님의 살아 있는 유언도 그처럼 변할 수 없는 것이다.

"폐하거나 더하거나 하지 못하느니라" — 유언을 변경하는 두 가지 방법. 법률 관행에서 유언이 발효된 후에는 어느 방법도 용인될 수 없다.

3:16. "씨"[한글개역성경에는 자손으로 번역됨—역주]. 두 후사가 거론된다. "아브라함과 그 씨"(스페르마). 이는 히브리어 제라의 번역인데, 이 말은 '자손'이라는 통상적인 은유적 의미를 갖고 있다. 랍비들은 이 말이 히브리 백성을 가리킨다는 것을 아주 잘 이해했다. 이 백성은 (다소간) 아브라함의 육신적 혈통에 속한 사람들이었다.

"약속"(창 13:15; 15:18 등).

"그 씨에게." 복수(자녀들 혹은 후손들)가 나올 것으로 예상되지만 실은 단수이다. 바울은 "씨"의 집단적 의의를 부인하지 않고 그것이 하나의 통일체를 함축한다는 것을 보여준다.

"그리스도." 해석자들은 바울이 여기서 개인 즉 예수님을 언급하는지 믿음의 공동체를 언급하는지에 관하여 뚜렷히 구분된다. "너희는 다 그리스도 안에서 하나이니라"는 3:28의 말씀은 결정적인 것[증거]으로 보인다.

3:17. "하나님의 미리 정하신." 하나님은 율법이 제정되기 전에 "자신의 유언을 검인(檢認)하셨다." 그 이후 제정된 율법은 "유언"의 기본적 규정을 변경시킬 수 없다.

"그리스도 안에서." 가장 좋은 사본에는 이 말이 없다.

"사백삼십 년 후에." 이 햇수와 다른 연대기를 조화시키려고 사람들은 믿기지 않을 정도로 엄청난 힘을 쏟았다. 마소라 사본의 출애굽기 12:40은 애굽 포로기가 430년임을 보여준다. 창세기 5:13, 사도행전 7:6은 대략적인 연수 400년이라고 말한다. 아브라함과 이집트 포로기 사이의 기간은 대략 215년 가량으로 계산된다. 그러므로 아브라함에 대한 약속과 율법 주심 사이의 시기는 645년 가량 될 것이다. 하지만 70인역과 사마리아 역은 출애굽기 12:40에서 가나안 족장 시대와 애굽 포로기를 포괄하는 시기를 430년으로 말한다. 두 가지 가능성이 있다. 첫째로, 오늘날 히브리 사본에서 보듯이 히브리 사본의 출애굽기 12:40에 무언가가 잘못되었을 수 있다. 둘째로 현존 히브리 사본이 정확하다고(따라서 70인역이 잘못되었다고) 가정하면, 우리는 바울의 계산 근거를 알지 못한다. 만일 이 주장이 430년에 관련하여 타당하다면, 역사적 조사 결과 그 기간이 645년이라 할 경우 타당성은 더해진다. (다행히도 기독교 신앙은 숫자를 조화시킬 수 있는 우리의 능력에 의존하지 않는다.)

3:19. "그런즉 … 무엇이냐." 이 질문은 하나님이 모세를 통하여 일하셨음을 믿는 자에게는 피할 수 없는 것이다.

"씨가 오시기까지." 16절을 참조하라. 율법의 본질적 기능은 그리스도가 오셨을 때 성취되었다.

"천사들로 말미암아 베푸신." 신명기 33:2은 율법이 주어졌을 때 천사들(일만 성도)을 언급한다. 스데반의 강론(행 7:53)에서는 천사들이 율법을 영광스럽게 한다는 의미로 언급된다. 여기서 의도는 정반대이다. 약속은 "아브라함과 그 씨"에게 직접 왔지만, 율법은 천사들과 모세를 통하여 왔다.

"손을 빌려." '통하여'의 어취를 가진 히브리어 혹은 아람어 관용구.

"중보." 랍비 신학에 나오는 통상적 칭호.

3:20. "중보는 한편만 위한 자가 아니니." 이 절에 관해서는 삼백 가지 다양한 해석이 있다고 한다. 가장 그럴 듯한 것은 다음의 것일 것이다: "중보는 단독으로 활동하는 한편을 위하여 필요하지 않으니, 하나님은 오직 하나이시다." 만일 이 해석이 채택된다면, 이 구절은 성령님(하나님)이 그리스도(하나님)를 믿는 믿음을 통하여 각각 그리스도인의 마음에 직접 오셨지만 율법은 하나님으로부터 오긴 했어도 수많은 천사와 인간 중보자를 통하여 왔음을 말한다. 하나님은 모세가 나오기 오래 전에 친히 아브라함에게 오셨다(창 17장). 율법이 성취되었을 때, 하나님은 그리스도 안에 계셨다. 이 구절에 대한 299개의 다른 해석 대부분이 좀더 독창적이지만 이해는 잘 되지 않는다.

3:21. "율법이 하나님의 약속들을 거스리느냐." 율법의 폐습을 반대하여 사용된 이 활기찬 언어 때문에 어떤 사람들은 바울이 율법의 올바른 용법을 반대한다고 말했다. 율법은 신앙의 위치를 취할 수 없다. 인간의 순종은 하나님의 은혜의 대체물이 아니다. 정반대 극단 즉 '반율법주의'도 역시 오류이다. 이것은 갈라디아에 있는 위험이 아니었기 때문에, 바울은 그런 만큼 그것을 강조하지 않는다.

"만일 … 주셨다면." 사실에 반대되는 조건. 율법은 복음에 정반대되지 않는다. 율법은 선과 악을 정의하지만, 선을 행하거나 악을 정복할 수 있는 능력을 주지 못한다. 오직 은혜만이 그렇게 한다.

"살게 하는." 지금 여기서의 삶과 영원한 삶.

"의." 주장의 요점. 사실상 사람이 자신을 구원할 수 있다면, 그리스도와 그의 십자가가 필요가 없다.

3:22. "성경이 … 했으니." 의역: "성경은 모든 사람이 죄에 의하여 갇혔

음을 선언했다." 예컨대 시편 143:2, 신명기 27:26을 보라.

3:23. "우리." 인간이 만든 주변 국가의 법령과 달리 하나님의 율법을 갖고 있는 유대인은 여전히 자신을 해방시키지 못했다. 그 생생한 착상은 자유의 약속을 가졌지만 여전히 감옥에 있는 수인(囚人)의 착상이다.

"가두었으니." 말 그대로 "갇혀 있으니."

3:24. "몽학 선생." 이 선생은 부유한 집안의 노예였다. 그의 일은 그 집안의 아들과 함께 학교에 갔다가 돌아오는 것이었다. 말 그대로 그는 교사에게 "그 소년을 인도했다." 그런 동행은 자라는 아이에게 엄청난 영향을 주었을 것이다. 그는 때때로 징계(형벌이 아니라)를 행하라는 요구를 받았을 것이다. 그래서 탁월한 인격을 가진 사람만이 선발되어 그 자리를 차지했을 것이다. 이 예화의 요점은 율법의 종속적 특성과 징계적 기능이다.

3:25. "믿음." 관사가 올바르게 생략되어 있다. 바울은 하나님의 구원 계획에 나타나는 연속성을 강조하고 있다. 아브라함은 믿음으로 의롭다 하심을 얻었다. 우리는 믿음으로 의롭다 하심을 얻는다. 오랜 영적 미성숙의 기간 동안 우리를 "믿음"으로 인도할 몽학 선생이 필요했다.

3:26. "다." 이전의 유대인과 이전의 이방인 모두.

"자녀"[한글개역성경에는 "아들"로 되어 있음—역주]. 3:24-25의 은유에 근거하여 계속된다. 여기서 강조점은 성장한 아들이 향유하는 자유에 관한 것이다. 헬라 사회에서 몽학 선생은 아이가 17세 먹은 '아들'이 되었을 때 자신의 일을 그만 두곤 했다. 갈라디아인들은 성숙한 아들들이었다. 유대주의자들은 그들을 억지로 아이의 역할로 돌이키려 했다.

"믿음으로 말미암아 그리스도 예수 안에서." 말 그대로 "믿음을 통하여"이다. 영어 번역문에는 관사가 생략되어 사유의 연쇄를 복잡하게 만든다. 그래서 그 연쇄를 추적하기가 어렵다. 유대주의자들은 일종의 "믿음"을 갖고 있었지만 "참 믿음"은 없었다.

3:27. "세례를 받은." 외적인 물리적 세례는 "그리스도 안으로"라는 구절이 함축하듯이 내면적이며 영적으로 받아들여져야 한다.

"그리스도로 옷 입었느니라." 이것이 구약 어법을 암시하는지 혹은 로마의 관습을 암시하는지 논란의 대상이 된다. 구약 어법을 암시한다는 해석을 지지하는 본문은 이사야 61:10, 시편 132:9을 보라. 로마 사회에서는 젊은이가 장성할 연령이 되었을 때(즉 더 이상 몽학 선생이 필요치 않았을 때) 토가 프라이텍스타 대신 토가 비릴리스로 바꾸었다. 그처럼 그리스도인은 영적인 대장부의 옷을 입는다.

3:28. "너희는 다 그리스도 예수 안에서 하나이니라." 그리스도와의 연합은 각자가 신체적 사회적 차이에도 불구하고 동일한 영적 기초 위에 서 있음을 뜻한다.

III. 교리적 의의

사유 유형이 너무 많이 바뀌는 바람에 이 구절에서 영원한 진리를 분간해 내기가 어렵다. 그렇지만 세심한 연구 후에는 얻는 것이 있다. 바울은 믿음이 법전에 대한 외형적 고수보다 우선된다고 주장한 처음 사람이 아니었다. 아모스와 호세아와 이사야와 에스겔과 그 밖의 다른 사람들이 동일한 진리를 지적했다. 분명 언제나 시야에서 벗어나고 있는 진리가 하나 있다. 확실히 오늘날은 그렇다. 그러나 진지하게 이 구절들 뒤에 있는 추론을 이해하려는 사람은 믿음이라는 근본 현실 즉 하나님의 언약적 은혜 안에 있는 믿음을 정면으로 맞닥뜨려야 한다. 이 언약적 은혜는 회개하는 죄인을 용서하며 그를 자기 구원의 절망 상태에서 그리스도 안에 있는 구원의 영원한 소망으로 들어 올린다.

하나님의 복은 택하신 도구 즉 아브라함과 그의 "씨"를 통하여 인류에게 베푸시는 하나님의 은혜의 선물이다. 하나님은 믿음의 사람 아브라함에게 약속하셨다. 여러 세기가 지나 하나님은 탁월한 이유들 때문에 모세를 통하여 율법을 주셨다. 그래서 사람은 믿음 혼자서 차지해야 하는 자리에 율법을 높여 올렸다. 바울은 갈라디아인들로 하여금 제일 원리로 돌이키게 하려 했다.

IV. 실천적 목표

인간 구원에서 뜻밖의 힘이 무엇인가? 갈라디아서는 거듭 그것이 "은혜"라고 대답한다. 하나님의 은혜가 인간의 마음에 들어가도록 돕는 유효한 통로는 무엇인가? 갈라디아서는 "믿음"이라고 대답한다. 3장에서 강조점은 믿음에 있다.

많은 개신교도는 율법을 논의할 때 하나님이 모세를 세상에 보내셨을 때 두려운 실수를 범하셨다는 것을 보여주려는 의도를 갖고 있는 것 같다. 이는 바울의 뜻이 아니다. 여기서 바울은 율법의 남용만 반대한다. 왜냐하면 그는 율법과 믿음의 정당한 용법에 관심을 갖고 있기 때문이다. 3:17에 표면적으로 나오는 연대기의 모순에 관한 문제는 분명 강단에서 제기되어서는 안 된다. 하나님이 사람을 대하시는 일에 관한 가장 초기의 광범위한 기록이 믿음으로 의롭다 하심을 보여준다는 것을 강조하는 것으로 아주 충분하다.

구약에서 선지자들은 믿음이 율법주의를 초월할 날을 바라보았다(예. 렘 31:31-33). 3:19은 도무지 회피할 수 없는 문제를 제기한다. 사실 사람이 믿음으로 의롭다 하심을 받는다면 왜 하나님은 율법을 주셨는가? 바울은 먼저, 율법이 죄와 의를 정의하는 데 이바지한다고 대답한다. 하지만 삶은 이론의 대상이 아니라 실천의 대상이므로, 옳은 것과 잘못된 것의 차이를 아는 것으로 충분치 못하다. 우리는 옳은 것을 행하고 그릇된 것을 기피해야 한다. 그리고 율법은 본질적으로 이 능력을 줄 수 없다. 그러나 율법의 훈계를 진지하게 대하는 자는 은혜의 필요성을 배울 수 있고 실제로 배운다. 자신이 어떤 사람보다 선하다고 생각하는 사람은 구약을 철저하게 읽지 않았다. 사실 구약은 우리를 자기 만족에서 하나님의 은혜로 돌이키려고 주신 것이다.

고통스럽지만 문법과 인용문과 불투명한 신학적 개념의 미궁에 빠지기가 쉽다. 목표는 단순히 바울에게 의롭다 하심이 무슨 뜻이었는지 혹은 아브라함에게 약속이 무엇을 뜻했는지를 이해하는 게 아니라 항상 그리스도께서 오늘날 청중에게 무엇을 뜻하시는지를 이해하고 그 뜻을 실천하는 것이어야 한다.

V. 설교 개요

제목: **"구약 신앙의 발전."**

도입부

오 가련한 갈라디아인들이여, 누가 너희를 호려 너희가 그리스도께서 너희 가운데 십자가에 못박혀 너희 눈에 분명하게 밝히신 진리를 순종하지 않게 하더냐?

A. 아브라함은 하나님을 믿었고 그것이 그에게 의로 인정되었다.

갈라디아 그리스도인들은 복음을 받아들였다. 그런 다음 그들 가운데 매력적이고 설득력 강하고 관심을 끄는 사람들이 들어왔다. 그런데 그들의 가르침을 논리적 결론으로 몰고 가면, 그리스도의 십자가가 영광스러운 상징이 아니라 아무 효과없는 것이 되었다. 그들의 가르침 배후에는 사람이 구원에 이르려고 열심히 일하기만 하면 자신을 구원할 수 있다는 암묵적 가정이 있었다. 유대주의자들은 1800년 동안 교회에서 사라졌지만, 암묵적인 가정은 남아 있으며 오늘날 세계에서 기독교 신앙에 가장 심각한 장애물이다. 십자가에 달리신 예수 그리스도. 왜 그런가? 하나님이 당신을 구원하실 수 있는 다른 가능한 방법이 없었기 때문이다. 나는 그 점에 관하여 무엇을 해야 하는가? 바울이 갈라디아서 3장에서 대답하는 질문이 바로 이것이다. 물론 그 대답은 "주 예수 그리스도를 믿으라. 그리하면 구원을 얻으리라"이다.

현대인은 이신칭의의 전체 개념에 굉장한 저항을 보인다. 하나님은 이신칭의를 올바른 방향으로 디딘 첫 걸음을 완료된 여행으로 받아들이신다. 많은 사람들은, 내가 길을 충분히 멀리 떠나면 어떤 길로 가고 있든지 죽을 때 천국에 이를 것이라고 쉽게 믿는다. 분명 믿음에 의한 하나님의 구원 계획에는 언제나 저항이 있어 왔다. 현실이 어떻든지 내가 오직 혼자 힘으로 가파른 길을 올라 천국에 도달할 수 있다고 생각하는 것은 위로가 된다. 다른 사람의 수고를 통하여 내가 거듭나야 한다고 생각하면 실망스럽다. 그러므로 나는 실망스러운 생각을 몰아내기가 대단히 쉽다. 또 한 가지 난점이 있다. 이신칭의는 추상적 개념이다. 당신은 그것을 들었다 놓았다 할 수 없다. 벽에 붙일 수 없다. 조종하거나 보거나 맛볼 수 없다. 그리고 대부분의 사람들은 추상적 개념을 건설적으로 다루기가 어렵다고 느낀다. 대패로 밀 판자나 껍질을 깔 토마토를 달라. 그러면 우리는 물 만난 물고기가 된다. 순전한 개념에 관하여 생각할 경우에 우리는 이내 꼼짝 못한다.

성경은 우리처럼 생각이 땅에 매여 있고 영원한 빛을 갈구하는 사람들을 위하여 기록되었다. 하지만 우리는 너무도 일관성 없게 그 영원한 빛에 대하여 줄곧 우리의 눈을 닫고 있다. 성경은 많은 관념, 추상적 개념을 다룬다. 그러나 우리 같은 사람들이 이런 관념에 관하여 생각할 수 있도록, 성경은 일상 생활의 측면에서 대부분의 관념을 제시한다. 의학 교수나 법률 교수가 사례 연구 방법을 발전시키기 오래 전에, 성경은 믿음에 관한 하나님의 사례 연구를 제시했다. 바울은 지혜로운 교사처럼 자신과 갈라디아 그리스도인들과 유대주의자들이 모두 동의할 수 있는 하나의 토대를 찾았다. 아브라함의 사례는 믿음에 대한 참된 이해에 핵심적이다.

믿음? 믿음이 무엇인가? 칭의이다. 칭의는 무엇인가? 성경은 이런 추상적 질문을 추상적으로 대답하기보다 아브라함과 같은 한 사람을 보여준다. 그는 살면서 내내 믿음을 생활로 실천했다. 그리고 아브라함은 지상 생활에서 믿음으로 살 동안 의(義)의 높은 정상에 다다르곤 했다. 기록에 따르면, 때때로 아브라함은 하나님의 통제력을 떠맡고자 했으며 하나님은 그렇게 하도록 허용하셨다. 갈라디아서가 자유에 관한 서신임을 기억하라. 이 자유를 위하여 하나님은 우리를 창조하셨다. 우리가 하나님과 더불어 높아질 자유가 있다면 심지어 하나님까지 대적할 자유도 틀림없이 있다. 아브라함이 잠시 믿음을 버렸을 때, 그 결과는 필연적으로 참혹했다.

아브라함과 그 씨에게 하나님은 약속을 주셨다. "너로 인하여 모든 족속이 복을 얻으리라." 그날 이후로 세계의 역사는 이 약속의 실현이다. 때때로 육신의 눈에는 하나님이 잊으신 것처럼 보인다. 그 약속은 아브라함이 이삭과 함께 제사드릴 산으로 올라갔던 그 날보다 더 절망스럽게 보인 적이 있었는가? 하지만 하나님은 그때도 그 약속을 기억하셨다. 그처럼 오늘날 가장 어두운 시절에 하나님은 그것을 기억하신다.

왜 아브라함은 하나님을 기쁘시게 했는가? 이것이 갈라디아 그리스도인에게 생각하라고 바울이 던지는 기본 문제이다. 아마 랍비들은 아브라함이 율법에 순종했기에 하나님을 기쁘시게 했다고 가르쳤을 것이다. 이는 모세의 율법에 대한 순종이 될 수 없었다. 왜냐하면 모세의 법전은 아브라함의 시대 이후 여러 세기가 지나서 기록되었기 때문이다. 그러나 아브라함은 자신에게 계시된 하나님의 뜻에 순종했다. 아브라함은 의로운 사람이었다. 바울과 유대주의자와 갈라디아인들은 그 점에 동의할 수 있었다. 의(義)가 하나님이 그를 받아주시는 원인이었는가? 아니면 그것은 하나님이 그를 받아주신 결과였는가?

바울은 자신의 성경을 연다. 이는 종교적 진리를 구축하려 할 때 무척 좋은 관행이다. 그는 창세기 15:6을 보고 이런 내용을 읽는다: "아브라함이 하나님을 믿으매 이것을 그에게 의로 정하셨다." 그러나 이 모든 것은 아브라함의 믿음을 알아보는 고통스러운 시험 앞에서 일어났다. 아브라함은 자신의 의를 입증하기 전에 하나님을 믿었다. 그의 믿음은 단순히 하나님의 일들에 관한 참된 생각들이 아니었다. 그것은 믿음의 일부, 일부에 불과하다. 그의 믿음은 전능하신 자와 인격 대 인격의 관계였다. 그는 지적으로 믿었고 신뢰했고 하나님께 순종했다. 그는 믿음을 가졌다.

아브라함의 믿음으로 말미암아 하나님은 그를 의롭다고 선언하셨다. 아브라함의 믿는 행위는 믿음 이전의 아브라함보다 본질적으로 아브라함을 더 '의롭게' 만들지 않았다. 그의 믿는 행위는 아브라함을 올바른 길, 즉 영원으로 향하는 길에 서게 했다. 하나님은 자비하심으로 첫 걸음(믿음)을 내딛는 아브라함을 마치 그가 목표에 도달한 것처럼 받아주신다. 훗날 아브라함은 의의 상당히 높은 정상에 도달했다. 이는 하나님의 의이지 아브라함의 의가 아니었다. 믿음으로 오는 은혜였다.

하나님은 아브라함이 믿음을 실천하기 시작했을 때 그에게 의를 '전가'하셨다.(몇몇 그리스도인은 어리석게도 이 '전가'를 철저한 법률가에게 합당치 않는 행위로 제시했다.) 믿음은 우리가 하나님의 눈을 속일 때 쓰는 마술 속임수가 아니다. 완전한 사랑이신 그분은 우리가 사랑받을 만하기 오래 전에 우리를 부르신다. 그는 우리를 의롭게 만들기를 원하신다. 언어 감각이 있다면 우리가 지금 의롭지 않다는 것을 마땅히 알게 된다. 하지만 하나님은 우리의 모든 불의에도 불구하고 믿음 가운데서 우리를 자신에게 돌이키시려 하신다. 이는 우리를 의롭게 만드실 수 있기 위함이다.

B. 믿음에 속한 자들은 역시 아브라함의 자손이다.

하나님은 아브라함과 그 씨에 약속하셨다. 충분히 납득할 수 있듯이 히브리 사람들은 이 구절이 자신들을 가리킨다고 해석했다. 결국 그들은 아브라함의 직계 후손이었다. 그러나 바울 시대보다 오래 전에 종교적 문제에 관한 올바른 사유 방식은 아브라함의 "씨"라는 개념이 영적으로 해석되어야 한다는 것을 보여주었다. 라합과 룻은 아브라함의 혈통적 후손은 아니었지만, 언약 백성에 속하게 되었다. 이스마엘과 그두라와 에서의 후손들은 아브라함과 육신적으로 긴밀한 관계를 맺고 있지만, 약속의 후사가 아니었다. 아브라함과 갈라디아 그리스도인들을 묶는 고리는 무엇인가? 우리와 갈라디아 그리스도인, 우리와 아브라함을 묶는 고리는 무엇인가? 그것은 믿음이다.

바울은 갈라디아서와 나머지 서신에서, 완전히 발전되었을 때의 아브라함의 믿음을 공유하는 자는 아브라함의 참된 '자손'이라고 주장한다. 우리는 한때 사람들이 아브라함의 자손이 되는 것에 부착시킨 중요성을 이해하기가 힘들다. 하나님의 복에 대한 감사의 마음은 이 특별한 복을 받지 못하는 자들에 대한 속물적인 우월함으로 바뀌기가 쉽다. 그리스도 이전의 선지자들은 아브라함의 단순한 육신적 후손됨이 특권이 아니라 가장 무거운 책임임을 큰소리로 말했다. 아브라함의 자녀인 자는 아브라함의 행사를 따라 하나님을 세상에 신실하게 나타내야 한다. 세례 요한은 모인 무리에게 냉혹하게 말했다. "하나님이 능히 이 돌들(바님)로도 아브라함의 자손(이바님)이 되게 하시리라." 바울은 아브라함의 자녀가 되는 것이 참으로 무슨 뜻인지를 보여준 최초의 사람이 아니었다. 전혀 그렇지 않았다.

　히브리 사람들은 ‘자손’이라는 표현을, 아버지의 필수적 본성을 공유하는 자라는 뜻으로 사용했다. 그래서 선지자가 자신이 ‘선지자의 아들’이 아니라고 말했을 때도 그는 자신의 육신적 아버지를 언급하지 아니하고 선지자 학교를 통일하는 일반 원리를 언급했다. 아브라함의 자녀는 아브라함의 필수적 본성을 공유하는 사람이다. 그러면 그 본성은 무엇이었는가? 그것은 믿음으로 오는 의였다.

　상상력을 약간 발휘하여, 우리는 대화를 메꿀 수 있다. 바울은 “주 예수 그리스도를 믿어라. 그러면 네가 구원을 얻을 것이다”하고 말한다. 그의 대적들은 “주 예수 그리스도를 믿어라. 그리고 철저하게 모세의 율법을 지켜라. 그러면 네가 구원을 얻을 것이다”하고 말했다. 바울은 “아브라함은 그 믿음으로 구원받았다” 하고 말한다. 유대주의자들은 “네 믿음은 아브라함의 믿음이 아니다. 아브라함은 예수님이 나시기 2천 년 전에 살다가 죽었다”하고 말했다. 그 주장이 정확하게 이런 형식을 취했든지 않았든지, 바울은 반론에 대답한다.

　C. 성경은 하나님이 믿음으로 말미암아 이방인을 의롭다 하실 것을 미리 알고 먼저 아브라함에게 복음을 전하되 “모든 이방이 너를 인하여 복을 받으리라” 하였다.

　“먼저 복음을 전했다”는 말은 헬라어로 한 낱말이다. 몇몇 정직한 학자들이 우리가 ‘복음’ 대신 ‘복된 소식’으로 번역해야 한다고 믿는다. 왜냐하면 오늘날 이 용어가 예수 그리스도를 가리키며 아브라함은 예수님보다 2천 년 전에 살았기 때문이다. 물론 아브라함은 예수님의 지상 생애의 자세한 것들을 알지 못했다. 그는 예수님이 베들레헴에서 나실 것이라든지 그의 무리가 갈릴리 농부들일 것이라든지 본디오 빌라도가 그를 사형 선고할 것이라든지를 알지 못했다. 그러나 아브라함은 믿음으로 말미암아 역사하는 은혜인 복음의 본질을 분명히 알았다. 아무리 흐릿하더라도 그는 하나님이 은혜로우시므로 사람에게 그 은혜를 알리는 데 필요한 일을 행하실 것이라는 것을 미리 알았다. 이것이 복된 소식이다.

아브라함은 신실한 자들의 영적 아버지이다. 그 약속은, "네 안에서" 모든 족속이 복을 얻을 것이니라 였다. 그래서 종종 우리는 성급하게 읽어서 읽은 것이 무엇인지에 관하여 참되게 생각하지 않고 지나치곤 한다. 우리는 그것이 "너를 통하여"라는 뜻을 가진 구태의연한 표현으로 이해한다. 이것이 틀린 이해는 아니지만, 불완전한 이해이다. 물론 하나님의 복은 아브라함을 통하여 우리에게 오지만, 오래 전에 히브리인들은 자신을 아브라함의 '국가'에 통합되어 있는 것으로 생각했다. "네 안에서." 아브라함과 그의 씨는 방대한 통일체를 형성했다. 이 통일체 안에 참된 하나님의 지식이 있었고 세상이 알지 못했던 가장 높은 수준의 도덕 생활이 있었다.

D. 그래서 믿음에 속한 자는 신실한 아브라함과 더불어 복을 받는다.

아브라함은 오래 전 먼 곳에 살고 있었다. 한번은 냉소적인 사람들이 예수님께 물었다. "당신이 우리 조상 아브라함보다 크냐?" 기독교 교회는 승리에 찬 목소리로 이 질문에 대하여 "그렇다"고 대답했다. 우리는 그리스도를 알므로, 참으로 아브라함과 모세와 나머지 사람들 때문에 고민할 필요가 있겠는가? 어떤 그리스도인들은 구약과의 줄을 기꺼이 짜르려 한다. 그러나 바울은 그렇게 가르치지 않았다. 예수님은 결코 그렇게 가르치지 않으셨다. 참으로 예수님은 자신이 율법을 폐하러 온 것이 아니라 완성하러 오셨다고 가르치셨다. 기독교 신앙은 아브라함의 신앙의 성취이다. 하나님이 아브라함을 불러 하란을 떠나게 하셨을 때 그리스도께서 부르고 계셨다. 그리스도는 아브라함이 제사드리는 산에 올랐을 때 거기 계셨다. 그리스도는 구약을 채우고 성취하신다.

오늘날 그리스도인이 되려는 당신은 바울과 예수님처럼 아브라함에게 배울 수 있다. 하나님이 약속하셨을 때 아브라함은 그것을 믿었다. 하나님의 뜻이 아브라함의 뜻과 상충했을 때, 아브라함은 의지했다. 하나님이 아브라함에게 명령을 주셨을 때 그는 순종했다. 이것이 믿음이다. 하나님이 아브라함을 영생으로 가는 길에 세우시게 한 믿음이다.

갈라디아서 제4장

II. 자유의 교리에 대한 변호

B. 그리스도인의 체험에서 확증됨.

4:1. "내가 또 말하노니 유업을 이을 자가 모든 것의 주인이나 어렸을 동안
에는 종과 다름이 없어서."

4:2. "그 아버지의 정한 때까지 후견인과 청지기 아래 있나니."

4:3. "이와 같이 우리도 어렸을 때에 이 세상 초등 학문 아래 있어서 종 노
릇 하였더니."

4:4. "때가 차매 하나님이 그 아들을 보내사 여자에게서 나게 하시고 율법
아래 나게 하신 것은."

4:5. "율법 아래 있는 자들을 속량하시고 우리로 아들의 명분을 얻게 하려
하심이라."

I. 역사적 배경

4장은 율법이 그리스도인의 체험에서 성취되었음을 보여준다. 그리스도
께서 오시기 전에 율법은 하나님의 경륜에서 본질적인 목적에 이바지했다.
율법은 결코 믿음에 속한 자리를 차지하지 않았다. 율법이 지금 그 자리를
찬탈하도록 허용해서는 안 된다.

갈라디아서는 방대하고 복잡한 사유의 단위이긴 하나, 여전히 하나의 단
위에 불과하다. 그 안에 있는 모든 것은 그리스도 안에 있는 그리스도인의
자유와 직접 관계있다. 이 자유는 두 가지로 나뉜다: (a) 모세의 법을 고
수하든지 다른 것에 의하든지, 하나님의 사랑을 얻으려고 노력하는 절망적
인 일로부터의 자유 (b) 매일 생활에서 하나님의 은혜를 반영해야 할 책

임. (적어도 오늘날은) 전자를 파악하기가 훨씬 어려우므로, 그것이 서신의 많은 부분을 차지한다. 대부분의 갈라디아 그리스도인들은 이교 배경에서 나왔다. 헬레니즘 문화는 야만적인 종교부터 매우 숭고한 종교까지 매우 다양한 신앙을 받아들였다. 4:8에서 바울은 "그때에는 하나님을 알지 못하여"하고 말할 때 모든 고대 종교를 총괄하여 말하고 있는 것 같다. 바울은 다양한 종교들의 차이를 잘 알았다. 어떤 종교들은 기독교 신앙과 관행에 근접했고 어떤 것은 반발적인 적대적 태도를 취했다. 흑암에 있는 자들에 대한 그의 넓은 동정심은 아레오바고에서 전한 그의 설교에서 살펴볼 수 있다(행 17:22-31).

4:12-15은 전기적 정보에 대하여 몇몇 감질나는 힌트를 제공한다. 4:13에 따르면 처음에 바울이 병 때문에 갈라디아에 갔을 가능성이 많다. 갈라디아 고지는 비교적 말라리아 병이 없기 때문에 어떤 사람들은 그 병이 말라리아라고 추론했다. 4:14에서 "버리다"로 번역된 말은 "~에게 침을 뱉다"로 번역할 수도 있다. 어떤 사람들은 간질 환자를 볼 때 침을 뱉는 고대의 잔인한 관습을 보고 간질병이라고 보았다. 하지만 이 말은 "침을 내뱉다"로 번역하는 것이 더 좋다. 그래서 아마도 흠정역은 이를 은유로 정확하게 다룬다

4:22-26에서 바울은 창세기 21장에 대한 풍유적 해석을 제공한다. 이 때문에 오늘날 생각하는 그리스도인은 서신의 다른 어떤 부분보다 이 부분을 이해하기가 어렵다. 왜냐하면 바울은 고대의 비극에 감추어져 있으며 우리에게 보이지 않는 의미를 발견하는 것 같기 때문이다. 풍유의 성격을 조심스럽게 살피는 일이 필요하다.

풍유는 흔히 허구이지만 반드시 그런 것은 아니다. 이 허구에서는 행위와 인물이 다른 행위와 인물을 상징한다. 그래서 풍유는 확대된 은유이다. 은유는 둘 사이의 실제적 혹은 가상적 유사성 때문에 하나를 사용하여 다른 하나를 상징하는 방법이다. 상징과 상징되는 사물의 관계는 논리적이지 않고 상상적이다. 화성(Mars)은 전쟁을 상징하고, 금성(Venus)은 사랑을 상징한다. 하지만 여기에는 천문학적 이유가 전혀 없다. 우리는 당연히 주

장의 타당성에 의문을 제기할 수 있다. 왜냐하면 논리의 법칙은 변하지 않기 때문이다. 그러나 은유의 타당성은 전혀 다른 문제이다. 바울의 풍유는 한 세대에는 즉각적으로 효력있었다. 오늘날은 은유가 실제로 효력있음을 깨닫기 위하여 감정이입적 연구가 필요하다.

더 나아가 바울은 풍유를 예화로 제시하지 주장으로 제시하지 않는다. 이 예화는 자유의 교리에 대한 변호를 마치는 곳에서 나온다. 여기서 주장은 개인적 체험과 성경의 문자적 가르침과 성경에서 도출할 수 있는 논리적 연역에 근거를 둔다. 이 모든 것은 교회가 오래 전에 바울의 결론을 받아들임으로써 결정했던 것처럼 전적으로 타당한 주장이다. 바울은 4장에서 예화를 사용하여 이 주장을 마무리짓는다. 주장의 주된 요점은 여기서 풍유적인 예로 설명되는 것처럼 하나님의 약속과 인간의 믿음과 인간의 자유 간의 불가분리적인 연관이다. 우리의 사유 분위기는 변했다. 우리는 더 이상 이 예화를 이해를 돕는 것으로 보지 않는다. 사실 우리는 이 예화가 당혹스럽다. 그러나 이는 바울의 주장의 타당성과 상관없다. 이는 그 주장이 자리잡은 반석과 같이 견고한 것이다.

II. 용어 해설

4:1. "유업을 이을 자가 어렸을 동안에는." 이는 율법 관행에서 나온 또 하나의 유비이다. 아이는 큰 재산을 상속받았지만 어릴 때는 재산 관할에서 책임있는 자유를 행사할 수 없다.

"다름이 없어서." 재산 관할에 관한 한.

4:2. "후견인과 청지기." 영어는 "가정 교사와 장관"으로 되어 있음.

"그 아버지의 정한 때." 재산은 아버지로부터 오며, 아버지는 유언장을 기록하며, 후사를 결정하며 상속 시기를 정한다.

4:3. "우리." 이전의 유대인이나 이전의 이방인 모두.

"초등 학문." 기본적인 혹은 근본적인 지식을 말하며 이는 그리스도인 이전의 영적 생활의 불완전한 성격을 강조한다.

"이 세상의." 기독교보다 열등한 모든 사상과 관행.

4:4. "보내사." "사도"라는 말의 동사 형태. 아버지는 자기 아들에게 "임무를 주셨다."

"여자에게서 나게 하시고." 여기서 강조점은 하나님의 아들의 인성(人性) 즉 성육신에 있다. 그러나 바울이 적어도 예수님의 수태의 기적을 암시할 의도가 없었다면, 이는 대단히 흔치 않은 표현임에 틀림없다.

"율법 아래 나게 하신." 우리 구주께서 완전한 인간이셨기 때문에 틀림없이 "율법 아래" 계셨다.

4:5. "속량하시고." 3:13에 관한 설명을 보라.

"율법 아래 있는 자들." 말 그대로 "율법 하의 사람들"이다. 이는 모세의 율법이 아니라 일반적인 법이다. 즉 이 말을 전체 인류를 가리킨다.

"얻게." 이 동사는 사람이 처음에 범죄했을 때 잃은 것을 "도로 받는 것"을 가리킨다.

"아들의 명분." 이 말은 말라기 2:10의 의미를 가진 우리의 본성적 아들됨과 그리스도의 영원한 아들되심을 구별한다. 이 절과 앞 절의 문법적 형식은 교차적 대구법이라고 불린다. "모든 사람이 그 안에서 하나님의 아들들이 되게 하시려고 하나님의 아들이 사람이 되셨다."

4:6. "아바." '아버지'를 뜻하는 아람어. 예수님은 아람어로 말씀하셨다. 그래서 겟세마네 동산에서 예수님의 기도는 "아바"였다. 마가는 "아버지"라는 말을 덧붙였는데, 이는 헬라인 독자를 위함이다. "아바 아버지"(아바 호 파테르)라는 구절은 초대 교회의 전례적 표현이 되었는데, 이는 헬라적 요소와 히브리적 요소가 그리스도 안에서 혼용되었음을 상징한다.

4:8. "그때에는 하나님을 알지 못하여." 그리스도인이 되기 전에 갈라디아인들은 몇몇 종교를 갖고 있었지만, 예수 그리스도 안에 계시된 하나님을 알지 못했다. 로마서 1:21, 요한복음 10:10을 보라.

"하나님이 아닌 자들." 자연력(봄철, 풍요, 햇빛 등)과 문화의 세력(지혜, 역사, 장인 정신 등)은 신적인 것의 측면들이지만, 하나님은 아니다. 이 하나님이 아닌 것들은 그리스 로마 문화에서 의인화되고 신격화되었다.

4:9. "하나님을 알 뿐더러." 가족적 사랑에 대한 지식. 하나님은 모두에

대하여 "직관적" 지식을 갖고 계신다. 이것이 선택의 신비이며, 논리적 용어로 거의 환원될 수 없는 기독교 체험의 반박할 수 없는 진리이다.

"돌아가서 다시 … 하려 하느냐." 행위에 의한 구원의 신앙으로 돌아가는 것. 이 신앙의 가장 고상한 표출로서 모세의 율법도 종 노릇하는 데로 돌아가는 것일 것이다.

4:10. "날을 삼가 지키니 … ." 분명 전에 이방인이었던 그리스도인들은 부활의 날뿐만 아니라 안식일을 지키고 있었을 것이다. 그들은 유대교 티스리와 니산월(月)을 강조하고 있었다. 유대인들에게는 매 7년이 안식년이었다.

4:11. "너희를 위하여 두려워하노라." 영어로는 용례에 변화가 생겨 이 구절은 잘못된 번역이 되었다. 영어는 "너희를 두려워하노라"로 되어 있다.

4:12. "내가 [너희에게] 구하노라." 마음에서 우러나온 간청. 모든 신학적 주장은 지성뿐만 아니라 마음과 의지를 포함한다.

"나와 같이 되기를 … ." 바울은 기독교적 신앙의 자유로 들어가기 위하여 유대 민족의 율법주의와 전통과 단절했다.

"너희가 내게 해롭게 하지 아니하였느니라." 바울은 지금은 알 수 없는 사건이나 태도를 인용하고 있을 것이다. 좀더 그럴 듯한 것은 그가 여기서 다루는 문제에 관하여 그들의 변화된 태도를 언급하고 있다는 것이다.

4:13. "육체의 약함." 바울은 병든 상태로 갈라디아에 도착했다.

4:14. "[내가] 시험하는 것." 가장 좋은 사본들은 "네 시험"이라고 되어 있다. 바울의 시련이 너무 커서 많은 사람들이 그를 조롱하거나 그에게서 반발하여 돌이키고자 하는 시험에 빠졌다.

"그리스도 예수와 같이." 강한 표현이다. 요한복음 13:20을 보라.

4:15. "복"(마태복음 5:1-12을 보라).

"너희의 눈이라도 빼어." 아마 뛰어난 관대함을 표시하는 속담적 표현이었을 것이다. 이 표현이 바울의 "육체의 가시"처럼 눈병을 함축한다고 추론하는 것은 자의적이다.

4:16. "[네] 원수." 클레멘트의 설교에 따르면, 후대의 유대주의자들은

바울을 '원수'로 언급했다. 아마 바울은 여기서 그와 같은 공격을 암시할 것이다.

4:17. "저희가 열심 내는 것이." 의역하면, "저희는 너희의 비위를 맞추지만, 고결하지 못하다. 왜냐하면 저희는 너희가 자신들의 비위를 맞추게 하려고 너희를 가두어 나에서 멀어지게 하고자 하기 때문이다."

"이간 붙여"(엑클레이사이) "못 들어오게 하다." 바울에게서 좀더 심각하게는 그리스도 안에 있는 자유로부터 격리시키다.

4:19. "나의 자녀들." 지소사(指小辭)는 거의 항상 정감을 함축한다. 바울은 이를 다른 곳에서는 사용하지 않는다. 이는 쓰리고 사랑으로 가득찬 마음의 외침이다.

"해산하는 수고를 하노니." 어머니는 아이가 태어날 때 고통을 참는다. 아이가 잘못을 행하면, 어머니는 그와 같은 고통을 참는다.

"너희 속에 그리스도의 형상이 이루기까지." 너희가 다시 한 번 성숙하고 책임있는 그리스도인이 될 때까지.

4:21. "율법." "율법"은 주후 53년에 성경의 전부였던 오경과 전체 구약과 바꾸어 사용되었다.

4:23. "육체를 따라." 자연의 통상적인 과정에서, 하나님의 약속에 따르지 않고서.

"약속으로." 창세기 18:10, 히브리서 11:11을 보라.

4:24. "이것은 비유[풍유]니." 바울은 성경의 이야기체의 역사적 정확성에 의심을 던지고 있는 것이 아니라 상징적 해석을 제시하고 있다. 동사(알레고레인)는 "하나의 심상을 가지고 다른 하나를 표현하거나 설명하는 것"을 뜻한다.

"~이니." 이 말은 우리가 아무 생각없이 동일성의 '이다'로 이해할 때 난점을 일으킨다. 웹스터 신국제사전(New International Dictionary)은 "이다"(to be)의 17가지 구별되는 뜻을 제공한다. 이 의미들 가운데 하나는 "상징한다"이다. 동일한 낱말은 헬라어에서도 역시 뜻이 많았다. 풍유의 측면에서 하갈은 (상징적으로) 율법의 언약 '이다.'

"하나는 시내 산으로부터." 풍유의 측면에 이미 언급된 것에 관한 진술이다. 율법은 하나님과의 언약 관계였다. 이는 하나님의 완전한 뜻은 아니지만 하나님의 뜻을 표상했다.

4:25. "하가는 시내 산으로." 많은 탁월한 사본은 좀더 이해할 만한 독법을 제공한다. "왜냐하면 시내 산은 아라비아에 있는 산이기 때문이다." 필사자로서는 "왜냐하면"(토 가르)과 "하갈"(하가르)을 혼동할 수 있었다. 하갈의 아들 이스마엘은 시내 산 근처 아라비아에서 살았다. 아라비아는 언약의 땅의 일부로 간주되지 않았으며 이스마엘 족속은 택하신 백성 가운데 속한다고 간주되지 않았다.

"같은 데니." 말 그대로 "동일한 열이나 줄에 속한다"는 뜻이다. 지금도 매일 사용되는 교수 방법이다. 교사는 한 줄에 한 사물의 예들을 배열하고 다른 줄에 대립되는 사물의 예들을 배열한다. 이 풍유에서 열(列)들은 다음과 같다:

시내 산	갈보리 산(물론 명시되지는 않았다)
하갈, 종	사라, 자유로운 여성
이스마엘, 육체의 아들	이삭, 언약의 아들
옛 언약	새 언약
아래 있는 예루살렘	위에 있는 예루살렘
속박	자유
잉태치 못함 — 27절	자녀가 많음 — 27절
율법에 의한 구원	은혜에 의한 구원

"지금 있는 예루살렘." 단순한 전유법. 유대교 신앙과 율법을 통괄하는 복잡한 전체를 말하기 위하여 한 낱말을 사용함.

"종 노릇 하고." "시내 산은 아라비아에 있는 산이며 오늘날의 예루살렘을 표상한다. 왜냐하면 하갈과 그 자녀들은 종 노릇 하기 때문이다"(N.E.B.).

4:26. "위에 있는 예루살렘." 이상적인 예루살렘. 미래의 도시가 아님. 그리스도를 믿는 믿음의 현재적 실재 즉 교회.

4:27. "기록된 바." 이사야 54:1(70인역에서).

"잉태치 못한 자여." 풍유의 측면에서 새 언약을 상징하는 사라.

"남편." 말 그대로 '남자.' 하갈은 종이었지만 한때 아브라함의 호의를 입었다.

4:28. "이삭과 같이." 로마서 9:7-9을 보라.

"약속의 자녀." 3:29을 보라. 하나님의 약속을 의지하여 믿음으로 사는 사람은 약속의 참된 자녀이다. 아브라함의 직계 혈통으로는 적합치 못하다.

4:29. "핍박한." 창세기 21:9은 이삭이 젖을 떼던 날 이스마엘이 이삭을 '희롱' 하는 것을 사라가 보았음을 보여준다. 사라의 분노는 확실히 소년의 조롱에 대한 사소한 질투보다 훨씬 심각한 것 때문이었다. 랍비의 전통에 따르면 이스마엘은 자신의 배다른 동생을 '핍박' 했다.

"이제도 그러하도다." 교회의 첫번째 핍박자들은 유대인이었다. 오래지 않아 로마 사람들은 핍박을 시작하여 삼 세기에 걸쳐 간헐적으로 지속했다.

4:30. "성경이 … 말하느뇨." 창세기 21:10(70인역을 약간 수정하여 인용함).

Ⅲ. 교리적 의의

갈라디아서의 세 단락간에는 명확한 병행 관계가 있다. 1장은 자유의 복음이 하나님으로부터 온다는 것을 보여준다. 2장은 이 복음이 교회의 체험에서 확증된다는 것을 보여준다. 우리가 지금 다루고 있는 두번째 중요 단락인 3장은 그리스도인의 자유에 대한 성경적 기초를 제공하며, 4장은 그리스도인의 체험에서 그 기초를 제공한다. 세번째 단락에서 5장은 신적인 것(성령 안에서 행함)을 강조하고, 6장은 인간적인 것(믿음의 복을 다른 사람에게 확대하는 것)을 강조한다. 그래서 각각의 중요 단락은 천상적인 것에서 시작하여 땅에서 그 확증을 발견한다. 그래서 우리는 기독교의 두 측면을 강조하지 못하는 경우가 허다하다. 갈라디아서의 이 단락을 제시할 때 제기되지 않은 질문에 대답하려 해서는 안 된다. 이 단락의 문제들은 오늘날 참되고 후끈 달아 오른 것이다. 오늘날의 대답은 갈라디아서에서와 마찬가지로 그리스도이다.

IV. 실천적 목표

어른들이 개인적으로나 국가적으로나 국제적으로 "나는 날마다 온갖 방법으로 더 나아지고 있다"고 참으로 생각했던 때가 있다. 적어도 오늘날 생각하는 사람 대부분은 인간의 상황이 처절하다는 것을 안다. 사람은 자신을 구원할 수 없다. 좋은 의도로는 충분치 못하다. 오늘날 우리의 노력은 강제력으로나, 정치 조직으로나, 계몽된 자기 이해에 대한 호소로 구원하는 일에 목표를 두고 있는 것 같다. 이런 것들은 "율법"에 상응하는 오늘날의 장치들에 속한다. 각각 그리스도에 대한 필요성을 보여주고 있다.

V. 설교 개요

제목: "그리스도인의 체험에서 확증됨."

A. 신체적 · 정치적 · 영적 유아기.

바울 사도는 여느 훌륭한 설교자와 마찬가지로 진리와 및 어떤 익숙한 관행이나 관습의 유사성을 보임으로써 신적 진리를 설명했다. 불행하게도 우리가 갈라디아서를 이해할 때, 관습이 너무 바뀌어 바울의 많은 예시가 더 이상 빛을 던져 주지 못한다. 하지만 여기서 하나의 예시는 수정처럼 맑다. 아이는 어른이 아니다. 부유한 아이는 어른이 될 때까지 자신의 재산을 탕진할 위험을 항상 안은 채로 그 재산을 사용하고 투자할 수 있는 성인의 책임을 향유하지 못한다.

그리스도께서 인간에게 충만한 영적 성숙함을 가져다주기 위하여 오시기 전에, 하나님은 자기 백성을 어린 아이처럼 대하여 율법의 외적인 교훈으로 그들의 내면적 영적 생활을 보호하셨다. 이제 그리스도가 오셨으므로, 그를 따르는 자들은 성숙한 그리스도인이 될 책임이 있다. 그들은 어린 아이에게 필요한 제한에서 자유로워져 하나님의 성숙한 자녀가 될 수 있다.

사람이라면 마땅히 작고 힘없고 전적으로 의존적인 상태로 태어나야 한다. 때때로 어른들은 아무 생각없이 어린아이에게 "이 아이는 너무 사랑스러워. 언제까지나 작고 귀여운 아이로 남을 수 있었으면 좋겠어"하고 말한다. 그런 일이 일어나 아이의 발육이 정지한다면, 그 결과는 아름답지 못하다. 무시무시하다. 예수님은 우리에게 어린아이가 되라고 말씀하신다. 이는 어린아이의 성마르고 성급함을 모방하라고 요구하시는 게 아니라 자랄 것을 요구하신다.

태어날 때 아이는 자기 나라의 시민이 된다. 그리고 앞으로도 시민으로 남을 것이다. 그러나 그는 성숙하여 충분히 감당할 때까지 성인의 자유를 누릴 권리를 얻지 못하고 성인의 짐을 짊어지라는 요구도 받지 않는다.

아이가 충분한 연령에 도달하여 성인 취급을 받을 수 있을 때까지, 교회는 그를 아이처럼 대한다. 하나님의 자녀는 초창기에는 신앙의 깊이와 높이를 파악할 수 없다. 그는 하나님을 알지만 은혜와 죄와 속죄와 칭의와 책임을 이해할 수 없다.

아이가 충분한 연령에 이르고 성숙할 때, 교회는 그를 성인 지체로 받아들인다. 하나님은 이 아이가 태어나기 전에 사랑하셨지만, 사랑하는 아이에게 불가능한 일을 요구하지 않으신다. 하나님은 시간이 찰 때까지 기다리시며 아이에게 어른의 책임을 담당할 것을 요구하지 않으신다.

B. 때가 차매

아이는 언제 어른이 되는가? 모든 인간의 생애에는 유아기의 의존 상태와 성숙기의 자유 상태 사이에 시간 간격이 있다. 시간은 냉혹하게 흘러간다. 21년 전에 한 아이가 태어났다. 오늘날 적어도 법적으로 그는 어른이다. 때가 찼던 것이다.

하나님은 언제 사람들에게 성숙한 자녀의 자유를 주셨는가? 어떤 사람들은 "상승적 발전의 기간이 오래 지난 후에"하고 대답하곤 했다. 하지만 역사를 간단히 살펴보면, 예수님은 이스라엘의 대제사장이 무죄한 사람을 십자가에 못박으려고 유대의 로마 총독과 공모하는 시대에 오셨다. 사람이 자신의 영적 유아기를 의심의 그림자를 떨치고 나타냈을 때 하나님은 영적 성숙을 주셨다.

C. 하나님은 자기 아들을 보내셨다.

하나님은 우리를 완고하고 싸우기를 잘하는 썩을 인생에서 성숙한 자녀로 변하게 하려고 무슨 일을 하셨는가? 하나님은 선물을 주셨다. 곧 자기 자신을 주셨다. 우리의 책임은 무엇인가? 그 선물을 받는 것이다. 이것은 이해하기에 너무 쉽지만 동시에 믿기에 너무 까다롭다. 우리는 선물 주위에 방책을 두르려고 고집한다.

갈라디아에서 이 선물을 받은 어떤 사람들이 기독교 신앙을 율법에 대한 외적 순종에 의존하게 만들어서 유아기로 돌아갔다. 이 율법은 그리스도를 알지 못하는 자들에게 필요한 훌륭하고 적절한 법이었다. 코쉐르 음식을 먹음으로써 건강을 잘 돌보라. 십계명에 순종함으로 기본적 도덕을 받아들여라. 할례와 다른 의식 행위에 의하여 이스라엘에 대한 충성을 보여라. 이것은 이해하기 쉽다. 갈라디아서에서 바울은 율법이 이해하기 쉽지만 하나님의 자녀들을 만들지는 못함을 계속 지적한다.

다시 복음서를 읽어 보라. 하나님의 백성 가운데 예수님을 가장 격렬하게 반대했던 자가 누구였는가? 다름 아니라 율법에 대한 외적 순종에서 가장 꼼꼼했던 자들이었다. 너무 꼼꼼한 나머지 그들은 율법이 무엇을 성취하려고 의도되었는지 망각했다. 그들은 율법을 매우 철저하게 지켰으므로, 하나님의 은혜에 겸손히 의존하지 아니하고 자신에 대한 교만이 커졌다. 회칠한 무덤이여, 겉은 아름다우나 속은 썩었다. 율법에 대한 순종은 그 자체로 사람을 선하게 만들지는 못한다. 무엇이 그렇게 만드는가? 예수 그리스도를 믿는 믿음이다.

D. 우리를 구속하기 위하여.

"그러나 나는 바리새인들과는 다릅니다."

"물론 당신은 바리새인과 다르죠. 당신은 유다나 본디오 빌라도나 훈족 아틸라와 같지 않죠. 당신은 세상에서 가장 나쁜 사람들에 비할 때 상당한 진보를 나타냅니다. 이것이 당신의 구원인가요? 왜 비교해야 할 때 비교하지 않나요? 왜 중요한 문제를 묻지 않죠? 당신은 하나님의 강하신 아들 예수님과 같은가요?"

"터무니없는 말 마세요. 물론 그렇지 않습니다. 그리고 이런 말 해도 된다면, 당신도 예수님과 같지 않습니다."

세상 사람과 그리스도인이 되려고 하는 사람이 케케묵은 이야기를 이렇게 나누었다. 우리는 그리스도를 닮은 것이 너무도 현저히 결여되어 있으니 세상의 소망으로서 그분을 어떻게 제시할 수 있는가?

교회는 구속받은 자들의 사회이지 완전해진 자들의 사회가 아니다. 갈라디아에서 많은 그리스도인은 종이었다. 때때로 친구가 많은 돈을 지불하여 종의 자유를 값주고 사서 종을 속량할 수 있었다. 대부분의 경우에 종이 자유롭게 되기란 불가능했을 것이다. 다른 사람이 속전을 지불해 주어야 했다.

우리의 영적 구속에 관하여 우리는 그 값을 전혀 지불할 수 없다. 하나님의 아들이 그것을 지불하셨다. 그분은 우리가 자유롭게 되도록 자신의 생명을 내놓으셨다. 무엇으로부터 자유로움인가? 적어도 우리가 참된 선에 도달했다고 생각하는 어리석음에서 자유로움이다. "나는 그리스도로부터 아무 도움을 받지 않고서도 선한 사람이 될 수 있어"하고 말하는 자신에 대한 교만으로부터 자유로움이다.

속량받은 종은 속량된 날 이전 이후에 속량되기 이전과 마찬가지로 바라보았다. 의심할 나위 없이 그는 오랜 동안 따랐던 케케묵고 노예적인 방식을 여전히 많이 갖고 있었다. 이전과 비슷한 점을 보기란 참으로 쉽다. 그러나 차이점도 있다. 한때 종이었지만 이제는 속량 받았다. 자유인인 것이다.

우리 그리스도인은 완전하지 못하다. 우리는 그 사실을 아주 잘 안다. 그러나 우리는 구속받았다. 우리는 더 이상 자신을 의지하지 않는다. 우리는 하나님의 은혜를 겸손히 의지한다.

E. 자녀의 명분

바울과 갈라디아인들이 살던 헬레니즘 세계에는 '아이'와 '아들'이 구별되었다. 유아기부터 청소년기를 거쳐서 소년은 아이였다. 그러나 그가 완전히 자라면 아들로 인정되었다. 고대에는 젊은 후사가 종과 마찬가지로 재산을 관할하지 못했다. 후견인과 청지기가 그것을 관할해야 했다. 그러나 그가 (얼마 있지 않아) 아들이 될 때, 재산은 그의 것이었다. 아들로 입양되는 것은 서술할 수 없는 것을 서술하기 위한 지상의 예화이다. 땅에 매여 있는 사람이 예수 그리스도를 진지하게 믿기 시작할 때 어떤 일이 일어나는가? 그는 과거에서 자유롭게 되어 지금 여기서 오늘 그리스도의 삶을 산다. 그는 하나님의 아들이 되는 자유를 누린다.

그리스도인의 자유는 힘든 것이다. 반대로 잘 아는 율법에 순종하는 옛적의 방법은 쉬웠다. 그리스도인의 자유는 "무엇이든 괜찮다"는 뜻이 아니다. 그리스도인은 잘못을 행할 자유가 없으며 허위를 믿을 자유가 없다. 그러나 그는 하나님이 자신의 아버지이시며 자신의 맏형이 그리스도이시라고 확신하며 어깨에 짐과 책임을 지고서 매일 하나님의 선물로 받아들일 수 있는 자유가 있다.

영어 선생은 이 절에서 바울이 자신의 은유를 혼합했다고 말할지 모른다. 첫째로 그는 어떻게 아이가 한편으로 종과 비슷한지를 보여준다. 그런 다음 그는 그리스도인과 속량받은 종과 대조하며 그런 다음 그리스도인을 입양된 아들과 대조한다. 그러나 바울은 혼동하지 않는다. 그는 지상의 언어로 영원한 것을 표현하고 있다. 민법에서 아이는 자라 성인이 된다. 필요한 것은 시간의 경과뿐이다. 그러나 영적 유아가 하나님의 성숙한 아들이 되려면 그리스도의 희생이 필요하며 은혜의 선물과 우리의 믿음의 책임이 필요하다.

갈라디아서 제5장

Ⅲ. 자유의 윤리에 대한 변호

A. 자유를 실천함으로써

5:16. "내가 이르노니 너희는 성령을 좇아 행하라. 그리하면 육체의 욕심을
이루지 아니하리라."

I. 역사적 배경

5:2-12은 바울이 모세 율법을 고수할 것을 요구한다고 유대주의자들이
비난했음을 보여준다. 이 비난은 갈라디아서를 보는 우리에게 우스운 말로
들린다. 서신이 기록되기 전에 어떤 사람들은 그 비난을 사실로 받아들였
을 것이다. 바울은 율법을 순종할 때 자신의 그리스도인의 자유를 발휘했
다. 그는 그런 순종이 자신의 믿음에 도움이 된다는 것을 발견했다. 그의
친구이자 동역자인 디모데는 자신의 그리스도인의 자유에 대한 표현으로
할례를 받았다(행 16:3). 이 구절에서 바울은 할례 자체가 도덕적으로 효
력이 없는 것이라고(5:6) 말하지만, 그 자체로 선하지도 악하지도 않은 그
행위는 율법주의의 전체 체계로 들어가는 입문 행위가 될 경우 자연스럽
게 믿음에 참혹스러운 것이 된다(5:3).

그리스도인은 때때로 5:13-21에 역사의 큰 단계에 속하는 사상을 넣어
읽곤 한다. 3세기에 페르시아 태생인 마니는 기독교와 조로아스터교와 유
대교와 고대 바벨론 종교를 혼합하려고 시도했다. 그의 가르침은 기독교
사상에 깊고 참혹스러운 영향력을 끼쳤다. 마니교도들은 육체와 영혼의 갈
등을 물질적인 것과 비물질적인 것의 갈등으로 생각했다. 이 조로아스터교

적 사상은 기독교 신앙에 대립된다. 비물질적인 것이 반드시 선한 것은 아니다. 왜냐하면 미움, 시기, 탐욕, 그밖의 "영혼의 죄"들은 비물질적이기 때문이다. 사람은 세상에 도덕적 악을 끌어들였다. 그 결과, 인간의 본성은 하나님으로부터 소외되었다. 바울이 "육체"와 "영혼"을 대조할 때, 그는 하나님으로부터 소외된 인간 본성을 성령님의 활동으로 말미암아 하나님과 조화를 이루는 인간 본성에 대조해서 말한다.

5:22-23은 그리스도께서 율법이 요구할 수 있는 것보다 더 높은 도덕을 요구하심을 보여준다. 율법은 당신에게 이웃을 때리지 말라고 요구할 것이다. 그러나 당신에게 이웃에게 '온유' 하라고 요구할 수는 없다.

II. 용어 해설

5:2. "할례를 받으면." 할례는 입교의 중대한 행위였다.

"그리스도께서 너희에게 아무 유익이 없으리라." 유대주의자들은 갈라디아인들에게 그리스도를 포기하라고 요구한 것이 아니라 다만 율법을 순종함으로 그리스도를 믿은 그들의 믿음을 시험에 빠뜨리려 했다. 바울은 율법을 의지하면 은혜를 받지 못하게 된다고 주장한다.

5:3. "율법 전체를 행할 의무를 가진 자." 이 구체적인 율법[할례]에 순응하는 것은 율법의 모든 요구 조건을 받아들임을 함축했을 것이다.

5:5. "우리." 바울과 갈라디아인. 이 문장은 대단히 압축적이므로 번역이 매우 까다롭다. 여기 번역되어 있는 것처럼 3:14에 비추어 이해하는 것이 가장 좋다.

"성령으로." 바울이 언제 성령님을 언급하고 언제 사람의 영혼을 언급하는지 말하기란 어렵다. 이 난점은 예상할 수 있는 것이다. 인간에게 참으로 영적인 것은 성령의 내적인 현현이다.

"의의 소망." 의를 목적으로 삼는 소망. 영어는 "칭의"와 "의"를 구별되는 말로 다루지만, 헬라어에서는 둘이 동일한 형태이다. 전자는 하나님의 의에 대한 선언이다. 그리스도인은 하나님이 자신을 의롭다고 선언하신 것을 믿으므로 의를 위하여 바라던 것을 얻으려고 흔들림없이 추구한다.

2:15-16을 보라.

5:6. "예수 그리스도 안에서." 그의 신비한 몸의 지체됨.

"무할례가 … 없되." 그리스도인은 율법주의를 반박할 때 자신의 태도에 큰 공로가 있다고 판단하여 스스로 개인적 율법주의를 수립할 수 있다. 할례받지 않는 것은 공로에 해당되지 않는다. 우리의 공로는 오직 그리스도 안에 있다.

"사랑." 기독교적 사랑(아가페)은 감정에 의존하지 않고 이성과 의지에 의존한다. 그래서 이 사랑은 의무로서 명령될 수 있는 것이다. 신약에서 사랑은 하나님과 사람 간의 사랑의 유대, 그리고 사람과 사람 간의 유대를 표현한다. 지금은 알기 어려운 이유들 때문에 흠정역은 때로는 "자선"으로, 때로는 "사랑"으로 번역한다. 이 낱말에 대한 가장 좋은 주석은 고린도전서 13장이다.

5:11. "십자가의 거치는 것." "거치는 것"(스칸달론)은 원래 함정 즉 올가미의 미끼였다. 그래서 은유적으로 거치는 돌이라는 뜻을 갖는다. 이는 때때로 단순히 화나게 하는 것이 아니라 치명적인 것이다. 십자가에서 존재론적 의미를 제거하고 그것을 하나의 모범으로 축소할 때 "십자가의 거치는 것"은 그친다.

5:13. "서로 종 노릇 하라." 말 그대로 "서로에게 노예가 되라." 참된 자유는 속박을 뜻한다. 그리스도인은 삶의 모든 관계에서 사랑을 행할 자유가 있다.

5:14. "온 율법." 의역하면, "모든 복잡한 율법을 성취하기를 바라는 너희는 하나의 계명을 즐겁게 순종함으로써 성취할 수 있다." 율법의 단편들에 대한 꼼꼼한 관심 때문에 종종 전체 목적을 놓칠 수 있다(마 23:23).

" … 사랑하라"(레 19:18). 예수님은 모든 율법을 두 가지 강령으로 요약하셨다(막 12:29-31). 아마 이 요약은 이미 예수님 당시에 널리 퍼져 있었을 것이다(눅 10:27). 유대교 신학자들은 어떤 의무를 희생하고 다른 의무의 중요성을 부각시키려 할 때 그런 요약에 반대했다. 갈라디아서는 율법주의적 관점에서 그들이 옳았음을 보여준다. 바울은 첫번째 강령(신

6:4-5)을 생략한다. 그는 "그리스도 안에"(5:6) 있는 자들에게만 말하고 있지, 박애를 예배의 대체물로 만들려는 20세기의 경향을 다루고 있지 않다.

5:16. "육체." 육체에 대한 바울의 용법은 다양하다. 때때로 이는 "몸"(4:15)을 뜻한다. 몸은 필연적으로 악한 것은 아니다. 예수님은 참으로 인간의 몸으로 참으로 인간의 삶을 사셨다(요 1:14). 그는 인간의 생리에서 기인하는 모든 시험을 받으셨지만 죄에 굴복당하지 않으셨다(히 4:15). 1:16에서 "육체"는 하나님과 대조되며, 인간의 한계와 제한될 수 없는 신성이 대조를 이룬다. "육체"는 틀림없이 썩지만, 영혼은(위에서 정의하는 것처럼) 영원하다. 이는 또한 육체의 열등함에 대한 표시이기도 하다(6:8). 그래서 육체는 하나님에 의하여 만들어졌으며 그 자체로 선하신 하나님에 의하여 선하다고 선언되었지만, 불가피한 한계에 종속된다. 이어지는 설명인 "육체의 일"에서 "육체"는 몸보다 전체 인격이다.

5:17. "이 둘이 서로 대적함으로." 논리적 동어 반복이다. 성령에 의해 통제되는 인간 영혼은 성령에 의해 통제되지 않는 인간 영혼과 대립한다.

5:19. "육체의 일." 죄의 총체적 목록이기보다 죄의 네 가지 유형을 언급하는 제시적 목록. 1. 잘못된 방향으로 향한 신체적 욕구의 죄. 2. 잘못된 방향으로 향한 신앙의 죄. 3. 형제애에 대한 침해. 4. 과도함의 죄. 이 "일들" 가운데 많은 것은 너무 모호하여 법률적으로 규정될 수 없는 태도이다. 그래서 "율법"이 금지할 수 없는 것들이다.

5:22. "성령의 열매." 육체의 "일들"과 대조를 이룸. "열매"는 군집 명사이지만 단수로 되어 있다. 그리스도를 중심으로 하여 통일된 삶은 사랑의 수확물을 내는데, 이 수확물은 다양하게 표현된다.

"사랑." 5:6에 관한 주석을 보라.

"희락." 이는 괴로움이 없는 데서 오는 희락이 아니다. 희락(카라)은 하나님의 은혜(카리스)에 대한 인간의 표현이다. 헬라어가 보여주는 것처럼, 이 둘은 동일한 근본적 사유의 다른 측면이다. 빌립보서를 보라.

"화평." 바울의 삶은 예수님의 삶처럼 화평이 그리스도인에게 시련의 부재가 아님을 풍성히 보여주는 증거이다. 시련 가운데서 그리스도인의 화평은 하나님에 대한 확신이다.

"오래 참음." 현대 번역가들은 "인내"라는 말을 선호하지만, 문자 그대로 "오래 참음"이 그 의미를 더 잘 표현한다. 이 말은 역경을 당하며 인내하는 것을 가리키는 것이라기보다 다른 사람의 어리석음과 잔인함을 참는 것을 가리킨다. 신약에서 이 말은 사람에 대한 하나님의 태도를 자주 언급한다.

"자비." 친절한 성향. 사람이 신체적으로나 도덕적으로 고통을 당하지 않을 때는 비교적 자비를 보이기가 쉽다.

"양선." 세속 헬라어에는 나오지 않는 성경의 낱말. 자비는 항상 실제적인 것은 아니지만, 양선은 항상 그렇다.

"충성"[영어에는 '믿음'으로 되어 있음]. 여기서 "믿음"은 "신념"보다 "신실함"을 뜻한다. 이 둘은 서로 분리될 수 없으며 동족어인 "순종"과도 분리될 수 없다.

5:23. "온유." 가장 인기없는 기독교적 덕목인데, 이는 아마 가장 오해를 많이 받았기 때문일 것이다. 이는 알랑대는 노예적 태도가 아니라 이웃에게 유리한 일을 생각하고 하나님의 뜻을 받아들이기를 기꺼이 배우는 태도이다.

"절제." 자기 통제. 술에 관련된 것일 뿐만 아니라 사람의 모든 욕구에 대한 제어력이다.

5:24. "십자가에 못박았느니라." 능동태. 그리스도인은 다른 사람들에 의하여 십자가에 못박히지 않았다. 그 자신이 "육체"를 십자가에 못박았다. 죄의 용서와 매일 죄를 끊음을 표시하는 상징적 언어. 죄에 대하여 죽는 기독교의 이런 측면은 거기에 따라오는 것 즉 의에 대하여 사는 것과 결합되어야 한다.

Ⅲ. 교리적 의의

바울의 사고 방식에서 모든 의무는 진리에 뿌리를 두고 있으며 모든 진리는 의무로 발전된다. 둘은 분리되지 않는다. 그의 서신을 "교리적인 것"
과 "실천적인 것"으로 나누는 우리의 구분은 그의 가르침과 맞지 않다.

이 장은 사람이 "성령으로 행할" 때 생기는 고상한 자질의 목록으로 끝
난다. 이는 자기 진보를 위한 프로그램이 아니다. 왜냐하면 그런 것은 단순
히 세련된 율법주의에 불과하여 엄밀함이라는 율법의 덕목이 결여된 것일
것이기 때문이다. 사람이 알 수 있는 유일한 자유는 하나님의 뜻에 속박되
는 데 있다. 그리스도인은 자신의 "사랑과 희락과 평강" 등을 실천할 수
있는 자유가 있다.

IV. 실천적 목표

5장은 당연히 갈라디아서에서 가장 사랑받는 부분이다. 이 부분을 제시
할 때 발생하는 위험은 사람이 신적 원천보다 의를 향한 인간의 추구를
강조하려 한다는 것이다. 바울은 "성령의 열매"를 강조한다.

V. 설교 개요

제목: "자유를 실천함."

도입부

그리스도인의 자유는 위험천만한 개념이다. 당신은 아무런 위험 없이 한
개념을 발견할 수 있겠는가? 갈라디아에 있는 바울의 대적은 그가 복음을
값싸게 하여 기독교를 쉽게 만들고 그리스도인으로 하여금 원하는 것은
무엇이든지 할 수 있게 내버려 둔다고 비난했다. 이는 참되지 않다. 그리스
도인은 그리스도가 원하시는 것을 할 자유가 있다. 그는 성령으로 행한다.

A. 성령으로 행함

갈라디아서는 기독교 신앙의 의미를 아는 사람들에게 보낸 것이다. 갈라
디아인들은 예수 그리스도를 자신의 구주와 주로 영접했다. 그들은 자신의
삶을 살폈으며 죄를 회개했으며 세례를 받았다. 처음 회개하고 느끼는 의
기양양함이 끝났을 때, 문제가 발생했다. 이는 우리 모두가 아주 잘 아는

사실이다. 나의 믿음은 그릇을 씻고 매일 먹을 것을 구하고 아이를 키우고 세금을 내는 끝간데 없는 일상사와 어느 지점에서 조화를 이루는가? 나는 그리스도인이다. 나는 어떻게 살아야 하는가?

유대주의자는 분명하고 명확하고 납득할 만한 대답을 주었다: 율법에 순종하라. 바울은 이 대답이 얼마나 부적절한 것인지 보여주었다. 이제 그는 적절한 대답을 제공한다. 성령을 좇아 행하라.

행함은 매일 생활을 뜻하는 성경의 오래되고 친숙하고 아름다운 개념이다. 우리는 성경의 처음 부분에서 에녹이 하나님과 동행했다는 사실을 읽는다. 그에게는 아마 단조롭고 일상적인 의무가 있었을 것이다. 그는 행했다. 그러나 그의 믿음은 매일 겸손한 삶을 영광스럽게 만들었다. 왜냐하면 그가 하나님과 동행했기 때문이다.

성령을 좇아 행하라. 성령님은 누구신가? 성령님은 거룩한 삼위일체의 제3위이시다. 이 대답은 참되지만 그다지 도움이 되지 않는다. 성령님은 당신의 삶과 하나님의 은혜에 대한 당신의 반응에 계시는 그리스도의 임재이다. 갈라디아서를 읽을 때 바울이 언제 성령에 관하여 말하고 있는지 (당신을 향하여 하나님의 오심을 뜻한다) 당신의 영혼에 관하여 말하고 있는지(이는 하나님을 향하여 당신이 가는 것을 뜻한다) 말하기란 쉽지 않다. 당신의 영적 생활을 정확하게 세분하기란 훨씬 어렵다. 이는 우리 믿음의 영광이지 우리의 절망이 아니다. 성령은 그리스도인의 체험에 있는 하나의 사실이시다.

성령을 좇아 행하라. 순간마다 그리스도께서 당신 위에 당신 주위에, 안에 임재하신다는 지식을 갖고 살라. 이것이 성령의 의미이다. 하늘들의 하늘이라도 담을 수 없는 영광을 가지신 하나님이 이 땅에 있는 아들의 삶 가운데 사신다는 것이다. 하나님과 더불어 살라. 성령을 좇아 행하라.

B. 그 길에 놓인 장애물

그리스도인이 되려 했던 모든 사람은 그 길이 평탄치 않음을 안다. 우리는 십자가에 달리신 구주를 따른다. 우리의 봉사에 대한 지상의 상급은 자연히 가시 면류관일 것이다. 그리스도인은 바깥의 장애물을 받아들일 준비가 되어 있다. 우리가 그리스도인으로 발전할 때 맞닥뜨리는 가장 큰 장애물은 안에 있는 것이다. 우리는 생물학적으로 어린아이로서 이 세상에 온다. 우리의 신앙은 우리를 하나님의 영적 자녀로 바꾼다. 하지만 성령님은 육신 가운데 거하시며, 육신으로부터는 죄에 대한 온갖 종류의 시험이 나온다. 몸은 죄악되지 않다. 하나님이 몸을 창조하셨고 선하다고 선언하셨다. 그러나 몸의 화학적 구성은 종종 타오르는 분노와 이글거리는 욕정 즉 죄를 짓게 하는 시험을 내놓곤 한다.

우리 모두는 어떤 사람들이 병들어 자신의 행동에 책임을 지지 못하는 것을 잘 안다. 그들은 의사의 치료가 필요하다. 이 사실은 오늘날 모든 그리스도인에게 미묘한 위험이 된다. 즉 인간의 책임을 부인하고 자신과 다른 사람의 책임을 부인하는 위험 말이다. 목사라면 회개해야 할 죄인이 "아마 목사보다는 정신과 의사를 찾아보아야 할 거야"하고 말하는 것을 들었을 것이다. 그리고 많은 사람들은 "아마 나는 정신착란에 빠졌을 뿐이야"하고 말할 때 자신의 죄책이 녹아 사라진 것으로 생각하는 것 같다. 사도 바울에게 되돌아가면 힘이 난다. 왜냐하면 그는 독자 대부분이 장성해서 도덕적으로 책임이 있고 따라서 자유라는 위험천만한 선물을 맡을 자격이 있다고 가정하기 때문이다. 그들에게 바울은 "성령을 좇아 행하라. 그리하면 육체의 욕심을 이루지 아니하리라"하고 말한다.

바울은 죄에 관하여 말할 때, 우리의 신체적 구성 상태에서 비롯되는 죄에 관하여 솔직하게 말한다. 그러나 그는 예수님이 강조하시듯이 미움과 악의, 잘못된 목표를 향한 우리의 광적인 추구와 다른 사람에 대한 우리의 맹목적 경멸을 강조한다. 오늘날 우리는 이런 것들을 "영혼의 죄"라고 부른다. 바울은 두 유형의 죄를 "육체"라고 부른다. 갈라디아서에서 육체에 관하여 읽을 때마다 바울이 때때로 그러듯이 인간의 몸을 뜻하는지 아니면 그리스도께 통제되지 않은 인간의 영혼을 뜻하는지 판단해야 한다.

그리스도께 통제되지 않은 인간의 영혼에서 온갖 방식의 악한 행위가 나온다. 바울은 간략하고 제시적인 목록을 제공한다. 그는 모든 사람 안에 있는 악마적인 것을 모조리 서술하지 않으며 모든 사람 안에 동일한 악들이 존재한다고 가정하지 않는다. 삶이 분명하게 하나님께 향하지 않을 때, 그 결과는 참혹스럽다.

C. 당신은 "육체"를 정복해야 한다.

죄의 현실을 너무 많이 생각할 필요는 없다. 자신의 신앙을 참으로 여기는 자는 이미 그 문제를 안다. 그는 해결을 원한다. 그는 자기 진보의 길을 시도했지만 역시 예전의 길로 떨어졌다. 그는 의기양양하고 적극적이고 성공을 거두려고 시도했지만, 자신이 실패했다는 것을 안다. 갈라디아 사람들은 똑같은 일을 하고 있었다. 물론 그들은 그것을 다른 말로 서술했다. 그들은 기독교를 외적적인 것으로 환원하고자 했다. 할례를 받아라. 코쉐르 음식을 먹어라. 매일 기도하라. 율법을 순종하라.

율법을 순종하는 사람은 율법을 경멸하는 사람보다 사회에 해를 덜 끼친다. 그의 마음은 하나님과 전혀 접촉되지 않겠지만, 적어도 노골적으로 파괴적이지는 않다. 당신이 이것으로 만족한다면, 유대주의자들은 멋진 계획을 갖고 있었다. 그리스도인의 자유는 옛날 서기관과 바리새인처럼 낮은 수준으로 살 수 있는 자격을 우리에게 주지 않는다. 사실 예수님은 우리의 의가 그들의 의보다 뛰어나야 한다는 것을 분명히 말씀하신다. 그러나 우리가 애를 쓸지라도, 옛 아담도 역시 애를 쓰고 있다.

인간의 딜레마에 대한 바울의 대답은 도덕적으로 진지하고 자신의 죄를 회개했고 예수 그리스도를 자신의 구주로 받아들였으며 하나님의 권속에 입양된 사람들만을 위한 것이다. 그들에게 바울은 "성령을 좇아 행하라. 그리하면 육체의 욕심을 이루지 아니하리라"하고 말한다. 목사라면 육체의 가장 무시무시한 죄를 정복할 때 이런 행동 프로그램이 효과있음을 확인했다. 성적 탐닉, 타락, 술취함, 범죄 ― 이런 뿌리깊은 악들은 믿음 앞에 항복할 수 있고 실제로 항복한다.

오늘날 대부분의 그리스도인은 갈라디아에서처럼 꽤 존경할 만한 삶을 산다. 하지만 모든 사람은 "육체"의 하향적 움직임을 안다. 어떻게 이런 것을 정복할 것인가! 물론 어떤 사람들은 자신이 중요하지 않은 체한다. 어떤 사람들은 인간의 책임을 부인한다. 어떤 사람들은 일종의 천상적 물물교환 제도를 수립한다. 선행 하나에 죄 하나가 상쇄된다. 어떤 사람들은 영원한 운명에 관하여 태평하게 흐릿한 생각을 품고 있다. "우리는 모두 같은 곳으로 향하고 있다. 그러니 걱정할 이유가 무엇인가?" 기독교로부터 떠난 이 수많은 일탈이 바로, 바울이 구원의 한 가지 방법으로서 "율법"에 관하여 말할 때 관련하여 말하고 있는 것이다. 그는 대안을 제공한다. 유일하게 가능한 대안 즉 믿음을 하나님의 은혜에 대한 당신의 반응으로 제공한다. "성령을 좇아 행하라. 그리하면 육체의 욕심을 이루지 아니하리라."

성령을 좇아 행하려면, 첫째 옳고 그른 것의 차이를 알아야 한다. 이는 그리스도인의 삶에서 구약의 본질적인 기능이다. 여기서 우리는 어떤 것이 옳고 어떤 것이 그른지를 분명하게 규정된 상태로 발견한다. 종교 의식과 식사 규정은 하나님의 경륜에서 그 목적에 이바지했다. 그러나 의의 변할 수 없는 원리는 굳건히 서 있다. 모든 사람은 범죄가 잘못임을 안다. 그리스도인은 구약의 인도를 받아 역시 질투하고 위선하고 분개하고 거만하고 인색한 것이 잘못이라는 것을 안다. 어떻게 이런 죄를 정복할 수 있는가! 성령을 좇아 행하라. 어떻게 그렇게 하는가? 자기 진보의 프로그램을 만들어 매일 그것을 고수하는 것이 훨씬 현명하지 않는가? 갈라디아의 유대주의자들은 그렇게 생각했다. 오늘날 성공의 복음을 선포하는 자들도 마찬가지이다. 바울은 고난을 당하고 있었다. 그는 고난이 결과를 이루지 않음을 발견했다. 무엇이 이루는가? 성령을 좇아 행하라.

그리스도의 희생으로 구속받아 하나님의 권속에 입양된 그리스도인은 시험에 관하여 잘 안다. 당신이 그리스도인을 때릴 때 그는 반격하고 싶다. 당신이 그를 미워할 때 그도 역시 미워하고 싶다. "육체"는 영적 생활의 중요한 부분으로 남아 있다. 그리스도인이 맞을 때마다 믿음을 실천하는 기회로 받아들이면, 미움의 칼이 날아들 때 그것을 기도의 제목으로 삼으면, 그는 성령을 좇아 행하고 있다. 시험의 압력에 눌릴 때 믿음을 실천하면, 그는 승리자이다.

당신은 믿음으로 실험해 볼 수 있다. 시험이 당신에게 찾아온다. 시험은 언제나 매력적으로 포장되어 등장한다. 이는 당신의 생각에 자신이 원하는 것이다. 그러나 당신은 하나님이 그것을 당신에게 원치 않음을 안다. 상상의 나래를 펴서 그리스도께서 십자가에서 죽으시고 있는 것을 그려 보라. 그 순간 속죄의 이론을 만들려고 시도하지 말라. 그리스도의 죽음과 당신의 영적 생활의 연관에 관하여 합리화하거나 주장을 내세우지 말라. 다만 예수님만 바라보라. 그러면 시험은 줄어들 것이다. 이것은 체험이지 이론이 아니다. 이는 2천 년 후에 수백만 명의 사람이 자신의 믿음을 일으키고 완성시키시는 예수님을 바라보고 있는 궁극적인 이유이다. 그들은 성령을 좇아 행할 때 하나님과 더불어 시험을 이기고 영원자의 입양된 아들로 산다는 것을 배웠다. 다른 프로그램이나 인생 철학은 이런 일을 할 수 없다.

바울은 이 문제를 율법과 은혜의 측면에서 제시한다. 그래서 우리는 오늘날의 용어로 율법을 살핌으로써 결론을 내릴 수 있다. 남편이며 아버지인 사람이 가정을 부양하는 일에 관련하여 율법의 모든 요구를 정확하고 꼼꼼하게 이루는 가정을 그려 보라. 율법적으로 말하면, 그는 훌륭한 아버지이다. 그러나 우리는 그런 "가정"이 지옥에 다가가는 길일 수 있음을 안다. 이제 사랑이 있는 또 한 가정을 그려 보라. 아버지는 결코 "율법이 내게 무엇을 하기를 요구하는가?"하고 묻지 않는다. 그는 단순히 자신이 가정을 위하여 준비할 수 있는 모든 것을 행할 뿐이다. 사랑의 영이 통치하는 곳에는 율법이 필요치 않다. 사랑하는 아버지는 율법의 의무라는 족쇄에서 자유로워, 율법이 요구할 수 있는 것보다 열 배나 할 수 있다. 그리고 이것이 바울이 말하는 자유이다. 단순히 지상적 사랑의 자유가 아니다. 물론 이것도 중요하지만, 바울이 말하는 자유는 하나님의 권속에 입양된 사람에게 찾아오는 자유이다. "성령을 좇아 행하라. 그리하면 육체의 욕심을 이루지 아니하리라." 이것이 우리의 자유이다. 이것이 하나님의 은혜에 대한 우리의 반응이다.

갈라디아서 제6장

III. 자유의 윤리에 대한 변호

B. 자유를 넓힘으로써

6:1. "형제들아 사람이 만일 무슨 범죄한 일이 드러나거든 신령한 너희는 온
유한 심령으로 그러한 자를 바로잡고 네 자신을 돌아보아 너도 시험을
받을까 두려워하라."
6:2. "너희가 짐을 서로 지라. 그리하여 그리스도의 법을 성취하라."
6:3. "만일 누가 아무 것도 되지 못하고 된 줄로 생각하면 스스로 속임이니
라."
6:4. "각각 자기의 일을 살피라. 그리하면 자랑할 것이 자기에게만 있고 남
에게 있지 아니하리니."
6:5. "각각 자기의 짐을 질 것임이니라."
6:6. "가르침을 받는 자는 말씀을 가르치는 자와 모든 좋은 것을 함께 하
라."

I. 역사적 배경

바울은 6:1-5에서 갈라디아인들에게 유대주의자들을 어떻게 다룰 것인
지를 말하고 있는 게 거의 틀림없다. 그들의 오류는 시정되어야 하며 그들
은 교제로 회복되어야 한다. 여기서 말하는 명령은 매우 광범위하게 적용
된다.

엘리코트(Ellicott)와 라이트푸트(LIghtfoot)를 포함하여 많은 주석가
는 6절을 교회의 재정적 지원에 대한 호소로 다룬다. 그런 호소는 바울의
편지에 자주 나온다. 아래의 이유들 때문에 문제의 "좋은 것"은 영적 복이

지 물질적 복이 아닐 가능성이 더욱 큰 것 같다.

7절은 마치 하나님이 악행을 처벌하기를 원하시는 것처럼 엄하고 금하는 태도로 인용되었다. "하나님은 자신이 주신 세상을 크게 사랑하셨다." 이 말은 모욕당하고 핍박당하는 소수에게 충성에 대한 요구로 기록되었다. 그 당시 그리스도인이 되는 것은 어려웠다. 약해지고 지쳐버리기가 쉬웠다. 종종 추수는 멀리 떨어져 있는 듯이 보였다. 그런 상황이 참으로 많이 바뀌었는가? 이는 불타오르는 소망의 말이다.

바울은 종종 자신의 편지를 구술했으며 그럴 경우 친히 편지에 서명했다. 데살로니가후서 2:2, 3:17에서 그는 위조의 위험이 있었던 것과 자칭 그리스도인이라 하는 자들이 바울이 쓰지 않은 편지에 바울의 이름을 붙이려 했다는 것을 보여준다. 여기서 바울은 "큰 글자"로 마지막 단락을 쓴다(11-18절). 이는 아마 결론의 중요성을 강조하기 위함일 것이다. 이는 "간결하고 열정적이며 산발적인 문장으로"(라이트푸트) 된 갈라디아서의 요약이다.

Ⅱ. 용어 해설

6:1. "범죄한 일." 사소한 실수가 아니라 심각한 도덕적 실패.

"신령한 너희는." "성령을 좇아 행하는" 너희는.

"온유한 심정으로." 5:23과 마태복음 11:29을 보라.

6:2. "짐(바로스)을 서로 지라." "서로"라는 말의 위치는 강조적 의미를 나타낸다. 불행히도 5절에 있는 "짐"이라는 말은 아주 다른 헬라어이다. 그래서 어떤 사람들은 모순이 있다고 생각한다. 여기서 가리키는 것은 짓누르는 짐이다. 기독교 신앙은 도움을 줄 의무를 부가한다. 마태복음 8:17.

"그리스도의 법." 5:14을 보라. 그리스도인의 삶은 기독교의 기본 원리인 사랑으로부터 훈련된 활동이다.

6:3. "된 줄로." 2:6을 보라.

6:4. "살피라." 시험하고 검토하라.

6:5. "짐." 2절을 보라. 이 말(포르티온)은 앞에 나온 "짐"(바로스)과 구

별하기 위하여 '등'으로 번역하는 것이 나았을 것이다.

6:6. "가르침을 받는 자." 말 그대로 '세례 입문자' '교훈받는 자'를 뜻한다. 이는 학생을 가리키는 헬라어의 통상적 개념이었다.

"모든 좋은 것을 함께 하라." 말 그대로 "그로 하여금 공유하게 하라"이다. 바울이 갈라디아서에 재정적인 청원을 불쑥 제기하는 것은 대단히 개연성이 없어 보인다. 문법적으로 말해서 "좋은 것"을 받는 자는 교사이거나 학생일 것이다. 이 절과 그 다음 절들은 많은 "좋은 것" 가운데 하나인 청지기직이라는 기독교적 덕목을 강조할 때 자주 사용되었다. 이 덕목은 주된 덕목이 아니다. 이 원리는 믿음에 대한 중요한 테스트인 재정 문제에 분명히 적용되지만, 갈라디아서에서 이것을 논의하지는 않는다. 학생으로 하여금 교사의 자유를 공유하게 하라.

"가르치는 자." 말 그대로 "세례 입문자의 교사"를 뜻한다. 바울은 갈라디아에 조직이 잘된 교회를 남겨 두었으며 거기 유능한 교사들이 있었다.

6:7. "무엇으로 심든지 … 거두리라." 학문의 기본 가정인 연속성의 원리를 생생하게 표현하는 성경의 속담이자 세속적 속담(욥 4:8, 고후 9:6).

"썩어진 것." 상징적 의미로 사용된 물리적 개념. 이는 죄사함과 모순되지 않는다. 바울은 고의적으로 용서받지 않은 죄 가운데 거하는 자를 말한다.

"영생"(아이오니온). 좀더 나은 번역은 "영원한 것." 영생이 영광스러운 것은 그 생명의 끝없는 지속이 아니라 영원하신 하나님에 대한 지식을 얻기 때문이다. (여기서 청지기직에 대한 호소를 발견하는 사람들은 영생이 돈 받고 팔기 위한 것이라고 말하지 않도록 이 절을 주의깊게 다루어야 한다.)

6:9. "선을 행하되 낙심함." 6절을 재정적인 측면으로 해석하는 사람도, 7, 8절이 영적 생활의 넓은 측면을 다루며 9절이 그리스도인의 행동의 전 범위를 다룬다고 말하지 않을 수 없다. 전체 단락이 [그리스도인의 생활의] 전범위를 다룬다고 말하는 것은 문법과 매우 일치하며 갈라디아의 전체 메시지와 더욱 일치한다.

"때가 이르면"(카이로). 하나님은 추수 시기를 정하신다. 밭갈고 씨뿌리고 경작하는 '적절한 때'가 많다.

"피곤하지 아니하면." 이 농업적 은유는 지중해의 태양의 열기에 꼬꾸라지는 농장의 일꾼에 관한 그림으로 끝맺는다.

6:10. "기회"(카이론). 9절의 "때"와 동일한 낱말.

"착한 일을 하되." 말 그대로 "선한 일을 힘쓰되."

"모든 이." 고집과 편견으로부터의 자유는 그리스도인의 자유의 주된 측면이다. 물론 모든 그리스도인이 이 자유를 받아들인 것은 아니다.

"특별히 믿음 … " 어떤 그리스도인들은 원수를 사랑하는 데 너무 바쁜 나머지 친구들을 미워하게 된다. 바울은 완고와 분파주의로 가는 문을 다시 열고 있는 게 아니라 교회가 뜨겁게 사랑해야 할 가장 중요한 곳임을 말하고 있다.

6:11. "이렇게 큰 글자." 말 그대로 "매우 큰 글자로"를 뜻한다. 여기 "글자"(그람마타)라는 말은 때때로 '편지'를 뜻하지만 여기서는 여격으로 사용된다. 흠정역(그리고 마르틴 루터)의 번역은 대격을 요구했다[즉 '큰 글자'가 아니라 '긴 편지'라는 뜻으로 보았다—역주]. 바울의 몇몇 편지와 달리 갈라디아서는 짧다.

6:12. "육체의 모양." 순종을 드러내려는 것.

"핍박을 면하려 함." 이것이 그 동기였다. 즉 유대인이나 로마인의 핍박에 대한 두려움이다.

6:13. "할례를 받은 저희." 유대주의자들. 할례의 사실은 도덕적으로 대수롭지 않다.

"율법을 지키지." 이는 선행하는 동기를 언급한다. 핍박을 피하기 위하여 종교적 관행을 옹호하는 자는 모세의 율법의 정신을 지키지 않고 있다. 물론 그리스도의 법은 말할 것도 없다.

"너희의 육체로 자랑하려 함." 의역: "너희가 할례라는 신체적 활동을 행하는 것을 통하여 저희가 유대인들에게 신임을 얻으려 함." 유대주의자들의 두 가지 동기는 핍박을 피하고 자신을 높이려는 것이다.

6:14. "십자가 외에." 여기서는 나를 대신한 그리스도의 고난이 중요하지, 그리스도를 대신한 나의 고난이 중요한 것은 아니다. '속죄의 죽음'을 뜻하는 환유법.

"세상을 대하여 그러하니라." 십자가에 못박힌 자는 완전히 버림받았다. 그처럼 바울은 모든 인간 중심적 욕심을 버렸고, 세상(인간의 업적을 중심으로 삶을 사는 자들)은 바울을 버렸다.

6:15. 이 절은 5:6을 약간 변경하여 되풀이한다. 할례도 무할례도, 사람이 사랑으로 자신의 믿음을 실천하도록 보장하지 않는다. 의식에 관련된 정당함이 아니라 이것이 그리스도인인지 아닌지를 알아보는 테스트이다.

"새로운 지으심을 받은 자." 좀더 낫게 번역하면 새로운 "창조"이다. 하나님의 은혜를 믿음으로 받을 때 그 은혜는 사람의 마음과 생활을 변화시킨다. 그래서 사람은 '거듭난다.'

6:16. "긍휼." 1:3을 보라. 이 절은 장엄한 유대교 기도인 쉐모나 에스레 19("평강과 긍휼이 우리와 주님의 백성 이스라엘에게 있을지어다")를 고쳐 말한 것이다.

6:17. "[주] 예수의 흔적"(스티그마타). 여기서는 바울이 많은 채찍질을 맞아 갖고 있는 몸의 흉터이다. 오늘날처럼 "흔적"은 그때에도 수치의 외적 표시를 가리켰다. 바울의 몸에 있는 멍과 흉터는 그런 스티그마타였을 뿐이다. 그러나 그는 자랑스럽게 그것들을 지녔다. 왜냐하면 그리스도께서 자신을 위하여 멍들고 상처를 입으셨기 때문이다.

6:18. "형제들." 많은 분노가 담긴 이 편지는 사랑의 기도로 끝난다. 형제애의 유대는 끊어지지 않고 견고해졌다.

"은혜." 이 편지는 하나님의 은혜를 위한 기도로 시작하듯이(1:3), 동일하게 마친다. 여기 그리스도인의 자유의 본질이 있다. 이는 그리스도의 은혜에 대한 인간의 반응이다.

III. 교리적 의의

주석가들은 1-2절이 갈라디아 그리스도인들이 유대주의자들을 대하는 방법을 다룬다는 데 모두 동의하지는 않는다. 바울의 원래 의도가 좀더 일반적인 것이었다고 해도, 갈라디아인들은 여전히 유대주의자들과 그들의 장차 관계에 관하여 내려야 하는 힘든 결정에 여전히 직면해 있었다. 이 구절들은 이 점에서 특별히 적용되었다. 우리는 오늘날 이런 관점에서 우리의 신앙을 실천할 기회를 찾기 위하여 멀리 살필 필요가 없다.

6장은 그리스도인의 자유를 넓히기 위하여 그리스도인의 의무를 강조하며, 갈라디아서에 대한 요약으로 끝맺는다(11-18절). 소극적으로 바울은 위험을 경고하고, 적극적으로는 그리스도인의 중요한 책임을 명한다. 그는 여기서든 다른 곳에서든 실제로 그리스도인이 된다는 것이 무엇을 의미하는지에 관하여 완전한 분석 결과를 제시하려 하지 않는다. 그런 완벽한 목록은 기독교를 율법 체계로 만들려 할 것이며, 이는 두려움을 느끼게 하는 있을 수 없는 일이다. 바울의 강조점은 은혜에, 그리고 우리의 믿음의 반응에 있다. 우리의 반응은 개인적인 것이면서 동시에 공동체적인 것이어야 한다. 개인적 책임은 집단에 의하여 흡수될 수 없다. 왜냐하면 그리스도의 몸이라도 개별 지체로 구성되기 때문이다.

IV. 실천적 목표

갈라디아서를 공부하는 실제적 목표는 무엇이었는가? 교회에 나타난 초기 논쟁을 해명하기 위함인가? 몇몇 까다로운 문법적 구조를 분해하기 위함인가? 역사적 문법적 공부는 중요한 도구이지만, 우리의 작업은 도구를 날카롭게 갈고 닦는다고 해서 이루어지지 않는다. 이는 시작 단계에 불과하다. 갈라디아서를 공부하는 최종적인 이유는 공부하는 사람이 그리스도 예수 안에서 새로운 피조물이 되고 거듭나서 평강과 긍휼과 은혜 가운데 매일 성숙하여 자신의 짐을 지며 형제를 도와 무거운 짐을 담당할 수 있기 위함이다.

V. 설교 개요

제목: "자유를 확장함."

도입부

그리스도의 은혜로 구속받은 우리는 하나님의 아들, 즉 미성숙한 아이가 아니라 아들이다.　우리는 아들이므로 자유롭다. 우리는 자유롭기 때문에 책임이 있다. 자신의 짐을 질 책임도 있고 다른 사람의 짐을 짊어짐으로써 다른 사람에게 우리의 자유를 확장할 책임도 있다.

A. 짐을 서로 지라

바울은 갈라디아서에서 유대주의자에 관하여 호된 말을 했다. 그는 이 편지의 막바지에 이를 때, 직접적이며 실제적인 문제를 다룬다. 교회를 괴롭혔던 자들에 관하여 무엇을 말할 것인가? 그들은 채찍 맞은 똥개마냥 쫓겨나야 하는가? 아니다. 그것은 기독교적 방법이 아니다. 왜냐하면 그리스도인은 언제나 죄인을 사랑하고 죄를 미워해야 하기 때문이다. 유대주의자들은 하나님의 은혜를 인간의 노력 아래 둠으로써 범죄했다. 그리스도인의 의무는 죄인을 회복시키는 것이다. 잘못을 벌하는 것은 훨씬 쉽다. 이는 율법의 방법이다. 그리스도인은 용서하려고 노력한다. 그것이 바로 은혜의 방법이다.

"사람이 만일 무슨 범죄한 일이 드러나거든…." 사소한 잘못이 아니라 결정적이고 도덕적인 실패이다. 복음서에서 마태는 동일한 말을 사용한다: "너희가 사람의 과실을 용서하면 너희 천부께서도 너희 과실을 용서하시려니와"(마 6:14). 만일 어떤 사람이 당신의 발을 밟고 "용서하세요"하고 말하면, 일반적인 예의에 따라 당신은 "괜찮습니다"하고 말해야 한다. 예수님은 우리가 그런 사소한 일에 승리를 거두게 하려고 십자가에 가신 게 아니다. 예수님은 심각한 문제가 벌어졌을 때 우리가 "아버지여 저희를 용서해 주소서"하고 기도하는 법을 배우게 하려고 죽으셨다. 유대주의자들의 죄보다 심각한 것은 없었다. 왜냐하면 그들은 그리스도의 복음을 잘못 전했기 때문이다.

"사람이 만일 무슨 범죄한 일이 드러나거든 신령한 너희는 … ." 이는 외과적인 개념으로 부러진 뼈를 바로잡는 것을 가리켜 사용되었다. 골절상을 당한 사람이라면, 뼈를 바로잡는 것이 매우 고통스러운 수술이어서 의사의 매우 탁월한 전문적인 기술이 필요하다는 것을 안다. 상처 입은 영혼을 용서하고 회복시키는 것은 용서하는 사람에게나 용서받는 사람에게나 쉽지 않다. 우리의 죄사함을 위하여 하나님께서 십자가를 지셔야 했는데, 우리는 그리스도를 따를 때 쉽고 평온함을 기대해야 하겠는가?

확실히 우리는, 우리 조상들이 그리스도의 사랑의 법을 행하려고 시도했을 때 갈라디아 교회의 모임에 전운이 감돌고 울화통을 터트리는 사람이 많았을 것으로 확신할 수 있다. 바울은 이를 미리 보았다. 그는 교만과 오만에 대한 영적 권징에 언제나 내재해 있는 위험을 잘 알았다. "너보다 더 거룩하다"는 태도는 죄를 지은 사람과 용서의 모습을 나타내려고 하는 자 사이에 기독교적 사랑이 발휘될 수 있는 가능성을 사실상 완전히 파괴해 버린다. 그래서 우리는 그리스도의 법을 또 하나의 단순한 율법주의로 환원해 버리기가 쉽다. 우리는 본질적인 것 즉 "성령을 좇아 행하라"를 망각하기가 쉽다. 바울은 경고한다. "사람이 만일 무슨 범죄한 일이 드러나거든 신령한 너희는 온유한 심령으로 … ." 오늘날 온유함은 인기없는 기독교 덕목이다. 하지만 바울은 성령의 열매를 서술할 때 절정의 위치에 온유를 열거한다. 사전을 보면, "온유한"이 "부드러운 성격의, 쉽게 화를 내지 않는, 모욕을 받아도 참는, 허영되거나 오만하거나 분개하지 않는"을 뜻한다는 것을 우리는 알 수 있다. 온유한 사람이 무골 호인이라고 생각하는 사람들은 "나는 마음이 온유하고 겸손하니"하고 말씀하신 예수님을 진지하게 바라보지 않았다. 온유함의 정신은 그리스도께서 그 마음을 온전히 장악하셨을 때의 사람의 태도를 뜻한다.

"신령한 너희는 온유한 심령으로 그러한 자를 바로잡고 네 자신을 돌아보아 … ." 변화를 주목하라. "신령한 너희는 … ." 너희 모두. "네 자신을 돌아보아 … ." 너희 각자. 그리스도인의 자유는 무거운 개인적 책임을 함축한다. 그리스도인은 자신보다 측량할 수 없이 큰 무엇의 일부이다. 그는 그리스도의 몸의 지체이다. 그러나 이는 그가 하나님이 창조하신 자신의 자아에 전적으로 책임을 진다는 뜻이다. 그는 개인적 책임을 행해야 하는 개인이다. 그 책임이 용서하는 것일 때, 그리스도인은 "네 자신을 돌아보아 너도 시험을 받을까 두려워하라"는 경고를 주의해야 한다. 자신이 신령하다고 생각하는 사람들은 때때로 다른 사람의 인간적 연약함에 동정심을 갖지 않는다. 이런 결핍은 서기관과 바리새인의 높은 도덕주의에 나타나는 결정적인 흠이었다. 하나님께서 이 흠이 그리스도의 교회에서 사라지게 하시기를 바란다. 참으로 신령하여 자신이 하나님의 은혜에 전적으로 의존해 있음을 아는 자는 형제의 연약함을 자기의 것으로 여길 수 있다. 오직 그렇게 하여 그는 좀더 연약한 형제를 회복시키는 일에 능력있게 일할 수 있다.

"너희가 짐을 서로 지라." 유대주의자들은 바울의 편지가 갈라디아 교회에 당도했을 때 짓눌렸다. 그들의 설득력 있는 주장이 하나씩 부서지고 무너졌다. 열두 사도에 대한 그들의 자랑스러운 호소가 텅빈 속임수라는 것이 드러났다. 바울은 편지를 썼을 때 그 결과를 알고 있었다. 그는 거짓된 주장을 분쇄할 의도를 갖고 있었다. 그러나 그리스도인은 자기 형제를 버릴 수 없다. 심지어 범죄하여 먼지 가운데 비천해진 형제라도 버릴 수 없다. 형제가 죄책과 수치의 감당할 수 없는 짐을 져야 할 때 그리스도인은 그를 도와 짐을 져야 한다. 이것이 그리스도인의 자유에 담긴 뜻이다. 이는 책임과 의무로부터 벗어나는 자유가 아니다. 이는 책임을 지는 자유, 다른 사람을 자유롭게 하려고 돕는 자유이다.

여기서 우리는 교회를 괴롭히고 그리스도인의 마음에 헤아릴 수 없는 근심을 안겨준 사람에 관하여 말하고 있다. 하지만 문제를 일으킨 사람은 그리스도께서 위하여 죽으신 자이다. 그는 심각한 잘못에 빠진 그리스도인이다. 그를 회복시켜라. 사랑으로 그를 회복시켜라. 그의 짐을 지라. 그는 그리스도인답지 못했다. 당신은 그리스도인다워라.

삶에는 그리스도인의 참된 자유가 도움을 줄 수 있다. 많은 짓누르는 짐이 있다. 많은 사람이 병이나 그 밖의 연약함 때문에 고생하고 있다. 많은 사람이 배고프고 춥다. 복잡한 도시에는 외로운 사람이 많다. 많은 사람이 피부색이나 억양 때문에 따돌림을 당한다. 동료를 짓눌러버리는 짐은 적지 않다. 다른 사람이 자신의 짐을 짊어질 수 있도록 도움을 주는 것은 그리스도인의 의무와 기쁨이다.

"너희가 짐을 서로 지라. 그리하여 그리스도의 법을 성취하라." 그리스도의 법이라는 표현이 다시 나온다. 바울은 온 율법이 "이웃을 네 몸과 같이 사랑하라"는 하나의 문장에서 성취된다고 말했다. 그러나 오래 전 율법사처럼 우리는 "내 이웃이 누구입니까? 내 책임의 외적 한계는 무엇이니까? 어떤 점에서 나는 그리스도인답지 못할 수 있는가? 나는 언제 일곱 번 용서했는가? 혹은 490번 용서했는가?"를 알려고 우긴다. 그처럼 우리가 기독교를 율법 체계로 환원하려 할 때 우리의 신앙이 적용되지 않는 정확한 경계를 설정하고, 족쇄를 요구하며 연약한 자와 가난한 자에게 돌이킨다. 우리가 그리스도인의 행동에 엄밀한 한계를 설정하자마자, 우리는 믿음을 우리가 할 수 있는 무엇으로 환원시켜 버렸다. 더 이상 믿음은 은혜가 아니다. 그것은 율법이다.

예수님은 말로 율법을 가르치실 수 있었다면 그렇게 하셨을 것이다. 대신에 예수님은 율법대로 살고 죽으셨다. 하나님의 자유롭고 책임있는 아들이 되는 것이 무엇인지를 어떻게 당신은 말로 압축할 수 있는가? 예수님은 그것을 한 삶으로 압축시키셨다. 그리스도인, 자유롭고 책임있는 하나님의 아들이 되는 것은 곧 이 삶을 뜻한다.

B. 모든 사람이 자신의 짐을 져야 한다.

심리학의 대가인 바울은 이웃의 짐을 짊으로써 자신다워져야 하는 그리스도인의 의무를 강조하면서, 대부분의 그리스도인이 속으로 갖고 있는 근본적 난점을 민첩하게 가리킨다. 그것은 교만 곧 원죄이다. 우리는 형제가 짐을 지는 것을 도우려고 무릎을 꿇을 때에도 자기 만족의 따뜻한 내면적 만족함을 심화하기 시작한다. "나는 그리스도처럼 고상한 일을 하고 있지 않는가? 확신하건대 하나님은 내가 얼마나 처신을 잘하는지 지켜보고 계실 것이다." 미묘하게 우리는 알아차리지 못하는 사이에 그리스도로부터 자신에게로, 하나님의 은혜로부터 인간의 선으로 관심을 돌린다.

바울은 "만일 누가 아무것도 되지 못하고 된 줄로 생각하면 스스로 속임이니라"하고 말한다. 그리스도인은 "된 사람"이다. 그는 하나님의 아들이다. 그는 이 험하고 곤란한 세상에서 그리스도처럼 살 무거운 책임을 졌다. 그러나 그리스도인은 자신의 특권과 영광과 자유가 하나님의 은혜에서 오지 자신의 노력에서 오지 않음을 언제나 기억한다. 그는 자신이 매일의 생활과 자신의 믿음과 의에 관하여 다른 사람을 얼마나 의존하는지 언제나 기억한다. 그는 스스로 만들어지는 인간이란 신화임을 안다. 왜냐하면 우리 각자는 다른 많은 사람에게 의존하기 때문이다. 부모님은 우리를 세상에 태어나게 하고 어린 시절을 우리를 인도한다. 선생님과 친구들은 우리가 성장하도록 돕는다. 농부와 식료품 장사는 우리가 음식을 먹을 수 있도록 수고한다. 육군과 해군은 우리를 보호하기 위하여 외로이 보초를 선다. 이 모든 것은 하나님의 종이다. 물론 어떤 사람들은 이 사실을 의식하지 못할 것이다. 우리는 다른 사람에게 의존하며 이 사람들은 하나님께 의존한다. 무엇보다도 그리스도인은 그리스도께서 자신을 "아무것도 아닌 것"에서 "된 것"으로 변화시키기 위하여 자신을 위하여 죽으셔야 했던 것을 기억한다.

바울이 경고하듯이 정반대의 위험이 있다. 각자는 인간 사회의 일원이다. 각개 그리스도인은 그리스도의 영원한 몸의 지체이다. 우리가 잘 알고 있듯이, 대규모 조직의 시대인 오늘날 어떤 사람들은 산업이든 국가든 교회든 엄청나게 큰 기계 속에 기름칠이 잘된 톱니바퀴가 되는 것으로 만족하며 기여하는 것이 전혀 없이 작은 원을 그리며 칙칙폭폭 돌아가면서도 자신이 속한 큰 조직의 업적을 즐거워하는 것으로 만족한다. 물론 그리스도인은 하나님의 방대한 구원 계획에서 눈에 띄지 않는 부분이 되도록 부르심을 받았다. 그러나 그리스도인은 자신에게 정해 주신 의무와 책임을 행하려 한다. 그는 카드 패를 섞는 통으로 사라지지 않는다. 그는 하나님의 아들들을 돌보는 하나님의 아들이다.

바울은 약간 반어적으로 "각각 자기의 일을 살펴라. 그리하면 자랑할 것이 자기에게만 있고 남에게는 있지 아니하리니"하고 말한다. 많은 사람이 죄를 용서해 주고 그래서 형제의 짐을 지는 데 도움을 주는 교회에 속하는 것은 놀라운 일이다. 그러나 내가 스스로 마음에서 용서하지 않는다면, 이런 사랑의 교제를 즐길 권리가 없다. 그렇게 행하는 자들과 교제하는 것은 선하다. 그리스도인들은 교제에 합당하게 되려고 노력한다. 그는 어떤 의미에서 가장 좋은 것을 주었을 때 자신의 일을 즐거워한다. 좀더 깊은 의미에서 그는 그리스도께서 자신을 통하여 행하신 것을 즐거워한다.

기독교 교회는 완전한 사람으로 구성되지 않고 그리스도께서 죽어서 구속하시려 했던 지극히 불완전한 사람으로 구성된다. 그래서 우리는 오늘날 존재하는 태도를 갈라디아에서 발견해도 놀랄 필요가 없다. 어떤 사람들은 "형제의 짐을 지는 것이 우리 교회의 의무이다"하고 말할 것이다. 그는 다른 사람에게 도움이 필요할 때 감사하며 품위있게 도움을 받아들인다. 그러나 그는 스스로 행해야 하는 것을 다른 사람이 자신을 위하여 해주기를 바라며 삶을 살아가지 않는다.

바울은 "짐"이라고 번역될 수 있는 상이한 두 낱말을 사용한다. 그러나 하나는 짓누르는 짐을 뜻하고, 다른 하나는 군인의 배낭과 비슷하다. 하나는 그리스도인이 명예롭게 도움을 받아들일 수 있는 상황이며, 다른 것은 자기 몫의 짐을 담당하는 매일의 지속되는 의무이다. 그리스도인 어머니는 자녀를 돌본다. 이웃이 병들 때 이웃의 아이를 돌본다. 자신이 아프면, 이웃에게 도움을 받는다. 그러나 항상 이웃에게 자신의 의무를 담당해 달라고 요구하지 않는다. 자신의 짐을 진다. 그리스도인은 성인이므로 자신의 짐을 진다. 그는 하나님의 아들이므로 풀죽은 형제의 짐을 진다.

그리스도인은 자신의 배낭을 어깨에 메고 그리스도께서 원하시는 곳으로 즐겁게 메고 간다. 그는 푸념하거나 불평하지 않고 그리스도가 지셨던 짐을 항상 기억하며 자신의 짐을 진다. 그리스도인은 그리스도처럼 되려하고 하나님의 아들이 되려고 한다. 그리스도의 전기에는 이런 말이 있다. 그가 "온 것은 섬김을 받으려 함이 아니라 도리어 섬기려 하고"(마 20:28).

에베소서

에베소서 개요

Ⅰ. 교회의 의미   1-3장

   A. 교회에서 하나님의 몫   1:1-23

   B. 교회에서 회중의 몫   2:1-22

   C. 교회에서 사역자의 몫   3:1-21

Ⅱ. 교회의 지체됨의 의미 4-6장

   A. 회중 가운데서   4;1-6

   B. 공동체 가운데서   4:17-5:20

   C. 가정에서   5:21-6:4

   D. 기독교적 싸움에서   6:5-24

에베소서 제1장

I. 교회의 의미

A. 교회에서 하나님의 몫

1:3. "찬송하리로다 하나님 곧 우리 주 예수 그리스도의 아버지께서 그리스도 안에서 하늘에 속한 모든 신령한 복으로 우리에게 복 주시되"
1:4. "곧 창세 전에 그리스도 안에서 우리를 택하사 우리로 사랑 안에서 그 앞에 거룩하고 흠이 없게 하시려고"
1:5. "그 기쁘신 뜻대로 우리를 예정하사 예수 그리스도로 말미암아 자기의 아들들이 되게 하셨으니."

I. 역사적 배경

대부분의 그리스도인들은 에베소서가 바울의 편지 가운데 가장 위대하고 완숙한 것으로 로마서보다도 뛰어나다고 믿는다. 로마서에서 바울은 하나님의 구원 계획을 개략적으로 밝히지만, 에베소서에서는 전체 창조계에 대한 하나님의 목적과 그 목적 안에서 교회의 일을 다룬다. 바울의 편지 대부분은 특정한 상황에 보낸 것으로 그 상황은 한 지역 교회 안에 발생한 위기인 경우가 많다. 때때로 오늘날의 독자는 해결책을 이해하기에 앞서 쟁점이 무엇이었는지 알기 어렵다. 그러나 에베소서에서는 그렇지 않다. 여기서 바울은 그리스도 예수로 말미암은 하나님의 은혜의 지극히 부요로움을 직접 다룬다. 그래서 어떤 의미에서 에베소서는 갈라디아서보다 오늘날 그리스도인들에게 읽기 쉽다. 그러나 좀더 깊은 의미에서 이것은 헤아릴 수 없이 까다로운 책이다. 왜냐하면 이 편지는 인간 사유의 가장 먼 한계로 그리고 신앙의 작열하는 빛 속으로 독자를 이끌기 때문이다.

에베소서는 골로새서와 밀접한 관계가 있다. 분명 두기고가 아마 같은 여행에서 이 두 편지를 전달했을 것이다(6:21; 골 4:7). 내적 유사성은 놀라울 정도이다. 두 서신의 55개 절이 실제로 동일하다. 하지만 유사점만큼 차이점도 현저하다. 에베소서는 골로새의 직접적 상황에 적용되었던 특정한 진리가 발전된 것이다. 골로새에서 믿음을 동요시키는 자들은 천사 숭배를 포함하는 신비 철학과 금욕주의를 결합하고 있었다. 그래서 그들의 오류는 갈라디아의 오류와 실질적으로 달랐다. 갈라디아에서는 기독교를 다시 유대교 속에 포섭하려고 노력했다. 골로새에서는 기독교와 이교 철학 및 의식주의(이는 사라지지 않는 위험이다)를 연합하는 위험이 있었다. 바울은 그리스도께서 구원에 전적으로 충족하심을 주장한다. 그는 금욕적 경향에 반대하여 이교적 사회 질서에서 기독교 윤리를 다시 강조한다. 에베소서에서는 이런 생각들이 발전되고 확장되되, 특정한 이단과 대립해서 되는 게 아니라 세상의 혼란스럽게 당혹스러운 역사를 배경으로 삼아 된다. 이 역사에서 오직 믿음의 눈만이 하나님이 자신의 목적을 이루고 계심을 볼 수 있다.

이 편지는 언제 기록되었나? 우리는 확신을 갖고 말할 수 없다. 그러나 아마 바울의 로마 옥살이 동안 즉 주후 62년경인 듯하다(3:1; 4:1; 6:20; 행 28:16). 이 연대가 정확하다면, 이 편지는 바울의 지상 사역의 절정기에 기록되었다. 그는 처음에는 교회의 핍박자로서, 그 다음에는 사도로서 수고했다. 팔레스타인으로부터 로마 제국의 많은 곳에 기독교 신앙이 퍼지는 것을 목도했다. 그는 기독교 신앙과 관행을 창시한 중요한 인물들 가운데서 봉사했다. 그는 그리스도를 위하여 갇힌 자인데 복음 전도자와 교사로서 힘을 다해 수행한 활동을 회고할 수 있었다. 그는 셀 수 없는 사람들을 신앙으로 이끄는 인간 행위자였다. 온갖 수준의 사회에서, 많은 정치적 인종적 배경에서, 그는 사람을 십자가 밑으로 이끌었다. 이제 소아시아의 동료 그리스도인들이 항상 더 쉬운 길을 택하려는 시험과 더불어 그리스도인의 삶의 난점과 위험에 직면할 때, 그리스도를 위하여 갇힌 자는 그들에게 편지한다.

위의 역사적 해석은 신약 학자들 사이에 만장일치적으로는 아니지만 광범위하게 받아들여진다. 우리가 언급해야 할 학문적 관심의 문제가 두 개 있다. 하나는 내적 증거를 바탕으로만 논의될 수 있고, 아마 다른 하나는 사본의 증거를 바탕으로 해결될 수 있을 것이다. 그 질문들은 바울이 저자인가 아닌가 그리고 처음의 편지가 에베소인들에게 보낸 것인가 아닌가 하는 것이다.

A. 저자

사본의 증거와 교회의 전승은 로마서와 고린도전후서와 갈라디아서를 기록한 바울이 역시 에베소서를 기록했다는 데 의견을 일치한다. 발견된 에베소서의 모든 중요한 사본은 "사도 바울"이라는 말로 시작된다. 교회 전승은 이 편지가 바울이 쓴 것으로 분명히 밝힌다. 에베소서는 베드로전서의 사상에 강한 영향을 주었다. 폴리캅(156년 사망)은 이 서신의 말과 사상을 그대로 흉내낸다. 2세기의 몇몇 변증가와 초대 교회의 바다제비인 마르키온(fl. 140년)은 이 서신을 사용했다. 이레나이우스(fl. 177년)는 이 편지를 바울의 것으로 인용했는데, 무슨 논쟁적인 방식으로 인용하지 않고 그리스도인들이 받아들이는 것으로 인용했다. 이 편지는 무라토리 정경(약 200년)에 바울의 것으로서 포함되었으며 모든 후속된 신약 성경에 포함되었다. 그래서 사본과 교회 전승의 지적은 똑같이 바울이 저자임을 지지한다.

에베소서와 바울의 다른 편지 사이에 많은 차이점을 부인할 사람은 없다. 이 차이점들 때문에 어떤 사람들은 바울이 저자가 아니었다고 가정하게 되었다. 바울의 저자됨을 부인하는 두 가지 주된 이유는 (1) 표현된 사상의 차이점 (2) 문체와 언어에 나타나는 차이점이다.

사유에 나타난 차이점에 관련하여, 그 핵심 사상은 바울의 다른 서신에 명시적으로 표현되어 있거나 혹은 바울의 사상의 직접적인 발전이다. 그 차이점은 일차적으로 강조되지 않는 어떤 사상에 있다. 용어 해설의 여러 단락에서 독자의 관심은 바울의 통상적 가르침에서 벗어나는 이런 것들 가운데 좀더 중요한 것에 쏠려 있다. 차이점이 있다는 것을 아무도 부인하지 않지만, 많은 사람은 그 차이점들 때문에 바울이 에베소서의 저자가 아니라고 믿어야 한다는 것을 인정하지 않는다.

에베소서와 바울의 다른 서신 사이에는 문학 문체에서 차이점이 많다. 그 대부분은 헬라어를 참조하지 않고서는 논의가 거의 불가능하다. 에베소서는 신약 나머지 책에 발견되지 않는 38개 낱말과 바울의 다른 저술에서 나오지 않는 82개의 낱말을 담고 있다. 번역문에서도 우리는 몇몇 중대한 차이점을 식별할 수 있다. 가장 주목할 만한 것은 문장의 형식이다. 바울의 다른 저술은 종종 섬광이 번뜩이듯이 작문되어 있다. 사유가 복잡하고 때로는 복잡하게 엉켜 있다. 간혹 문장이 시작되지만 끝나지 않는다. 때로는 종결이 처음에만 암시되어 있다. 그러나 에베소서에서는 길고 여유롭고 두서 없는 문장과 구와 절이 분명한 숙고와 더불어 질서정연한 순서로 결합되어 있다. 문장의 길이는 놀라울 정도로 길다. 1:3-14, 15-23; 2:1-10; 3:1-7은 한 문장이다.

바울의 서신 대부분은 한 특정 교회 안에 벌어진 목전의 실제 상황을 다루지만, 에베소서는 일반적 성격을 갖고 있다. 이는 논쟁적인 책이라기보다 경건 입문서로서 표현되어 있다. 이는 많은 차이점을 설명해 줄 것이다. 더 나아가 위대한 저자는 반드시 특정한 문체에 매이지 않는다. 가령 윌리엄 블레이크(William Blake)는 그의 생애의 동일한 기간에 비할 데 없는 서정시와 우울한 지옥의 서사시를 짓고 있었다. 각 유형의 시는 독특한 아름다움을 갖고 있다. 그러나 그처럼 다른 작품을 한 사람이 지을 수 있다는 것을 깨닫기란 어렵다. 아마 에베소서는 바울이 로마서를 기록하고 약 9년 후에 기록되었을 것이다. 이 세월은 체험과 고난과 성장과 기도와 사유와 어우러져서 바울의 문체에 나타나는 온갖 변화를 능히 설명해 줄 수 있다.

한 가지 깊은 고려 사항은 이 문체의 문제와 관계있다. 에베소서는 분명히 감옥의 편지이다(참조. 3:1; 4:1; 6:20). 지금처럼 그때도 죄수는 생각할 시간이 많았다. 바울은, 개인적인 약속 계획을 필사적으로 지키고 새 교회를 만들고 그 직원을 교육시키고 저녁에 전할 말씀을 준비하고 빠듯한 시간에 틈을 내어 멀리 떨어져 있는 사랑하는 교회의 긴급한 상황에 관하여 비할 데 없는 편지를 쓰는 데 노력하는 여행하는 전도자의 상황이 아니었다. 그는 쓸 수 있는 시간이 아주 아주 많았다. 그는 처음에 양피지에 쓰기 전에 머리 속으로 에베소서를 백번이나 쓰고 또 썼을지 모른다.

바울이 저자임을 부인하는 사람들에게는 두 가지 주장이 특별히 까다롭다. 첫째는 왜 골로새서를 틀로 사용했는가 이다. 에베소서의 저자는 틀림없이 바울의 다른 저술을 잘 알고 있지만, 가장 위대한 편지를 쓸 얼개로 다소 모호한 편지를 이용한다. 매우 간단한 설명은 바울이 생애의 동일한 시기에 두 서신을 다 썼다는 것이다.

바울이 아니라 아마 알지 못하는 제자가 에베소서를 썼음을 지지하는 가장 인상적인 주장은 알지 못하는 제자가 누구인지를 말하기가 힘들다는 난점이 있다. 거의 언제나 모작은 원작보다 열등한 법이다. 에베소서는 "바울의" 저작 가운데 가장 위대한 것이다. 바울이 아닌 다른 사람이 썼다면, 초대 교회에 바울보다 훨씬 위대한 인물이 있었는데 교회는 그를 인정하지 않았다.

바울의 저자됨을 지지하는 탁월한 진술은 「성 바울의 에베소서와 로마서의 서론」(*Prolegomena to St. Paul's Epistles to the Romans and the Ephesians*, F. J. A. Hort, London: Macmillan & Co., 1895)에 나온다. 바울이 이 편지를 썼음을 반대하는 주장의 탁월한 제시는 「에베소서의 의미」(*The Meaning Ephesians*, E. J. Goodspeed, [Chicago: University of Chicago Press, 1933])에 있다. 찬반의 주장이 감탄할 만하게 함께 요약되어 있는 책으로는 「에베소서, 그 저자와 기원과 목적」(*The Epistle to the Ephesians, Its Authorship, Origin and Purpose*, C. Leslie Mitton, [Oxford: Clarendon Press, 1951])이 있다. 미튼 박사는 바울을 저자로 보지 않는다. 하지만 그는 서문에서 책을 쓰는 동안 에네스트 퍼시 (Ernest Percy)의 「골로새서와 에베소서의 문제」(*Die Probleme der Kolosser-und Epheserbriefe* [Lund, 1946])의 정교하고 상세한 분석을

살피지 못했다고 말한다. 후자의 책에서 퍼시 박사는 모든 자료를 분석한 후에 바울이 저자라고 결정한다. 저자의 문제를 깊이 탐구하고자 하는 학생은 언급한 책을 부지런히 살펴야 한다.

B. 목적지

영어 성경은 번역할 당시 사용할 수 있는 가장 좋은 사본에 근거한 번역이다. 1611년 흠정역이 출판되었을 때 수천 개의 신약 사본이 발견되어 있었다. 상이한 사본을 비교하고 대조하며, 어떤 사본이 가장 정확한 독법을 제공하는지를 규정하는 것은 까다롭고 고되고 끝없는 작업이다. 이 작업은 결코 완료되지 않는다. 왜냐하면 내일의 새로운 발견이 오늘의 가장 좋은 해석을 부적절한 것으로 만들 수 있기 때문이다. 신약 사본의 발견을 넘어서, 신약 시대 이후로 세속 헬라어 문서는 신약 성경에 나오는 낱말과 구절의 의미에 값으로 매길 수 없는 빛을 던져 주었다.

엄밀한 신약 성경 분석으로 생긴 현존의 결과는 기독교 신앙이 예언했던 것과 정확하게 일치했다. 많은 비본질적인 것에 대한 우리의 이해는 변하지 않을 수 없다. 그러나 신앙의 본질적인 메시지 즉 하나님이 그리스도의 고난과 죽음과 부활과 승리로 말미암아 세상을 구속하셨다는 이 메시지는 새로이 확증된다.

확실히 에베소서가 흠정역에서처럼 본래 에베소 교회에 보낸 것인지 아니면 RSV에 번역된 것처럼 아시아에 있는 모든 그리스도인에게 보낸 좀 더 일반적인 편지였는지는 우리의 신앙에 밀접한 관계가 있는 게 아니다. 이는 기독교 학계가 해결할 문제이다. 학자들은 "에베소에 있는"이라는 낱말이 A, D, G 사본과 라틴어 역과 시리아어 번역에 나온다고 보고한다. 그러나 p46, B, 1739, 마르키온과 터툴리안, 오리게네스, 바실루스의 인용문에서는 이렇게 되어 있다. "그리스도 예수 안에서 또한 신실한 성도들에게." 대부분의 텍스트 연구자에게, 이것은 바울이 원래 편지에 "에베소에 있는"이라는 낱말을 넣지 않았다는 결정적 증거이다. 이 낱말들은 4세기경 본문에 첨가되었다는 것이다.

"에베소인들에게"라는 제목이 고대의 가장 좋은 사본들에 나타나지만, 마르키온은 이 편지를 "라오디게아인들에게"라는 제목을 붙였다. 이리하여 독창적인 학자인 하르낙은 이 편지가 원래 라오디게아에 보낸 것이었다고 추측하게 되었다. 바울이 거기서 결코 일하지 않았으므로, 개인적 언급 구절이 없다는 것은 납득할 만하다. 그러므로 몇 세기 지나서 라오디게아의 나쁜 평판 때문에(참조. 계 3:16) 이 제목이 빠졌다. 이 편지가 에베소의 보관소에 살아남아 있었기 때문에 도시의 이름이 거기 붙었다.

골로새서 4:16에서 우리는 골로새인에게 자신들의 편지를 라오디게아에 보내라는 명령이 있으며 그후에 "라오디게아로서 오는 편지를 너희도 읽어라"는 통상적인 표현이 있음을 발견한다. 아마 이는 오늘날 우리가 일컫는 에베소서를 언급할 것이다. 아마 이는 소아시아의 모든 교회에 보낸 회람 편지였을 것이다. 그러나 먼저는 라오디게아에 보낸 것이다. 그런 편지가 에베소의 보관소에 보존되었을 것이다. 바울보다 한 세기 남짓 지나서 서기관이 이 편지에 제목을 붙일 때 에베소인에게 보내는 편지라고 부르는 것이 자연스러웠을 것이다.

이는 추측의 문제이다. 우리는 아무런 확실성을 가질 수 없으며 그것을 요구해서도 안 된다. 에베소서는 하나님의 영원한 목적에 관한 것이지 에베소 교회에 관한 것이 아니다. 이는 전체 교회에 직접 보낸 것이지 특정 회중에 보낸 것이 아니다.

II. 용어 해설

1:1. "사도." 말 그대로 "보냄을 받은 자"이다. 사신, 대표자.

"예수 그리스도의." 소유를 나타내는 속격. 바울은 그리스도께 속했다.

"으로"(디아). 이 전치사는 작용인을 가리킨다.

"하나님의 뜻." 이는 서신의 진정한 주제이다. 도입적인 구에서 세 번 바울은 하나님이 인간 구원의 창시자임을 미묘하게 강조했다.

"성도." 신약에서는 모든 그리스도인이 성도이지, 도덕적인 탁월함을 성취한 사람만이 아니다.

"에베소에 있는." 가장 훌륭한 사본에는 이 말이 없다.

"신실한." "믿는"과 "믿을 만한"을 모두 뜻하는 이중적 의미의 개념. 이 절에서 발전되는 순서를 주목하라: 처음에는 하나님의 행위, 그 다음에는 인간의 반응이 나온다.

"그리스도 예수 안에서." "성도"와 "신실한 자들" 둘 다에 걸린다. 친교와 연합을 함축한다.

1:2. "은혜." 신약에서는 공로가 없어도 베푸시는 하나님의 사랑을 뜻한다. "은혜"는 세속 헬라어에서 사교적인 인사말이었다. 여기서 이 말은 단순히 사교적 예의로 사용된 게 아니라 엄숙한 복으로 사용되었다.

"평강." 이(샬롬)는 히브리의 사교적 인사말이었다. 여기서는 사교적인 개념이 구약에서 자주 그러듯이 엄숙한 복이다(민 6:26; 요 14:27; 골 3:15).

"하나님 … 그리스도로 좇아." 흠정역에는 전치사가 반복되는 데 이는 정확하지 못하다. 오직 하나의 신적 원천만이 있다.

1:3-14은 하나님께 대한 찬미이다.

1:3. "하나님 곧 아버지." 이 두 개념은 동격이다. 둘은 다음에 나오는 속격을 지배한다. 하나님은 예수 그리스도의 아버지이시며 따라서 우리의 아버지이시다(요 20:17; 벧전 1:3).

"복 주시되." 이는 부정과거 분사인데, 우리가 언제나 하나님을 찬양하는 완료되지 않는 행위와 대립하여 완성된 행위를 가리킨다. 우리는 말로 하나님을 찬양하며 하나님은 행위로 우리에게 복을 주셨다. 이 복은 세 가지 측면에서 우리에게 오는데 각각 "안에서"라는 말에 의하여 도입된다.

"모든 신령한 복으로." 말 그대로 이는 "모든 신령한 복 안에서"를 뜻한다. 이 찬미는 우리의 구원을 거룩한 삼위일체에 관련시킴으로써 시작된다. "신령한"은 성령, 인간 영혼의 특별한 재능, 물질적인 것이 아닌 것을 암시한다.

"하늘에 속한." 이 구절은 에베소서에서 5번 사용되는데, 신약의 다른 곳에서 사용되지 않는 의미로 사용된다. 이 말은 감각에 의해 파악되는 세계를 넘어서는 영원한 질서, 시력이 아니라 믿음으로 아는 "영적 세계"를 뜻한다. 이는 현재의 복이지 신자의 죽을 때 시작되는 복이 아니다. 그리스도인은 하나님의 임재 안으로 들어갔으며, 이후로는 하늘의 복된 상태로 들어간다.

"그리스도 안에서." 그리스도와의 신령한 연합.

1:4. "창세 … 택하사." 이 복(1:3)은 우연의 무작위적인 결과가 아니라 하나님의 영원한 목적에 뿌리를 박고 터를 잡고 있다. "하늘에서"(1:3) 우리를 공간의 한계를 넘어서게 하는 것처럼 "창세 전에" 우리를 시간의 한계를 넘어서게 한다.

1:5. "예정하사"(프로오리사스). "예정하다" "미리 정하다." "경계"(오로스)라는 낱말에서 다음의 뜻을 가진 동사(오리조)가 나왔다. (1) "분리시키다, 경계선으로 표시하다" (2) "규정하다, 정하다, 지정하다." 그리스도인들은 이 낱말의 의미를 주장하거나 부인하려고 힘있게 싸웠다. 철학자들이 이 낱말로 그들이 바라는 것을 만들게 하라. 에베소서의 분명한 가르침은 하나님이 어떤 사람들을 그들의 공로가 아니라 하나님의 사랑 때문에 선택하시되 그들이 태어나기 "전에"(프로) 심지어 세상의 창조 이전에 선택하셨다는 것이다.

1:6. "은혜의 … 찬미하게." 우리의 선택, 예정과 양자됨의 목적. 흠정역은 올바르게 번역하지만, RSV에서처럼 "그의 영광스러운 은혜"는 올바른 번역이 아니다.

"우리로 받아주심을 얻게 하셨던[한글개역성경에는 '우리에게 주시는 바'로 되어 있음—역주]"(에카리토센). "은혜"(카리스)와 동일한 어근에서 나옴. 좀더 나은 번역: "우리에게 거저 주셨던."

"사랑하시는 자 안에서." 그리스도께서 아버지의 사랑의 최고 대상이라는 것을 암시하는 완료 분사. 우리는 그 "안에" 있기 때문에 은혜를 받는다. 마가복음 1:11 등을 보라.

이보다 먼저 찬미는 하나님의 영원한 경륜과 은혜를 찬양했다. 이제 찬미는 하나님이 죄악된 세상을 실제로 다루심을 말한다. 십자가를 통한 구속(1:7)은 전포괄적인 광채로(1:10) 사람에게 알려졌다(1:9). 이스라엘은 그리스도의 계시를 받아들일 준비가 되었다(1:11, 12). 하지만 복음을 받아들인 이방인들도 역시 성령으로 복받았으며(1:13) 영광의 유업에 들어갔다(1:14).

1:7. "그[그리스도] 안에서." 그리스도와의 연합보다 더한 것이다. 이는 그리스도께서 구속이 일어나는 살아있는 "영역"임을 함축한다. 영원에 속하는 사건을 서술하는 공간의 언어.

"구속." 우리는 그리스도의 피로 말미암아 죄책과 그 결과에서 벗어났다. 신약 시대에 구속의 개념은 속전을 지불한다는 초창기 뜻보다 신적 능력의 행위를 지칭하게 된다.

"피." 제사의 상징에서 "피"와 "죽음"은 미묘한 차이가 있었다. 피는 속죄의 수단으로 간주되었다.

"죄(파로프토마톤) 사함". "범법"(trespass)을 말한다. 이는 "죄"의 통상적 용어(하마르티아)와 다르다. 범법은 율법의 위반이며, 반면에 죄는 "과녁을 벗어남"에 함축되어 있듯이 좀더 일반적인 하나님으로부터 멀어짐이다. 이 구절은 신약의 다른 곳에는 나오지 않는다.

1:8. "지혜와 총명." 은혜로 사는 사람에게 주시는 하나님의 선물들. "지혜"는 이론적 지식이며, "총명"은 실제적 지식이다.

1:9. "비밀." 신약에서 "비밀"은 현대의 용례처럼 본래 이해하기 까다로운 것이나 후기 헬레니즘의 용례처럼 은밀한 것이 아니라, 한때 감추어져 있었지만 이제 복음으로 계시된 복음의 경륜이다.

"그 기쁘심." 은혜로운 목적.

"그리스도[영어로는 '그 자신'으로 되어 있음—역주] 안에서." 현대의 가장 훌륭한 학자들은 "그 안에서" 즉 사랑하시는 자 안에서로 번역한다.

"경륜"(오이코노미안). 이 용어의 원래 의미는 "청지기직"이었다. 이 말에서 영어의 "economy"(경제)가 나온다. 그리스도는 "청지기"(경영자 혹은 관리자)이시다. 성부께서 자신의 은혜로운 목적을 이루는 일을 그리스도의 경영에 맡기셨다. "계획"(**RSV**); "효력이 나게 되다"(**NEB**); "그것을 정하기 위하여"(마팻). 다양한 번역은 의도된 뜻의 정확한 차이를 설명하는 데 어려움을 보여준다. 그러나 아마 이것은 하나님의 영원한 경륜과, 그 경륜이 (말씀이 육신이 되어 우리 가운데 거하시는) 성육신을 통하여 시공간에서 실제적으로 효력을 내게 되는 것의 대조를 가리킬 것이다.

1:11. "우리." 이방인 배경에서 기독교 신앙을 갖게 된 사람들이 아닌 이스라엘의 백성(1:13).

"기업이 되었으니"(엑클레로쎄멘). 의미가 확실치 않다. 신약의 유일한 경우. 고전 헬라어에서는 "제비를 뽑다" 혹은 "제비로 선택하다"를 뜻한다. 바울의 선택 개념과 전혀 다른 것이다. 70인역에서는 이것과 관련된 명사가 종종 "이어받은 재산" 혹은 "소유"를 뜻한다. 신약에서 이 말은 메시야 왕국에서 받는 그리스도인의 "유업"인데 이는 약속의 땅에서 이스라엘이 자신의 분깃을 받는 것과 다소 비슷하다. 몇몇 대안적인 번역이 제시되었지만, 아마도 흠정역이 정확할 것이다. 물론 이는 동사의 수동적 의미를 드러내 보이지는 못한다. "우리는 유업에 참여하는 몫을 얻었다"(NEB).

"원대로 … 예정을 입어." 우리가 유업을 받은 사실은 우연이 아니다. 이는 전포괄적인 하나님의 목적의 일부이다.

"역사하시는"(에네르군토스). "안에서 역사하는." 분사는 소비된 힘이나 산출된 결과보다 일하고 있는 인격적 능력을 강조한다.

"모든 일." "모든 신령한 일들"이 아니다. 창조주는 전능하시다.

"뜻"(불렌). 이는 행위의 계획을 가리킨다. 하나님의 행위는 결코 자의적이지 않다. 그의 계획은 창세전에 세워졌다.

"마음"[영어는 'will'로 되어 있음—역주](쎌레마토스). 이는 일반적인 의지를 언급한다. 불레와 쎌레마의 차이에 관해서는 마태복음 1:19을 보라.

1:12. "우리." 유대인 그리스도인. 유대인은 약속을 견고하게 붙잡았지만, 소수만이 약속하신 이가 오셨을 때 영접했다.

"그의 영광의 찬송이 되게." 우리의 선택의 목적은 우리 안에 집중되지 않고 하나님께 집중된다.

"전부터 바라던." 초대 그리스도인들은 모두 유대인 배경에서 나왔다.

1:13. "너희." 이방인 배경에서 나온 그리스도인들. 이들은 이제 참 이스라엘의 일부이다.

"진리의 말씀." 복음의 본질은 그리스도 즉 영원한 말씀이다. 요한복음 1:1-14, 14:6.

"너희의 구원의 복음." 이 표현은 독특하다. 물론 형식적으로 골로새서 1:5을 되풀이한다. 종종 "복음"(복된 소식)은 사람이 아니라 하나님의 측면에서 규정된다.

"그 안에서." 이는 구절의 취지와 조화를 이루어 아마 그리스도가 신앙의 대상이라는 통상적인 의미를 언급한다기보다 믿음이 발생하는 "영역"으로서 그리스도를 언급할 것이다.

"인 치심을 받았으니." 인은 참됨을 입증하는 외적이며 가시적인 표시이다. 세례는 공개적으로 한 사람을 하나님의 아들로 "인 친다."

"약속의 성령." 약속되신 영.

1:14. "이는." 흠정역은 which로 되어 있는데, 이것보다 인격을 표시하는 관계 대명사 who가 더 낫다.

"보증." 보증은 선의를 보장하고 쌍방이 계약을 이루도록 강제하는 선금이다. 그리스도인이 성령을 받은 것은 최종적 복의 일부이다. 우리가 "유업"을 받을 때 이 복은 사라지지 않고 천 배나 많아질 것이다.

"구속." 구원의 계획의 최종적 완성. 로마서 8:23.

"얻으신 것"(페리포이에세오스). 이 낱말은 종종 구입 가격을 언급함이 없이 "취득물, 획득, 보존, 소유"를 뜻한다. 이 표현은 "구속하신 것이 그 소유를 얻을 때까지"로 해석할 수 있다. 그러나 좀더 그럴 듯하게는 이 말이 "하나님이 자신의 소유를 완전히 구속하실 때까지"를 뜻한다.

"그의 영광을 찬미하게." 이는 사람들 가운데서 이루어지는 아들과 성령의 역사의 궁극적 이유이다.

1:15-16은 편지의 독자들을 위한 기도(1:17-23)를 끌어들인다.

1:15. "나도." 이방인을 이스라엘 안으로 들어오는 것을 환영하지 않았

던 유대인인 나.

"듣고." 바울이 개인적으로 폭넓게 알고 있는 에베소에 편지를 쓰고 있다면, 이는 바울이 매우 드물게 사용하는 표현이다.

"사랑." 가장 좋은 사본에는 없다. 이 말이 없으므로 당혹스러운 절이 된다. 선행하는 "믿음"은 "그리스도를 믿는 믿음과 성도를 향한 신실함"이라는 이중적 의미로 해석될 수 있다. 다른 사람은 이를 "너희가 성도를 향하여 보이는 그리스도를 믿는 너희의 믿음"이라고 의역한다. 어떤 번역이든지 난점을 보인다. 믿음과 사랑은 종종 결합된다. 바울이 사랑이라는 말을 넣었건 넣지 않았건 사랑의 개념이 여기서 분명하게 나타난다.

1:16. "마지 아니하고." 일반적인 과장법.

"감사하기를"(유카리스톤), 즉 "감사를 드리는"을 뜻한다. 이 분사는 이미 존재하는 행위를 표현한다. 이 동사는 "감사함을 느끼다"와 "감사를 드리다"의 이중적인 의미를 갖고 있다.

"말하노라." 말 그대로 "기억하다"이다. 구어체에서 이 표현은 중보적 기도를 포함한다. 그 다음에 나오는 것은 회상이라기보다 중보 기도이다.

1:17. "그리스도 … 하나님." 하나님에 대한 두 칭호 가운데 처음의 것. 이는 특이한 표현이다. 종종 바울은 "하나님 곧 우리 주 예수 그리스도의 아버지"라는 말을 한다. 아리우스주의자들이 한때 이 구절을 이용했지만, 이 구절의 의미는 명백하다. "예수 그리스도께서 경배하고 계시하신 하나님."

"영광의 아버지." "아버지"의 칭호는 아마 성자의 선행적 언급에 의하여 암시되었을 것이지만, 이 구절은 "그리스도의 아버지"를 뜻하지 않으며 단순히 영광의 "원천"을 뜻하지도 않는다. 이는 하나님의 본질적 본성을 가리킨다. 앞의 찬미에 나오는 세 가지 절정은 하나님의 영광을 다루었다.

"계시의 정신." 말 그대로 "~하시는 성령"이다. 바울은 의도적으로 두 가지 해석이 가능하게 말을 한다. 그의 말은 성령의 선물과 인간이 이 선물을 사용하는 용법을 의미할 수 있다. "지혜"는 일반적으로 인간의 깨우침을 언급한다. "계시"는 그 본성과 뜻을 드러내시는 하나님의 행위를 가리키지 그런 지식을 받아들일 수 있는 인간의 능력을 가리키지 않는다.

"지식"(에피그노세이)은 노련함과 총명을 가리키는 앞의 "지혜"와 달리 "인식, 분별, 숙지"를 뜻한다. 지식은 이론적이며 지혜는 실천적이다. 신약에서 지식은 언제나 하나님의 일을 언급하며 지혜는 세속적인 일과 거룩한 일을 둘 다 언급한다.

1:18. "눈을 밝히사." 말 그대로 "마음의 눈"이다. 복잡한 구성으로 되어 있다. 고전 저자와 성경 저자는 모두 내면의 "눈"을 자주 언급한다. 마음은 감정보다 총체적 인격을 표상한다. 아마 바울은 성령의 행위의 결과를 언급할 것이다. 이 행위로부터 하나님의 부르심과 하나님의 유업과 하나님의 능력에 관한 지식이 자라 나온다.

"그의 부르심의 소망." 특정한 소명이 명시된 것은 아니다. 하나님의 소명에 반응했던 그는 소망을 가지고 미래를 바라볼 수 있다.

" … 풍성." 이는 까다로운 구성으로 되어 있다. 아마 유업은 하나님이 성도를 위하여 예비하신 것을 뜻할 것이다. 이제 성도들은 이 유업을 받기 시작하고 있다. 이 기도는 그들로 지상에서 살고 몸부림치지만 이미 "보증"을 받은 바 있는 영광을 알 수 있도록 하기 위함이다.

"성도 안에서." 때때로 그리스도께서 하나님의 영광이 알려지는 "영역"이시듯이, 성도 즉 교회는 그 영광이 구체적으로 나타나는 사회이다.

1:19. "능력의 지극히 크심." 이는 우리의 소망이 성취될 것이며 지금 성취되고 있도록 하는 수단.

"역사하는." 말 그대로 "안에서 활동하는"을 뜻하며 일하는 사람의 개인적 활동을 강조한다.

"그의 힘의 강력." 말 그대로 "그 능력의 강력의."

1:20. "그리스도 안에서 역사하사." 말 그대로 "그리스도"를 말하며 구주의 영원한 본성을 강조한다. 바울은 구원의 두 가지 중요한 사건이 (1) 부활 (2) 높아지심임을 발견한다.

"죽은 자들 … 다시 살리시고." 부활은 사도적 가르침의 핵심이다. 이는 단순히 예수님께 일어났던 전례없는 육체적 사건이 아니다. 그리스도는 인성(人性)을 취하셨다. 부활 때 그의 인성은 그리고 우리의 인성은 영원한 영광으로 높아졌다.

"오른편." 왕의 오른편에 있는 사람은 완전한 전권을 위임받았다. 시 110:1.

"하늘." 1:3에 대한 주석을 보라.

1:21. "정사 … ." 아마 천사를 가리키는 네 가지 이름일 것이다. 골로새 서는 천사를 높이려는 사람들에 관심을 갖고 있다. 그리스도는 모든 천사 보다 높아지셨다. 골로새서 1:16을 보라. 천사론에 관심있는 독자는 웨스 트코트(Bishop Westcott)의 현명한 주석을 상기하면 좋을 것이다. "성경 은 진술은 하지만 이 주제에 관하여 독특하게 유보적인 태도를 보인다" (「에베소서」[*Epistle to the Ephesians* p. 195).

"이름 … ." 그리스도는 지상에서 명명하는 모든 천사적 권세보다 높아 지셨을 뿐만 아니라 사람이 전혀 알지 못하는 것보다도 높아지셨다.

1:22. "그 발 … 하시고." 시편 8:6. 이는 히브리서 2:6-9에 있기 때문에 초대 교회에서 메시야 시편으로 간주되었다. 오늘날은 "만물"이 사람의 "발 아래" 있는 게 아니므로 우리는 그 사람[그리스도]에 관한 말씀으로 이해하지 않을 수 없다.

"주셨느니라." 이 예기치 못한 동사는 교회에 주신 하나님의 선물을 강 조한다. 이는 구원에서 하나님의 주권을 다시 강조한다.

"머리." 이 수사법은 그리스도의 우월하심과 교회와 그리스도 간의 생명 의 연합을 암시한다.

"교회"(에클레시아). 세속 헬라어에서 에클레시아는 시민의 모임이었다. 사도행전 19:32. 70인역에서는 카할을 이스라엘의 대회, 회중, 공동체로 번 역한다. 신약에서 이 말은 종종 특정한 회중을 뜻하며 여기서처럼 때때로 보편의 교회를 뜻한다.

1:23. "그의 몸." 몸은 하나이지만, 동시에 많다. 몸의 각 부분이 자신의 기능을 제대로 수행할 때 건강이 있다. 이 용어는 수사법이 아니다. 이 땅 과 관련하여 그리스도는 교회를 통하여 알려지신다. 대체로 그의 뜻은 교 회를 통하여 이루어진다. 그래서 교회는 그리스도의 신비한 몸이다.

"충만." 논쟁이 매우 많은 용어이지만, 수동적 의미로 해석할 때 가장 좋다. 즉 그리스도의 선물과 복으로 충만한 용기이다.

"충만케 하시는 자." 성자가 아니라 성부.

"만물 안에서 만물." 우주.

*   *   *   *

NEB에 있는 1:23의 번역과 각주에 있는 두 가지 대안을 주목하라. 위에서는 각주의 첫번째 해석이 받아들여졌다.

III. 교리적 의의

1장은 본질적으로 교회 안에서 하나님의 위치를 다룬다. 이 장은 두 가지 중요한 단락으로 나누어진다. 1:3-14은 우리를 예수 그리스도를 통하여 그의 아들들로 받아들여지도록 정하신 하나님께 드리는 찬미이다. 1:17-23은 교회를 위한 기도이다. 찬미에서 강조점은 소위 교리에 관한 것이다. 기도에 나타나는 강조점은 실제적인 것이다. 배타적인 강조점은 없다.

이 장엄한 찬미는 신학적 논쟁의 첨예한 낱말과 사상으로 충만하다. 인간의 시도로부터 벗어나 예정의 신비를 "설명"하려는 자들을 비난하기는 힘들다. 그러나 어디로 피하는가? 진리에 관한 어색한 말에서 달아날 때 진리 자체를 피하기가 쉬울 것이다. 이는 참으로 빛으로부터 벗어나는 진행인가? 에베소서는 "그 기쁘심을 따라 그리스도 안에" 있는 하나님의 영원한 경륜에서 우리의 자유와 책임을 근거짓는다.

IV. 실천적 목표

강해자의 실천적 목표는 기도에 완전히 표현된다. 특별히 1:17-18에 표현된다. 바울이 하나님의 일에 관하여 분명히 생각하는 선물을 위하여 기도한 것은 중요하다. 지혜, 계시, 지식, 총명, 밝히사, 알게 하신다 등의 핵심 낱말을 주목하라. 바울은 헌신된 마음을 위하여 기도한 후에 기독교 신앙의 내용을 다룬다. 그리스도인은 생각해야 할 것이 있다. 물론 몇몇 다양한 영지주의 이단에 빠져서 기독교를 영원한 진리의 빛 가운데서 살아야 할 생활이 아니라 단순히 일련의 높은 사상으로 만들 수 있다. 에베소서에 비추어 하나님에 관하여 생각할 때 이런 실수를 저지르기란 어렵다.

V. 설교 개요

제목: "영원한 목적."

도입부

우리 시대의 핵심적인 대화는 하나님이 이 혼돈한 세상에서 그 목적을 이루고 계신다고 생각하는 사람들과, 인간이 나머지 모든 것과 더불어 우연의 사슬에 의하여 만들어진 맹목적이며 비합리적인 세력의 산물이며 곧 인간이 만든 우연에 의하여 파멸될 것이라고 믿는 사람들 간의 대화이다. 에베소서는 성경 가운데 영원한 목적에 할애된 탁월한 단락이다.

A. 양자됨

기독교는 영생에 들어가는 문이다. 이는 다른 모든 복보다 뛰어난 그리스도인의 영적 복이다. 기독교는 당신을 훌륭하고 유명하고 성공하도록 만드는 마술적 공식이 아니다. 신앙으로 인한 지상적 상급은 가시 면류관과 십자가일 것이지만, 신앙의 영원한 결과는 생명이다. 영생은 당신이 죽을 때 시작되는 무엇이 아니다. 당신이 전적으로 그리고 기꺼이 자신을 그리스도께 맡길 때 "하늘에" 있다. 지상에서 당신의 형편은 부요할 수도 있고 비천할 수도 있다. 중요한 것이 무엇인가? 당신이 하나님의 자녀로 양자되었다는 것이다. 이 양자됨은 우연의 결과인가? 아니면 하나님이 그렇게 계획하셨는가?

양자됨은 철두철미 의미있는 개념이다. 나는 땅에서 사는 인간 포유 동물로 태어났다. 나는 스스로 애를 써서 다른 어떤 것이 되려고 소망할 수 없었다. 나는 성공한 인간 포유 동물이 될 수 있었다. 사치스러운 자동차를 몰고 궁전 같은 저택에 살며 높은 생활 수준을 향유할 수 있었다. 분명 로켓을 타고 우주 공간으로 올라가서 "이제 그 어느 때보다 하늘에 가까이 왔다"고 농담하며 돌아올 수 있다. 그러나 그리스도가 없이 나는 옳은 사람이 되려 했다. 내 안에 하나님의 영원한 임재로 들어갈 만한 자격 있는 것이 무엇인가? 그러나 하나님은 그 사랑으로 나를 양자로 삼으셨는데, 내가 사랑스러워서가 아니라 하나님이 사랑이시기 때문이다. 나는 땅의 자녀로 태어났다. 그러다가 하나님의 가정에 양자가 되었다. 우리는 태어난 아이에게 베푸는 뜨겁고 창의적인 사랑을 입양한 아이가 모두 받는다는 것을 우리 친구들로부터 안다.

당신은 그리스도께로 돌아가 그를 당신의 구주와 주로 기꺼이 영접하고 영원한 가족에 입양되고 난 다음, 당신이 하나님에게 이르려고 하기 오래 전에 하나님이 당신에게 이르려고 하고 계셨음을 깨닫기 시작한다. 예수님이 오래 전에 제자들에게 말씀하셨던 것처럼: "너희가 나를 택한 것이 아니요 내가 너희를 택하여 세웠나니"(요 15:16). 그리스도께 선택되었음은 우리의 많은 공로에 대한 상급이 아니다. 우리가 하나님의 사랑을 사려고 무엇을 내놓을 수 있겠는가? 그리스도께 선택되었음은 우리로 다른 사람을 멸시할 수 있는 자격을 주는 특권이 아니다. 정반대이다. 그리스도께 선택되었음은 가장 무거운 책임이다. 이는 당신이 "사랑 안에서 그 앞에 거룩하고 흠이 없게" 될 책임이 있음을 뜻한다. 당신이 선택받았을 때 하나님의 아들 그리스도의 생활을 살도록 택함받았다. 그분은 그 길을 쉽게 여기지 않으셨다. 당신도 그럴 것이다. 그러나 그 길은 영원으로 향한다.

당신의 양자됨은 우연의 세계에서 일어난 또 하나의 우연적 사건에 불과한가? 혹은 이 세상은 하나님의 영원한 목적의 성취를 이루고 있는가? 아니면 영원하신 그리스도는 "모든 정사와 권세와 능력과 주관하는 자와 모든 이름 위에 뛰어나신가?" 이 질문은 회피할 수 없는 것이다. 에베소서에서 바울은 그 질문에 답한다. 하나님이 창세 전에 우리를 그리스도 안에서 택하셨다. 영원한 생명의 복은 세상에게 흩뿌려진 우연적인 것이 아니다. 이 복과 다른 모든 복과 우리에게 복된 것과 무관한 듯이 보이는 모든 것이 자신의 모든 창조계를 그리스도 안에서 충만하게 하시려는 하나님의 영원한 계획의 일부이다.

B. 예정됨

양자됨은 우리를 걱정스럽게 만드는 말이 아니다. 예정은 마음에 들지 않는 것이다. 분명 사람들은 양자되는 것을 반대하지 않는다. 태어나기 전에 양자되는 것을 반대한다. 우리는 계속 혼잣말로 이렇게 말한다. "만일 하나님이 이 부분을 쓰셨다면 나는 나의 글을 이야기하고 있을 뿐이다. 나는 책임있는 선택을 내려야 한다고 느낀다. 그러나 사전에 모든 것이 예정되었다면, 책임감은 환상에 불과하다. 돌이 땅에 닿는 곳을 선택할 수 없는 것처럼 나는 자유가 없다." 그리스도인은 영원한 가족의 양자 된 것을 즐거워한다. 그는 그리스도인이므로 양자되지 못한 자신의 이웃 사람에 관하여 깊이 걱정한다. 이웃 사람도 역시 양자될 자격이 있다. 그도 도덕적인 삶을 산다. 그는 세상에서 유용하고 필요한 일을 하고 있다. 그러나 그는 십자가에 달리신 구속주를 믿는 믿음이라는 개념을 아예 조롱한다. 그리스도인은 이렇게 추론한다. "만일 내가 양자되기로 예정되었다면, 이웃 사람은 양자되지 못하도록 예정되었다. 그것이 공평한가?"

많은 철학자와 신학자들이 얼마나 교묘하게 선택과 예정의 이 모든 문제와 관련하여 성경의 분명한 가르침을 회피하려고 애를 썼는지 놀랄 지경이다. 성경에서 발견한 것을 표방했던 존 칼빈과 그 밖의 사람들에게 많은 사람이 던진 돌과 화살을 깊이 생각하면 처참한 심경이 든다. 예정의 개념은 칼빈이 만든 것도 아우구스티누스가 만든 것도 바울이 만든 것도 아니었다. 당신은 이 개념(낱말은 아니라도)이 구약에서 분명히 표현되어 있음을 발견할 것이다. 시편 139:15-16만 읽으면 된다. 하나님의 절대적이며 완전한 주권이라는 개념은 하나님의 개념 안에 암시되어 있다. 그러나 권위에 대한 이와 같은 독단적인 호소는 그것이 성경적인 권위라 해도 "그것이 공평한가?"하는 그리스도인의 질문을 건드리지 못한다.

기독교 신앙을 버린다고 해서 예정의 난점이 없어지지는 않는다. 우리 시대의 두 가지 중요한 비기독교적 사조는 마르크스주의와 프로이트주의이다. 마르크스주의자들은 하나님을 버렸고 대신에 삼중적 변증법을 두었다. 이는 역사를 지배하는 방대한 비인격적 세력이다. 마르크스주의자는 마치 자유롭고 책임있는 듯이 행동하지만, 그의 기본 철학에는 이런 신념을 정당화하는 것이 전혀 없다. 그는 어쩔 수 없이 현재와 같은 모습을 갖추고 자신이 현재 행하는 것을 행하지 않을 수 없다. 프로이트주의자는 하나의 치료 기술에서 삶의 철학을 만들면서 역시 상황의 수인(囚人)이 된다. 그는 내적인 세력 때문에 현재와 같이 행동한다. 그런데 그는 이 내적 세력에 대하여 전혀 의식하지 못한다. 이 세력들은 비참한 과거 체험의 현재적 표출이다. 이 과거의 체험은 기억 속에 아주 깊이 묻혀 있어서 망각되었지만 삶을 썩게 하고 못쓰게 만든다. 프로이트주의는 마음 편안한 철학이다. 내게 잘못된 모든 것은 다른 누구의 잘못이다. 이는 전혀 소망없는 철학이기도 하다. 왜냐하면 개인의 책임을 부인하기 때문이다. 우리 시대에 널리 퍼진 이 철학들은 인간의 사상만큼 오래된 개념의 현대적 표현에 불과하다. 우리는 종종 이를 숙명론 혹은 결정론이라 한다. 사람들이 예정에 관하여 때때로 격렬하게 반발할 때, 이는 사람들이 숙명론에 대하여 반발하고 있다는 것을 보여준다

오늘날 우리는 예정 개념을 우리 조상들보다 좀더 이해력있게 접근할 수 있어야 한다. 왜냐하면 상대성의 개념이 우리 시대에 널리 퍼지게 되었기 때문이다. 도덕 등의 상대성에 관하여 언급되어 온 어리석은 말들에도 불구하고, 당신이 보는 것은 당신이 그것을 보는 시간과 서 있는 장소에 대해 상대적이라는 사실은 남아 있다. 움직이는 기차의 바닥에 공을 떨어뜨려 보라. 그것을 측정하는 관찰자가 기차에 있을 때 그 공은 과학에서 알고 있는 모든 테스트에 따라 직선으로 운동한다. 그러나 관찰자가 달리는 궤도 옆에 있다가 측정한다면, 공이 포물선을 움직이는 것을 발견한다. "공이 직선으로 움직이는가 곡선으로 움직이는가?"하고 묻는 것은 무의미하다. 유일하게 가능한 대답은 "그것은 당신이 측정할 때 서 있는 위치에 전적으로 의존한다"는 것이다.

이 예화를 명심하고 우리는 예정의 신비를 바라본다. 여기서 우리는 땅에 서 있다. 우리는 한 시간에 한 장소에만 있을 수 있다. 시계가 째깍거린다. 달력은 냉혹하게 바뀐다. 우리는 온갖 선한 소망과 바람이 있어도, 어

제로 돌아갈 수 없으며 일초라도 내일을 빨리 도래하게 재촉할 수 없다. 우리는 자신이 만들지 못하는 사실들로 둘러싸여 있다. 이 사실들을 환경이라고 부르자. 환경에는 우리가 선택할 수 있는 여러 경우가 종종 있으며, 어떤 선택은 우리가 반드시 내려야 한다. 오직 하나의 행동 과정이 있을 수 있다면, 그것은 선택이 아니라 필연이다. 우리는 경험의 사실로서 결정이라는 현실을 안다. 만일 당신이 이것을 선택한다면 그 결과는 선할 것이다. 만일 당신이 저것을 선택한다면 그 결과는 참담할 것이다. 하지만 당신은 마음의 결정을 내려야 한다. 당신은 선택해야 한다. 이것이 우리가 말하는 도덕적 자유이다. 절대적 자유가 있는 체하는 사람은 아무도 없었다. 가령 당신은 13세기에 살 것을 선택할 수 없다. 상황의 한계 안에서 당신은 선택할 수 있을 뿐만 아니라 선택해야 한다. 당신의 선택은 차례로 하나님께로 당신을 인도하거나 아니면 하나님으로부터 당신을 밀친다. 당신은 그리스도께서 당신의 삶의 주이신지 아닌지 결정해야 한다. 다른 사람이 당신을 위하여 결정해 줄 수 없다.

상황의 한계 안에서 그리스도인은 자유롭다. 그의 비기독교적 이웃도 그건 마찬가지이다. 이는 개인적 경험이 가르치는 바이며 성경의 틀림없는 메시지이기도 하다. 아울러 성경의 가차없는 명령이 있다. "너희 섬길 자를 오늘날 택하라"(수 24:15). 기독교 신앙은 인간의 자유를 허용할 뿐만 아니라 우리의 신앙은 그것을 주장한다.

이는 상대성과 무슨 상관이 있는가? 모든 점에서 상관있다. 이제 하나님의 눈으로 지상의 삶을 바라보는 불가능한 일을 시도해 보라. 하나님은 땅의 한 장소에 국한되지 않으신다. 하나님은 모든 곳에 계신다. 때때로 사람들은 옛적 요나처럼 하나님으로부터 달아날 수 있다고 생각하곤 한다. 그들은 요나처럼 하나님을 피할 수 없음을 발견한다. 하나님은 하늘 보좌에 앉아 우리가 땅에서 몸부림치는 것을 무한히 먼 거리에서 물끄러미 쳐다보시는 멀리 떨어진 관찰자가 아니시다. 하나님은 우리의 몸부림 가운데 계신다. 이는 시편 139:7-14에서 극적으로 서술되어 있다.

오늘날 그리스도인은 하나님이 모든 곳에 계신다는 개념에 전혀 어려움이 없는 듯이 보인다. 이 개념은 하나님이 케이프타운(남아프리카)에서든 브리즈번(호주)에서든 동시에 믿음의 기도를 들으시는 것에 관한 지적인 문제를 그리스도인에게 제기하지 않는다. 그러나 동일한 그리스도인은 하나님이 "언제든지" 계신다는 생각에 관련하여 심각한 난점을 가질 수 있다. 쉽사리 우리의 입술은 "하나님은 영원하시다"하고 말한다. 이 말은 무슨 뜻인가? "그 의미는 하나님께는 시작도 끝도 없다는 뜻이다." 그러나 그것이 이런 뜻이라면 하나님께는 과거도 미래도 없다는 뜻이다. 하나님께는 오직 무시간적인 지금이 있다. 영원한 끝없는 지속이 아니다. 이는 무시간적 존재라는 상이한 성질이다. 시공간 안에 사는 우리는 하나님의 영원한 존재를 공유하도록 부르심을 입었다. 우리는 이미 우리의 "영원한 영광의 유업"의 "보증"을 받았다.

우리가 영원한 관점에서 세상을 바라볼 때, 우리의 시야가 깜빡이긴 해도, 우리는 하나님이 사람들의 삶 가운데서 일하고 계심을 본다. 우리는 하나님이 쉬지 않고 부르시는 소리를 듣는다. "땅이여, 땅이여, 땅이여, 여호와의 말을 들을지어다"(렘 22:29). 어떤 사람은 기꺼이 듣고 반응하며, 어떤 사람은 듣고 거리낌없이 돌이킨다.

하나님이 무엇을 하시든지 창세 전에 이루어졌다. 이것이 하나님의 영원성이 뜻하는 바이다. 하나님께서 자신을 기꺼이 선택하는 자를 선택하고 양자로 삼으실 때, 그 선택은 시간 전에 이루어졌으며 시간이 더 이상 없을 때까지 지속될 것이다. 그리스도인은 은혜를 믿는다. 어떻게 우리는 거기에 이바지할 수 있는가? "예정"은 "선행적 은혜"에 대한 믿음이다. 우리의 짧은 생애가 시작되기 전에 하나님은 사랑이셨다. 우리의 지상적 삶이 끝날 때도 하나님은 사랑이실 것이다.

C. 시간, 영원, 언어

그리스도인은 개인의 체험에서 책임있는 선택이라는 자유의 실재를 안다. 이는 그가 인간의 관점에서 세상을 바라볼 때 보는 것이다. 그가 영원한 관점에서 바라볼 때 "은혜" "창세 전에 … 택하사" "예정하사 … 아들들이 되게 하셨으니"를 본다. 그가 힐끗 본 영원을 시간과 공간의 언어로 바꾸려고 할 때 난점이 있다. 그런데 좌우간 하나님의 사랑과 영광은 사라지는 것처럼 보인다. 우리의 지식은 기껏해야 단편적이다. 우리의 언어는 기껏해야 진리를 향하여 날아가는 무딘 화살이다.

> 여호와의 말씀에 내 생각은 너희와 다르며
> 내 길은 너희 길과 달라서
> 하늘이 땅보다 높음같이
> 내 길은 너희 길보다 높으며
> 내 생각은 너희 생각보다 높으니라.
>
> — 이사야 55:8, 9.

거룩한 신비에 관한 우리의 서툰 말 때문에 많은 사람이 두려워 하나님으로부터 달아난다. 그들은 "나는 자유로운가 아니면 예정되었는가?"하고 질문한다. 우리는 이렇게 대답할 지혜가 있어야 한다. "당신은 자유롭다. 마침내 당신이 하나님의 사랑에 응답했으며 그래서 영원한 전망으로부터 인간의 운명을 바라볼 수 있을 때 자신이 창세 전에 부르심을 받은 것을 보게 될 것이다."

그리스도인은 선택과 부르심과 예정을 개인적 체험의 문제로 안다. 그는 자신의 영적 생활이 하나님의 은혜의 작용임을 안다. 그리스도인은 하나님으로 하여금 자신을 사랑하게 하지 못했다. 그는 하나님의 눈부시는 사랑에 응답했다. "우리가 사랑함은 그가 먼저 우리를 사랑하셨음이라"(요일 4:19).

그리스도인이 아닌 이웃은 선택과 부르심과 예정을 개인적 체험의 문제로 알지 않는다. 어떻게 알 수 있는가? 하나님이 부르셨고 그는 대답하지 않았다. 그는 하나의 관점으로만 세상을 보고 있다. 그는 책임있는 선택이라는 실재를 안다. 그는 하나님을 거부하기로 결정했다. 그의 선택은 이것이다. 그가 그런 선택을 내렸다. 그는 책임이 있다. 그리스도인으로서 당신의 과제는 예정에 관하여 그와 논쟁을 벌이는 게 아니다. 그러면 잘해도 두통이 생기게 할 뿐이다. 기독교는 형이상학이 아니라 삶이다. 우리는 신앙의 신비를 설명할 수 없다. 우리는 전기를 설명할 수 없지만 여전히 전등을 켠다. 우리는 하나님이 이 세상 안에서 이 세상을 통하여 일하심을 믿는다. 우리는 하나님이 사랑이심을 믿는다. 우리는 하나님이 그리스도인이 아닌 이웃을 사랑하심을 믿는다. 우리는 예정에 관하여 지나치게 걱정하지 말고 이웃이 그리스도인이 되고 싶어하도록 살려고 노력해야 당연하다.

결론

역사의 혼란한 역류 아래 하나님의 목적이 있음을 믿는다고 해서 인간의 자유가 파괴되지는 않는다. 이는 우리의 인간적 자유를 떠받치며 소망을 가득 채운다. 지상의 관점에서 보자면, 미래의 전망은 불길하고 꺼림칙하다. 사람들은 자연의 신비를 깊이 파고들었으며 파괴를 위한 수단을 만드는 데 자유를 사용했다. 심리학자의 발견물은 "세뇌"와 대중 조작으로 악용되었다. 악하고 잔인한 사람들이 권력을 잡으려고 하고 장악했다. 미래에 무슨 소망이 있는가? 인간의 관점에서는 전혀 없다. 그리스도인인 우리는 하나님께 소망을 둔다. 하나님은 이 세상을 창조하셨고 아울러 악한 것의 가능성뿐만 아니라 선한 것의 수많은 가능성도 창조하셨다. 우리는 창세 전에 교회를 선택하시고 우리를 택하사 이해할 수 없는 상황에서도 하나님을 찬송하고 하나님께 영광을 돌리며 살도록 하신 하나님을 믿는다. 우리는 우리가 태어나기 전에 우리를 양자로 삼으사 하나님을 잊어버린 듯한 종종 아주 잊어버리곤 하는 혹성에서 하나님의 아들들로 살도록 하신 하늘 아버지 안에서 삶을 산다. 이것이 우리의 신앙이며 우리의 소망이다. 우리를 창조하셨고 우리를 부르시는 하나님이 그리스도 예수 안에서 만물을 하나로 모으실 때까지 자신의 교회를 통하여 부분적으로 일하시면서 자신의 영원한 목적을 이루실 것이다.

에베소서 제2장

Ⅰ. 교회의 의미

B. 교회에서 회중의 몫

2:10. "우리는 그의 만드신 바라. 그리스도 예수 안에서 선한 일을 위하여 지으심을 받은 자니 이 일은 하나님이 전에 예비하사 우리로 그 가운데서 행하게 하려 하심이니라."

1. 역사적 배경

2:14에서 바울은 무너진 벽에 관하여 말한다. 이 언급은 자연스럽게 이 장이 마칠 때 나오는 확장된 은유에 도달한다. 여기서 바울은 지상의 교회를 예루살렘 성전과 비교한다. 무너진 벽은 실제로 에베소서에 나오는 다른 모든 것과 마찬가지로 많은 학문적 논쟁의 주제였다. 바울의 가장 희귀한 표현은 "중간에 막힌 담"이다. (아마 여기서는 6:17의 "구원의 투구"처럼 속격으로 사용되었을 것이다. 즉 "구원은 투구이다." 그런 용례는 바울의 저술 다른 곳에서도 드물게 발견된다.) 중간의 담은 울타리와 같은 역할을 했다. 이는 유대인을 이방인과 분리시켰다. 이방인을 유대인과 분리시켰다.

바울은 구주께서 십자가에 달리시던 때 찢어졌던 성막의 휘장(마 27:51)을 언급하지 않는 게 거의 분명하다.

아마 바울은 이방인 뜰과 성전을 나누었던 구획인 헬(chel)을 언급하는 것 같다. 요세푸스는 성전을 서술하면서 이렇게 말한다:

이 처음 회랑을 통과하여 성전의 두번째 뜰에 이를 때, 돌로 만든 칸막이가 둘려 있는데, 그 높이는 세 규빗이다. 이 건축물은 매우 우아했다. 그 위에 기둥이 서 있었는데 각각 동일한 거리를 유지하며, 순결의 율법을 선포하는데 더러는 헬라어로 더러는 로마어로 되어 있었다. 외국인은 이 성소 안에 들어가서는 안 되었으며, 이 두번째 뜰을 일러 "성소"라 했다.

— 「유대인의 전쟁」, 5권 5장

1871년 성전터를 탐사하던 고고학자들은 헬라어로 된 비명 하나를 발견했는데 이렇게 기록되어 있다:

다른 민족 사람은 누구든지 성소 주변의 칸막이와 둘러싼 담을 들어서서는 안 된다. 거기서 체포된 사람은 그 결과로 사형의 형벌을 받지 않을 수 없을 것이다.

성전 나머지와 나란히 있는 담은 70년에 무너졌다. 바울이 아닌 다른 사람이 에베소서를 기록했다고 믿는 사람들은, 이것을 증거로 인용하여 그 담이 서 있는 동안 유대인으로 양육을 받은 사람에게는 그런 수사법이 떠오르지 않았을 것이라고 주장한다.

바울은 에베소와 다른 곳에서 사실상 중요한 장애물 즉 율법주의와 관습과 전통과 아마 가장 중요하게는 태도의 장애물이 넘어지는 것을 보았다. 이것이 담이 상징하는 장애물이다. 그리스도는 이방인을 유대인으로 만들기 위하여 혹은 유대인을 이방인으로 만들기 위하여 오신 게 아니라 둘로 새로운 피조물 즉 그리스도인을 만들려고 오셨다.

그리스도인들은 때때로 이방인이 빈손으로 기독교 신앙으로 들어오지 않음을 망각한다. 유대인은 구약의 비할 데 없는 유산을 가지고 왔다. 그러나 이방인은 헬라 철학과 로마의 법률을 가지고 왔다. 하나님은 이 요소들을 풍부하게 사용하셔서 교회인 성전이라는 자신의 건물을 만드셨다.

II. 용어 해설

2:1. "죽은." 신약에서는 종종 그리스도 안에서 영적 생활에 이르지 못한 사람을 일컫는다. 누가복음 15:29, 32; 요한복음 5:24, 25; 골로새서 2:13.

2:2. "그 가운데서." 행위의 "영역."

"행하여." 습관적 행위를 가리키는 히브리어 표현. 이는 에베소인들이 현저히 부도덕했음을 함축하지 않는다. 죄는 "과녁을 빗나가는 것"이다. 습관적으로 과녁(삶)을 빗나가는 사람은 죽은 사람이다.

"풍속"(아이오나). 신약에서 이 말은 "시대" "시간의 간격"을 뜻하며 아마 여기서도 이런 뜻일 것이다. 어떤 사람들은 바울이 후대의 영지주의적 표현을 사용하고 있다고 하는데 그럴 경우라면 에온은 "방출" 즉 개별적인 영적 능력을 뜻한다. 그러므로 이는 "권세"와 "영"과 동의어이다.

"잡은 자[영어성경에는 '임금'으로 되어 있음—역주]." 마귀 즉 "이 세상(아이노스)의 신"(고후 4:4).

"권세잡은[영어로는 '권세의'로 되어 있음—역주]" 분명 사단에 종속된 악마적 존재를 말할 것이다.

"공중의." 아마 당대 종교 사상에 나오는 표현으로 악한 세력이 항상 가까이 있는 것을 암시하는 반면 그들의 지상적 잠정적 거처와 영원한 "하늘"(2:6)을 대조하고 있다.

"영." "임금[사단]" 혹은 "공중의 권세"이다. 이 말은 현대 그리스도인으로서는 거의 파악할 수 없는 말이다. 그러나 이는 부인할 수 없는 사실을 말한다. 우리 모두는 하나님으로부터 우리를 멀어지게 하는 세력에게 둘러싸여 있고 채워져 있다.

"불순종하는 아들들." 말 그대로 "자녀들"이다. 히브리 어투이다. "아들"은 "아버지"의 본질적 본성을 공유한다. 불순종하는 자이다.

2:3. "우리." 유대인.

"전에는" 영어 용법이 이 개념의 의미를 바꾸어 버렸다. "우리는 한때 … 살았다"(RSV).

“우리 육체의 욕심.” 이는 배타적으로 혹은 일차적으로 성적 악습을 가리키는 게 아니라 하나님께 헌신되지 아니한 모든 인간적 욕심을 가리킨다.

“본성상.”(퓌세이). 종종 “태어남”으로 번역된다. 여기서 이는 성령님에 의하여 감화받지 못한 인간의 상태를 뜻한다.

“진노의 자녀.” 히브리 어투: “하나님의 진노를 받을 만하다.” 하나님은 죄를 모두 미워하신다. 하나님은 죄인을 사랑하시며 그를 구속하기 위하여 십자가를 담당하셨다.

2:4. “[그러나] 하나님이.” 삽입구로 들어간 두 개의 훌륭한 절 때문에 끊어진 2:1의 생각을 다시 잇는다.

“그 큰 사랑을 인하여.” 이 이유 때문에 하나님은 십자가를 담당하셨다. 하나님은 인간의 공로 때문에 어쩔 수 없이 그렇게 하신 게 아니라 자신의 사랑 때문에 그렇게 하지 않을 수 없으셨다.

2:5. “죽은.” 이 절은 2:1을 다시 반복한다.

“우리를 그리스도와 함께 살리셨고.”(쉬네조포이에센) “함께 살아나게 했고.” 세 개의 “함께”라는 낱말 가운데 첫번째 것이다. “우리를”은 이전의 이방인과 이전의 유대인 모두를 언급한다. 이들은 “그리스도와 함께 살리심”을 얻었다. 그의 부활은 우리의 구원에서 핵심적 사건이다.

“너희가 은혜로 구원을 얻은 것이라.” 말 그대로 “구원을 받았다.” 이 삽입구는 승리의 탄성이지 조직신학의 강의가 아니다. “너희들, 사회의 사랑받지 못하고 짓밟힌 자들은 그리스도와 함께 구원받아 살았다. 땅의 어떤 권세도 이것을 성취할 수 없었다. 그러나 하나님의 사랑은 넉넉하다.”

2:6. “[우리를] 함께 일으키사”(쉬넨게이렌). 완료된 행위. 이 논의는 물리적 생명과 사망의 측면에서 영적 생명과 사망과 관련된다. 그리스도인은 육체적 죽음의 사건 이전에 이미 그리스도와 함께 “일으키심”을 받았다. “함께 하늘에 앉히시니”(쉬네카씨센). “함께”라는 사유의 진행은 종결되었다. 이 행위들은 영원한 관점에서 완료되었지만, 각각의 인간 생활에서 개별적으로 실현되어야 한다.

"하늘에." 1:3을 보라.

2:7. "… 나타내려 하심이니라." 2:5-6에 언급된 하나님의 은혜로운 행위의 목적.

"오는 여러 세대에." 아마 지상 교회의 오는 세대들일 것이다. 물론 많은 사람은 이를 영화된 교회를 언급하는 것으로 이해한다. 시 103:17.

"지극히 …." 하나님의 능력과 같이 신적 은혜가 흘러 넘친다. 시 1:19.

"자비." 갈라디아서 5:22에 관한 주를 보라. 하나님의 속성으로서 누가복음 6:35; 로마서 2:4; 11:24; 디도서 3:4; 베드로전서 2:3.

2:8. "은혜를 인하여 … 믿음." 말 그대로 "[방금 언급된] 은혜로 너희가 구원받았다." 로마서 1-5장에 나온 실타리 같이 얽힌 주장에 대한 요약. 구원은 현재적 복과 영원한 복이다.

"이것이." 즉 너희가 구원받았다는 사실.

"선물." 사람은 하나님의 사랑을 살 수 없다. 사람은 그 선물을 받을 수 있다.

2:9. "행위에서." 이 생각에 대한 가능한 오해는 2:10에서 바로잡힌다.

2:10. "만드신 바." 헬라어: 포이에마. "지음을 받은 것"은 "창조물"일 수 있다. 영어에 나타나는 언어 유희는 헬라어에 나오지 않는다.

" … 일을 … 지으심." 이 그리스도 중심의 표현은 왜 하나님이 우리를 창조하셨는지를 설명한다. 그리스도인은 믿음에 의한 구원이냐 행위에 의한 구원이냐의 선택에 직면하지 않는다. 이들은 하나님이 믿음에 의한 구원에 이르도록 부르신 자들이다.

"하나님이 … 전에 예비하사." 의의 원리는 (수학의 원리와 마찬가지로) 하나님이 주신다. 하나님은 주로 구약에서 기본적 원리를 드러내셨다. 기본적 도덕을 변경하거나 향상시키는 것이 우리의 위치가 아니다.

"행하게." 히브리 어투. "우리 자신을 헌신하게"(NEB).

2:11. "이방인 … 무할례당." 유대인은 유대인이 아닌 자들을 "무할례당" 혹은 "이방인"이라고 말하곤 했다. 바울은 "육체로"라는 말을 덧붙인다. 그가 말하는 백성은 유대교적 언약의 표를 받지 않았지만, 하나님께 선택받

아 영원히 양자되었다. 그들의 도덕적 조건이 바뀌었고(2:1, 5), 그들의 종교적 조건이 바뀌었다. 유대교 공동체에게 이들은 여전히 이방인이었다.

"손으로 … 할례당." 말씀이 육신이 되시기 전에 유대 백성은 오실 메시야 혹은 그리스도께 대한 소망을 품었다. 이방인은 그런 소망을 품지 않았다.

"[이스라엘 나라] 밖의 사람 … 약속." 메시야 기대에 대한 몫이 없었다.

"소망이 없고." 언약의 소망이 아닌 일반적 소망이다. 어떤 소망이 있었는가? 보좌에는 독재가 있었다. 종교에서 부패케 하는 신화, 음탕한 동양 관행, 신비주의적 사교가 있다. 가장 고상한 로마 종교, 철학적 스토아주의는 소망을 주지 않고 단지 체념을 주었을 뿐이다.

"하나님도 없는 … ." 선행한 네 가지 진술은 사실적으로나 역사적으로 논증된다. 많은 사람은 "하나님도 없는"이라는 이 진술을 매우 공격적인 것으로 본다. 왜냐하면 개개의 이방인은 다양한 종교를 갖고 있었고, 각각은 어떤 특정한 점에서 기독교 신앙과 일치했다. 바울은 기독교가 참되고 예수님의 오심으로 인생에서 중요하다는 오래된 사상을 고수한다. 이방인은 몇몇 종교를 갖고 있었지만, 말 그대로 예수 그리스도 안에서 계시된 하나님은 없었다.

2:13. "멀리." 모든 이방인에 대한 유대교의 호칭.

"가까와졌느니라." 좀더 나은 번역은 "가까이로 이끌림을 받았다" (RSV). 하나님의 구속 행위는 완료되었다. 오직 우리 인간 편에서만 성취되지 못했다.

"그리스도의 피로." 말 그대로 "그리스도의 피 안에서." 그래서 선행하는 "그리스도 예수 안에서"라는 말과 병행을 이룬다. 그리스도의 속죄하는 죽음은 메시야를 기대했던 자들에게만 유효한 것이 아니라 모든 인류에게 유효했다.

2:14. "그는 우리의 화평이신지라." "그가 우리에게 화평을 주신다"는 것보다 훨씬 강력한 표현이다. 기독교는 철학이 아니라 인격이다. 이 화평은 이전의 유대인과 이방인이 그리스도 안에서 이룬 연합이며, 둘이 하나님께

화목됨이다.

"중간에 막힌 담." 히브리 성전의 바깥 뜰은 이방인에게 열려 있었다. 담이 있어서 안뜰에 유대인말고 아무도 들어가지 못하게 막았다.

2:15. "자기 육체로." 사람들 가운데 이루어진 그의 성육신한 생활이지 그의 속죄하는 죽음이 아니다.

"원수된 것 …." 담은 유대인을 이방인과 나누었고 사실상 이방인과 하나님을 나누었던 유대교 입법과 의식이라는 전체적인 방대한 체계를 상징한다. 그리스도는 자신의 완전한 순종을 통하여 율법을 이루셨다. 히브리서 10:5ff.

"이 둘을 한 몸으로." 유대인이 이방인과 화목됨이 아니라 두 계통(정치적 단체)이 창조적인 통일체로 융합됨이다. 이 창조적 통일체는 공동체적 인격으로의 교회이다. 이 융합은 이전의 적대감을 허문다.

2:16. "화목하게"(아포카탈락세) "완전히 화목하라." 이 말은 종종 강조하는 접두사와 더불어 "화목하다"(원수를 친구로 변화시킨다)로 번역되곤 했다. 이 합성어는 이곳과 골로새서 1:20, 22에서만 발견된다. 하나님은 결코 사람에게 적의를 품고 계시지 않았지만, 사람은 하나님을 미워하고 거부했다.

"한 몸." 인류의 통일은 성육신으로 말미암아 (이상적으로) 성취되었다. 이 성육신의 확장이 교회이다.

"원수된 것을 소멸하시고." 원수에게 죽임을 당한(유대인과 이방인은 하나님을 멸하려고 협력했다) 그분은 죽음의 도구와 수단인 십자가를 원수된 것(원수가 아니다. 그리스도는 원수를 구속하기 위하여 죽으셨다)을 죽이는 날카로운 칼로 변화시키셨다.

2:17. "또 오셔서 …." 사람들 가운데서 그리스도께서 행하시는 현재 활동은 대개 성령의 사역을 통한다. 요한복음 14:18-27.

"전하고"(유엥겔리사토) "복음을 선포하고."

"자들에게." 중요한 점은 "우리에게"가 아니라는 것이다. 한때 매우 의미 있는 이전의 구분은 그리스도에 대한 믿음이 있는 곳에서 사라졌다.

2:18. "한 성령." 2:16에 나오는 "한 몸"에 상응한다. 교회의 조직적 통일성은 성령의 통일하시는 현존이 없으면 거의 가치가 없다. 고린도전서 12:13.

2:19. "외인, 손." 말 그대로 "외국인과 체류인." "체류인"은 유대인 가운데 살았지만 유대인이 아닌 사람이었다. 두 낱말은 언약 백성에 속하지 않은 모든 사람을 포괄한다.

"동일한 시민." 교회에는 이등급 시민권이 없다. 그리스도를 믿는 모든 사람은 인종적 배경으로나 종교적 배경으로나 상관없이 성도이다.

"하나님의 권속." 윌리엄 틴데일(William Tyndale)의 번역. 더 이상 개선할 여지가 없는 번역이다. 맏형[그리스도]을 믿는 믿음으로 말미암은 하나님의 가족의 구성원 자격이 그리스도인의 시민권의 근거이다.

2:20. "세우심을 입은." 수사법의 변화. "가정"이라는 의미의 "권속"은 "집"을 암시한다. 집에 있는 많은 구조적 요소는 마스터 플랜에 의하여 통합되었을 때 기능적 통일체를 형성한다. 여기서 이 "집"은 그리스도의 신비한 "몸"이다.

" … 터." 이 표현은 바울이 에베소서의 저자인가를 묻는 주된 이유 가운데 하나이다. 왜냐하면 몇몇 비판가는 이를 고린도전서 3:11에 대한 직접적 모순으로 발견하기 때문이다. 여기서는 그리스도가 "터"이다. 이를 반박하여 이렇게 말할 수 있다: (1) 모순율은 통상적인 추론적 산문에서 갖는 엄밀함을 수사법에 적용하지 않는다. (X씨는 쥐이며 흙털개이며 밀크 토스트 조각이다.) (2) 고린도전서의 구절은 기독교 신앙을 언급하며, 의심할 나위 없이 그리스도께서 이 신앙의 "터"이다. 그러나 여기 구절은 인간 지도자들이 "터"로 서술될 수 있는 인간적 조직을 언급한다. 그리스도께서는 이 수사법에서 "모퉁이돌"이시며 그의 택하신 행위자들은 "터"이다. 한 은유의 두 가지 용법간에는 모순이 없다. (3) 어떤 주석가들은 여격을 이런 의미로 해석한다. "사도가 놓은 터는 선지자이다." 만일 이것을 받아들인다면, "전파되신" 그리스도는 터이시며 그 자신으로는 "모퉁이돌"이시다. 이 해석은 문법적으로 가능하지만 다소 억지가 섞여 있다.

"선지자." 폴리캅을 필두로 고전 주석가들은 이를 구약의 선지자들로 해석했지만, 전적으로 부활 이후인 이 구절의 어조는 신약의 선지자들을 가리킨다.

"[주된] 모퉁이돌." 모퉁이돌은 터 위에 두지만 지면 가까이에 있다. 고대에는 이 돌을 아주 조심해서 놓았으며, 이 돌을 모든 측량을 실시하는 점으로 사용했다. 어떤 사람들은 모퉁이 돌이 지붕에 있었고 건물의 완료를 표시했다고 믿는다. 어떤 경우이든 모퉁이 돌은 서로 다른 방향에서 나오는 두 담을 연합한다. 이는 아치의 종석이 아니다.

2:21. "그의 안에서." 대명사는 예수 그리스도를 언급하지 수사법을 언급하지 않는다.

"건물마다"[영어로는 '모든 건물'이라고 되어 있다—역주]. 말 그대로 "건축물마다"이다. 온갖 가능한 해석이 엄격한 문법적 난점을 제기한다. 아마 바울은 예루살렘의 성전을 생각하고 있을 것이다. 이 성전은 많은 작은 건물로 구성되어 있었으며 거대한 통일체를 형성했다. 마가복음 13:1.

"되어 가고"[영어로는 '자란다'로 되어 있음—역주]. 건축중인 건물 안의 각 구성 구조는 전체로 마스터 플랜을 성취할 때까지 "자란다."

"성전." 각 회중은 기독교 "성전" 내의 한 "구조물"이다. 하나님의 임재가 그것을 거룩하게 만든다.

III. 교리적 의의

에베소서 2장은 많은 교리적 의의를 제공한다. 그 가운데 사실적 진술과 수사법을 교묘하게 얽은 것 즉 트렌치가 말하는 "성경적 풍유"는 없다. 기독교는 현실을 너무 광대하게 다루므로, 이 현실들은 우리의 지성이 파악할 수 있도록 수사법으로 표현되어야 한다. 이 사실 때문에 많은 사람은, 모든 믿음은 상징적이므로 사실의 문제는 과학자들이 발견해야 할 것이며 반면에 믿음은 신화와 상징이라는 측면에서 방대한 무형적인 것을 다룬다고 말하기에 이르렀다. (그런 "믿음"과 순수한 환상의 차이는 분별하기가 힘들다.)

이 장의 마무리 절들은 한때 외인과 나그네였던 자들이(사실, 이스라엘과의 관계에서) 어떻게 예수 그리스도(사실)가 주된 모퉁이 돌(수사법)이시며 사도와 선지자(사실)의 터(수사법) 위에 지금 서 있는지를 말한다. 그(사실) 안에서 모든 건물이 성령(사실)을 통하여 하나님의 성전(수사법)으로 자란다.

그리스도인들은 성경을 가득 채우는 상징적 언어를 자랑한다. ("나는 문이다" "나는 참 포도나무이다." "나는 생명의 떡이다.") 시적 상상력과 솟구치는 은유의 아름다움이 없이 우리의 믿음은 신학적 자료의 무미건조한 모음에 불과할 것이다. 그러나 그리스도인들은 우리의 믿음이 역사적 사실에 뿌리를 내리고 터를 잡고 있음을 기억한다.

논의중인 이 장은 사실과 수사의 관계를 연구할 탁월한 기회를 제공한다. 이는 성경을 읽는 사람이 하나님의 거룩한 말씀에 최고의 관심을 기울여야 한다는 것을 입증한다.

IV. 실천적 목표

궁극적으로 기독교 설교를 위한 두 가지 실천적 목표가 있을 뿐이다. 하나는 그리스도인이 아닌 사람이 그리스도인이 되도록 돕는 것이다. 다른 하나는 그리스도인인 사람을 더욱 훌륭한 그리스도인이 되도록 돕는 것이다. 바울은 이 목표들 가운데 두번째 목표를 염두에 두고 에베소서를 썼다. 그 주된 목적은 회개시키려 함이 아니라 이미 회개한 자들을 인도하고 교훈하고 감명을 주려는 것이다.

10절은 2장을 위한 핵심 절로 선택되었다. 이 절만 이 장에서 단독적으로 가장 중요한 건 아니다. 그 명예는 8절에 돌아갈 것이다. 제시된 설교 연구에서 직접적인 목표는 중요한 절을 잡아 그 빛에 비추어 전체 장을 살피는 것이었다. 이 모든 것을 행하는 목적은 개별 그리스도인에게 자신의 신앙을 좀더 낫게 이해하게 할 뿐만 아니라 그 신앙을 실천하도록 돕는 것이었다.

V. 설교 개요

제목: "교회에서 회중의 몫."

도입부

에베소서 2장은 주로 회중과 개별 지체가 방대한 구원 계획에서 차지하는 위치를 다룬다. 이는 찬연한 1장을 뒤따른다. 1장에서 우리는 하나님이 세상을 창조하시기 전에 교회를 택하셨음을 읽는다. 하나님은 교회 지체를 선택하시고 그들을 양자 삼아 자신의 영원한 가족으로 들이셨다. 하나님은 교회를 존재케 하셨는데, 이는 때가 차서 그리스도 안에 모든 것을 하나되게 하시려 함이다. 그리스도인이 아닌 많은 사람과 그리스도인이라고 주장하는 소수의 사람은 이렇게 말했다. "그런데 그리스도인에게 남아 있는 일은 없다. 그는 하나님의 자의적인 변덕에 의하여 구원받았다. 그래서 그는 얼마든지 휴식을 취하며 아무 일도 하지 않을 수 있었다. 그것은 미리 다 계획되었다." 이는 에베소서의 가르침이 아니다. 이는 예수님의 가르침이 아니다. 이는 기독교 교회의 가르침이 아니다. 오히려 당신은 그리스도 중심의 삶을 살도록 하나님에 의하여 부르심을 받았다. 이것이 바로 그리스도인됨의 의미이다.

A. 우리는 그의 만드신 바이다

아마 당신은 옛스러운 석수가 일하는 것을 본 적이 없을 것이다. 그는 들쭉날쭉하고 먼지 많은 돌 조각을 채석장에서 가지고 와서 작업대에 놓는다. 그 돌을 요모조모 꼼꼼하게 살핀다. 끌과 쇠망치를 가지고 꾹 참고 필요하지 않은 부분을 다듬는다. 그는 쇠자로 작업을 점검하고 또 점검한다. 이 작업이 끝나고 오래 지나서 숙련되지 않는 사람의 눈으로 보면, 그는 계속 자르고 다듬다가 마침내 만족할 때까지 한다. 그런 다음 그는 조심스럽게 자른 돌을 벽에 있는 모르타르 판에 둔다. 들쭉날쭉하고 먼지 많은 다른 돌 조각을 가져다가 계속 한다. 일을 시작하기 전에 석공은 그의 모든 행동을 인도하는 전체적 착상을 염두에 둔다. 그의 작업이 끝났을 때,

건물이 빈터에 선다. 그에게는 계획이 있었다. 그는 그 계획을 철저하게 따랐다. 완성된 결과는 그가 만든 것이다. 하지만 담의 돌들도 역시 그가 만든 것이다.

교회는 그와 비슷한 것이다. 하나님은 계획을 갖고 계신다. 하나님은 세상이 시작되기 전에 그 계획을 갖고 계셨다. 하나님은 세상을 구원하기를 계획하시는데, 주로 자신의 교회의 활동을 통해서 하시려고 한다. 인간 기술자는 아마 수백 번의 상이한 형태의 작업을 수행해야 하지만, 기술자 하나님은 그 목적을 이루기 위하여 수만 번의 방법으로 일하신다. 인간 기술자는 자신의 뜻에 일치할 자료를 가지고 일한다. 그는 적절한 절차를 따른다면, 녹은 금속이든지 액체 산소든지 자신이 하고자 하는 일에 도움을 줄 것이다. 그러나 하나님은 자신의 삶을 위하여 하나님과 하나님의 뜻을 기꺼이 부인할 수 있는 자유로운 인간 행위자와 함께 일하고 계신다.

하나님의 계획은 완전하다. 이 계획에서 가장 필요한 행위인 십자가에서 신인(神人)의 죽음은 이미 일어났다. 오히려 명백한 것은 그 계획이 지상에서 성취되지 않았다. 교회는 아직 이 기본 계획에서 그리는 하나의 거룩한 성전으로 결합되지 않았다. 이 기본 계획에서 우리의 몫은 완료되지 않았다. 그렇더라도, 아무리 작아도 지상에 있는 하나님의 성전의 건물에서 몫을 갖고 있는 우리는 그의 만드신 바이다.

지상의 기술자는 거칠고 조잡하고 매력적이지 않은 자료를 가지고 일을 시작하는 경우가 많다. 당신과 나에게는 코르타르 덩어리가 절망스러울 정도로 추하게 보인다. 화학자는 거기서 수만 가지 가능성을 본다. 그는 코르타르를 정제하여 거기서 수많은 색을 추출하여 예술가에게 넘겨준다. 예술가는 그 자체로는 전혀 아름답지 않은 캔버스를 활용한다. 그러나 캔버스에서 그는 코르타르의 추출물을 가지고 대작을 창조한다. 이는 계획과 고된 작업이 없이는 결코 성취되지 않는다. 그러나 인간의 창의성과 기술은 매일 자연의 거친 원재료를 문명의 필요한 산물로 바꾸고 있다.

하나님은 어떤 재료로 시작하시는가? 이 점에서 기독교 신앙과 현대 사상은 극과 극이다. 현대 인본주의 사상가를 내쫓는 것은 기독교의 곤경이 아니라 적실성이다. 그는 인간 본성이 본질적으로 선하며 우리가 빈민굴을 좀더 허물고 어떻게든 전쟁을 멈추고 많은 오락 센터를 짓으면 인간 문제가 해결될 것으로 믿는다. 그는 그리스도와 그의 십자가에 대한 본질적 필요를 보지 못한다. 기독교 신앙은 하나님이 시체를 가져다가 거기에 생명의 호흡을 불러넣으시는 것을 본다. "허물과 죄로 죽은 너희를 살리셨도다." 분명 이는 상징적 언어이다. 생물학적으로는 회개 이전과 이후의 인간 생명에는 측정할 수 있는 차이점이 없다. 이전이나 이후에나 그는 호흡하며 그의 피가 순환하며 그는 잠을 자야 한다. 하지만 생물학적으로 살면서 공동 모금에 기부하고 오페라를 즐기는 사람이 영적으로 죽어 있을 수 있다.

바울은 하나님이 자신을 부르시고 자신이 응답하기 전의 자신을 서술한다(물론 하나님은 바울이 태어나기 전에 바울의 생활에서 자신의 일을 시작하셨다).바울은 "우리 육체의 욕심을 따라 지내며 육체와 마음의 원하는 것을 하는" "불순종의 자녀" 가운데 자신이 속한다고 분류한다. 불행하게도 오늘날 욕심이라는 용어는 오직 하나의 욕구에만 적용된다. 바울은 하나님의 계획에 반대되는 모든 인간적 욕구를 생각하고 있다. 바울은 회개하기 전에 대부분의 사람들이 보기에 깨끗하고 도덕적인 삶을 살고 있었다. 그는 종교적 의무에서 신실했다. 그리스도인들이 핍박이라고 생각하던 것을 그는 순찰자의 필수 활동으로 보았다. 바울은 교회를 해하는 강제력을 옳은 것으로 생각하고 사용했다. 하지만 하나님은 동의하지 않으셨다. 그런데 바울에게 변화가 일어났다. 그는 자신이 옳다고 생각하는 것을 그만두고 하나님이 옳다고 생각하시는 것을 행하기 시작했다. 그는 자신의 체험에서 등장한 차이를 사망과 죽음의 차이라고 서술한다.

"허물로 죽은 우리를 그리스도 예수와 함께 살리셨고." 조간 신문에는 세상이 영적으로 비참한 상태에 있음을 보여주는 증거로 가득 차 있다. 오늘날 인본주의 사상가는 인간 본성에 관한 낙관론적 견해로부터 출발하여 전적으로 솔직하게, 문명이 죽어가고 있는 것처럼 보인다고 고백해야 한다. 그리스도인은 영적으로 죽은 사람으로 시작하여 그리스도를 통하여 영적인 생명에 이르러 "은혜로 우리가 구원받았다"고 외친다. 기적과 신비와 경이 중의 경이이다. 하늘과 땅의 창조주는 심술궂고 거칠고 자기 중심적이고 성격이 나쁜 신경질 덩어리 같은 우리를 사랑하시고, 생명의 선물을 우리에게 주신다. 우리는 그의 만드신 바이다.

그리스도인은 빈민가 정리, 오락 센터, 세계 평화의 필요를 잘 안다. 그러나 그는 인간과 하나님의 관계에서 사회 봉사를 시작하고 거기에 중심을 둔다. 그리스도인은 우리 시대에 소망을 갖고 미래를 담대히 바라보는 유일한 생각하는 사람이다. 그는 말한다. "그리스도께서 내 생활을 책임지시기 전의 서글프고 엉망진창인 자신과 그리스도께서 그렇게 멀리서 나를 데리고 오신 그 거리와 그리스도께서 내 안에서 시작하신 일을 완성하실 것이라는 사실을 볼 때, 나는 절망 가운데 포기할 수 없다. 그리스도는 인류의 온갖 혈통을 하나되게 하려고 지상에 교회를 두셨다. 그리고 하나님은 이 세상을 버리지 않으실 것이다. 오는 세대에 하나님은 그 은혜의 지극히 풍성함을 우리를 통하여 보이실 것이다. 오늘날 나를 통하여 하나님의 빛을 비추는 것은 내 몫이다." 이것이 바로 하나님의 만드신 바라는 의미이다. 자아 바깥의 세력에만 반응을 보이는 생명없는 벽돌이 아니라 자유롭고 그리스도와 더불어 그리스도를 위하여 살 책임이 있는 그리스도인이다.

B. 그리스도 예수 안에서 선한 일을 위하여 지으심을 받음

인본주의 사상가는 국가가 병들어 찜질약이 필요하다고 믿는다. 그리스도인은 국가가 죽었으며 살아나야 한다고 믿는다. 찜질약은 현대적 형식의 선행(善行)이다. 우리는 많은 가능한 선행 가운데서 빈민가 정리, 세계 평화를 위한 몸부림, 오락 센터 건물을 언급했다. 이런 것들은 선하다. 그리스도인은 가치있는 사회 봉사에 시비를 걸지 않는다. 사회 개혁자들의 명부는 그리스도 안에서 동료 인간을 돕기 위하여 수고한 자들의 이름으로 빛난다. 그리스도인은 인간의 노력이 그리스도 안에 있지 않으면 병을 일시적으로 경감하는 것일 뿐 치료제가 아님을 주장한다.

"그리스도 안에서." 이는 특이한 표현이다. 바울의 저술에서 이 표현은 자주 발견되지만 신약 나머지에서는 드물게 발견된다. 에베소서 이 두번째 장에서 이 표현은 자주 등장한다. 그리스도 "안에" 있음은 무엇을 뜻하는가? 이는 영적 관계를 논의하기 위하여 사용된 공간의 언어이다. 그리스도께서 모든 곳에 계신다고 믿는다면, 어떤 의미에서 모든 것과 모든 사람은 그리스도 "안에" 있다. 분명 여기서 바울의 뜻은 그것이 아니다. 그는 건축과 관련된 수사법으로 이 장을 결말지으며, 지상의 교회를 건축중의 건물로 서술한다. 이 건물은 그리스도께 속하며, "하나님의 거하실 처소가 되기 위하여 예수 안에서 함께 지어져 가느니라." 이 터를 방문하는 사람은 혼돈과 먼지와 건물 비계와 잡석들을 느닷없이 접하게 될 것이다. 그러나 건축가는 담에 놓인 각 돌이 언젠가 서게 될 통일된 구조물에 나름대로 기여한다는 것을 안다. 돌은 담의 일부가 될 때 개성을 유지한다. 하지만 자신보다 훨씬 큰 무엇 "안에" 있다. 어제는 그것이 암석이었다. 오늘날은 성전에 속한다. 다른 데서 바울은 교회를 그리스도의 몸으로 우리 자신을 그 몸의 일부로 생각하라고 가르친다. 그리스도 안에서 사람은 자신의 개성을 전혀 잃지 않는다. 오히려 그는 하나님이 창조하실 때 의도하신 참된 자아가 된다. 사람은 그리스도 안에서 사라질 때까지 참으로 자신을 발견하지 못한다.

그리스도 "안에" 있는 그리스도인은 부단없이 그리스도와 같아지려고 노력해야 한다. 예수 그리스도는 지상에서 쉽게 살지 않으셨다. 당신도 마찬가지일 것이다. 당신은 혼란스러운 세상에서 산다. 예수님도 마찬가지이셨다. 당신은 잘 지내기가 힘든 사람으로 둘러싸여 있다. 예수님도 마찬가지이셨다. 당신은 시험과 스트레스와 긴장에 의하여 괴롬을 받는다. 예수님도 마찬가지이셨다. 바울도 마찬가지였고 초대 교회도 그러했다.

우리 모두는 오늘날 교회 생활의 많은 난점을 인정한다. 때때로 우리는 난점이 새롭게 나타나고 있음을 망각한다. 우리 기독교 조상들이 1세기에 직면했던 문제를 보라. 초대 교회는 유대인과 이방인으로 구성되었다. 유대인은 바리새인과 사두개인과 열심당과 완고한 근본주의자와 열정에 불타는 급진주의자들과 그다지 선하지 못한 유대인들과 나머지 사람들로 나누어졌다. 다른 말로 하면 유대인은 한 백성이었다. 이방인은 로마인과 헬라인과 약 20개의 다른 백성으로 나누어졌다. 어떤 사람은 자유로웠고 어떤 사람은 종이었다. 어떤 사람은 도덕적으로 살았고 어떤 사람은 단연코 그렇게 살지 않았다. 그러나 적어도 이방인은 한 가지에 동의할 수 있었다. 그들은 유대인이 아니었다. 그리고 유대인은 한 가지에 동의할 수 있었다. 그들은 이방인이 아니었다. 유대인은 잘해야 이방인과 떨어져서 지냈다. 최악의 경우 그들을 미워했다. 이방인들은 이해 관계에 따라 경의를 보냈다. 이는 지상에 가장 강력한 구조물을 짓는 데 매우 부적절한 재료로 보인다. 그러나 하나님은 인간의 두 적대적인 계통을 이렇게 섞어서 하나의 거룩한 성전 곧 교회를 세우셨다.

하나님은 성전을 지으셨다. 교회의 지체들은 활력없는 벽돌에 불과했는가? 당신이 더 잘 알 것이다. 그들은 성급한 약점과 다른 사람의 신경을 자극하는 놀라운 능력에도 불구하고 인간이었다. 초대 그리스도인들은 교만을 삼키고 덤덤하게 모욕을 보아 넘겨야 했다. 수세기 동안 조상들은 소원하게 지냈지만, 그들은 함께 일하는 법을 배워야 했다. 무엇보다도 이는 하나님이 전에 그들을 위하여 정하신 선한 일이었다. 그들은 독특한 행동 양식을 갖고 있는 사람이었다. 하나님은 한 번에 하나씩 그들을 불러 자신의 교회로 이끌어 들이셨다. 거기서 그들은 협력하고 자원을 공동으로 관리하고 갈등을 이기고 하늘에서 함께 시민되고 하늘 아버지의 자녀가 되도록 하나님이 자신들을 부르신 것을 배웠다. 하나님은 이것을 하라고 그들을 부르셨다. 그들은 그것을 행했다.

결론

이 장은 "성령 안에서 하나님의 거하실 처소가 되기 위하여 예수 안에서 함께 지어져 가느니라"는 말로 결론을 맺는다.

에베소서 제3장

I. 교회의 의미

C. 교회에서 사역자의 몫

3:3. "곧 계시로 내게 비밀을 알게 하신 것은 내가 이미 대강 기록함과 같으니"

3:4. "이것을 읽으면 그리스도의 비밀을 내가 깨달은 것을 너희가 알 수 있으리라."

3:5. "이제 그의 거룩한 사도들과 선지자들에게 성령으로 나타내신 것같이 다른 세대에서는 사람의 아들들에게 알게 하지 아니하셨으니"

3:6. "이는 이방인들이 복음으로 말미암아 그리스도 예수 안에서 함께 후사가 되고 함께 지체가 되고 함께 약속에 참예하는 자가 됨이라."

3:7. "이 복음을 위하여 그의 능력이 역사하시는 대로 내게 주신 하나님의 은혜의 선물을 따라 내가 일군이 되었노라."

3:8. "모든 성도 중에 지극히 작은 자보다 더 작은 나에게 이 은혜를 주신 것은 측량할 수 없는 그리스도의 풍성을 이방인에게 전하게 하시고,"

I. 역사적 배경

에베소서는 죄수의 편지이다(3:1, 13; 4:1; 6:20). 자연스럽게 우리는 죄수 바울이 언제 그 편지를 썼는지 알고 싶어진다. 만일 연대를 확인할 수만 있다면 그 위치를 알기가 쉬울 것이며, 역으로도 가능할 것이다. 두기고를 편지 전달자로 언급한 것(6:21)은 다른 내적인 유사성처럼 골로새서와 이 편지를 결부시킨다. 우리는 가이사랴에서의 감금(행 23:23ff; 24:27), 로마에서의 감금(행 28:16)을 안다. 각 지역이 에베소서가 작성된 장소로 제시되었다.

옥에 갇힘에 관하여 우리가 아는 것이 거의 없으므로 바울이 로마에서 편지를 썼을 가능성이 커 보인다. 6:19-20은 바울이 죄수로서 상당한 자유를 누렸음을 암시한다. 사도행전 24:23과 28:16을 대조함으로써 우리는 바울이 가이사랴보다 로마에서 훨씬 많은 자유를 누렸음을 믿게 된다. 골로새서 4:10-14은 바울이 비교적 자유로웠고 사람이 밀접한 곳에 있었음을 보여준다. 어떤 사람은 에베소서와 빌립보서의 내적인 유사성을 발견했다. 만일 이것이 인정된다면, 로마를 지지하는 주장이 훨씬 강력하다.

약간의 정보로는 확실성을 주기에 충분치 못하다. 이 주장은 아무리 좋게 봐도 전적으로 불확실하다. 다행히도 에베소서는 바울과 그의 투옥에 관한 것이 아니다. 이는 하나님과 그의 목적에 관한 것이다.

Ⅱ. 용어 해설

3:1. "이러므로." 이미 논의한 복에 비추어.

"나 바울은." 긴 문장의 주어이다. 동사는 14절에 나온다. 3:2-13은 삽입구이다. 바울은 개인적 체험을 말하고 있지 진공 속에서 철학을 베풀고 있지 않다.

"그리스도 예수의 갇힌 자." 말 그대로 "그리스도의, 예수의." 그리스도는 이스라엘의 소망이었으며 예수님은 인자였다. 바울은 예수님을 그리스도로 믿고 선포했기에 육체적으로 투옥당했다. 영적으로 그는 그리스도께 속박되어 자유를 얻었다.

"너희 이방." 바울은 소아시아의 "이방인" 그리스도인을 통하여 모든 족속과 민족의 이방인에게 말하고 있다.

3:2. "너희가 들었을 터이라." 좀더 낫게는: "너희가 들었다고 추측하고"(RSV). 바울은 에베소의 교회에게 이런 표현을 전혀 말하지 않았을 것이지만, 일반적인 서신에서 자연스러운 표현이었다.

"경륜." 청지기직. 하나님은 바울에게 수행할 일, 투자할 재산을 주셨다. 고린도전서 9:17.

"그 은혜의." 여기서 은혜는 하나님의 태도를 가리키는 게 아니라 하나님이 바울에게 맡기신 특별한 책임 즉 "너희를 위하여" 복음을 전파하는 책임을 가리킨다.

3:3. "계시로." 사도행전 9:1-22. 그리고 바울의 서신에서 자주 나오는 뛰어난 사건. 그러나 계시는 바울의 생활에서 지속되는 힘이었다.

"비밀." 신약에서 하나님이 비밀을 드러내심이 없이 알려지지 않은 영적 진리. 여기서는 "이방인이 함께 후사가 된다"(3:6)는 것이다.

"내가 … 기록함과 같으니." 아마 바울은 여기서 1:9-10을 언급하지 다른 서신을 언급하는 게 아닌 것 같다.

3:4. " … 너희가 알 수 있으리라." 바울이 계시를 받았으므로 바울 자신의 말로 하나님의 계시를 표현하기 위해서는 그로부터 최고의 사유가 나와야 했다. 그처럼 기독교 독자는 자신의 신앙을 생각해야 한다. 하나님은 꼭두각시를 원하지 않으시고 아들을 원하신다.

3:5. " … 사람들에게 알게 하지 아니하셨으니." 히브리 어투: "사람들." 이는 유대인과 이방인을 구분하지 않는다. 인류의 궁극적 통일은 아브라함에게 하신 약속에 함축되어 있으며 많은 선지자에게 계시되었지만, 이는 신약의 선지자와 사도들까지 "알려지지" 않았다.

"거룩한." 어떤 사람들은 바울이 자신을 포함하여 일단의 사람들을 서술하기 위하여 그런 말을 결코 사용할 수 없었다는 것을 촉구한다. 바울의 직분은 거룩했다. 물론 그는 자신의 개인적 성품이 그런 직분을 맡기에 부적절하다고 생각하긴 했다(3:8; 골 1:25; 딤전 1:16).

"성령으로." 하나님이신 성령은 주시며, 인간의 영혼은 받는다.

3:6. "되고." 흠정역으로는 '되어야 하고'로 되어 있는데 "되고"가 더 낫다. 약속이 아니라 현재적 실재이다.

"함께 후사가 되고 … ." 세 가지 표현인데, 각각의 표현은 선행한 표현보다 더 강하며 "함께" "더불어"라는 말(쉰)로 시작한다. "공동 후사, 동료, 공동 협력자"(마팻).

"함께 지체가 되고." 아마 바울이 이 말을 만들었을 것이다. 다른 데서는 이 말이 나오지 않는다. 이는 마팻의 "동료"보다 강한 말이다.

"복음으로." "성령으로"(3:5)와 병행된다.

3:7. "일꾼"(디아코노스). 일반적으로 "종", "시중드는 사람." 교회에서는 "집사"인 경우가 많다. 여기서 "일꾼"은 복음의 "종"이다.

"선물." 일꾼의 일에는 독특한 "선물"이 필수적이다. 바울의 경우에는 이방인을 믿음의 통일체로 이끌기 위한 위임 명령이다.

"역사하시는"[영어로는 '유효하게 역사하는'으로 되어 있음—역주](에네르게이안). "안에서 역사하는." 신약에서 이 말은 종종 하나님의 효력있는 능력을 언급한다. (데살로니가후서 2:9에서 이 말은 사단의 능력을 언급한다.) 이는 일꾼의 일에 두번째로 본질적인 것이다.

3:8. "지극히 작은 자보다 더 작은." 최상급 형식에 비교급 어미가 붙음. 이는 특이하긴 하지만 그 시대의 헬라어에 사용되던 것이다. 바울이 저자가 아니었다고 믿는 사람들은 이 절이 자신들에게 가장 불리한 증거라고 본다. 바울은 자신의 직분은 종종 높이긴 하지만 자신은 낮춘다(고전 15:9; 고후 12:11).

"은혜 … ." 3:2을 확장하여 다시 말한 표현. 이 "은혜"는 두 가지 측면이 있다: (a) 이방인에게 전하는 것 그리고 (b) "모든 사람이 보도록 하는 것"이다.

3:9. " … 드러내게 하려 하심이라." 말 그대로 "알게 하다." 일꾼은 메시지를 전달할 뿐만 아니라 메시지의 적실함을 알려지게 해야 한다.

"경륜." 흠정역으로는 '교제'(코이노니아)로 되어 있지만, 가장 좋은 사본에는 "교제"가 아닌 "경륜" "청지기직" 혹은 "계획"(오이코노미아)을 말한다.

"영원부터 … ." 하나님은 적절한 때까지 자신의 목적(그리스도 안에서 모든 사람을 하나되게 하는 것)을 숨기셨다. 그리스도 이전에 사람들은 인간의 분열이 자연스럽고 정당하다고 생각했다(적어도 우월한 자리에 있는 사람은 그것이 옳다고 생각했다). 그리스도를 아는 사람은 사람들간의 장애물이 하나님의 최종적 뜻이 아님을 인식한다. 그는 우리를 하나가 되게 하려고 우리를 다르게 만드셨다.

"창조하신." 바울은 창조를 언급하는데, 아마 하나님의 계획이 처음부터 변하지 않았음을 강조한다. 구속은 우주적 계획의 핵심이며 단순히 그 안에 있는 삽화가 아니다.

흠정역의 "예수 그리스도로 말미암아"라는 표현이 가장 좋은 사본에는 없다.

3:10. "정사와 권세들." 천사적 존재. 1:21; 골로새서 1:16.

"교회로 말미암아." 골로새의 이단과 전혀 다른 놀라운 생각이다. 거기 그리스도인들은 천사로부터 인도와 지혜를 구하려는 시험에 빠졌다. 여기서 바울은 교회가 천사를 가르친다고 주장한다.

"각종"(폴리포이킬로스). "아주 다양하게" "대단히 상이한 색상들의." 이 낱말은 신약의 다른 곳에 나오지 않는다. 이는 하나님이 자신의 목적을 성취하기 위하여 수만 가지 다양한 방법으로 행하심을 암시한다.

3:11. "영원한 뜻." 말 그대로 "여러 세대의 목적." 비밀은 최근에야 드러났지만, 이전 세대는 하나님이 시간이 시작되기 전에 가지셨던 계획의 성취에 이바지했다.

"그리스도 안에서 예정하신." 말 그대로 "야기된" "실현된" "성취된"을 뜻한다. 성육신은 인간사의 중심 사건이다. 그리스도는 영원하시다. 예수님은 영원하신 자로서 시간으로 들어오셨다.

3:12. "당당함." 원래 이 말은 "연설의 자유" "솔직함"을 뜻했다. 그래서 이 말은 신약에서 자주 사용된다. 거리낌 없이 말할 수 있는 사람에게 있는 두려움 없는 상태로부터, "당당함" "확신"이 나온다. 이는 바울과 요한의 서신에서 일반적인 용례이다.

3:13. "그러므로." 앞절의 "당당히 나아감"보다 3:1의 "갇힌 자"를, 그 다음에 3:1-12의 일꾼의 영광을 가리킨다.

"나의 여러 환난 … ." "낙심치 않는" 두 가지 이유가 주어져 있다. (a) 옥에 갇힌 것은 이방인을 "위한" 것이다, 3:1 (b) 순교자의 고난은 교회의 "영광"이다.

3:14. "이러하므로." 복음으로 열린 삶에 대한 새로운 전망 때문에. 여기서 영적 강건을 위한 사역자의 기도가 시작된다. 3:16-19. 깨달음을 위한 기도(1:17-23)와 비교해 보라.

"무릎을 꿇고"[한글개역성경에는 이 표현이 15절에 있다—역주]. 기도를 뜻하는 자연스러운 수사. 기도할 때 무릎꿇는 것과 서는 것이 신약에 모두 발견된다. 누가복음 18:11; 22:41. 기도하기 위하여 앉는 것은 분명 개신교의 창안이다.

"아버지"[한글개역성경에는 이 표현이 15절에 있다—역주]. 기도의 삼위일체적 성격을 주목하라. 아버지, 3:14-15; 성령, 3:16; 그리스도, 3:17.

"우리 주 예수 그리스도의." 가장 좋은 사본에는 이 표현이 없다.

3:15. "각 족속"[한글개역성경에는 이 표현이 14절에 있다—역주]. 말 그대로 "모든 족속"[family]이다. 그리스도 이전에 하나님은 한 민족에게 자신을 아버지로 계시하셨다. 전체 인류는 하나님께 기원을 둔다. 여기에 그리스도를 믿는 믿음으로 말미암아 인류가 하나되는 궁극적인 근거가 있다. 성경의 용례에서 족속은 오늘날보다 포괄적인 용어이다. 이스라엘은 여러 지파로 나뉘었고 여러 지파는 여러 집안[family]으로 나뉘었고 여러 가족은 여러 권속으로 나뉘었다.

"하늘과 땅에 있는"[한글개역성경에는 이 표현이 14절에 있다—역주]. 가족 개념(현대적 의미에서)이 천사적 존재에게는 명백히 부적절하다. "계급" 혹은 "지위"라고 표시된다.

"이름을 주신." 성경의 용법에서 "이름"은 소위 "본질"이다. 모든 가족은 "본질적으로" 아버지와의 관계 때문에 현재의 모습을 갖는다.

3:16. " … 을 따라." 기도는 인간의 공로가 아니라 하나님의 측량할 수 없는 선함에 근거를 둔다.

"능력으로 강건하게." 단순한 여분의 말이 되지 않도록 "능력" 앞에 "그의"라는 말을 넣어 이해하라.

"그의 성령으로." "속사람" 안에서 활동하는 하나님의 "능력." 고린도후서 4:16. 겉사람은 물리적인 몸이며 속사람은 인간의 삶을 의미있게 만드는 것 즉 영혼이다.

3:17. "그리스도께서 … ." 선행 절에 삼위일체적으로 병행됨.

"계시게"(카토이케이사이)는 영구적 거주를 함축한다.

"너희 마음에." 이는 2장에서 "그리스도 안에" 있는 것과 정반대이다. 요한복음 15:4.

"믿음으로 말미암아." 말 그대로 "그 믿음에 의하여." 믿음은 그리스도께서 자신의 마음에 거하시도록 하는 인간의 초청이며 내주하시는 그리스도께서 제공하시는 매일의 능력이다.

"뿌리가 박히고 터가 굳어져서." 이 수사법은 포도나무와 성전을 암시한다. 이 표현은 문법적으로 까다롭다. 어떤 사람은 이것이 선행하는 것에 부착되어야 한다고 믿는다. 아마 흠정역이 사랑 안에서 뿌리박고 터가 굳어짐이 성령과 그리스도의 내주로 강건해진 결과라고 제시하는 점에서 옳을 것이다. 그러나 이것을 주목하라: " … 믿음으로 말미암아 그리스도께서 사랑 가운데 너희 마음에 거하실 것이다. 깊은 뿌리와 굳은 터를 가지고 너희는 … 할 것이다"(**NEB**).

3:18. "능히 … 하여"(엑시스쿠세테). 이 동사는 번역문이 제시하는 것보다 더 강력하다. "충만히 할 수 있다", "완전한 능력을 가질 수 있다", "충분한 힘을 가질 수 있다." 이 동사는 신약에서는 여기서 유일하게 나오며 세속 헬라어에서는 드물게 나온다.

"알아." 말 그대로 "붙잡다"이다. 신약에서는 항상 정신적 파악력이라는 의미로 나온다.

"모든 성도와 함께." 은사를 받은 개인이 아니라 전체 교회가 영적인 비밀을 파악할 수 있다.

"그 넓이 … ." 네 가지 척도는 전체로 전포괄적인 사랑을 표시하는 것으로 보아야 하지 개별적으로 해석되는 것으로 보아서는 안 된다. 신학자들은 이 절에서 궁극적인 의미의 알갱이를 추출하려고 노력했다. 초대 교부 가운데 한 사람은 네 가지 차원은 십자가를 표시한다고 말했다. 다른 사람들은 높이에서는 그리스도의 신성을, 깊이에서는 성육신의 겸손을, 넓

이와 길이에서는 사도적 위임을 발견했다.

3:19. "깨달아." 선행절에서 바울은 우리가 하나님의 사랑의 범위를 파악할 수 있도록 기도하며, 여기서는 우리가 광대한 것을 채우는 사랑을 알도록 기도한다.

"지식에 넘치는." 두 의미가 암시되어 있다. (a) 그리스도인은 하나님의 사랑에 대한 참된 지식을 갖고 있지만, 총체적 지식은 어떤 사람의 파악 능력을 초월한다. 이사야 55:8-9. (b) 신약 교회에서 어떤 사람은 사랑보다 지식을 믿음의 목표로 삼곤 했다. 고린도전서 8:1-3.

"모든 충만하신 것으로." 말 그대로 "모든 충만 안으로." 믿음의 비밀과 이적이 요약적인 형식으로 제시되어 있다. 그 영광으로 하늘을 채우시는 하나님은 인간의 마음에 자신의 존재의 부분으로 채우지 아니하시고 그 모든 존재로 채우신다. 이 충만함을 우리는 오직 작은 부분만 깨닫는다. 그처럼 이는 현재의 실재이며 우리가 향하여 자라가는 목표이기도 하다. 이는 기도의 최고 간구이다.

3:20. "[이제] … ." 이 기도에는 송영이 뒤따른다. 갈라디아서 1:5; 로마서 11:36; 디모데전서 1:17.

"하실[수 있는]." 선행하는 장들은, 자신의 작고 모욕당하고 궁핍한 교회의 행위를 통해서 세상을 위하여 성취될 하나님의 계획을 다루었다. 하나님은 하실 수 있다. 교회가 크고 돈많고 (어떤 지역에서는) 존경받는 오늘날, 우리는 우리의 힘이 오직 하나님께 있음을 기억해야 한다.

"[무엇보다] 더 … ." 하나님의 능력은 우리의 가장 높은 생각을 초월한다.

"능력 … ." 하나님의 능력을 파악할 수 없는 우리는 여전히 그의 능력(즉 성령)이 발휘되는 통로인 지상의 행위자로 부르심을 받았다.

3:21. "이에게 … 영광이." 말 그대로 "그 영광"이다. 유한한 인간은 무한한 하나님의 영광에 덧보탤 수 없다. 영어 번역문에서 생략된 관사는 "그 영광"이 오직 하나님의 것임을 암시한다. 인간은 그것을 반영할 특권이 있다.

"교회 안에서와 그리스도 예수 안에서"[영어로는 '예수에 의하여'로 되어 있음—역주]. 가장 좋은 사본은 "교회 안에서와 그리스도 예수 안에서"로 되어 있다. 그리스도를 머리로 하는 몸은 하나님의 영광이 나타나는 영역이다.

"대대로." 말 그대로 "모든 세대에"를 뜻한다. 하나님의 영원한 목적은 종종 하나님을 잊은 듯이 보이는 이 세상 안에서 그리고 이 세상을 통하여 역사한다.

"영원 무궁하기를." 말 그대로 "세대들의 세대에." 그 목적이 시간 안에서 작용하지만, 그것은 영원하며 장차 성취될 것이다.

III. 교리적 의의

에베소서 3장은 두 부분으로 구성된다. 첫째로, 사도는 교회 안에서 자신의 위치를 간략하게 서술하고, 그 다음에 비할 데 없는 기도를 드린다. 바울은 교회가 하나님의 구원 계획에 본질적인 부분임을 다시 강조한다. 이는 어쩌다 종교 활동을 즐기는 생각 같은 개인들의 집합체가 아니라 이제 하나님이 당신의 영원한 목적을 수행할 때 사용하시는 생명 있는 수단이다. 바울의 선택에 대한 가르침이 사람을 단순한 꼭두각시로 만든다고 생각하는 사람들은 에베소서를 진지하게 읽지 않았다. 모든 그리스도인에게 하나님은 엄청난 책임을 맡기셨다. 사역자는 특별한 책임을 받았다.

자신의 사역에 대한 바울의 가르침을 모든 사역자의 일로 확대하는 것은 정당하다. 오늘날 그 어느 때보다 사역자는 자신의 일이 영광스럽다는 것을 기억해야 한다. 그는 교회 조직의 기관에 잡혔다. 비판자들은 계속 그의 귀에 소리를 지른다. 전화 소음으로 그는 생각할 시간이 거의 없다. 사역자는 하나님이 자신에게 거룩한 청지기직을 맡기셨음을 상기해야 한다.

회중은 사역자가 인간의 관점에서 볼 때 성취할 수 없는 의무를 맡았음을 알아야 한다. 많은 사람은 그를 단순히 교회 기사로만 생각하는 것 같다. 교회의 지체들이 자신의 목사가 하나님의 은혜의 선물을 받은 사람이라는 것을 깨달을 때, 그들은 하나님의 능력의 효력있는 활동에서 그와 함께 일한다.

사역자의 직무는 높지만 그의 인격은 그렇지 않음은 말할 필요도 없다. 사역자를 숭배하는 심각한 위험에 빠지는 개신교도는 거의 없다. 개인적 교만의 죄를 짓는 사역자는 거의 없다. 바울은 3:8에서 직무와 인격의 혼동을 막았다.

Ⅳ. 실천적 목표

교회에서 사역자가 차지하는 위치에 관한 설교는 과녁을 벗어나기 쉽다. 사역자는 늘 그리스도보다 자신에게 관심을 집중시키는 위험에 처한다. 그러나 특별히 자신의 일에 관하여 말할 때 그러하다. 교회의 지체들은 목사가 시간을 들여서 하고 있는 것이 무엇인지 알아야 한다. 결국 그들이 그의 봉급을 지불한다. 훨씬 중요한 것은 그들은 어떻게 그의 시간과 노력이 하나님의 영원한 계획과 일치하는지 알아야 한다. 이를 넘어서서, 그들은 영원한 목적에 자신이 참여함을 깨달아야 한다. 바울은 교회의 지체들이 하나님의 영의 능력으로 강건해질 수 있도록 비는 기도로 개인적 사역에 관한 단락을 마무리짓는다. 이는 그가 사역에 관한 글에서 가졌던 목적이었다. 이는 오늘날 사역에 관하여 설교할 때 목표가 되어야 한다.

Ⅴ. 설교 개요

제목: "교회에서 사역자의 몫."

도입부

에베소서 3장은 하나님의 구원 계획에서 사역자가 차지하는 위치를 다룬다. 오늘날 개신교 성직자는 이렇게 질문하고 있다. "나의 일은 무엇인가? 나는 그 일에 엄청난 시간을 쓴다. 편지 쓰기, 가정 심방, 모임 참석, 싸움을 진정시키기, 기금 마련 등. 나는 바쁘다. 그러나 내가 성취하고 있는 것은 무엇인가?" 어떤 시끄러운 비판가들은 사역자가 개인 구원에 활동을 집중하도록 하지만, 개인을 완전히 둘러싼 사회는 썩고 있다. 다른 사람들은 사회 개혁에 깊은 관심을 갖고 있지만, 분명 개인 구원에 관해서는 이야기를 듣지 못했다. 한번은 바울이 친구 아킵보에게 이렇게 권고했다. "주 안에서 받은 직분을 삼가 이루라"(골 4:17). 선교비의 값을 하는 모든 사역자는 밤낮으로 자신의 사역을 성취하려고 몸부림치고 있다. 그러나 그가 성취하고 있는 이 신비한 일은 무엇인가?

A. 사역의 능력

사역은 하나님으로부터 온 선물이다. 하나님은 사역자에게 과제를 주셨다. 하나님은 그에게 그것을 행할 수 있는 능력을 주신다. 바울은 "너희를 위하여 내게 주신 하나님의 그 은혜의 경륜[혹은 청지기직]"을 말한다.

청지기직 혹은 경륜은 재산의 관리였다. 바울이 사용하는 이 헬라어에서 영어의 economics(경제학) 즉 재산을 관리하는 학문이 나온다. 자신의 일이 청지기직이라는 말을 들어야 할 사역자는 없다. 매일 그는 조직된 교회에서 일어나는 일상적이고 단조로운 일을 하라고 부르심을 받았다. 여느 사업가와 같이 그는 주소록을 항상 정리하고 믿기 어려울 정도로 많은 모임에 참석하고 — 당연히 모든 모임은 우주적 의의를 갖고 있다 — 쉴새 없이 전화에 응해야 하며 교회 재정이 적절하게 유지되는지 살펴야 한다. 그는 청지기여야 한다. 때때로 그는 고대에 바울이 그처럼 평범한 의무를 갖고 있었음을 망각한다. 이런 일들은 반드시 해야 한다. 이런 일들은 말끔하게 행해야 한다. 그러나 그 일을 했다고 하나 사역자의 일은 아니다.

사역자는 하나님의 은혜의 청지기이다. 이 일에 영광과 능력이 있다. 은혜는 무엇인가? 은혜는 우리가 사랑받을 만하기 전에 우리를 향한 하나님의 사랑이다. 은혜는 우리가 지극히 애를 쓰며 벗어나려고 할 때 우리를 위하여 계속 살피는 하나님의 성품을 지칭하는 우리의 명칭이다. 은혜는 예수 그리스도를 십자가로 몰아가서 우리를 살리려고 거기서 자기 목숨을 희생하시게 만든 능력이다.

우리는 하나님의 은혜의 청지기직에 관하여 생각하고 있다. 이 표현은 두 가지 가운데 하나를 뜻할 수 있다. 이는 청지기의 의무가 하나님의 은혜를 선포하는 것임을 뜻할 수 있다. 혹은 이는 하나님이 은혜로우시므로 이 청지기직을 개인에게 맡기셨다는 것을 뜻할 수 있다. 두 의미가 여기 있지만, 둘째가 우선된다

바울은 "내게 주신 하나님의 그 은혜의 경륜"이라고 말한다. 사역은 선물이다. 하나님은 한 사람을 불러 봉사하게 하신다. 사역에 들어가면 하나님께 큰 사랑을 보이고 있는 것이라고 마음을 먹는 똑똑한 대학생을 간혹 만나곤 한다. 젊은이를 설득하여, 자신을 높이는 것이 정당하고 적절한 다른 어떤 곳에서 그의 재능이 잘 발휘된다는 것을 알게 하는 것은 그 젊은 사람과 교회에게 호의를 보이는 것이다. 사역자는 하나님이 부르신다. 하늘 아버지는 그에게 선물을 주신다. 이 선물은 특정한 환경에서 하나님의 은혜를 높일 책임이 있다. 어떤 상황에서도 사역자는 자신을 높이도록 부르심을 받지 않았다.

바울이 젊었을 때 하나님의 부르심이 천둥 소리로 그에게 임했다. 대부분의 사역자들에게 하나님은 좀더 부드럽게 부르시지만 바울의 경우에 못지않게 확고하게 부르신다. "여기 네 은사가 있다. 은혜의 사역이다. 그래서 나는 네가 충성된 청지기가 되게 하려고 생명의 은사를 네게 주었다."

한 사람이 모든 일을 할 수 없으므로 사역자는 특정한 책임을 행하기 위하여 부르심을 받는다. 바울은 유난히 힘든 상황에서 교회 확장의 사역을 책임맡았다. 당시 로마 제국에서 옛적의 종교들은 사멸되고 있었다. 도덕의 기준은 부패하고 저하되었다. 사람들은 혼동스러웠고 절망 가까이에 이르렀다. 민족들 가운데 밝은 빛이 비쳤으니 유대교 신앙이었다. 여기 하나님을 알고 그 윤리적 삶이 세상의 다른 누구보다 월등했던 사람들이 있었다. 유대교 배경의 사람들과 이방적 배경의 사람들을 그리스도 안에서 믿음의 통일체로 이끄는 것이 바울의 일이었다. "이방인들이 그리스도 예수 안에서 함께 후사가 되고 함께 지체가 되고 함께 약속에 참예하는 자가" 되게 하는 것. 이는 쉬운 일이 아니었다.

수세기가 흘러갔다. 바울(과 다른 많은 사람들)은 그 일을 아주 잘 수행했기에 우리는 기독교가 유대인 그리스도인과 이방인 그리스도인의 깊은

내적 균열 때문에 오랫동안 어떻게 그것을 무너뜨리려고 했는지를 망각했다. 그러나 헌신된 사람이 특정한 과제를 잘 수행하여 그 균열을 치유할 필요성은 오늘날 남아 있다.

아마 주님은 외국의 현장으로 사람을 부르실 것이다. 그곳에서 그는 하나님 보실 때에 외인이 없음을 배운다. 아마 하나님은 잡지를 편집하도록 부르실 것이다. 빈민가 사역으로 혹은 미래의 범죄자들 가운데 봉사하도록 부르실 것이다. 그러나 이는 오직 하나님의 은혜 때문이다. 어떤 사람들은 정신 병원에서 일하며 혹은 회색빛 감호소 벽 뒤에서 일한다. 어떤 사람은 조국의 군복을 입고 군인으로 하나님을 봉사한다. 오늘날의 사역을 조심스럽게 연구한 많은 사람은 가장 힘든 일이 대도시 주변의 산뜻하고 잔디가 잘 손질된 교외에서 구주를 위하여 일하는 것이라고 믿는다. 왜냐하면 거기서 사역자들은 하나님께 대한 필요를 은폐할 수 있는 것들을 충분히 갖고 있는 사람들 틈에서 고생하기 때문이다. 때때로 그들은 사람의 기본적 필요가 돈으로도 해결될 수 없는 것임을 망각한다.

오늘날 사역자는 바울이 "거룩한 사도와 선지자"를 높여 말할 때처럼 자신의 직분을 높여야 한다. 바울은 자신을 거룩하다고 생각하지 않았다. 그는 그 점을 아주 잘 알았다. 그러나 그의 직분은 거룩했다. 그리고 하나님이 불러 하라고 하시는 그 일은 거룩하다.

외적인 형식은 끊임없이 변하지만, 사역을 형성하는 내면의 실질은 언제나 동일하다. 바울이 서술하듯이, 사역자의 일은 "측량할 수 없는 그리스도의 풍성을 이방인에게 전하게 하시고 모든 사람에게 알게 하는" 것이다. 유창함과 열정을 가지고 말씀을 전하는 것으로 결코 충분치 못하다. 사역자의 일은 지금 여기 인간 생활에 직접 관계있는 방식으로 그리스도를 제시하는 것이다.

바울은 사역에 관하여 놀라운 생각을 갖고 있다. 사람을 가르칠 뿐만 아니라 천사를 가르치는 것도 우리의 일이다.

바울의 시대에 어떤 사람들은 천사 숭배와 천사에게 인도와 도움을 구하는 것이 "참" 기독교에 포함된다고 주장했다. 분명 그들은 그리스도께서 너무 바빠서 사람들에게 괴롭을 당하셨다고 생각했다. 바울은 이 개념과 전혀 다르게 이렇게 말한다. "하나님은 … 교회로 말미암아 하늘에서 정사와 권세들에게 하나님의 각종 지혜를 알게 하시려고 … 만물을 창조하셨다"(RSV). 물론 그는 썩을 인생이 썩지 않을 존재를 가르칠 수 있다는 뜻으로 말하지 않는다. 그러나 교회의 사실 즉 계속 그리스도를 거부하는 세상에서 그리스도의 지속되는 활동은 심지어 천사로 하여금 달리 알 수 없는 하나님의 사랑의 깊이를 깨닫게 함에 틀림없다. 교회의 성공은 하나님의 다스림을 받아 하나님이 사역에 부르신 자들의 헌신과 고된 수고에 달려 있다.

놀라운가? 그렇다. 그러나 기독교의 모든 것이 놀랍다. 이는 독특한 자아관이다. 이 직분은 너무 높아서 천사를 가르친다. 이 직분을 붙든 사람은 지극히 작은 자보다 작다. 기독교 사역자가 된다는 것은 바로 이런 뜻이다.

세상은 사역자가 일 주일에 한 시간 일한다고 생각하는 사람과 지역 사회에서 고용된 그 어떤 사람보다 많은 시간을 아주 다양한 일에 쏟는다는 것을 아는 사람으로 나뉜다. 때때로 평신도가 사역자와 더불어 심방할 때, 심방일을 마치고 "어떻게 이 일을 계속 하시는지 이해가 안 되는군요? 매일 이렇게 사정이 좋지 않습니까?" 대답은 "아뇨, 이보다 못한 날이 더 많아요." 사역자가 경솔하고 주제넘지 않는 사람이라면 이렇게 덧붙일 것이다. "여러분을 위한 나의 여러 환난에 대하여 낙심치 마십시오. 이는 여러분의 영광입니다."

사역자와 기독교 평신도는 20세기의 잔인한 독재 정치 아래서 영웅처럼 버텨 왔다. 바울과 다른 많은 사람들이 1세기의 독재 정치를 견딘 것과 마찬가지이다. 이런 삶은 사형집행인의 총알에 덧없이 사라지는 삶이 아니다. 그때나 지금이나 순교자의 피가 교회의 씨라는 사실은 엄연하다. 평화시의 목회 활동에서 오는 짐과 화나는 것을 포로수용소에서 당하는 괴로움과 감히 비교하지는 않는 법이다. 다만 하루 종일 땀흘리며 평범하게 정원에서 잡초를 뽑는 사람들도 역시 제 역할을 하고 있다고 말할 수 있을 뿐이다. 하나님은 어떤 사람을 불러 믿을 수 없는 곤경에서 자신에게 봉사하게 하셨으며, 어떤 사람은 좀더 조용한 곳에서 봉사하게 하셨다. 하나님이 부르신 것이다. 사역자는 "내가 여기 있나이다. 나를 보내소서"하고 대답했던 것이다.

바울은 사역자의 활동이 현실에 맞아야 한다고 말한다. 그는 아름다운 설교를 전하는 것으로 만족할 수 없다. 그는 "사람들이 보게 하도록" 부르심을 받았다. 그는 바쁘다. 하나님은 그가 얼마나 바쁜지 아신다. 그러나 하나님은 그를 "능력있는" 사람이 되도록 부르셨다. 어떻게 그는 능력있게 될 수 있는가? 바울은 자신의 사역 경험으로 깊이 들어가 "그의 능력이 역사하시는 대로 내게 주신 하나님의 은혜의 선물을 따라 내가 일꾼이 되었노라." 이는 능력있는 사역의 열쇠이다. 사역자는 자신과 자신의 시간과 자신의 능력과 자신의 모든 것을 드려서 성령님이 역사하실 때 쓰시는 수단이 된다. 그리스도께서 위하여 죽으신 자들이 "지식에 넘치는 그리스도의 사랑을 알아 하나님의 모든 충만하신 것으로 저희에게 충만하게 하시게" 할 수 있는 것은 연약하고 화 잘내고 시야가 좁은 인간을 통한 하나님의 능력이 효과있게 역사함 때문이다.

사역자는 자신의 연약함을 안다. 우리 구주를 잘 알수록, 자신의 부적절함을 더 깨닫는다. 하지만 바울과 마찬가지로 그는 자신이 하나님의 영원한 목적에서 중요한 몫을 담당하고 있음을 안다. "우리가 그리스도 안에서 그를 믿음으로 말미암아 담대함과 하나님께 당당히 나아감을 얻느니라." 그리스도인의 당당함은 총체적 경외, 하나님의 초월적 영광 앞에 겸비함, 자신의 무가치함에 대한 인정, 그리스도의 속죄에 대한 완전한 확신에 근거한다. 그리스도인의 담대함은 하나님이나 죄를 진지하게 대하지 않는 경솔하고 경박함에서 벗어난 세계이다.

기독교 사역자는 자신의 연약함을 깨닫지만 좀더 중요하게는 하나님이 강하심을 깨닫는다.

> 우리가 자신의 힘을 믿는다면
> 우리의 추구하는 바는 실패할 것이며,

의인이 우리 편에 서지 않으시면

하나님이 친히 뽑으신 사람이 우리 편에 서실 것이다.

그가 누구이실지 묻는가?

그리스도 예수, 바로 그분이라.

그 이름은 만군의 주시라,

세세토록 동일하시며

필연코 전쟁을 이기시리라.

에베소서 4:1-16

II. 교회의 지체됨의 의미

A. 회중 가운데서

4:1. "그러므로 주 안에서 갇힌 내가 너희를 권하노니 너희가 부르심을 입은 부름에 합당하게 행하여."

1. 역사적 배경

에베소서 4:8-10은 성경의 역사적 연구에서 복잡한 문제를 제시한다. 4:8은 시편 68:18의 인용문이지만, MT나 70인역에 따라 인용되지 않았다. 인용문은 선행하는 "그리스도의 선물"을 상세히 논하면서 이 시편을 메시야적으로 적용한다. 다음 두 절은 선물을 교회에 주시는 분이 다름 아닌 그리스도이심을 보여준다.

이 시편은 주 곧 전쟁의 하나님께 존귀를 돌리는 승리의 찬미이다. 현대 학자들은 히브리의 역사에서 다윗의 시대부터 마카베오의 시대까지 거의 모든 중요한 승리의 전쟁 다음에 이 시편이 나온 것으로 연대를 추정했다.

문제의 절은 동방의 왕이 보좌에 오르고 죄수들이 이끌려 오고 정복 군대가 왕에게 속한 전리품의 몫을 돌리는 정경을 보여준다.

인용문의 요점이며 난점의 출처는 "그가 사람들에게 선물을 주셨다"는 표현이다. 그러나 시편은 "선물을 인간에게서 받으시니"로 되어 있다. 2인칭이 3인칭으로 변한 것에는 아무 난점이 없다. 그러나 받는 것과 주는 것 사이에는 심각한 난점이 있다.

기독교 학자들은 초대 기독교 찬미를 가정하여 이 난점을 피하려 했다.

이 찬미에서 이 구절이 인용되었다는 것이다. 존 칼빈은 용감하게 이 난점을 대면하여 바울이 시편의 말을 바꾸었다고 결정했다(nonnihil a genuino senso hoc testimonium detorsit Paulus). 이 해석 가운데 어느 것도 전혀 만족스럽지 못하다.

이 시편은 민수기 10:35을 기억나게 하는 말로 시작된다. 그래서 랍비의 전통은 모세가 율법을 받으러 시내 산에 오르는 것과 이 시편을 연결지었다. (이 연상 작용 때문에 초대 교회는 이 시편과 성령의 선물을 자연스럽게 관련지었다.)

물론 모세는 "사람들을 위하여" 율법을 받았고 그것을 "사람들에게" 주었다. 한 탈굼은 "선물을 사람들에게 주었다"고 되어 있다. 바울이 이 랍비의 주해에서 인용하고 있을 가능성이 대단히 높다.

하지만 이 시편은 모세에 관한 것이 아니라 하나님에 관한 것이다. 에베소서에 있는 인용문은 높은 데로 올라가서 사람들에게 선물을 주는 자를 보여준다. 다음 두 절은 오르신 분이 그리스도이심을 보여준다. 다른 말로 하면 구약이 하나님에 관하여 말하는 것을 그리스도에게 전적으로 합당하게 말할 수 있다.

ⅠⅠ. 용어 해설

4:1. "주 안에서 갇힌 자." 흠정역은 "주의 갇힌 자"로 되어 있다. (어떤 사람들은 "내가 주 안에서 너희를 권하노니"로 해석한다.) 그리스도인과 그리스도의 신비한 연합.

"권하노니."(파라칼로) "명한다"기보다 "권고한다" "간청한다"는 뜻이다.

"행하여." 일상적 생활을 가리켜 자주 나오는 성경의 은유(시 1:1).

"부르심." 소명. 구약에서 하나님은 사람들을 불러 속박으로 벗어나게 하시거나(시 43:1) 그들을 불러 특정한 과제를 주신다(사 44:7). 신약에서 하나님은 구원으로 부르신다.

4:2. "겸손." 영어로는 "낮아짐"(lowliness)으로 되어 있다. 교만함의 반대 개념. 때때로 신약에서는 나쁜 의미로 사용된다. 골로새서 2:18. 하지만

우리 주님은 이 덕목을 자신이 갖고 있다고 주장하셨다. 마태복음 11:29.

"온유함." 낮아짐과 밀접하게 관계있다. 힘든 상황에 처한 다른 사람에 대한 사려 깊음.

"오래 참음." 세 덕목이 골로새서 3:12에 함께 발견된다. 곤경 가운데서 소망을 포기하기를 거부함. 베드로후서 3:9.

"사랑 가운데서 용납하고." "오래 참음"에 대한 설명이자 적용.

4:3. "힘써." 성령의 하나되게 하심은 개별 그리스도인의 큰 노력이 없이는 유지되지 않을 것이다.

"성령의 하나 되게 하심." 두 가지 기본적 의미가 있다: (a) 성령으로부터 나오는 하나됨, (b) 인간 정신이 협력할 때 성취되는 하나됨. 궁극적으로 두 의미는 하나로 겹친다.

"평안의 매는 줄." 동격의 속격. "평안이라는 매는 줄." 그리스도인들에게 평안은 단순히 소란의 부재가 아니라 소란이 심해지지 않도록 막는 줄이다.

4:4. "이요." 번역자들이 더한 말이다. 이는 다음에 나오는 여러 절의 효과를 약화시킨다.

"한 몸." 그리스도의 신비한 몸. 이 표현으로부터 7중적, 삼위일체적 전개가 시작된다. 이 전개에서 교회의 하나됨은 궁극적으로 하나님이신 통일 안에 터를 둔다. 고린도전서 12:12-13.

"성령이 하나이니." 이 지상의 "몸"인 교회에 내주하시는 성령.

"[너희의] 부르심의 한 소망." 기원을 뜻하는 속격. 너희는 하나님이 부르셨기 때문에 소망이 있다.

4:5. "주도 하나이요." 영원한 목적의 지상적 구현인 예수 그리스도, 즉 교회의 유일한 머리.

"믿음도 하나이요." 예수 그리스도에 의하여 계시된 하나님에 대한 믿음.

"세례도 하나이요." 교회에 들어오게 하는 외적인 입교 예식.

4:6. "하나님도 하나이시니." 이 삼위일체적 구절은 통일을 하나님께 귀속시키는 데서 절정에 이른다. 아버지와 아들과 성령은 한 하나님이시다.

"만유의 아버지." 사람뿐만 아니라 모든 감각있는 존재의 아버지. 탕자처럼 많은 사람은 아버지를 거역했다. 아버지는 계속 그들을 찾으며 그들이 멀리 떠났을 때도 그들을 찾는다. 이 사실은 교회의 선교 활동의 근거이다.

"만유 위에 … [너희] 만유." 가장 좋은 사본에는 "너희"가 빠져 있다. 신적 존재의 세 측면. 성 삼위를 암시하는 것 같다. 하나님은 "위에" 초월하시며 "통하여" 세상 가운데서 일하며 "안에" 내재하신다.

4:7. "우리 각 사람." 초점이 보편적인 것에서 개별 그리스도인과 그가 성령의 하나되게 하심을 유지할 책임으로 급속히 바뀐다.

"은혜를 주셨나니." 바울의 "은혜"가 사역이었던 것처럼, 각 그리스도인은 삶에서 자신의 위치가 무엇이든지 오직 자신만이 그 일에 이바지할 수 있는 몫을 갖고 있다.

"그리스도 … 따라." 바울의 대부분의 저술에서 "선물"은 그리스도보다는 성령께 귀속된다. 하나님은 우리를 다르게 지으셨고 다른 "은사" 즉 상이한 봉사 기회를 주셨다.

4:8. '역사적 배경'란을 보라.

4:9. "올라가셨다 하셨은즉." 위의 인용문에 대하여 랍비 신학의 관점에서 본 삽입적 설명. 후속 논의는 부활이 아니라 오르심에 관한 것이다.

"내리셨다." 그리스도의 오르심은 선행하는 내려오심 즉 성육신을 함축한다. 요한복음 3:13.

"아랫곳." 하늘의 영역에서 지상의 영역으로. 물론 많은 사람은 이 구절이 스올 혹은 하데스를 뜻한다고 해석한다.

4:10. "곧." 이 혼동스러운 여러 절에서 문제가 되는 점은 그리스도가 어디로 가셨는가가 아니라 선물을 주시는 그리스도의 정체 즉 예수 그리스도 안에서 성육신한 하나님이다.

"모든 하늘 위에." 하늘의 세(혹은 일곱) 영역을 말하는 히브리 개념을 논의할 필요는 없다. 성경은 이것을 넘어선 세상에 관하여 특별한 정보를 눈에 띌 정도로 거의 주지 않는다. 하늘에 어떤 단계가 있을지라도, 그리스도는 그 모든 것 위로 오르셨다.

"만물을 충만케." 아마 시편 107:9의 정신에 따라 그리스도께서 선물을 주심을 좀더 자세히 언급하는 것일 것이다. 어떤 사람들은 "성취하다"라는 의미로 해석한다. 실제로 오늘날 이것을 그리스도의 무소부재를 강조하는 것으로 생각하는 사람은 없다.

4:11. "그가 주셨으니." 주시는 자는 거명되지 않았지만, 그리스도말고 다른 사람으로 이해하기란 불가능하다. 그리스도는 사도 등을 교회에 주셨다.

"혹은." 모든 그리스도인이 그의 믿음 때문에 사도 등등이 아니다. 그리스도인은 자신의 직분이 무엇이든지 모든 가능한 은사를 받았다.

"사도." 사도는 반드시 열둘 가운데 하나가 아니고 그리스도께 부르심을 받은 부활의 증인이었다. 그의 일은 전체 교회와 관련있었지 단순히 한 교회와 관련있었던 것은 아니다.

"선지자." "예언자"가 아니라 "성령으로"(3:5) 말했던 설교자이다. 그들은 전체 교회와 더불어 일했지 한 지역 교회에서 일하지 않았다.

"복음 전하는 자." 선지자와 구별하기가 힘들다. 아마 그들의 주된 일은 교회보다는 불신자와 관계있는 것이었을 것이다.

"목사와 교사." 이 둘은 함께 열거되었는데, 아마 이 둘이 동일한 직분의 상이한 이름인 것으로 보인다. 이는 신약에서 목사의 직분에 대한 유일하게 명시적인 언급이다. 물론 요한복음 21:6; 사도행전 20:28; 베드로전서 5:2 이하에 암시되어 있긴 하다. 목사와 교사는 주로 지역 교회에서 일했다.

4:12. "온전케 하려고 … ." " … 하기 위하여 … 하기 위하여 … 하기 위하여" 하고 제시하는 흠정역과 달리, 세 표현은 병행 표현이 아니다. 말 그대로 " … 하게 하며 … 하게 하여 … 하려 하심이라"이다. 이 목록은 사도와 선지자와 복음 전하는 자보다는 "목사와 교사"의 기능을 보여준다.

"일을 하게 하며 … ." "봉사의 일"은 모든 그리스도인에 대한 것이지 단지 교회 지도자에 대한 것이 아니다. 성도들이 자신의 "봉사"를 수행할 수 있도록 성도를 "온전하게" 하는 것이 지도자의 일이다.

" … 세우려 하심이라." 말 그대로 " … 건덕하는 일에"이다. 이는 그리스도께서 교회에게 "선물"을 주신 두번째이며 궁극적인 이유이다. 건덕의 의미는 다음 넉 절에서 설명된다. 어떻게 두 상징 즉 건물과 몸이 이곳과 4:6에서 결합되는지 주목하라.

4:13. "까지." 시간의 흐름을 함축한다.

"이루어." 영어 본문은 "~에 이르러"로 되어 있음.

"믿는 것에 하나를 이루어." 그리스도를 믿는 우리의 공동적 믿음이 요구하는 하나됨.

"아는 일." 믿음의 본질을 설명한다. 믿음은 단순히 그리스도에 관한 참된 명제에 지적으로 동의하는 것이 아니라 그리스도와의 인격적인 교제이다.

"하나님의 아들." 이 말은 "믿는 것"과 "아는 것"을 모두 수식한다.

"온전한 사람." 좀더 나은 것은 "성숙한 인간성"(RSV)이다. 하나됨이 없는 것은 미성숙의 한 표지이다. 바울은 교회의 성숙함을 말하고 있지 개인의 성숙함을 말하고 있지 않다. 둘 다 추구할 목표인데, 현재적 소유로서 추구할 것이다. 4:3.

"그리스도의 … 충만한 데." "이 표현은 그리스도께 속한 충만, 그리스도를 그리스도답게 만드는 자질의 총합을 뜻한다. 이는 교회 안에서 그려볼 수 있는 것이며, 이것들이 우리 안에 있을 때 우리는 성숙함에 이르고 우리 앞에 놓인 목표에 도달할 것이다."

4:14. "어린아이." "온전한 사람"과 대립되는 것이다. 바울은 특별히 어린아이의 왔다갔다 하는 목표를 염두에 두고 있다.

"요동하다." 수사의 변화. 아마 파도를 암시할 수 있으나, 작은 배일 가능성이 크다.

"교훈의 풍조." 지금이나 그때나 관심과 신념을 요구하는 많은 모순된 거짓 가르침.

"사람의 궤술." 말 그대로 "주사위 놀이"를 뜻한다. 여기서 암시하는 것은 의식적인 속임수보다는 주사위의 예측 불허성이다.

"간사한 … 빠져." 좀더 나은 것은 "잘못을 꾸미는 데 솜씨가 좋은 사람들의 능란함"(마팻). 거짓 교훈을 선포하는 자는 아주 진실한 사람일 수 있지만 여전히 오류 가운데 있다.

4:15. "참된 것을 하여."(알레쎄우온테스) "그것을 참된 것이 되게 하여"(**truthing it**). 이는 말하는 것 이상이다. 이는 진리를 배우고 믿고 말하고 실천하는 것이다. 말의 고백에 대한 그리스도인의 반응이 위에서 생생하게 서술되었다.

"사랑 안에서." 이 권고는 종교적 논쟁에서 언제나 발견되지 않았다.

"그에게 자랄지라." 그리스도인은 이미 그리스도가 "머리"로 계시는 "몸"의 "지체"이다. 하지만 그는 계속 자라야 한다.

4:16. "그에게서." 모든 그리스도인의 성장은 그리스도 안에 있다. 골로새서 2:19.

"연락하고 상합하여." 현재 분사. 즉 계속되는 과정. 두 개념 사이에는 구별이 거의 없다.

"각 마디를 통하여 도움을 입음으로." "마디"의 정확한 의미가 무엇인지 논란될 수 있다. 많은 사람은 "접촉"을 말한다. 그러나 이 표현은 매우 분명하다. "그리스도의 몸"에 속한 각 "지체"는 특별히 다른 사람과의 관계를 통하여 건강과 성장에 나름대로 기여할 수 있다.

"각 … 대로." 좀더 나은 번역은, "각 부분이 적절하게 활동하고 있을 때"(RSV). 한 사람이 아무리 겸손하게 교회에서 자신의 일을 생각할지라도, 그것을 잘하는 것이 중요하다.

"몸을 자라게 하며." 좀더 나은 번역은, "신체적으로 자라게 하다"(RSV)이다. 이 서신에 스며들어 있는 예정론은 잠시도 인간의 노력의 중요성을 부정하지 않는다.

"사랑 안에서." 수와 재정 능력의 단순한 성장은 과녁을 빗나간 것이다.

III. 교리적 의의

에베소서 4장은 이 서신의 어조에 명백한 변화를 표시한다. 이 장 앞에서 주된 강조점은 사람이 하나님에 관하여 무엇을 믿을 것인가에 있었다. 이제부터 주된 강조점은 하나님이 사람에게 요구하시는 의무에 있다. 이 구분이 매우 현저하므로, 어떤 사람들은 이 편지를 — 바울의 다른 많은 편지에서처럼 — "교리" 부분과 "실천" 부분으로 나눈다. 그런 구분은 바울의 사고 방식에 맞지 않다. 왜냐하면 앞의 장들이 의무에 관하여 많은 것을 말하고 있고, 나머지 장들이 진리에 관하여 많은 것을 말하고 있기 때문이다. 그리스도인에게 모든 의무는 진리에 뿌리박고 있으며 모든 진리는 의무로 꽃피운다.

이 장이 가르치는 중요한 교리의 아름다움 가운데 하나는 그리스도인이 창세 전에 선택을 받아 영원한 권속에 입양되도록 예정되었다는 것(1:4-5)이 무슨 의미인지를 말하는 점이다. 이는 하나님이 모든 것을 사전에 계획해 두셨기에 기독교가 무골 호인의 나태한 생활임을 뜻하지 않는다. 하나님은 그리스도인을 자신의 아들로 예수 그리스도의 형제로 입양하셨다.

이 단락에서 바울은 어떻게 각 그리스도인이 특별한 책임을 행하도록 선택받았는지를 보여준다. 어떤 사람은 지도자의 위치에 있으며 어떤 사람은 교제의 위치에 있지만, 각각 자신만이 교회에 기여할 수 있는 몫을 갖고 있다. 바울은 각각의 지체가 자신의 기능을 적절히 수행할 때에만 몸이 자란다는 개념으로 성장하는 몸의 아름다운 은유를 끝맺는다(4:16). 인간의 노력은 하나님의 영원한 계획에서 꼭 필요한 부분이다.

이 "실천적" 단락은 보기 드물게 중요한 "교리적" 구절을 담고 있다. 여기서 바울은 기독교적 하나됨의 중요성을 성령(4:3-4)과 아들(4:5)과 아버지(4:6)이신 하나님의 영원한 하나되심에 근거지운다.

Ⅳ. 실천적 목표

4:1-16은 근본적으로 교회 회원의 중요성에 관심을 갖고 있다. 오늘날 많은 사람들은 과도한 조직사회에서 교회를 또 하나의 조직으로 생각한다. 그들은 회비를 내며, 다소 정규적으로 모임에 참석하고, 교회에 "속한다." 깊은 의미에서 교회는 그리스도의 몸이다. 깊은 의미에서 그리스도인들은

그 몸의 지체이다. 그는 그의 지체됨과 그 책임과 그 영광을 인식해야만 한다.

V. 설교 개요

제목: **"회중 가운데서."**

도입부

"우리 각 사람에게 그리스도의 선물의 분량대로 은혜를 주셨나니." 에베소서 4장의 첫부분은 교회 안에서 그리스도인의 책임과 관계있다. 즉 "너희가 부르심을 입은 부름에 합당하게 행하여." 하나님이 그리스도인을 부르셨다. 그는 응답했다. 회개의 고매한 순간은 지나갔다. 이제 그는 "여기서 나는 어디로 가는가?" 하는 질문에 맞닥뜨린다. 행함이란 매일의 생활을 뜻하는 성경의 친숙하고 아름다운 표현이다. 사람들은 날아서 삶을 지나치거나 뛰거나 춤추면서 지날 수 없다. 매일 우리는 걷는다. 기독교는 방향이 정해진 행보여야 하지, 목표없는 소요여서는 안 된다. 본문에 나오는 여러 절에서 바울은 모든 그리스도인이 매일 자신의 발걸음을 향해야 하는 두 가지 특정한 목표와 교회가 이 목표에 도달할 수 있다고 믿는 실제적 이유를 우리에게 제시했다.

A. 성령의 하나되게 하심

하나님은 우리를 용서하신다. 어떤 그리스도인들은 오늘날 실제로 교회의 분열된 상태로 만족한다. 그들은 상이한 사람이 종교에 대한 상이한 접근법으로 만족한다는 점을 지적한다. 그렇다 해도, 우리에게는 많은 교단이 있으며, 모든 사람은 행복해야 한다. 분명 하나님이 불만하신다는 것은 별로 중요하지 않다. 슬픈 사실은, 우리에게 기독교 신앙에 속하는 교단이 수백 개가 있다는 점이다. 만일 분열이 본래 좋은 것이라면 이는 모든 사람을 즐겁게 하고도 남을 것이다.

우리가 즉각적으로 거부해야 하는 교회 통일의 한 가지 접근법이 있다. 그것은 상이한 견해를 숨겨 두고 아무도 발견하지 않기를 바라는 것이다.

에베소서에서나 다른 어떤 곳에서도 바울은 혹은 성령은 진리에 관한 우리의 관심을 수면 아래로 가라앉히라고 권하지 않으신다. 교회 역사를 보면, 진리의 성명서에 관하여 의견이 일치하는 사람들이 여전히 양극으로 나누어질 수 있다는 증거가 지천으로 널려 있다. 사랑 안에서 의견을 달리하는 사람들은 사랑 없이 의견을 같이하는 사람들보다 더욱 밀접해질 수 있다.

교회의 하나됨에 대한 또 한 가지 접근법이 있다. 다른 사람들은 그것을 분명하게 취하지만 우리는 그렇게 하지 못한다. 다음의 말에 그 이유가 있다. "모두 협력합시다. 당신은 나의 방식으로 뭐든 할 수 있습니다. 그러므로 우리는 그리스도 안에서 하나임에 틀림없습니다." 이 접근법을 택하는 사람은 자신의 방법이 그리스도의 방법이라고 항상 주장한다. 영원하신 그리스도는 육신으로 계시던 시절에, 오늘날 그리스도인을 현저하게 분열시키는 조직과 의식의 세세한 것에 그다지 관심을 갖고 계시지 않았다. 그러나 그리스도께서는 제자들이 "평안의 매는 줄로 성령의 하나되게 하신 것"을 지키는 데 깊은 관심을 갖고 계셨다.

교회의 하나됨이 효율이라는 면에서 필요하다는 주장은 진지하게 살필 가치가 거의 없다. 어떤 것이 행할 가치가 없다면 그것을 효율적으로 행하는 것은 그다지 발전적이지 못하다.

1세기 교회에는 명백한 의견 차이가 있었다. 바울은 친구들에게 성숙한 어른이 되어야지 변덕스러운 어린아이가 되지 말라고 경고하지 않을 수 없었다. 오늘날처럼 그때에도 수천 개의 모순된 목소리가 당황스러워하는 그리스도인에게 충고와 권고를 속삭이거나 소리치거나 천둥치듯 울렸다. 그는 언제나 태풍에 소형 보트처럼 몰려다닐 위험에 처해 있었다. 그의 교회는 항상 틈과 무너짐으로 나누어질 위험에 처해 있었다. 어떻게 그는 자신의 교회를 보호하고 하나됨을 확대해야 했는가?

사도는 교회가 매우 자주 망각했던 권고를 준다. 그리스도인은 "모든 겸손과 온유로 하고 오래 참음으로 사랑 가운데서 서로 용납하고 평안의 매는 줄로 성령의 하나 되게 하신 것을 힘써 지키는" 삶을 살아야 한다.

　그리스도인은 다른 어떤 사람들과 마찬가지로 시험받는다. 그들은 교만과 분개와 질투 등의 온갖 감정을 갖고 있다. 그리스도인이 되면 무거운 영적 요구를 담당하게 된다. 매일 혼란과 소란 가운데 사랑을 실천하는 것이 그의 의무이자 신성한 특권이다. 기독교적 교제 안에서 평안의 매는 줄을 만드는 것이 그의 의무이며 신성한 특권이다. 자신의 개인적 감정을 가라앉히는 것이 그의 의무이며 신성한 특권이다.

　개인적으로 연약하다는 것을 깨닫는 두 사람 혹은 200만 명의 사람들이 기독교적 사랑으로 서로 용납하며 협력하려고 진지하게 노력하며 불일치한 의견을 솔직히 내놓을 때, 협력할 수 있는 사실을 종종 발견한다. 인간적 관점에서 이 모든 것의 열쇠는 사랑이다. (어떤 그리스도인들은 노골적인 분노보다 훨씬 격노하는, 사랑없는 지독한 인내를 나타낼 수 있다.) 성령의 하나되게 하심은 교회의 지체들 편에서 엄청난 노력이 없이는 지켜지지 않을 것이지만, 우리의 몸부림치는 정신은 발휘한 노력의 양보다 훨씬 중요하다.

　기독교는 언제나 인간적 활동 이상의 것이다. 우리의 활동은 기껏해야 하나님의 역사하심에 대한 반응에 불과하다. 그리스도인은 기껏해야 예수 그리스도로 말미암아 계시된 하나님을 믿기 때문에 지금처럼 산다. 그처럼 기독교적 하나됨을 위한 우리의 노력은 우리 자신이나 "함께 있음"에 대한 우리의 필요에 근거해서는 안 되고 하나님의 본성에 근거해야 한다. 하나님은 한 분이시다. 교회는 하나될 때까지 결코 만족할 수 없다. 우리는 "신앙과 교리에서 하나되며 사랑에서 하나되자"고 노래한다. 하나님은 우리가 그것을 삶으로 실천할 수 있도록 도우신다.

　바울은 보기 드물게 아름답고 깊이있는 구절에서 상이한 사람들이 교회로 하나되어야 하고 하나될 수 있다고 믿을 만한 신학적 근거를 표현한다. 아버지와 아들과 성령이신 하나님은 한 분이시다. 이 거룩한 삼위일체는 교회의 하나됨을 위한 토대이다. 이런 이유로, 그리스도인은 여럿이 되는 것을 결코 만족할 수 없다.

몸이 하나이요 성령이 하나이니 이와 같이 너희가 부르심의 한 소망 안에서 부르심을 입었느니라. 주도 하나이요 믿음도 하나이요 세례도 하나이요 하나님도 하나이시니 곧 만유의 아버지시라. 만유 위에 계시고 만유를 통일하시고 만유 가운데 계시도다(4:4-6).

B. 봉사의 선물

교회의 하나됨은 하늘에서가 아니라 땅에서 성취되어야 한다. 그리스도인들이 협력하고 함께 기도하고 함께 믿기 위하여, 하나님은 교회에 선물을 주셨다. "선물"은 두 가지 의미로 사용된다. 첫째로, 하나님은 특정한 개인에게 특별한 능력을 주셨다. 둘째로, 하나님은 이런저런 개인을 불러 그 은사를 교회 안에서 사랑 가운데 사용하게 하셨다. 3장에서 우리는 하나님이 봉사의 선물을 바울에게 주신 것을 보았다. 이제 바울은 "우리 각 사람에게 그리스도의 선물의 분량대로 은혜를 주셨나니"하고 말한다. 바울은 자신만이 성취할 수 있는 특별한 사역을 갖고 있었다. 바나바와 아볼로와 다른 사람들도 마찬가지였다. 초대 교회의 각 그리스도인도 마찬가지였다. 당신도 마찬가지이다. 바울의 사역은 새 교회를 세우는 것이었다. 이 일을 잘할 수 있도록 능력과 성품이 복되게 결합된 사람은 별로 없다. 바나바는 다소 다른 사역을 맡았다. 아볼로도 마찬가지였다. 초대 교회의 각 지체가 그러했다. 그건 당신도 마찬가지이다.

하나님은 우리를 개인으로 창조하셨다. 각자에게 하나님은 세상의 다른 모든 사람과 다른 인격을 주셨다. 각자는 특별한 은사를 갖고 있다. 그리스도는 "혹은 사도로, 혹은 선지자로, 혹은 복음 전하는 자로, 혹은 목사와 교사로 주셨느니라." 선지자는 가련한 교사를 기를 수 있다. 목사는 가련한 복음 전도자를 만들 수 있다. 교회 안에서 행해야 할 모든 일을 잘 행할 수 있는 사람은 없다. 그처럼 하나님은 몇몇 개인을 택하여 교회의 지도자로 삼으셨다. "이는 성도를 온전케 하며 봉사의 일을 하게 하며."

모든 그리스도인은 성도이다. 불행히도 우리는 성도를 업적을 이룬 사람으로 생각하기에 이르렀다. 신약에서 성도는 그리스도인이 되려고 노력하는 사람이며, 항상 성공을 거두지는 못하나 여전히 노력하는 사람이다.

모든 성도는 사역자이며 혹은 사역자여야 한다. 명백하게, 이 말은 회중을 지도하는 사람에게만 적용되지 않는다. 이는 그리스도를 섬기는 각 사람을 뜻한다. 회중을 지도하는 사람은 봉사의 선물을 받았다. 회중의 지체인 사람은 상이한 봉사의 선물을 받았다. 각 선물은 그리스도로부터 온다. 각각은 그리스도를 위하여 완성되어야 한다. 바울이 두 가지 의미로 "선물"이라는 말을 사용한 것을 기억하라. 하나는 특정한 사람에게 대한 특정한 능력의 선물이다. 다른 하나는 교회에 대한 그 사람의 선물이다. 봉사할 그의 특별한 기회이다. 당신은 이 질문을 피할 수 있겠는가? "나는 우리 교회에 대해 무슨 선물인가? 모든 곳에 있는 모든 그리스도인의 하나됨에 나는 무엇을 기여하고 있는가?"

C. 몸의 자람

"각 사람에게 은혜를 주셨으니." 이 은혜, 재능과 기회의 이런 결합은 "우리 모두가 믿음에 하나되기까지 그리스도의 몸을 세우기 위해" 사용되어야 한다. 두 가지 아름다운 수사법은 에베소서에서 결합되었다. 때때로 바울은 교회를 건축중인 성전으로, 건축자 외에는 아직 보지 못하는 그 통일성을 서술한다. 때때로 바울은 교회를 사람의 몸으로 그린다. 그리고 여기서 그는 두 수사를 하나로 결합한다. "그리스도의 몸을 세움." 우리의 하나됨은 아직 존재하지 않는다. 아직 우리는 하나님의 아들을 충만히 알지 못한다. 우리는 아직 성숙한 그리스도인이 아니다. 우리는 아직 그리스도의 분량까지 자라지 않았다. 그러므로 무엇을 해야 하는가? 절망 가운데 포기해야 하는가? 아니면 자라야 하는가?

예수님은 어린아이처럼 되라고 우리에게 말씀하신다. 바울은 어린아이가 되지 말라고 우리에게 말한다. 그는 선생이신 예수님과 모순되지 않는다. 전혀 그렇지 않다. 예수님은 어린아이에게 단점이 있음을 철두철미하게 알고 계셨다. 오래 전 갈릴리에서 어린아이들은 화 잘 내고 성말랐다.

그들은 당혹스러울 정도로 빨리 마음을 바꾸었다. 오늘날 어린이와 마찬가지였다. 이런 의미에서 바울은 어린아이처럼 되지 말라고 우리에게 경고한다. 그러나 어린아이는 자란다. 그들의 유치한 놀이는 성숙함을 향한 몸부림이다. 이런 점에서 예수님은 어린아이처럼 자랄 것, 영적인 성숙함으로 자랄 것을 우리에게 말씀하신다.

각 지체가 자랄 때 몸도 자란다. 바울은 고린도전서의 탁월한 구절에서, 어떻게 몸이 많은 지체로 구성되며 각 지체가 나름대로의 기능을 갖고 있는지 보여준다. 손과 발은 눈에 의존한다. 눈은 손과 발에 의존한다. 여기 에베소서에서 바울은 손과 발이 차례로 많은 마디로 구성되어 있음을 보여준다. 손목의 기적을 언급하지 않더라도 손에만 14개의 마디가 있다. 보통 이 마디는 매우 부드럽게 움직이므로, 당신은 뼈와 인대와 근육과 피의 공급과 뇌로부터의 중추적 결합 등의 기적 같은 상호 작용에 관하여 생각하기 위하여 중단하는 일이 없이 편지를 쓰고 그릇을 씻고 야구공을 던지고 단추를 기울 수 있다.

당신이 작고 힘없는 때가 있었다. 당신의 손은 하나님이 만드신 목적을 행할 수 없었다. 부분들이 모두 있었지만, 함께 움직이지 못했다. 그런데 당신은 자랐다. 바울은 인간 몸의 성장과 교회 안에 일어나야 하는 성장을 비교한다. 몸의 마디는 함께 일하는 법을 알아야 한다. 아이가 밥을 먹거나 걷는 법을 배우는 것을 볼 때, 이 학습이 때때로 고통스러운 일이라고 당신은 판단한다. 하지만 어린이는 실수와 상처에도 불구하고 배운다. 어린아이는 자란다. 그들은 어른이 된다. 그처럼 하나님께서 교회에 그런 사람이 계속되도록 하시기를 기도한다.

사도는 가령 인간 손 안에 있는 마디의 중요성을 보여준다. 그는 신체적 건강과 성장이 각 부분이 적절히 움직이고 있을 때 각 마디가 제공하는 것에 의존한다는 것을 보여준다. 정형외과 의사가 아닌 일반인은 우리의 일상의 안녕에 뼈마디가 얼마나 중요한지 종종 생각하지 않는다. 관절염에 걸린 친구에게 뼈마디가 얼마나 중요한지 물어 보라. 그 효과적인 협력이 없이 얼마나 오래 살 수 있었겠는가?

뼈마디는 무엇인가? 뼈마디는 둘 이상의 상이한 뼈들이 하나처럼 움직이도록 그것들을 결합하는 것이다. 이 접촉점에서 관절병이 종종 도진다. 몸 안에서 마디는 위험 요소이지만, 없어서는 안 되는 것이다. 교회는 마치 그와 같다. 각 그리스도인은 혼자서라면 아무런 갈등을 일으키지 않지만 교회에 긍정적인 것을 기여하지 못하는 경우가 많다. 우리가 배우고 자라고 발육하고 다른 사람들이 배우고 자라고 발육하는 데 도움을 주며 그래서 교회에 기여하는 것은 다른 사람들 즉 상이하고 때때로 아주 격노하고 요구가 많은 사람들과 접촉할 때이다. 콘트랄토(여성 최저음—역주)에게는 소프라노가 필요하다. 교사는 학생이 필요하다. 위원회는 회장이 필요하다. 우리는 서로를 필요로 한다. 교회의 건강과 성장은 우리의 조화로운 협력에 의존한다.

결론

바울은 회중 가운데 벌어지는 그리스도인의 삶에 관한 이 단락을, 하나님의 영원한 하나되심을 땅에서 반영하는 하나의 보편적 교회의 상에서 시작한다. 그는 인간 몸 안에 있는 뼈에 대한 상징적 서술로 끝맺는다. 뼈가 조화를 이루는 곳에 마디가 있다. 마디는 수만 가지 가능한 질병과 추함을 일으키는 원천이다. 이는 또한 우리가 걷거나 먹거나 노래하거나 무릎을 꿇고 기도할 수 있게 하는 유일한 수단이기도 하다. 바울은 결코 우리의 생각을 하늘에 방치하지 않는다. 그는 언제나 우리의 생각을 땅으로 끌어내린다. 여기가 바로 우리가 영생의 지상적 부분을 실천하는 곳이다. 여기서 교회는 구속받은 죄인의 협력을 통하여 교회가 자라고 발전해야 한다. 아마 바울이 "사랑"이라는 핵심 낱말로 회중 가운데서 이루어지는 그리스도인의 생활에 관한 이 단락을 끝맺는 것은 중요할 것이다.

에베소서 4:17-5:20

Ⅱ. 교회의 지체됨의 의미

B. 공동체 안에서

5:2 "그리스도께서 너희를 사랑하신 것같이 너희도 사랑 가운데서 행하라. 그는 우리를 위하여 자신을 버리사 향기로운 제물과 생축으로 하나님께 드리셨느니라."

Ⅰ. 역사적 배경

현대 독자들은 때때로 바울이 헬레니즘 사회를 부당하게 호되게 판단한다고 생각하곤 한다. 확실히 그는 4:17-19에서 호된 입장을 취한다. 하지만 부당한가? 하나의 예화를 들면, 아주 많은 식으로 매우 교양있고 세련된 헬라인이 바울이 비난하는 탐욕과 무감각과 방탕의 죄를 여전히 짓고 있었음이 드러날 것이다. 위대한 입법가 솔론은 아테네에서 매춘을 합법화했다. 아테네 사람들은 인간의 몸을 파는 데서 생기는 수익으로 아프로디테 즉 "사랑"의 여신에게 신전을 지어 바쳤다. 그들은 종교와 탐욕을 뒤섞는 데서 불일치함을 전혀 발견하지 못했다. 그리스도인들은 그런 도덕적 분위기에서 성장했다.

우리는 5:6-12에 나오는 언급에 관하여 확신할 수 없다. 그러나 주변의 이방인들이 기독교적인 순수함의 기준을 비웃었을 뿐만 아니라 어떤 "그리스도인들"이 육체적인 죄를 가볍게 보았을 가능성은 다분해 보인다. 이런 주장은 후대의 영지주의자들이 발전시킨 것이다. 이들은, 영은 선하고 물질은 본질적으로 악하다고 주장했다. 그리스도인은 영을 가치있게 여겨야 하지만 몸을 경멸해서는 안 된다. 그러면 사람이 육신으로 하는 것이 무엇인지 중요하지 않게 된다. 아마 이 위험한 경향이 이미 1세기 교회 안에서 작용하고 있었던 것 같다. 이 본문과 로마서 6장과 요한일서 1:8은 그런 점을 지적하는 듯이 보인다.

II. 용어 해설

4:17. "내가 이것을 말하며." 앞의 큰 삽입구(4:4-16)로 인하여 단절된 생각을 다시 잇는다.

"증거하노니"(마르투로마이). 하나님께 대한 엄숙한 호소. 이 말에서 영어 martyr(순교자)가 나온다.

"행하지 말라." 4:1에 있는 말을 부정적인 용어로 다시 언급함.

흠정역에 있는 "다른"이라는 말이 가장 좋은 사본에는 없다[한글개역성경에도 없다—역주].

"이방인." 여기서는 "이교도"라는 의미로 쓰임. 2:11, 3:1에서는 이 말이 유대교 배경에서 나오지 아니한 그리스도인을 뜻한다.

"마음의 허망한 것." 좀더 낫게는 "공허함"(RSV)이다. "마음"은 추론하는 능력일 뿐만 아니라 도덕적 영적 진리를 파악할 수 있는 능력이다. 우상 숭배는 "허망한 것"이었다. 이 표현은 거짓 신을 추구하는 데 쏟은 삶을 가리킨다. 4:17하-18절과 로마서 1:21-32을 비교하라.

4:18. "총명이 어두워지고." 이성의 자연스런 빛이라도 하나님이 조명하지 않으실 때는 어둠이다. 1:18.

"하나님 … 떠나 있도다." 하나님으로부터 오는 (영적) 생명에서 벗어났다. 이렇게 벗어난 두 가지 이유가 다음에 나온다.

"무지함." 하나님의 일들에 대한 무지.

"굳어짐"(포로신). "무감각함", "굳음"(RSV), "둔감함"(필립스).

4:19. "감각없는." 앞의 것과 아주 비슷한 생각이다.

"자신을 방임하여." 한 사람이 정부에게 자신을 방임하듯 그들은 관능에 자신을 방임했다.

"모든 더러운 것을 행하되." 이는 시험으로 빠지는 것 이상이다. 이는 추악한 일을 저지르는 것이다.

"욕심"(플레오넥시아) "더 많이 가지려는 욕구." 자신의 욕구를 이처럼 충족시키는 것은 이방인의 행동의 동기이다.

4:20. "너희는." 이방인과 강조적으로 대조를 이룸.

"그리스도." 복음의 총체인 그리스도는 하나님의 진리와 인간의 행동에 똑같이 역점을 두신다.

4:21. "받았을진대." "만일 내가 추정하듯이 … 한다면." 이 절은 상당히 까다로운 삽입구인데, 기독교적 행동과 기독교적 교리가 불가분리적임을 강조한다.

"진리가 예수 안에 있는 것같이." 말 그대로 "그 예수 안에 진리가 있듯이"이다. "예수 안에 있는 그 진리"(NEB)나 일반적으로 잘못된 인용인 "예수 안에서 진리인 것처럼"(위클리프), "진리가 예수 안에서 있을 때에라도"(틴데일), "그(그리스도)가 예수 안에서 진리이듯이"(Interpreter's Bible) 등은 잘못이다. 정확한 번역을 하기가 지극히 까다롭긴 해도, 핵심적 사유는 찬란히 빛난다. 예수의 가르침(언어적 가르침과 행위적 가르침)을 통하여 그리스도가 전해졌다는 것이다. 후대에 영지주의 사상은 영원한 그리스도와 역사적 예수를 나누었다. (다소 비슷한 일이 오늘날 어떤 종교 철학자들 가운데서 벌어지고 있는 것 같다.)

4:22. "벗어 버리고"(아포쎄싸이). 일반적으로 옷을 "벗어 치우다" 혹은 "제쳐두다"의 의미로 사용된다.

"구습." 흠정역으로는 "이전의 교제"로 되어 있으나, "구습"이 더 좋다. 골로새서 3:10.

"옛 사람." 여자적 번역인데, "너희의 옛 본성"(RSV)이라고 해도 크게 나아진 것은 없다. 이 표현은 4:24에 있는 "새 사람"과 대조를 이룬다.

"썩어져 가는." 말 그대로 "부패하고 있는", "죽음으로 내려가고 있는"(NEB). 현재 분사는 계속적인 진행을 가리킨다.

"유혹의 욕심." 말 그대로 "속임의 욕심." 4:21에 나오는 "진리"와 대조된다. 속임(진리의 반대어)은 그 목적을 성취하기 위하여 다양한 욕구를 개입시킨다.

4:23. "새롭게 되어." 루터가 말하듯이 "스스로 새롭게 하다"가 아니다. 하나님이 계속 그리스도인을 "새롭게 하신다." 이 말은 신약의 다른 곳에 나오지 않는다.

"심령." 정확하게 해석하기가 까다로운 말. 아마 인간의 마음과 은혜로운 연합 가운데 계신 성령일 것이다. 기독교 신앙은 우리의 최고 사유를 요구한다.

4:24. "입으라." 부정적인 진술 다음에 나오는 긍정적 진술. 이것과 옛 사람을 벗는 것은 결단의 행위이다. "갱생"은 지속적 과정이다.

"새 사람." 참조. 로마서 13:14. "주 예수로 옷입으라." 아마 여기서도 비슷한 의미가 의도되어 있는 것 같다. 그리스도를 "입는" 자는 "새로운" 사람이다.

"하나님을 따라 지으심을 받은." 여기서 바울은 그리스도에 의한 하나님의 형상의 회복을 함축한다. 이와 같이 참으로 의롭고 거룩한 인간성은 이미 존재하지만, 각 사람은 그리스도를 "입는" 결단적 행위를 내려야 한다.

"의 … ." 말 그대로 "진리의 의와 거룩함으로"이다. 새 사람이 하나님을 닮는 것은 의와 거룩함에 있다. 이 두 용어가 의미에서 겹치지만, 의는 동료와의 올바른 관계를 강조하고, 거룩함은 하나님과의 올바른 관계를 강조한다. 이 자질은 길이요 진리요 생명이신 분으로부터 나온다.

4:25. "버리고." 다음 나오는 문단(4:25-32)은 옛 사람을 벗고 새 사람을 입는 것이 무엇을 뜻하는지 상당히 자세하게 보여준다.

"거짓." 모든 형식의 허위. 그 가운데 입으로 하는 거짓말은 종종 매우 비탄스럽다.

" … 참된 것을 말하라." 이는 "예수 안에 있는 진리"(4:21)에 대한 기독교적 반응의 중요한 부분이다.

"이웃." 스가랴 8:16. 구약의 "이웃"은 종종 동일한 진리를 담았다. 신약의 "이웃"은 아마 그렇지 않을 것이다.

" … 지체가 됨이니라." 특정한 의무에 대한 교리적 기초. (진리되신) 그리스도의 몸 안에서 지체됨은 항상 신실함을 요구한다.

4:26. "분 내어도 죄를 짓지 말며." 시편 4:4(RSV). 그리스도인이라도 화가 갑자기 치솟을 수밖에 없지만 여전히 자신의 행동에 책임을 진다. 그리스도인은 악을 대면할 때 분노해야 한다. 마가복음 11:15-17. 그러나 의분이라도 해도 쉽게 죄로 변할 수 있다.

"해가 … 말고." 오늘날에도 말할 수 없이 소중한 피타고라스학파의 금언.

4:27. "틈을 타지 못하게 하라." 선행 구와 병행을 이룬다. 통제되지 않은 분노는 온갖 악을 명백히 이끌어들인다.

4:28. "도둑질하는 자." 초대 교회에는 사회의 온갖 계급이 지체가 되었다. 그 가운데는 전문 도둑도 포함되었을 것이다.

"제 손으로 수고하여." 경건은 수고를 대체하는 것이 결코 아니다. 오히려 수고의 자극제이다.

" … 있기 위하여." 노동의 의무는 자선의 의무에 근거를 두고 있지 일반적 안녕에 근거를 두지 않는다.

4:29. "내지 말고." 이 히브리어 형식의 헬라어 문장은 다음을 암시한다: "모든 부패한 말이 생각에 떠오르더라도 입 밖으로 나오지 않게 하라."

"더러운." 말 그대로 "썩은" "진부한" "쓸데없는"을 뜻한다. 바울은 추잡한 언어만 강조하고 있는 게 아니라 온갖 무익한 말을 강조하고 있다.

"덕을 세우는." 그리스도인은 말로 듣는 자에게 하나님의 은혜를 전달하는 수단이 되어야 한다. (세속 헬라어에서 이 표현은 단순히 "즐거움을 주다"를 뜻했다).

4:30. " … 근심하게 말라." 이는 언어에 대한 선행하는 금지 명령과 연결된다. 성령은 사랑하는 사람들이 나쁜 일을 할 때 근심하는 사람으로 나타난다. 이는 신인동형론적 언어이지만, 단순한 수사로 이해해서는 안 된다. 우리가 하나님을 논의할 때 사용할 수 있는 유일한 언어는 신인동형론적 언어나 신인동정론적 언어이다.

"인치심을 받았느니라." 1:13을 보라.

"구속의 날." 사람은 알지 못하는, 구속이 완성되는 미래의 날이다. 그리스도인이 오늘날 "인치심"을 받았다는 사실은 그가 그리스도인처럼 말하는 영적인 근거이다.

4:31. "악독." 현대 영어로는 "분개"에 해당한다.

"노함과 분냄." "노함"은 감정의 갑작스러운 치솟음(그리고 이는 대체로 습관의 문제이다). "분냄"은 지속적인 성질이다.

"훼방하는 것"(블라스페미아). 여기서는 오늘날 자주 사용되는 "신성모독"이라는 의미보다는 "비방"의 의미로 사용된다.

"악의." 이는 선행하는 악한 행동과 성향의 뿌리이다.

4:32. "인자." 신약에서 하나님의 속성으로 자주 나오지만, 여기서는 인간에게 사용되었다. "악독"과 대조를 이룬다.

"불쌍히 여기며." "노함"과 대조를 이룬다.

"용서하기." "분냄"과 대조를 이룬다.

" … 와 같이 하라." 명령된 기독교적 태도의 신학적 이유.

5:1. "본받는 자"(**RSV**). 영어 본문에는 "따르는 자"로 되어 있다. "하나님의 귀한 자녀로 하나님처럼 되려고 노력하라"(**NEB**). 이는 이교 사회에서 하나님을 "본받는" 것에 관한 문단(5:1-14)을 끌어들인다.

흠정역에는 "귀한 자녀"로 되어 있으나 "사랑을 입은 자녀"(**RSV**)가 더 낫다. 하나님을 사랑하시는 아버지로 아는 사람들은 하나님과 같아지려고 노력해야 한다.

5:2. "사랑 가운데서 행하라." 이것이 하나님을 "본받는 자"가 된다는 뜻이다.

"그리스도 … 같이." 기독교적 의무에 대한 교리적 이유.

" … 드리셨느니라." 정확하게 구별할 수 없는 세 가지 제사 용어. 이는 그리스도의 완전한 제사가 히브리의 모든 제사 제도가 성취하고자 계획했던 모든 것을 성취하였음을 암시한다.

5:3. "음행." 자신의 만족을 위하여 다른 사람을 희생시키는 것. 사랑에

정반대되는 것.

"더러운 것과 탐욕." 아마 이 문제는 많이 논쟁되긴 했지만, 이 용어들은 일반적으로 성적 욕구를 언급한다. 더러운 것은 성적 도착이며, 탐욕은 만족할 줄 모르는 관능적 욕심이다. 거룩하지 않은 세 가지 것이 5:5에 거명된다.

"그 이름이라도 부르지 말라." 아마 이는 "비방의 기회를 주지 말라"는 것보다 "그런 문제는 논의조차 하지 말라"는 뜻일 것이다.

"성도의 마땅한 바니라." 굽히지 않는 순결한 생활에 대한 영적 이유.

5:4. "누추함과 … ." 언어의 남용에 관한 세 가지 것. "누추함"은 위에 나오는 "더러운 것"과 마찬가지로 폭넓게 적용된다. "희롱의 말"은 분명히 추잡한 농담을 언급하지 순수한 즐거움이라는 신적 선물을 언급하지 않는다.

흠정역에는 "편리한"으로 되어 있으나 "마땅치"(RSV)가 더 좋다.

"감사하는 말을 하라." 깨끗한 말의 근거가 되는 영적 의무.

5:5. "너희도 이것을 정녕히 알거니와." 헬라어는 이런 뜻을 암시한다. 교회의 가르침으로 뿐만 아니라 "경험으로 너희가 이것을 안다."

"음행하는 자나 … ." 이는 그런 죄가 용서 받을 수 없다는 것을 함축하지 아니하고 죄를 용서받은 자가 그런 관행을 계속 행하지 않을 것임을 함축한다.

"하나님 나라 … ." 이 표현은 신약의 다른 곳에 나오지 않는다. 이는 그리스도의 절대적 신성을 함축한다.

5:6. "누구든지 … 못하게 하라." 이는 (아마) 전술한 악덕을 가볍게 여길 이교 친구들을 언급하는 것이 아니라 교회 안에서 발전되어 영혼과 몸을 분리시키는 위험스러운 경향을 언급할 것이다. 요한일서 1:6.

"이를 인하여 … ." 방금 언급한 죄들은 도덕적으로 사소한 게 아니라 하나님의 심판을 받는 근거이다.

"하나님의 진노." 성경에서 이는 악에 대한 하나님의 태도이다. 이는 마지막 심판 혹은 어떤 결과(양심, 신체적 벌 등)로부터 불가피한 작용만이 아니며 또 십중팔구 단순한 수사도 아니다.

"불순종의 아들들." 2:2의 "불순종하는 자들"을 뜻하는 히브리 어투.

5:7. "참예하는 자." 악덕이나 그로 인한 "하나님의 진노"에 참여하는 자.

5:8. "전에는." 그때와 지금의 대조를 알려면, 2:11-14을 보라. 거기서 변화된 관계는 하나님과의 관계이며, 여기서는 인간 사회에 관련된 변화이다.

"어두움." 어두움 "안에" 있는 것이 아니라 어두움 자체이다. 그들은 주변 사회의 본성을 공유했다.

"주 안에서 빛이라." 다시 말하지만 빛 "안에" 있는 것이 아니라 빛 자체이다. 이는 그리스도가 일으키시는 변화이다. 이 빛은 그리스도로부터 온다. 이는 인간의 업적이 아니다. 그러나 이는 인간의 생활과 행동을 바꾸도록 의도되어 있다. 마태복음 5:14.

"행하라." 4:1; 5:2을 보라.

"빛의 자녀." 5:6에 나오는 동일한 히브리 어투. 그 본질은 빛이다.

5:9. "성령의 열매"(흠정역). 가장 좋은 사본은 "빛의 열매"로 되어 있다[한글개역성경도 마찬가지로 되어 있다]. 다양한 독법은 갈라디아서 5:22을 반영한다. 이는 빛의 영적 결과에 대한 상징적 용어이다.

"모든." 모든 형태의. 기독교 도덕은 틀에 박힌 율법 제도가 아니다. 상이한 환경은 다양한 형태의 선을 요구한다.

"착함 … ." 모든 도덕은 세 가지 항목 즉 착함과 의로움과 진실함 아래 포섭될 수 있다. 빛은 지상에서 실제적 결과를 산출할 수 있다.

5:10. "시험하여." "테스트하다"는 의미로 사용됨. 그리스도인은 하나님의 알려진 뜻에 비추어 모든 제시된 행동 과정을 면밀하게 살펴야 한다. 로마서 12:2.

5:11. "참예하지 말고." 악과 교제를 나누지 말라.

"열매 없는 일." 흑암은 인간 생활에 결과를 산출하지만 거두고 싶은 종류의 결과가 아니다.

"책망." 영어에는 헬라어에는 나오지 않은 언어 유희가 있다. 즉 시험하다(prove)와 책망하다(reprove). 이 "책망"은 불의 가운데서 의로운 생활이며, 또 도움이 될 때에 행하는 언어적 질책이다.

5:12. "은밀히." 아마 이는 비밀한 종교 관행을 언급할 것이다. 지금이나 마찬가지로 그때에 은밀히 행해졌던 가장 추악한 악일 가능성이 높다.

5:13. "그러나 모든 것이 … ." 까다로운 구. 좀더 나은 것은 "모든 것이 빛으로 입증될(시험하고 테스트하여 그 참된 것이 드러날) 때 명백하게 드러나게 된다"(웨스트코트).

" … 것마다." 역시 까다로운 구. 필립스는 올바르게 의역하여 해석했다. "빛은 자신이 비추는 사물을 빛으로 바뀌게 할 수도 있다(결국 당신에게 그런 일이 일어난 것이다!)." 많은 사람은 그리스도의 "빛" 가운데서 악을 살피지 않고 그래서 그 진상을 탐지하지 못했기 때문에 하나님의 용서의 필요성을 볼 수 없다. 사람이 사물을 있는 그대로 볼 때, 그는 그리스도를 받아들이고 "주 안에서 빛"(5:8)이 된다.

5:14. "이르시기를." 이 표현은 종종 성경의 인용문을 도입한다. 다음의 찬미는 이사야 60:1의 자유로운 개작일 가능성이 높다.

"~자여 깨어서 … ." 아마 기독교 세례 찬미의 일부일 것이다. 이것에 대한 다른 흔적은 보전되지 않았다.

5:15. "자세히." "빛"을 본 그리스도인은 이 빛에 합당하게 행하기 위하여 자신의 모든 인간적 자원을 사용해야 한다.

"지혜." 이는 잠언 8장에서 높인 실천적 지혜이다.

5:16. "세월을 아끼라"[흠정역으로는 'redeem'(구속하다)로 되어 있음—역주]. 말 그대로 "스스로 기회를 확보하라"는 뜻이다. 이는 "지혜롭다"는 것이 무슨 뜻인지를 규정한다. 즉 주어진 기회를 쓸모있게 사용하는 것이다. 골로새서 4:5.

"때가 악하니라." 도덕 기준이 부패하므로, 그리스도인은 도덕적 행위로 자신의 신앙의 가치를 입증할 기회를 갖는다.

5:17. "이해하라." 기독교는 생각하는 신앙이다.

"주의 뜻." 이 용어는 "하나님의 뜻"과 바꿔 쓸 수 있다.

5:18. "술 취하지 말라." 잠언 23:31. 70인역.

"방탕." 디오니소스 제식을 암시하는 것일 가능성이 있다. 디오니소스 제식의 헌신자는 술로 종교적 기쁨을 추구했다.

"성령의 충만을 받으라." 말 그대로 "영에 가득차라." 주정뱅이 생활과 성령이 통제하시는 생활이 대조를 이루지 술과 영이 대조를 이루는 게 아니다.

5:19. "화답하다." 이는 분명 일상적 대화를 언급하지 교회의 예배 행위를 언급하지 않는다. 당신의 말이 당신의 신앙으로 충만하게 하라.

"너희의 마음 … 노래하며." 너희 생각이 너희 신앙으로 가득하게 하라.

5:20. "감사하며." "영에 충만하다"는 것이 무슨 뜻인지를 보여주는 세번째 서술. 위에서는 모든 삶이 예배로 가득 차야 했다. 여기서는 모든 예배가 감사로 가득 차야 한다.

III. 교리적 의의

기독교 신앙의 실천에 관한 이 단락은 기독교 교리의 본질을 예시한다. 오늘날 어떤 사람들이 주장하듯이, 우리의 교리는 반대의 온갖 증거에도 불구하고 믿어야 하는 추상적 개념이 아니다. 우리의 교리는 중대한 문제에 관한 기독교적 체험의 보고(報告)이다. 그것들은 실천되어야 하는 것이지 단순히 속에 삼키는 것이 아니다.

어떻게 모든 의무가 진리에 있는지 혹은 진리에 근거를 둔 다른 의무에 있는지 주목하라. 진리를 말하라. 왜냐하면 우리는 서로 지체이기 때문이다. 도둑질하지 말라. 왜냐하면 (가난한 자에게나 장차 가난에 희생될 수 있는 사람에게) 자비를 베푸는 것이 그리스도인의 의무이기 때문이다. 분개하지 말고 인자하라. 왜냐하면 하나님이 너희를 용서하셨기 때문이다. 더러운 말을 삼가라. 왜냐하면 그리스도의 말은 감사를 표현해야 하기 때문이다. 속임을 당하지 말라. 왜냐하면 너희는 주 안에서 빛이기 때문이다.

어떤 주석가들은 이 단락을, 이교 사회에서 그의 의무라기보다 교회 내에서 그리스도인의 의무가 연속되는 것으로 본다. 즉 4:25에 나오는 "이웃"은 그리스도인 이웃이다. 어떤 역사적 해석을 택하더라도, 이 단락의 교리적 의의는 손상되지 않는다. 기독교 진리는 기독교 의무의 근거이다.

IV. 실천적 목표

성경에서 교사나 설교자에게 기독교 교리의 실천적 중요성을 잘 보여주는 구절이 별로 없다. 여기서나 다른 어떤 곳에서도 교리는 목적 자체로 제시되지 않는다. 올바른 사고 방식은 올바른 생활의 근거이다. 그리스도인은 믿음으로 의롭다 하심을 받았다. 왜냐하면 하나님은 영생을 건축할 올바른 토대를 필요로 하시기 때문이다.

오직 이것을 기록함은 너희로 예수께서 하나님의 아들 그리스도이심을 믿게 하려 함이요, 또 너희로 믿고 그 이름을 힘입어 생명을 얻게 하려 함이니라(요 20:31).

"생명"은 그리스도인이 죽을 때 시작되지 않는다. 그것은 그가 그리스도를 구주와 주로 영접할 때 시작된다.

V. 설교 개요

제목: **"공동체 안에서."**

도입부

당신은 이런 말을 듣게 될 것이다. "오늘날 그리스도인이 되기란 힘들어." 당신이 아주 최근에 기독교 신앙에 들어서지 않았다면, 이런 말을 아주 자주 말했을 것이다. 그리스도인이 되는 것은 어렵다. 온갖 방향에서 오는 스트레스와 긴장은 우리를 그리스도와 그의 십자가로부터 벗어나게 한다. 그래서 하나님은 우리에게 신앙을 주셨다. 왜냐하면 그리스도인이 되는 것이 힘들기 때문이다. 바울이 에베소서를 썼을 때 그리스도인이 되는 것이 얼마나 힘들었는지 상상해 보라. 그는 감방에서 로마 군인에게 매여 있으면서 편지를 썼다. 그는 삶의 이면을 꿰고 앉아 있었다. 발이 족쇄에 채워져 있었지만, 그는 이렇게 썼다. "그리스도께서 너희를 사랑하신 것같이 너희도 사랑 가운데서 행하라." 이는 기독교적 사랑으로 행하는 것이 쉽기 때문이 아니라 이것이 하나님께로 향하는 길이기 때문이다.

A. 스트레스와 긴장

바울은 자기를 둘러싼 사회를 서술한다. 오늘날 많은 사람은 로마서와 다른 곳에서처럼 여기서도 이교 사회에 대한 분석을 읽을 때, 바울이 자신의 주장을 과장했다고 생각한다. 그러나 소용돌이치는 1세기의 역사를 연구한 사람은 로마의 철학자들이 동일한 비판을 많이 했다는 것을 배운다. 사회의 심장에 병이 들어 있었다.

바울은 병든 세상에 영적 도움을 줄 수 있는 소수 가운데 한 사람이었다. 그는 이방인이 마음의 허망한 것으로 행하는 것처럼 행하지 말라고 그리스도인 친구들에게 요구했다. 헛된 것은 공허함이다. 우리는 성경에서 우상 숭배를 헛된 것이라고 일컫는 것을 발견한다. 물론 우상은 종교적 조상(彫像)이 아니라, 그 종교적 조상이 표상하는 바이다. 옛적의 우상은 자연력이나 인간의 문화였으며, 그 대부분이 그 자체로는 선하지만 인간의 추구할 목표로는 자격이 없었다. 오늘날 우리는 더 이상 풍요와 승리와 재주와 건강을 표상하여 조상을 새기지 않는다. 더 이상 우리는 케레스와 마르스와 헤파이스토스와 아폴로의 제단에 제사를 드리지 않는다. 헛됨이나 거짓 목표의 추구가 완전히 시대에 뒤떨어진 것이라고 누가 담대히 말할 수 있겠는가?

바울은 "총명이 어두워지고 저희 가운데 있는 무지함과 저희 마음이 굳어짐으로 말미암아 하나님의 생명에서 떠나 있는" 사람들에게 관하여 말한다. 하나님이 사람의 생각에서 떠나 계시면, 그 결과는 어쨌든 쓰게 된다. 총명이 어두워진다.

하나님으로부터 멀어질수록 사람과 조물주의 분리는 심해진다. 바울은 사람의 분리됨에 대하여 두 가지 이유를 서술한다. 하나는 무지이다. 이는 물론 신적인 것에 대한 무지를 뜻한다. 전역사에서 가장 위대한 건축가와 엔지니어와 법률가 가운데 어떤 사람들은, 바울이 무지에 관하여 서술하고 있던 당시에 살고 일했다. 어떤 사람은 수로를 매우 잘 만들지만, 하나님의 본성과 사람의 운명에 관하여 거의 모를 수 있다. 신적인 진리에 대한 무지가 세상에서 사라졌는가?

또 한 가지, 분리를 일으킨 아마 좀더 심각한 원인은 영어 성경이 번역하듯이 "마음의 어두움"이다. 헬라어는 오히려 굳어짐을 뜻한다. 사람이 주의한다면 무지는 극복될 수 있다. 그러나 그가 주의를 기울이기를 중단했을 때는 소망은 거의 남아 있지 않다. 20세기는 좋은 것을 우리에게 많이 가져다 주었다. 수초 만에 대륙간 의사 전달을 할 수 있는 능력을 우리에게 가져다주었다. 그러나 이 능력은 영혼에 두꺼운 못이 박히게 하는 데 이바지했다. 영국령 온두라스에 태풍으로 200명이 죽었다. 너무 안된 일이다. 중부 가나에 기근이 들었다. 콩고에 전염병이 돌았다. 75명이 죽는 중대한 사건이 벌어졌다. 그런 문제가 매일 우리의 신문을 가득 채운다. 우리는 매일 아침 공포와 잔인함과 파괴에 관한 글을 읽으면서 엄숙하게 토스트를 우적우적 씹어 먹는다. 우리는 마음에 못이 박히지 않을 수 없게 하는 비극에 관하여 많이 듣는다.

가장 큰 비극은 물리적 고통이 아니라 도덕적 악이다. 도덕적 악에 둘러싸인 사람이 점차 악을 정상적인 것으로 받아들이게 될 때 그는 결국 "감각 없는 자"가 된다. 바울의 시대에 탁월한 이교 철학자들이 어떻게 노예제의 야만성과 만연한 성적 도착을 조용히 받아들였는지를 주목하면 재미있다. 매춘은 많은 종교 예식의 일부였다. 매음굴에서 나온 수익이 때때로 신전을 짓는 데 사용되었다. 예민한 사상가들은 이런 것에서 불일치성을 거의 보지 못했다. 그들의 마음은 하나님의 이글거리는 빛에 가리웠다.

바울이 "방탕"과 "모든 더러운 것을 욕심으로 행함"을 말할 때, 우리는 그가 말하고 있는 것을 꿰뚫고 있다. 오늘날 대부분의 지역 사회에는 조직적인 악이 법률을 어긴다. 그러나 법 안에 용케 남아서 다른 유형으로 인간의 욕심에 영합하는 것이 있다. 미국의 신문 가판대에는 인간 소비를 위하여 매우 저속한 책과 잡지가 매일 팔리고 있다. 추한 것을 퍼트리는 데 돈이 있다. 사람들은 여전히 "모든 더러운 것을 행한다." 이것은 통상적으로 깨끗한 생활을 하는 사람이 이따금 체험할 수 있는 시험에 빠지는 것 정도가 아니다. 이는 인간 죄에서 나온 것, 사람의 연약함을 이용하여 돈을 벌려는 탐욕을 표시한다.

오늘날 세상은 바울이 살며 글을 쓰던 세상과 닮은 점도 있고 다른 점도 있다. 우리에게는 노예와 노예 주인에게 노예제가 미치는 파괴적 결과가 더 이상 없다. 그러나 그때 바울의 논의 주제 가운데 핵전쟁의 파괴적 결과란 없었다. 바울의 시대와 우리의 시대의 차이점과 유사점을 지적하는 목록을 길다랗게 만들 수 있다. 하나의 유사점이 두드러진다: 우리 시대는 바울의 시대처럼 신앙의 위대한 시대로서 역사에 기록되지 않을 것이다. 사람들이 신앙에서 떠날 때, 많은 사람이 신앙에 터잡은 영적 태도에서 떠난다. 바울이 오늘날 글을 쓴다면, 의심할 나위 없이 몇 가지 구체적인 점에서 수정할 것이지만 하나님을 향한 굶주린 영혼의 울부짖는 곤경, 하나님 없는 사회의 무시무시한 공허함은 바뀌지 않을 것이다.

예수님은 한때 이렇게 기도하셨다. "지금 내 마음이 민망하니 무슨 말을 하리요? 아버지여 나를 구원하여 이때를 면하게 하여 주옵소서. 그러나 내가 이를 위하여 이때에 왔나이다"(요 12:27). 바울이 감방에서 악독과 미움으로 가득찬 도시를 바라보며 글을 쓸 때, 모든 시대의 그리스도인들에게 다소 동일한 생각을 표현한다. 그리스도인이 되는 것이 힘들기 때문에 하나님은 당신을 영원 전에 부르셨다. 하나님은 이 세상에서 이때에 당신을 불러 그리스도인으로 살게 하셨다. 왜냐하면 하나님의 영원한 목적을 성취하는 데 도움을 줄 그리스도인이 하나님께 필요하기 때문이다.

B. 무엇을 할 것인가?

그리스도인은 때가 어두움을 안다. 하지만 그리스도인은 곤경을 인정하는 데서 결코 멈추지 않는다. 그리스도인은 그것을 극복하는 일에 종사한다. 예수님은 이렇게 말씀하셨다. "너희는 세상의 빛이라. … 이같이 너희 빛을 사람 앞에 비취게 하여 저희로 너희 착한 행실을 보고 하늘에 계신 너희 아버지께 영광을 돌리게 하라"(마 5:14상, 16). 그리고 바울은 이렇게 되풀이한다. "너희가 이제는 주 안에서 빛이라." "빛 안에" 있는 것이 아니라 "빛" 자체이다. 시대가 어둡기 때문에 그리스도인은 무엇을 해야 하는 가? 그는 주변의 어둠이 깊을수록 빛에 대한 세상의 필요는 커진다는 것을 기억한다.

"그런즉 너희가 어떻게 행할 것을 자세히 주의하여 지혜 없는 자같이 말고 오직 지혜 있는 자같이 하여 세월을 아끼라. 때가 악하니라." 행함은 매일의 생활을 가리키는 오래토록 친숙하고 아름다운 성경의 용어이다. 이는 이교 사회에서 그리스도인에게 명하는 바울의 지시의 핵심이다. 즉 그리스도와 매일 행하는 것이다. 아무도 하루가 지나갈 때마다 어떤 어려움이 생길 것인지 예측할 수 없다. 어떻게 그리스도인이 처신해야 할지 미리 정할 수 있는 사람은 없다. 그러나 매일 그리스도인은 주의해서 행할 수 있다. 이는 식별력과 판단력을 사용하고 대안을 살피는 것을 뜻한다. 때때로 사람들은 경건심이 충분히 있다면 더 이상 괴롭게 생각할 필요가 없다고 생각하는 것 같다. 그러나 예수님은 생각하지 않는 기독교를 사용할 필요가 없으셨다. 하나님이 사랑하시므로 그리스도인은 생각한다. 그는 바보가 아니라 지혜로운 사람으로서 주의하여 행한다.

지혜로운 사람은 성경 도처에서 특별히 잠언에서 그렇게 높이 칭찬하듯이 반드시 천재는 아니다. 그는 평범한 재능을 갖고 있지만 이 험하고 요동하는 세상에서 하나님을 봉사하기 위하여 자신이 갖고 있는 적은 것이라도 전적으로 헌신한다. 그의 지혜는 실천적이다. 그것은 그리스도인이 되기 힘든 세상에서 믿음을 실천할 수 있는 그의 능력이다. 어떤 사람들은 주식 시장이나 천문학 등에 관하여 아주 잘 알고 있지만 전혀 지혜롭지 못하다. 형식적 교육을 거의 받지 않은 어떤 사람들은 매일 지혜를 실천하며 살고 있다.

그리스도인은 지혜롭기 때문에 세월을 아낀다. 바울의 이 흥미로운 표현은 말 그대로 "기회를 확보한다"는 뜻이다. 그리스도인은 온갖 곤경을 그리스도께 유리하게 하려고 노력한다. 이교 사회에서 그리스도인이 되는 것이 힘들다 해도, 그리스도인에 대한 필요는 거룩한 사람들의 세계에서보다 훨씬 크다. 결국 예수님은 "의인을 부르러 오신 게 아니라 죄인을 부르러"(마 9:13하) 오셨다. 주님은 당신의 목소리말고 어떻게 그들을 더 잘 부르실 수 있는가?

C, 어떻게 그것을 행하는가

때가 악하므로 우리는 조심하여 행해야 한다. 온전함을 권하는 이 권고만으로는 유익하지 않고 낙심하게 만들 것이다. 어떻게 나는 조심할 수 있는가? 우리가 에베소서에서 살피고 있는 단락에서 바울은 기독교의 "어떻게"에 관한 심오한 교훈을 우리에게 준다. 그는 모든 의무를 의무에 뿌리를 박게 한다. 그는 어떻게 각 교리가 의무를 산출하는지를 보여준다.

나는 오늘날 많은 사람이 기독교 교리를 삶과 별로 상관없는 무미건조한 것으로 보는 것을 잘 알고 있다. 많은 사람은 교리가 이런 것을 의미한다고 생각하는 것 같다. "만일 그다지 있을 법하지 않는 것들을 믿기만 하면, 좌우간 죽을 때에 하늘 나라로 갈 것이다." 교리를 그렇게 생각하는 사람들이 교리에서 유용성을 그다지 보지 못하는 것은 그리 놀랄 일이 아니다.

교회의 교리는 가르침이다. 이 가르침은 성경의 분명한 메시지에서 그리고 삶의 기본 문제에 관한 엄밀한 사상에서 도출된다. 이 교리는 우리가 다룰 수 있는 만큼 현저한 순서로 배열되었다. 그리스도인은 교리를 경배하는 것이 아니라 하나님을 경배한다. 우리는 교리를 삶의 항상 까다로운 이런 일에서 우리를 돕는 수단으로 사용한다. 우리의 교리는 단지 믿어야 할 것이 아니라 삶으로 실천해야 할 것이다.

그리스도인이라고 거의 믿어 마지 않지만 여전히 신앙에서 벗어나려고 시도하고 있는 나의 친구는 이렇게 말을 막는다. "어떻게 당신은 추상적인 신념을 실천할 수 있단 말인가? 죄사함을 예로 들어 보자. 당신은 그리스도께서 당신을 용서하셨다고 말한다. 그리스도께서 용서하셨다면, 그것으로 끝이다. 어떻게 당신은 끝난 것을 실천할 수 있는가?"

죄 사함은 출발이지 끝이 아니다. 나는 참으로 존재하시는 분, 이 우주의 중심에 서 계시는 분이 용서하신다고 믿는다. 만일 내가 이것을 참으로 믿는다면, 그것이 참된 명제라고 생각하는 것으로 끝날 수 없다. 바울이 말하는 것처럼 나는 나의 생활의 모든 관계에서 용서를 실천해야 한다. 실체적이며 구체적인 의무가 이 교리와 결합되어 있다.

서로 인자하게 하며 불쌍히 여기며 서로 용서하기를 하나님이 그리스도 안에서 너희를 용서하심과 같이 하라(4:32).

이 단락 전체는 이런 식으로 진행된다. 진리는 의무로 자란다. 의무는 진리에 터를 둔다.

바울은 말한다. "진리를 말하라. 이는 너희가 진리를 머리로 삼은 교회에 속하기 때문이다."

바울은 말한다. "화나는 것을 참으라. 분노는 쉽게 죄로 향한다."

2천년 이후에 여전히 놀라움을 자아내는 한 절에서 바울은 부지런한 노동의 의무를 명한다. 그러면서 부정직의 위험을 우리에게 경고한다. 이 둘의 기초는 그리스도인의 생활에서 모든 것을 떠받치고 통제해야 하는 구제이다.

도적질하는 자는 다시 도적질하지 말고 돌이켜 빈궁한 자에게 구제할 것이 있기 위하여 제 손으로 수고하여 선한 일을 하라(4:28).

초대 교회는 지체를 있는 그대로 받아들였다. 그리고 더러는 그다지 칭찬할 만한 사람이 아니었다. 십자가에서 죽어 가시는 그리스도께서는 자신에게 돌이킨 자를 용서하셨다. 그러나 용서받은 도둑들은 여전히 나쁜 습관을 갖고 있다. 이것을 바울은 경고한다. 그는 자신의 경고를 형벌의 두려움이나 일반적인 안녕에 대한 모호한 호소에 두지 않는다. (가령 모든 사람이 도둑질을 한다면 어떤 혼란이 초래되겠는가?) 그러나 그는 그리스도께서 완전한 구제이시므로 그리스도인이 가난한 자를 향하여 그리고 장차 가난해질 수 있는 부자를 향하여 구제하는 삶을 산다는 것을 말함으로써 핵심에 도달한다.

바울은 입을 주의하라고 자주 우리에게 말한다. 왜냐하면 하나님은 깨끗한 말을 하도록 입을 주셨기 때문이다. 이와 같이 주의해야 할 필요성이 현대의 생활에서는 사라졌는가?

그런 말은 끝도 없이 할 수 있다. 하지만 우리는 많은 사람이 아무런 실천적 가치를 고려하지 않는 교리를 한 번 살피고 끝맺어야겠다. 하나님은 당신을 영원 전에 부르사 빛 가운데서 하나님과 함께 살게 하셨다는 교리이다. 그들은 "하나님이 나를 부르셨다면 거기에 대하여 내가 할 일은 없다"고 주장한다. 이는 진리와 정반대이다. 하나님이 부르셨고 당신이 응답했다면, 당신이 거기에 관하여 할 일은 갖가지로 많다. 당신은 구속의 날까지 인치심을 받았다.

오늘날 화차에 화물이 가득차 있을 때 조차장장(操車場長)은 문을 닫고 자물쇠에 봉인이 붙은 금속 테이프를 붙인다. 이 차는 철도측의 보증으로 봉인이 붙어 있으므로 전체 화물을 목적지로 배달할 것이다. 봉인은 이 화차가 그 일을 성취하지 못하게 막지 않는다. 봉인이 그것을 가능하게 한다. 이것이 바울의 결론이다. "하나님의 성령을 근심하게 하지 말라. 그 안에서 너희가 구속의 날까지 인치심을 받았느니라."

결론

오늘날 그리스도인이 되기란 어렵다. 즉 나의 하나님이 여러분을 불러 하나가 되게 하신 것이다. 하나님이 여러분을 부르셨으므로, 하나님이 여러분을 "인치셨으므로" 여러분은 매일 그리스도와 함께 행해야 한다.

에베소서 5:21 – 6:4

II. 교회의 지체됨의 의미

C. 가정에서

5:21. "그리스도를 경외함으로 피차 복종하라."

I. 역사적 배경

오늘날 그리스도인들은 그리스도의 빛이 먼저 비친 흑암이 얼마나 컸는지 깨닫기가 힘들다. 혼인의 관행보다 생생하게 대조되는 곳은 없다. 오늘날 우리가 기독교 가정의 높은 표준에서 벗어났지만 그래도 기독교 가정이 우리가 열망해야 할 이상이라는 점에 의견을 같이 한다. 1세기에는 그런 이상이 없었다.

로마 공화정은 혼인과 가정의 높은 이상을 가졌다. 그러나 제국 시대에 이르러 옛 이상은 조롱당하고 비방당했다. 사소하고 천박한 근거에서 이혼이 허용되었다. 제롬은 대략 23번째 남편과 혼인한 여성에 관하여 말한다. 그 여인은 그의 21번째 아내였다. 이는 어떤 기록이야 작성되겠지만, 이교 철학자들은 그런 경우들을 거의 지긋지긋한 것으로 언급한다. 혼전 순결과 결혼후 정조는 거의 알지 못했다.

헬라 사회에서는 상황이 다소 달랐다. 데모스테네스는 이렇게 요약했다: "우리에게는 쾌락을 위한 고급매춘부가 있다. 매일의 동거를 위하여 첩이 있다. 아이를 정당하게 가지고 우리의 가정사를 신실하게 관리할 자를 얻을 목적으로 아내를 둔다." 혼인한 여성에게는 정조를 기대했다. 그녀는 가정의 관리자이며 아이를 기르는 자였지만, 남편은 교제를 위하여 다른 곳을 살폈다. 동양의 풍요 제식이 퍼져 있었다. 에베소는 에베소인의 다이아나(아데미)에게 봉헌한 세계적으로 유명한 신전이 있었다. 데메드리오와 다른 사람들이 돈을 벌기 위하여 만든 아데미의 조상은 젖가슴이 100개나 되는 괴상한 모습을 하고 있다. 매춘은 아데미 "숭배"의 필수적인 부분이었다.

유대교 사회에서도 가정은 위험에 처해 있었다. 유대인은 언제나 가족 연대를 크게 강조했다. 구약은 이혼이 때때로 필요함을 인정하지만, 순결과 정조의 높은 이상을 지지한다. 우리 주님의 시대까지 이 이상들을 폭넓게 존중했지만, 남성에게 이혼이 쉬워졌다. 여성은 이혼할 권리가 없었다. 많은 랍비는 가장 심각한 근거에서만 남성의 이혼권을 동의했다. 하지만 위대한 힐렐을 포함하여 많은 사람이 "수치되는 일"(신 24:1)이란 남편이 생각할 수 있는 거의 모든 결점을 포함한다고 해석했다.

샴마이 학파는 말한다: "남자는 아내에게 부정을 발견하지 않았다면 이혼할 수 없다. 왜냐하면 기록에, '어떤 일이든지 수치되는 일이 그에게 있음을 발견했으므로'라고 되어 있기 때문이다." 그리고 힐렐 학파는 말한다: "아내가 남편의 그릇을 못쓰게 했다 해도 (남자는 아내와 이혼할 수 있다). 왜냐하면 기록에, '어떤 일이든지 그에게 수치되는 일을 발견했으므로'라고 되어 있기 때문이다." 아키바(R. Akiba)는 말한다: "남자가 아내보다 더 아름다운 여자를 발견했다 해도 [이혼이 가능하다]. 왜냐하면 기록에, '그리고 여자가 그의 눈에 총애를 발견하지 못한다면 그렇게 될 것이라'고 되어 있기 때문이다. … "

—탈무드, 기틴 9.10.

예수님은 그런 배경에서 이혼에 관하여 엄격하게 말씀하셨다(마 5:32). 이 배경에서는 이혼이 쉬우므로 혼인의 거룩함이 위태로웠던 것이다.

소아시아 사람들은 헬라인과 로마인과 아프리카인과 아시아인이 뒤섞인 사해동포적인 사람들이었다. 각 계통이 자신의 가장 좋은 것뿐만 아니라 자신의 가장 나쁜 것을 끼쳤다. 성적인 것과 그 밖의 온갖 유형의 악이 유행했다. 여자는 남편의 개인 동산이나 노예나 공적 장난감이었다. 바울은 이런 사회에서 그리스도의 교회를 세웠다. 교회는 기독교의 이상적인 여성상을 지지하고 아내뿐만 아니라 남편에게도 순결을 요구했으며, 혼인의 서약이 종신토록 지속됨을 선포했다. 여성의 해방은 에베소서의 이 단락에서 기독교의 이상적인 여성상을 가장 분명하게 전개한 바울 사도를 통하여 예수님께로 곧장 거슬러간다.

Ⅱ. 용어 해설

5:21. "피차 복종하라." 흠정역은 이를 한 문단의 결론으로 만든다. RSV는 이를 새 문단의 시작으로 만들지만, NEB은 이 문장을 문단의 제목으로 삼는다(이것이 옳다). 이는 기독교 가정 윤리의 요약이다. 그리스도를 향한 전적인 경외에 근거한 서로 복종함. 인간 관계의 세 측면이 논의된다: 남편-아내, 부모-자식, 주인-종.

"그리스도." 흠정역에는 "하나님"으로 되어 있지만, 가장 좋은 사본들은 "그리스도"로 되어 있다. 바울의 높은 기독론에 대한 또 한 가지 예. 하나님께 적합한 경외는 그리스도께도 역시 적합하다. 왜냐하면 그리스도는 하나님의 본성을 함께 가지시기 때문이다.

5:22. "아내들이여, … 복종하기를." 가장 근본적인 인간 관계가 먼저 논의된다. 복종의 원리는 가정에서나 다른 곳에서나 권위의 필요성을 제거하지 않는다.

"주께 하듯." 그리스도인 남편은 가정의 머리로서 교회의 머리되신 그리스도를 표상한다.

5:23. "이는 남편 … ." 기독교 가정은 모든 창조물을 위하여 그리스도 안에 있는 하나님의 목적인 궁극적 통일의 한 유형이다.

"구주." 이 유형을 너무 멀리 적용하지 말라는 경고. 남편과 그리스도의 본질적인 차이가 있다. (모든 유추, 유형, 은유, 풍유는 어떤 지점에서 무너진다.)

5:24. "교회가 … 하듯." 하나님과 그 백성의 관계에 대한 상징인 혼인은 성경 도처에 사용된다. 특별히 호세아의 예언에서 두드러진다.

5:25. "남편들아, 사랑하기를." 남편의 몫은 지배가 아니라 그리스도의 모범을 따른 사랑이다.

"자신을 주심." 기독교적 사랑은 값비싼 것일 것이다.

5:26. "거룩하게 하시고." 그리스도의 제사를 위한 이유. 그처럼 남편은 아내가 성도가 되도록 자신을 주어야 한다.

"깨끗하게 하사." 좀더 나은 것은 "깨끗하게 하셔서"(having cleansed, RSV). 신약에서 "깨끗하게 함"은 종종 죄의 용서 혹은 동기의 순결화를 뜻한다. 야고보서 4:8. 그리스도인들은 구약에서 그렇게 중요한 의식적 정화에 예민한 관심을 갖지 않았다.

" … 씻어." 그리스도께서 깨끗하게 하실 때 쓰시는 수단을 표현하는 까다로운 표현. "씻음"은 신약에서 딱 두 번 나오는데, 여기와 디도서 3:5이다. 두 경우는 분명 "세례"라는 의미로 쓰인다. 그러나 세속 헬라어에서 이 낱말의 용법은 아주 다르다. 교회는 교회 지체의 개별적 세례를 통하여 세례받았다.

"말씀"(레마티). 세 가지 중요한 해석이 있다: (1) 복음. 그러나 그런 경우라면 "로고스"가 나왔을 것이다. (2) 세례받는 사람의 신앙고백 (3) 세례를 줄 때 목사의 말. 헬라의 주석가들은 마지막에 열거된 것을 선호했다.

5:27. "자기 앞에 세우사." 이 수사법은 섞여 있다. 그리스도는 신랑이면서 신부를 주는 자이시다. 마태복음 22:1 이하; 25:1 이하; 요한계시록 19:7 이하; 21:2.

"영광스러운 교회." 말 그대로 "교회를 영광스럽게 자신 앞에 세우신다"는 뜻이다. 이는 그리스도의 희생의 궁극적 이유이다. 씻음과 성화는 근인(近因)이다.

"티." 도덕적 오점.

"주름잡힌 것." 유형적으로 "티"와 구별하기가 힘들다.

"거룩하고 흠이 없게 … ." 제사적 용어. 교회는 하나님께 헌신되었으므로 세상에서 멀어졌다.

5:28. "제 몸같이." "자신의 몸인 것같이." "자기 몸을 사랑하듯이"가 아니다. 기독교 혼인에서는 "둘이 한 몸이 된다." 마태복음 19:4-6.

"자기를 사랑하는 것이라." 머리와 몸은 하나의 자아를 형성한다. 그처럼 혼인에서 다른 두 인격이 합하여 하나의 공동적 인격이 된다.

5:29. "육체." 윤리적 의미가 아니라 "몸"이라는 의미. 어법의 변화는 다음의 인용문에 맞추기 위함이다.

"양육하여 보호하기를." 기독교인 남편은 적어도 생물학적 자아만큼 아내에 대하여 많은 관심을 보인다.

"그리스도께서 … 함과 같이." 지상적 의무를 위한 신학적 근거.

5:30. "그 몸의 지체." 바울의 서신에 아주 자주 나오는 이 표현은 거룩한 혼인의 기원에 관한 인용문을 이끈다. 여기서 남편과 아내는 "한 몸"이 된다. 그처럼 그리스도인은 한 몸의 지체가 된다.

"그의 육체의 그리고 그의 뼈의"(흠정역). 가장 좋은 사본에는 이 말이 나오지 않는다.

5:31. "이러므로 … ." 창세기 2:24, 70인역. 많은 사람은 이를 확대된 풍유로 보려고 했다(즉 아버지와 어머니를 떠난다는 것은 그리스도께서 자기 교회를 영접하려고 지상에 오시기 위하여 하늘을 떠나시는 것을 언급한다.) 그러나 이 구절과 거룩한 혼인 관계를 연결짓는 것은 훨씬 자연스럽다. 즉 그 관계는 기독교적 사랑의 의무와 특권이며, 그리스도와 교회의 관계에 대한 한 유형 역할을 하고 있다.

5:32. "비밀." 좀더 낫게는 "이 비밀이 크도다"이다. 신약에서는 계시된 진리이다. 다른 많은 해석이 제공되었지만, "비밀"은 아마 기독교 혼인의 본질을 가리킬 것이다.

"[그러나] 내가." 강조적 표현. 의역: "기독교 혼인의 본질에 관한 이 계시가 매우 중요하지만, 나는 훨씬 중요한 것을 예시하려고 이것을 사용하고 있다." 강조적 "나"는 비밀이 다른 진리를 예시하는 데 사용될 수 있음을 보여준다.

5:33. "그러나." 의역: "이 예화를 좀더 살피지 말고 그것의 실제적 적용을 살피도록 하자."

"각각 … 하라." 기독교 혼인은 기독교의 다른 것과 마찬가지로 끝없는 사변이 아니라 매일의 생활이다.

"경외." 말 그대로 "두려움." "이 '두려움'의 성격은 무엇인가? 아내가 당신에게 모순된 말을 하거나 당신을 반대하거나 당신을 좌지우지하려 하지 말아야 한다는 것인가? '두려움'이 이런 범위로 의미를 제한한다면, 충분하다. 그러나 만일 당신이 아내를 사랑한다면, 명령받은 대로 당신은 이보다 큰 것을 성취하되 두려움으로 성취하지 않을 것이다. 왜냐하면 사랑은 나름대로의 효력을 갖고 있을 것이기 때문이다"(크리소스톰). 크리소스톰은 두 가지 의미로 "두려움"을 사용하는데, 첫번째 의미로는 "존경", 그 다음 의미로는 "위협"이다.

6:1. "순종하라." 순종은 "주 안에" 있는 "공경"에서 나오는 의무이다. 많은 탁월한 사본에는 빠져 있지만, 증거는 이 낱말이 있는 것을 선호한다 (RSV에는 남아 있고 NEB에는 빠져 있다). 이 표현["주 안에서"]은 "부모"보다는 "순종하라"와 가장 잘 연결된다. 기독교 교리를 많이 이해할 수 없을 정도로 어린 사람이 보이는 기독교적 순종이다.

6:2. "공경." 순종이 솟아나오는 성향으로, 계명으로 가르치는 것일 뿐만 아니라(출 20:12), 성경 도처에 특별히 잠언에서도 가르치는 것이다.

"약속있는 첫 계명." 2계명에 있는 경고를 포함시키지 않으면, 이는 십계명에서 약속이 있는 유일한 것이다. 아마 바울은 모세 율법의 전체를 가리킬 것이다. 여기서 이는 약속이 있는 첫 계명이다. 이런 설명이든지 그 밖의 다른 설명이든지 전적으로 만족스럽지 못하다.

6:3. "이는 … 하리라." 출애굽기 20:12와 신명기 5:16(70인역)이 서로 얽혀있다. 원래의 약속은 약속의 땅에 관한 것이었지만, 둘이 결합되어 일반적인 진리가 구체적인 것에서 나온다: 영속하는 문화들은 가족 유대를

강조한다. 오랜 삶이 기독교의 이상이 결코 아니다. 오히려 영생이 기독교의 이상이다. 이 약속은 믿음의 공동체에 적용되지 개인에게 적용되지 않는다. 이는, 단명한 사람은 부모를 공경하지 않았음을 뜻하지 않는다.

6:4. "노엽게 하지 말고." 책임이 양 방향으로 확대된다. 여기서 아버지만 언급되어 있는데, 아버지가 가정의 머리이기 때문이다. 부정적 의무가 처음으로 언급되었다. 그리스도인 아버지는 규율이 엄해야 하지만 결코 독재자여서는 안 된다.

"교양." "훈련"(RSV), "교훈"(NEB).

"훈계." 입으로 하는 말. 앞의 용어는 일반적으로 행동을 가리킨다.

"주의." 기독교적 양육의 두 이상은 그리스도로부터 나오며 그리스도를 향한다. 이 이상들은 부모를 통하여 매개되어야 한다.

Ⅲ. 교리적 의의

에베소서의 이 단락을 편지의 다른 부분과 별개로 읽고 있다면, 즉각적으로 바울이 교회나 가정을 논의하고 있으며 하나를 예시하기 위하여 다른 하나를 사용하고 있다고 알게 될 것이다. 물론 어느 부분이 어느 부분을 예시하고 있는지 말하기란 어려울 것이다(5:32은 당혹스럽게 만들 것이다). 기독교 가정은 교회의 한 모형인가? 혹은 교회는 가정이 기초를 삼아야 하는 모델인가? 전체 편지에 비추어 볼 때 지금 논의중인 일차적인 주제는 가정이다. 바울은 골로새서 3:18-4:1에서 대체적으로 비슷한 개요를 전개하고 있다. (이 구절은 왜 성경을 한 순간에 하나의 책을 읽는 것이 중요한지를 설명하는 많은 이유 가운데 하나를 예시한다. 독립적인 절들은 묘하게도 의도한 의미에서 벗어나고 만다.)

이 단락이 일차적으로 기독교 가정의 영광에 관심을 기울이지만, 교회의 본질에 관한 우리의 통찰력을 발전시킨다. 이는 이 구절에서 주된 교리적 함의이다. 여기서 우리는 생활과 신앙이 분리될 수 없을 정도로 함께 얽혀 있음을 본다. 과거에 사람들은, 사람이 옳은 것을 믿기만 하면 그의 행동이 특별히 문제되지 않는다고 밝혔다. 오늘날 사람들은 어디서든 "그가

________한에서 나는 그가 무엇을 믿는지 개의치 않는다"하는 말을 듣는다.(빈칸에는 기독교 덕목을 넣으면 된다.) 기독교 신앙은 실천하는 것이다. 기독교 신앙을 실천하는 가장 중요한 장소는 가정이다.

IV. 실천적 목표

사람들이 혼인할 때 복되고 영구적이고 건설적인 가정을 원한다. 미국의 법정 이혼 사건은 많은 사람이 가정에서 성공하지 못함을 입증한다. 사람들은 가정에 관하여 깊고 실제적으로 생각하는 데 관심을 갖고 있다. 기독교 교사나 설교자는 논의할 수 있는 다른 어떤 주제보다도 이 주제에 더 많은 관심이 있다. 종종 청중의 관심을 잡는 일이 필요한 법인데, 가정에 관한 설교를 할 때는 그럴 필요가 없다. 바울이 이 쟁점을 논의하면서 생활비와 인척과 같은 문제를 다루지 않는 점은 주목할 만하다. 그는 문제의 핵심 즉 그리스도께로 곧장 나아간다. 그리스도는 따라야 할 매우 좋은 모범이시다.

V. 설교 개요

제목: "가정에서."

도입부

지금 우리 앞에 놓여 있는 에베소서의 이 단락에서 사도는 기독교 가정에 관하여 글을 쓰고 있다. 기독교 가정을 서술할 때 영광스러운 유일한 실재는 교회에 대한 그리스도의 사랑이다. 이는 기독교 가정을 만들 수 있는 유일한 힘이 그리스도의 사랑인 것과 마찬가지이다.

A. 기독교 가정의 질서

어떤 현대 사회 사상가들은 바울이 그리는 기독교 가정의 모습을 경멸하듯 조롱한다. 이는 지극히 두려울 정도로 구태의연하다는 것이다. 기독교 가정은 과거에 시도되어 왔기에 오래되었지만, 효력을 나타낸다. 좀더 현대의 가정의 모습은 기발한 점을 제외하고는 칭찬할 만한 것이 거의 없다. 구태의연한 기독교 가정에서 남편은 가정의 머리이며, 자녀는 부모를 순종해야 한다. 가정에는 명료하고 질서정연하고 논리적인 구조가 있다. 모든 사람은 자신이 다른 사람과 관련하여 어디에 서 있는지 안다.

오두막을 지을 때는 구조가 중요하지 않다. 판자 몇 개를 합쳐 놓으면 오두막이 지어진다. 그러나 고층 빌딩을 지을 때는 구조가 단단해야만 한다. 오늘날 구조의 견고함을 위해 한 치의 오차도 허용하지 않음으로써 탁월한 고층 건물을 짓는다. 한 국가 건물의 수준이 중요한가 아니면 건물에 살고 있는 가정의 수준이 중요한가? 에베소서는 이 무질서한 세계에 나타난 하나님의 질서에 관한 책이다. 지금 우리가 살피고 있는 이 단락은 기독교 가정을 위한 하나님의 질서를 다룬다.

우리는 1세기 세계에 관한 일반적인 오해를 벗어야 한다. 안정하고 견고한 구조를 가진 기독교 가정은 안전하고 멋진 구조를 가진 사회에 있지 않았다. 1세기의 사회는 유동적이었다. 이전의 기준은 무너졌고 새로운 기준이 도처에서 나타나고 있었다. 우리는 바울과 초대 교인들이 알았던 구조가 풀리고 혼란한 사회를 알지 못한다. 기독교 가정은 화강암 기초에 서 있지만, 주변은 유사로 둘러싸여 있을 수 있다.

기독교 가정은 인간의 다른 모든 기관보다 우선한다.

이러므로 사람이 부모를 떠나 그 아내와 합하여 그 둘이 한 육체가 될지니(5:31).

물론 동일한 원리가 여성에게 해당된다. 아이를 부모에게 매는 거룩한 줄은 결코 끊어지지 않지만, 기독교적 혼인에서는 훨씬 강한 끈이 만들어진다. 소위 연재 만화에서, 신부가 눈물을 터뜨리며 여행 가방을 챙겨서 고향집 엄마에게 가는 장면은 즐거운 장면으로 간주된다. 실제 생활에서 일어날 때는 즐거운 장면이 아니다. 이는 신체적으로 어른인 여성이 여전히 영적으로 어린아이라는 것을 종종 뜻하곤 한다. 그리고 이 어린아이는 어른의 책임을 감당했다. 여성이 진짜 곤경을 맞닥뜨릴 때, 성인처럼 행동하기보다 어린 소녀와 같이 행동한다. 남성 혹은 적어도 성인 남성은 신체적으로나 영적으로 고향집 엄마에게 마찬가지로 달려가곤 했다. 기독교 혼인에서 남성과 여성은 삶에서 우선적으로 지켜야할 성인의 언약을 맺게 된다.

기독교 가정에서 남편은 가정의 머리이다. 이 오래된 제도는 오늘날 그다지 인기없다. 현대 사상가들은 혼인이 동반자 관계여야 한다고 주장한다. 이것이 바울에게 색다른 일인 것인양 주장한다. 당신에게 두 명의 동반자가 있고 각자가 한 표씩을 갖고 있을 때, 표가 일치하는 한 모든 점에 아무 문제가 없다. 다른 모든 인간 관계에서, 50퍼센트가 하나에 투표하고 다른 50퍼센트가 다른 하나에 투표를 할 때 누군가가 결정적인 표를 던지는 자리에 있어야 한다. 기독교 가정에서는 남편이 그 사람이다. 아내가 주도하는 가정이 있다. 이것이 복된 가정인가? 아내가 언제나 자기 길을 고집하지만 그 과정에서 여성에게 무한히 가치있는 것 즉 남편에 대한 존경심을 상실한다. "각자가 사랑하는 것을 죽인다." 여성은 그 점에서 꽤 성공하는 듯이 보인다.

기독교 가정에서는 부모가 자녀를 통제한다. 오늘날 이것 역시 인기없다. 하지만 그 정도가 줄어드는 것 같다. 많은 사람이 심한 "허용적 태도"로 인한 결과를 목격하고 있다. 어떤 사람들은 어린 시절이 행복한 때여야 한다고 주장하고, 어린이로부터 모든 견고한 지원을 없애야 어린이가 확실히 행복해질 수 있는 것처럼 처신한다. 입을 삐죽대고 언짢은 모습을 드러내면 하고 싶은 대로 할 수 있다는 것을 배울 때, 어린이는 이 세상살이를 매우 위태롭게 준비하고 있는 것이다. 어린아이는 경험이 부족하다. 그래서 하나님은 그에게 부모를 주셔서, 어린아이가 자신을 가장 사랑하는 자의 통제 안에서 배우고 자라게 하셨다.

우리는 자녀와 부모에 관한 바울의 교훈을 꼼꼼하게 살피는 것이 당연하다. 여기서 우리는 비기독교 세계에서 그리스도인의 생활의 포괄적인 실천적 철학을 간략하게 볼 것이다. "자녀들아, 너희 부모를 순종하라." 순종은 행위이다. 우리의 행동은 좋아하는 것이든 아니든 우리가 믿는 것에 뿌리를 두고 터를 잡는다. 신앙의 갖은 관심사가, 어린 수지가 인형을 선택하는 것을 관찰하는 등 사소하게 보이는 것에 때때로 고통스럽게 뚜렷이 집중된다. 하나님은 수지를 부모의 책임 아래 두셨다. 수지가 하나님이 창조하실 때 뜻하신 대로 여성이 되면, 자신의 인형을 선택하는 것은 정당한 일이 된다. 순종의 선함은 현실의 전체 본질에 터를 잡고 있다. 순종은 옳은 것이다. 자녀가 부모의 훈련을 받아들임으로써 자유로운 성인이 되는 법을 배우는 것은 하나님의 뜻이다. 어떻게 나는 이것이 옳은 줄 아는가? 바울은 성경에 호소한다. "네 아버지와 어머니를 공경하라."

바울은 간단하고 평범한 명령으로 일상 생활에 대한 자신의 철학을 밝혔다. 그는 기독교 가정을 떠받치는 견고한 기초가 하나님을 믿는 믿음을 보여준다. 가정은 하나님의 거룩한 뜻을 주로 성경을 통하여 배운다. 하나님의 거룩한 뜻은 영원히 올바른 것이다. 올바른 사유는 올바른 태도를 낳는데, 이 경우에는 "공경"을 낳는다. 올바른 태도는 올바른 행위로 귀결되며, 이 경우에는 "순종"이다.

아버지와 어머니를 공경하라는 명령은 지혜로운 자가 지혜 없이도 파악했던 많은 기본적 진리 가운데 하나이다. 가정의 핵심적 위상 때문에 중국은 수천 년의 격동의 세월을 거쳐 왔다. 그리스도인이 아닌 사람들도 가정에서 그리스도적 사랑을 실천할 수 있고 종종 그렇게 한다. 공산주의자들이 중국을 통치하면서 좀더 많은 공산주의자들을 배출하는 것을 제외한 모든 목적에서 가정을 파괴하려고 하는 것은 의미심장하다. 그들은 권력욕에 사로잡혀 중국을 위대하게 만들었던 것[가정]을 파괴하려 했다.

B. 사랑의 기적

몇 년 전, 한 가지 사소한 과학적 발견이 대중의 상상력을 사로잡았다. 이는 암탉의 "모이 쪼는 순서"이다. 한떼의 암탉 가운데서는 한 마리가 지배한다. 이 암탉은 자신을 불쾌하게 만드는 다른 암탉들을 쪼아 쫓아버린다. 한 두 번 시도하지만 이 암탉들은 다시는 모이를 쫓아 먹지 못한다. 대신에 이 암탉들은 서로에게 분개나 좌절감을 순차적으로 발산하여 결국 그 무리에서 가장 서열이 낮은 암탉에게까지 발산하는데, 이 서열이 낮은 암탉은 모든 암탉에게 쪼임을 받아 모이를 다시 쪼지 못하고 물끄러미 서서 비참하게 바라본다. 이 과학적 발견에 대중의 상상력이 사로잡혔다고 말한 것은 이것이 인간 사회와 분명히 비슷하기 때문이다. 모이 쪼는 순서와 비슷하게 구조가 형성된 가정이 있다. 이런 인간 마당이 기독교 가정이라고 말할 수 있겠는가? 암탉 무리에는 질서가 있지만 그것은 기독교적 질서가 아니다.

기독교 가정(혹은 교회) 내에서 권위의 필요성은 좀더 깊은 것의 표현이지 부인이 아니다. 모든 기독교적 사유와 행위에서 "그 중에 제일은 사랑이다." 기독교적 용어로 "사랑"은 사람에게 선한 것이 임하기를 바라는 불타는 소원이다. 그리스도인은 다른 사람들과 마찬가지로 몸을 갖고 있다. 그들은 생물학적 유사성에 관하여 죄다 안다. 하나님은 그들을 남성과 여성으로 창조하셨다. 하나님은 그들 가운데 서로에 대한 강렬한 욕구를 두셨다. 기독교 가정에서 이 신체적 욕구는 영적 실재인 사랑의 표현이지 부인이 아니다. 신앙 없는 사람들은 낭만적 사랑에 깊고 심각하게 빠질 수 있다. 미국의 이혼 법정에 많이 등장하는 증거에 따르면, 많은 사람이 급속히 그런 사랑을 버린다. 그리스도 교회가 이혼으로 찌든 사회에서 기독교 가정의 견고함말고 권할 수 있는 것이 없다 해도, 기독교 가정의 견고함만으로도 교회의 정당함을 충분히 보여줄 것이다.

바울은, 뼈와 살을 가지고 오늘날 사람에게 일어나는 모든 유혹에 맞닥뜨린 남자와 여자에게 글을 쓰고 있었다. 그들을 통하여 바울은 우리에게 이렇게 말한다. "이와 같이 남편들도 자기 아내 사랑하기를 제몸같이 할지니 자기 아내를 사랑하는 자는 자기를 사랑하는 것이라"(5:28). 한 남자와 한 여자는 이교 혼인에서와 마찬가지로 기독교 혼인에서도 상이한 배경에서 나온다. 그들 사이에는 꽤 많은 영적 차이를 일으키는 것처럼 보이는 (하나님이 만드신) 신체적 차이가 있다. 두 그리스도인은 목사 앞에 서서 혼인의 엄숙한 서약으로 삶을 결합할 때 서로 다른 사람이다. 그러나 점차 변화가 일어난다. 그들은 기쁨과 슬픔을 공유한다. 함께 수고한다. 함께 기도한다. 삶의 기적을 실현한다. 그리고 부지불식간에 둘은 하나가 된다. 그들을 하나로 만드는 것은 단순한 "함께 있음"이 아니다. 두 사람은 "함께" 있으면서 서로 미워할 수 있다. 그들을 하나로 만드는 것은 에베소서가 다루는 일상사의 관행 즉 무질서한 세계 안의 하나님의 질서이다.

두 사람이 서로에게 그리스도처럼 행하려 하면서 서로 안에 하나님의 영원한 형상을 찾을 때, 잘해 나가는 일이 얼마나 많은지 놀라울 지경이다. 통계 수치만 대도 나의 주장은 입증될 것이다. 두 연인이 혼인하기 위하여 목회자를 찾을 때 그들이 성공적인 혼인을 이룰 수 있는 기회는 치안판사에게 가는 사람들보다 두 배이다. 목회자는 혼인의 마술적인 접합제를 갖고 있는 게 아니다. 그리스도인 연인들 자신이 신앙의 통일하는 힘을 제공한다.

바울이 기독교 가정의 신비와 기적을 서술하면서 충분히 생각할 수 있는 유일한 실재는 자기 교회에 대한 그리스도의 사랑뿐이다. 교회에는 서로 다른 많은 사람이 그리스도의 몸으로 형성되어 있다. 그처럼 기독교 가정에서 둘은 한 몸이 된다. 더 이상 둘은 별개의 개인이 아니라 한 가족이다.

C. 기독교 가정의 정신

바울은 질서와 구조와 권위가 있는 한 가정(그리고 교회)을 보여준다. 우리는 교도소 안에서 이 모든 것을 동일하게 발견한다. 그리스도의 사랑이 승리하는 곳에서 질서와 구조와 권위는 찬란하다. 하나님의 사랑이 없는 곳에서는 그것들이 횡포가 된다.

기독교 가정에 가득 찬 책임은 양쪽으로 갈라진다. 자녀는 부모에게 책임이 있으며 부모는 자녀에게 책임이 있다.

> 또 아비들아 너희 자녀를 노엽게 하지 말고 오직 주의 교양과 훈계로 양육하라(6:4).

각자는 자신의 능력에 따라 가정에서 행할 때 그리스도의 모범을 따를 책임이 있다.

우리의 공격적인 사회는 겸손과 순복과 온유함에 대한 예수님의 강조점을 실천하지 않고 비방한다. 당신은 최근에 미국의 이혼 통계를 보았는가? 아마 우리가 "나"와 "나의" 욕구를 조금 덜 내세우고 "당신"과 "당신의" 필요를 좀더 내세운다면, 나의 전용 도로를 갖고 차고마다 차 두 대를 가지려는 작금의 열병에서 발견하지 못하는 안정감과 행복을 발견하게 될 것이다.

"주의 교양과 훈계로" 자녀를 양육하라. "교양"은 "훈련"으로 번역할 수 있다. 오늘날 훈련은 인기없는 말이다. 이는 불운한 지원병에게 소리지르며 명령을 하달하는 교관의 상을 불러일으킨다. 그러나 기독교 가정에서는 "주의 훈련"이 있다. 기독교 교회가 탄생한 로마 사회에서 가정의 아버지는 오늘날에는 꿈도 꾸지 못하는 권징 능력을 갖고 있었다. 그는 어린 자녀를 버릴 수 있었다. 그리고 아이가 자랄 때 상속을 주지 않고 채찍질하고 옥에 가두고 심지어 죽일 수도 있었다. "주의 훈련"은 견고하지만, 그것은 전제주의의 견고함이 아니라 사랑의 견고함이다.

"훈계"는 "교훈"을 말한다. 그리스도인 부모는 아이를 가르치고 모범을 보여줄 특권과 의무가 있다. 이 교훈은 훈련과 마찬가지로 "주 안에서" 행하는 것이다. 오늘날 우리는 교육을 천시하는 심각한 위험에 처해 있지는 않다. 우리는 수학과 과학과 언어 등의 중요성을 올바로 강조한다. 그러나 탁월함을 추구하는 우리의 광적인 태도에서 최고선은 너무도 자주 무시된다.

기독교 교육의 중요성에 관하여 크리소스톰이 에베소서에 관한 설교에서 언급한 주석보다 더 지혜로운 것은 아직 없었다.

아이에게 모범을 보이며 아주 일찍부터 부지런히 성경을 읽을 것을 아이에게 요구하자. 만일 당신의 아이가 생애 초기부터 지혜를 사랑하는 법을 배운다면 그는 모든 재산보다 더 큰 재산과 더 큰 영광을 받았다. 그에게 사소한 것이 아니라 위대한 것들을 주라.

즉 "주의 교양과 훈계"를 주라. 잠시 이 구절을 살펴보라. "주(主)의." 이는 두 가지 전혀 다른 뜻을 갖는다. 두 의미를 사실대로 받아들일 때, 자녀의 양육과 기독교 가정을 채우는 모든 것을 보면 바울이 그리스도의 영원한 사랑과 비교하는 일이 정당하다는 것이 입증될 것이다. "주의." 이는 분명 "주님으로부터 나오는"을 뜻한다. 기독교 가정을 채우는 교양과 훈계는 주로부터 나온다. 자녀 앞에 세워둔 교훈과 모범은 영원하신 그리스도로부터 나온다. "주의." 이 구절은 전혀 다른 뜻을 갖는다. 이는 또한 "주를 향한"을 뜻한다. 기독교 가정에서 행하는 모든 것은 그리스도께 바치는 것이다. 지나간 매일의 단조로운 의무는 구주께 바친 것이다. 자녀를 기르는 모든 목적은, 그가 자신을 전적으로 그리고 기꺼이 주께 위탁하도록 함이다.

결론

바울은 에베소의 빈민가에 있는 누추한 방 두 개짜리 오두막에 살고 있는 한 가정에게 편지한다. 그는 남편에게 그리스도가 교회를 사랑하셨듯이 아내를 사랑하라고 말한다. 이는 그리스도께서 자기 앞에 영광스러운 교회로 세우사 티나 주름잡힌 것이나 이런 것들이 없이 거룩하고 흠이 없게 하려 하심이다. 이것이 어줍잖은 일인가? 그렇지 않다. 이 때문에 그리스도는 땅에 오셔서 일상 생활을 영광으로 가득 채우려 하셨다. 기독교 신앙은 실천하는 것인데, 어떤 모호한 이상향에서 실천하는 것이 아니라 여기 혼돈과 놀라움이 있는 땅에서 실천하는 것이다. 그리고 지상에서 가장 중요한 곳은 가정이다.

에베소서 6:5-24

II. 교회의 지체됨의 의미

D. 기독교적 싸움에서

6:13. "우리의 씨름은 혈과 육에 대한 것이 아니요 정사와 권세와 이 어두움
의 세상 주관자들과 하늘에 있는 악의 영들에게 대함이라."

1. 역사적 배경

바울이 에베소서를 썼을 때 노예 제도는 문명의 경제적 토대였다. 지상
교회의 많은 지체들이 노예였으며, 더러는 노예 주인이었다. 바울은 노예
제에 대하여 직접적으로 공격하지 않았다. 그런 행동은 두 가지 이유에서
칭찬할 만한 것이었다. 기독교 교회는 정치적으로 능력이 없었고 자유민의
노동을 위한 기회가 적었다. 노예가 자유롭게 되기 전에 전체 경제 제도가
먼저 변해야 했다. 이 변화는 수 세기가 걸렸지만, 거의 전적으로 예수 그
리스도의 영향을 받아서 결국 변화가 일어났다.

바울이 편지를 썼을 때, 노예제에 관한 단락은 자연스럽게 기독교 가정
이 논의한 다음에 나왔으며, 대부분의 주석서에서 그렇게 다룬다. 그러나
이 논문의 목적은 에베소서를 오늘날 그리스도인들에게 실제적인 방식으
로 소개하는 것이다. 오늘날 우리 대부분은 노예제를 보지 못했다. (우리는
노예제가 우리 시대에 무시무시한 현실임을 알고 있다. 전체주의 정부가
있는 곳에는 수용소에 정치적 노예들이 가득하다.) 세계의 모든 사람 가운
데서 노예는 그리스도인이 되기가 가장 힘들다. 그는 권리가 없다. 주인이
허용하는 것말고 신체적 자유가 없다. 그는 하나님이 주신 생각할 자유만

가지고 있다. 이 자유는 아무도 빼앗을 수 없다.

바울은 그리스도인 노예의 의무를 동정적으로 다루고 전투를 위하여 허리띠를 두르는 전사의 상을 탁월하게 그리고 있기 때문에, 노예제에 관한 부분을 가정을 다루는 부분보다 기독교적 싸움을 다루는 부분에 포함시키는 것이 가장 좋을 것 같다.

물론 친절한 주인이 있었다. 주인과 노예의 아름다운 우의가 있었다. 영민한 주인은 자신의 이익을 위하여 가축을 학대하지 않듯이 노예를 학대하지 않았을 것이다. 그렇더라도, 법률가인 가이우스는 이렇게 말한다. "우리는 주인이 노예에 대하여 생사의 권리를 갖고 있다는 것이 보편적으로 받아들여지는 것이라고 지적할 수 있다." 변덕스럽거나 술취하거나 잔인한 주인은 노예를 고문하거나 학살할 수 있었다. 주인과 노예의 개인적 교류가 있을 수 없는 채석장과 광산과 갤리선과 큰 농장에서는 노예들이 쓰러질 때까지 일하고 그런 다음 굶어 죽거나 자비롭게도 처형을 당하는 경우가 많았다.

잔인한 것이 노예제의 가장 나쁜 면은 아니었다. 가장 나쁜 것은 그 제도의 마비시키고 진을 빼는 비인간성이었다. 역사에서 가장 위대한 사상가인 아리스토텔레스조차도 이렇게 말한다. "연장이 생명 없는 노예이듯이, 노예는 살아 있는 연장이다." 법적으로 그리고 통용적인 관행에서 노예는 하나의 물건이었다. 바울이 편지를 썼을 때의 상황이 그러했다. 주인에게 보내는 바울의 메시지의 핵심은 노예가 그리스도가 위하여 죽으신 자라는 점이다.

바울은 "하나님의 전신 갑주"를 서술한다. 역사가 폴리비우스는 로마 군인에 대한 설명을 남겼다.

로마의 갑옷(전신 갑주)에는 첫째로 볼록한 표면 두 개와 너비 1피트의 절반과 높이 4피트로 된 방패가 있다. 방패의 가장자리의 두께는 손바닥 너비로 되어 있다. … 방패와 아울러 칼이 있다. 군인들은 칼을 오른편 허리에 차고 다니며 그것을 일러 스페인 칼이라 부른다. 이

칼은 강력하게 찌를 수 있게 되어 있으며, 양 끝에 강력한 날이 있는데, 이 날은 강하고 견고하다. 그 외에도 창과 청동 투구와 정강이받이를 갖고 다닌다. … 그들 대부분은 양쪽에 한뼘 폭의 청동판을 입는데, 이를 가슴 위에 오게 한다. 이것들을 일러 흉배라고 한다. (*History*, 6, 23).

폴리비우스의 설명과 바울의 설명에 나오는 차이는 대수롭지 않다. 좀더 중요한 것은 로마 군대는 수 세기 전에 사라졌고 기독교 군대는 여전히 전투 차림을 하고 있다는 것이다.

II. 용어 해설

6:5. "종들." 말 그대로 "노예"이다.

"육체의 상전." 말 그대로 "육신을 따라 (너희의) 주인된 자들." "네 지상의 주인"(RSV, NEB). 그리스도의 영원한 주되심과 모든 지상적 주됨을 대조하는 언어 유희가 있다.

"두려워하고 떨며." 채찍질 앞에 무서워 움츠러드는 것이 아니라 경외함이다. 삶의 가장 겸손한 의무를 하나님 앞에서 행하는 것이다. 고린도전서 2:3; 고린도후서 7:15; 빌립보서 2:12.

"성실한 마음." 무슨 숨은 동기가 없이 진정으로.

"그리스도께 하듯." 세우신 권위에 대한 순종이 그리스도께 하는 것인지 살펴보라.

6:6. "눈가림만 하여 사람을 기쁘게 하는 자처럼." 오늘날에도 있는 현상. "마음으로 … ." 인생의 의무를 잘 행하는 것이 하나님의 뜻이다. 모든 사람 가운데 노예는 최선을 다하고픈 자극제가 가장 적다.

6:7. "단 마음." 헬라어에는 언어 유희가 등장하지 않는다. 이 절은 앞 절을 약간 확장한 것이다. "단 마음"은 참으로 충성된 봉사를 떠받치는 우호적인 감정이다.

6:8. " … 앎이니라." 종에게서도 믿음은 다른 점을 보인다. 그리스도인

은 비천한 일이라도 그리스도의 사랑을 위하여 행한 각 행위가 만물의 주와 상전께 받으실 만한 것임을 안다.

"주에게 그대로." 땅에서도 노예는 주로부터 깨끗한 양심과 영구적 믿음을 받을 것이다. 그는 하늘에 완전한 공의가 있음을 안다.

"종이나 자유하는 자나." 믿음의 "상급"은 사람의 영적 상태에 의하여 결정되지 무슨 사회적 위치에 의하여 결정되지 않는다.

6:9. "상전들아." 말 그대로 "주인들아." 시민법에서 상전은 절대적 권리를 갖고 있지만 노예는 전혀 갖지 못했다. 그리스도의 법은 모든 인간 관계에 의무를 부가한다.

"이와 같이." 상전은 노예와 같은 의무를 갖지 않지만 동일한 태도를 나타내야 한다.

"공갈." 좀더 나은 것은 "협박 사용을 그치다"(NEB)이다. 가정 노예의 상전은 채찍질을 아주 자주 하지 않았겠지만, 위협은 밥먹듯이 했을 것이다. 그보다 못한 금지 명령으로는 갖은 모진 행동이 포함된다.

"너희의 상전." 말 그대로 "너희의 주."

"외모." 좀더 나은 것은 "편파성"(RSV), "그는 편애하지 않으신다"(NEB).

6:10. "종말로." 좀더 나은 것은 "장래에"(웨스트코트). 여기서부터 기독교적 싸움에 관한 결론적 권고가 시작된다. 중요한 것은 이것이 아마 가장 힘든 상황에서 이루어지는 기독교적 실천을 논의한 다음에 온다는 점이다.

"주 안에서 강건하고." 말 그대로 "강력해지고"(웨스트코트). 기독교적 싸움을 위한 힘은 그리스도와의 연합을 통하여 온다.

"그 힘의 능력." 동일한 의미의 중첩이 아니다. 그리스도인은 매일의 의무를 행할 능력을 그리스도의 힘으로부터 얻는다. 1:19을 보라.

6:11. "전신 갑주."(파노플리안) "하나님이 제공하시는 모든 갑주"(NEB). 군인(호플리트)이 입은 갑주(호플론)의 모든 것(판). 그리스도인은 항상 모든 믿음을 발휘하는 것이 중요하다. 어떤 사람은 이 구절을 이사야 59:17의 발전으로 본다. 그리스도인을 군사로서 보는 은유는 바울의

저술에 자주 등장한다.

"대적하기." "공격을 당할 때 굳건히 선다"는 뜻을 암시하는 군사적 표현.

"마귀." 이곳과 4:27을 제외하고 바울은 "사단"이라는 이름을 사용한다.

6:12. "씨름." 씨름은 일차적으로 스포츠이다(물론 경기장에서 피를 흘리는 스포츠가 될 수는 있다). 그리스도인은 단순한 운동 경기가 아니라 전쟁에 참여한다.

"혈과 육." 말 그대로 "피와 살." 갑주는 씨름을 위하여 필요한 게 아니다. 그리스도인의 대적은 단순한 인간적 존재를 넘어선다. 이 표현은 적어도 그리스도인의 근본적 다툼이 자신의 육체적 욕구를 대한 것이 아님을 함축한다.

"정사 … 권세." 인간사를 다스린다고들 생각한 두 유형의 마귀적 존재. 1:21; 골로새서 1:16; 2:10; 베드로전서 3:22.

"세상 주관자." 말 그대로 "이 어둠의 세상 지배자." 많은 고대의 신들을 "세상 지배자"로 불렀다(세라피스, 이시스, 미드라스, 머큐리, 제우스 등). 이 신들은 종종 빛으로 상징되었다. 1세기 그리스도인에게는 고대 신들에 대한 전쟁은 끊이지 않았다.

"높은 곳"(흠정역). 말 그대로 "하늘"(RSV, 한글개역성경도 마찬가지임).

6:13. "그러므로." 너희가 신령한 전투에 참여하였으므로. "취하라." 좀더 나은 것은 "들어올리다"(NEB). 이는 전투를 위하여 띠를 띠고 발 앞에 갑주를 둔 군인에 관한 그림이다. 이 절은 6:11의 재진술이며 발전이다.

"악한 날." 개별 그리스도인에게 찾아오든 교회에게 찾아오든 잔인한 시험의 시간이다. 아마겟돈이 아니다. "형편이 가장 나쁠 때"(NEB).

"서기." 전투는 평생 계속될 것이다. 모든 군인이 알고 있듯, 진이 빠질 때 굳건히 선다는 것은 영웅적인 일이다.

6:14. "진리 … 허리." 그리스도인은 하나님의 은혜로 검대를 띠어야 한다. 신뢰성의 일관된 태도를 취해야 한다. 띠 혹은 장식띠(조스테르, 혹은

조네)는 허리를 두르며 흉배에 고정되었다. 이는 갑옷을 제대로 유지되게 하고 군인이 움직이기 쉽게 해준다.

"의 … 붙이고." 군인이 흉배(쏘락스)를 입듯, 그리스도인은 의의 기질을 갖는다.

6:15. "평안 … 신을 신고." 군인의 신발은 매우 거친 땅에서 움직이지 쉽도록 고안되었다. 그리스도인은 항상 평안의 복음을 전파할 준비가 되어 있어야 한다.

6:16. "방패"(쑤레온). 이는 폴리비우스가 설명한 것처럼 무거운 방패였다(역사적 배경란을 보라). 이는 두 겹의 나무로 되어 있었으며, 이 나무는 동물 가죽으로 입혀져 있었다. 그리스도인이 무거운 갑옷을 입은 사람으로 묘사되어 있다. 그는 전쟁에 참여하지 사소한 충돌에 개입하는 게 아니다.

"믿음의." 방패는 믿음 즉 신약에서 뜻하는 구원 얻는 믿음으로 구성되어 있다. 이 믿음을 통하여 사죄와 새생활을 할 수 있는 힘이 나온다.

"소멸하다." 화전이 방패를 때려도 방패를 들고 있는 군인에게 해를 입히지 못하고 사그라진다.

"화전." 끝에 줄을 달고 타르에 담근 화살인데, 발사하기 전에 점화한다. 독화살이 아니다.

"악한 자." 마태복음과 요한일서에는 자주 나오지만 바울로서는 여기서 유일하게 사용한 말.

6:17. "가지라." 좀더 나은 것은 "받으라"이다. 분사에서 명령법으로 바뀜. 군인은 갑옷은 입겠지만, 시중드는 사람이 투구와 검을 주었을 것이다.

"구원의 투구." 투구는 반드시 검을 쥐기 전에 입어야 한다. 상이한 수사법에 너무 많은 의미를 집어넣어 읽어서는 안 된다. 하지만 확실히 구원이 사람의 머리를 두르는 것이라는 점은 주목할 만하다. 생각하는 믿음에 관한 또 한 가지 강조점이다. 이사야 59:17, 데살로니가전서 5:8.

"성령의 검." 유일하게 언급된 공격용 무기. 성령이 주시는 검. (이 은유에서) 성령이 검이 아니시다.

"하나님의 말씀"(레마가 아니라 로고스임). 입으로 말한 말씀, 선포된 복음. 히브리서 4:12을 보라. 여기서 말씀(로고스)은 상징적으로 검으로 서술된다.

6:18. " … 기도하고." 기도가 무기나 갑옷의 일부로 서술되지 않았지만, 바울은 어떻게 그리스도인이 견고히 서는지를 여전히 보여주고 있다. 기도가 없이 온갖 형태의 전문 기술과 종교적 열정은 효과없다.

"깨어 … ." 군사적 은유가 종결된다. 군인은 완벽하게 구비할 수 있지만, 잠을 자고 있으면 별 소용없다.

"모든 성도." 그리스도인은 자신이 큰 군대의 일원임을 항상 기억한다. 그는 자신만 위해서 기도하지 아니하고 전체 교회를 위하여 기도한다.

6:19. "말씀"(로고스). "내가 입을 열 때 바른 말씀을 주시도록"(**NEB**). 바울의 기도는 개인적 이익이나 자신의 일의 성공을 위한 것이 아니라 복음을 선포하는 지혜와 용기를 위한 것이다.

6:20. "사신." 이기적인 주변 상황에도 불구하고 바울은 왕중의 왕을 대표한다. 정치적 사신은 자신의 왕을 대표하는 나라에서 가능한 모든 예의를 받았다.

"매인." 아마 옥에 갇힌 것을 뜻하는 상징적 용어라기보다 바울을 문지기 군인에게 매어 두는 족쇄일 것이다.

6:21. "[그러나] … 하는지 … ." 6:21-22은 골로새서 4:7-8을 거의 그대로 되풀이한다.

"두기고." 아시아 도에서 온 그리스도인. 그리스도는 교회 일에 열심이었다. 물론 사신이라는 점말고 어떤 자격이었는지 우리는 알지 못한다.

"일꾼"(디아코노스)은 지금과 달리 당시에는 그 의미가 그렇게 구체적이지 않았다.

"진실한 [조력자]"(**NEB**). 사도행전 20:4; 디모데후서 4:12; 디도서 3:12.

6:22. "내가 보내었노라." 서간식 부정과거. 수신인의 관점에서 보내는 일은 과거 시제였지만, 저자의 관점에서는 미래 시제이다.

"우리 사정을 알게 하고." 바울의 편지 대부분에는 어떤 개인적인 소식이 담겨 있다. 에베소서에는 이것이 거의 빠져 있다. 편지를 들고 간 사신이 빠진 부분을 전달했을 것이다.

6:23. "평안." 바울은 종종 "너희에게 있기를" 하면서 독자들에게 축복기도를 한다. 여기서 삼인칭의 사용은, 이것이 일반적 편지임을 보여준다. 그러나 갈라디아서 6:16을 보라. 에베소서는 그리스도의 사역이 완료될 때 비롯할 우주적 평안을 묘사한다.

"믿음을 겸한 사랑." "사랑과 믿음"이 아니다. 믿음은 그리스도인을 만드는 것이다. 사랑과 평안은 믿음에 따라 하나님으로부터 오는 복이다.

6:24. "은혜." 말 그대로 "그 은혜"이다. 좀더 못한 모든 은혜를 아무 것도 아니게 하는 은혜.

"사랑하는 모든 자에게." 어떤 사람들은 이 구절과 "형제들"을 구별하려 했다. 만일 그런 구분이 있다면, "형제들"은 소아시아의 그리스도인이며 두 번째 집단은 모든 곳의 모든 그리스도인을 포괄한다.

"변함 없이." 말 그대로 "썩음 없이"(incorruption). 에베소서의 마지막 말에 관련하여 학문적 의견이 매우 일치되지 않는 점은 놀라운 일이 아니다. 흠정역에서와 마찬가지로, 이는 다른 곳에서 도덕적 의미로 사용되지 않는다. RSV는 "사라지지 않는 사랑으로"라고 번역하며, NEB는 "은혜와 썩지 않음"으로 번역하는데, 둘 다 다른 번역보다 의역이다. 문자적 번역이 제일 좋다. "우리 주 예수 그리스도를 변함(썩음) 없이 사랑하는 … ." 즉 변화나 부패가 없는 방식으로.

Ⅲ. 교리적 의의

오늘날 대부분의 그리스도인은 충분히 납득할 만하게 6:12을 정치적인 측면으로 읽는다. 세상에는 "높은 곳에 있는 영적 불의함"[한글개역성경에는 "하늘에 있는 악의 영들"이라고 되어 있음—역주]이 많다. 그러나 바울은 "하늘"에 관하여, 그리스도인이 언제나 싸워야 하는 영적 세력에 관하여 말하고 있다. 많은 사람이 하나님을 믿는 것을 까다로운 일로 보는 오늘날, 사람이 아닌 영적 세력을 하나님과 그의 뜻을 대립하는 것으로 끌어들일 때 별도의 어려움이 첨가되는 듯이 보인다.

신체 화학과 유전과 환경과 기타 순전히 자연주의적인 세력이라는 측면에서는 인간 본성에 무엇이 문제인지를 쉽게 설명할 수 있다. 이런 설명이 끝났을 때도 여전히 하나님을 거역하는 인류가 남아 있다. 이 거역은 치밀한 계획에 의하여 교묘하게 실행되는 것처럼 보인다. 오늘날 신학자들 가운데서 마귀는 100년 전만큼 관심의 대상이 되지 않는 것은 아닌 듯하다.

> 신약을 진지하게 읽었을 때 나를 놀라게 했던 것들 가운데 하나는 언제나 우주에 있는 흑암의 권세에 관하여 이야기하고 있다는 것이었다. 즉 사망과 질병과 죄 배후에 있는 권력자로 간주되었던 강력한 악한 영 말이다. … 기독교는 이 어둠의 권세가 하나님에 의하여 창조되었고 창조될 때는 선했으나 그후 잘못되었다고 생각한다. 기독교는 이 우주가 전쟁을 치르고 있다는 이원론에 동의한다. 그러나 이것이 독립적 권세들 간의 전쟁이라고 생각하지 않는다. 기독교는 그것이 내전, 즉 반역이며 우리가 반역자들이 점령한 우주의 일부에 살고 있다고 생각한다. … 어떤 사람이 내게 이렇게 물을 게 분명하다. "당신은 참으로 이 시대에 우리의 오랜 친구 마귀를 다시 끌어들이려 하는가? 발굽과 뿔과 온갖 것을 가진 그 마귀를." 나는 마귀가 어느 시대와 관계있는지 모른다. 그리고 나는 특별히 발굽과 뿔을 거론하는 게 아니다. 그러나 다른 측면에서 나의 대답은 "그렇소"이다.
> — 「기독교를 위한 주장」(*The Case For Christianity*, by C. S. Lewis), p. 40

IV. 실천적 목표

기독교 군병에 관하여 설교하거나 가르치는 목적은 개별 그리스도인이 항상 자신의 책임과 의무에 깨어 있도록 하기 위함이다. 바울은 잊을 수 없는 수사법으로 상상력에 생동감 있게 호소함으로써 이런 목적을 노린다. 그처럼 오늘날 기독교 군병을 망각하도록 로마 군병을 강조하는 일도 가

능하다. 에베소서를 철저하게 생각하는 목적은 신학적 신비를 탐구하는 것
도 아니고 수사법을 설명하는 것은 더더구나 아니며, 오직 믿음의 영광을
일상 생활에 적용하기 위함이다.

Ⅴ. 설교 개요

제목: "기독교적 싸움에서."

도입부

그리스도인의 생활과 전쟁 사이에는 많은 분명한 유사성이 있다. 이 시
점에서 우리는 많은 차이점에 관심을 두지 않는다. 살다 보면 지옥의 모든
권세가 모여 당신이 그리스도인이 되지 못하게 단결하는 것처럼 보였던
때가 있다. 거의 모든 그리스도인의 삶에는 그런 때가 있다.

"그러므로 하나님의 전신갑주를 취하라. 이는 악한 날에 너희가 능히 대
적하고 모든 일을 행한 후에 서기 위함이라" (6:13)

그리스도인은 자신의 삶이 영적 싸움이므로, 언제나 믿음의 전투를 준비
해야 한다.

A. 군병.

우리는 군비를 취한 사람에 관하여 생각할 때, 기사를 떠올린다. 그리고
우리의 마음에는 낭만으로 가득 찬다. 바울이 군비를 취한 군병을 생각했
을 때, 그는 전쟁이라는 더러운 일을 그렸다. 군비를 취한 기사에 관한 우
리의 환상은 중세에서 나온다. 이 시기에 철갑을 입은 사람들은 일반 미식
축구 경기 정도로 위험한 그런 전투에 참여했다. 에베소서에서 바울은 중
세 기사를 논의하는 게 아니라, 낮은 급료와 빠듯한 배급과 힘겨운 행진과
고된 일과 아울러 지속적으로 위험과 죽음에 노출되는 로마 군대의 보병
을 논의하고 있다.

도시의 거리를 쿵쿵거리며 걷는 로마 군단은 보는 관점에 따라 공포나
자부심으로 사람의 마음을 가득 채우는 광경이었다. 바울은 이런저런 로마
군병에게 묶여서 삶의 상당 부분을 보냈다. 얼마 없는 자료에 따르면, 바울

은 이런 군병들을 예수 그리스도께로 이끌기 위하여 감옥 생활을 이용했다 한다. 그는 이런 사람들을 알고 그 가운데 더러를 좋아하고(그는 그들 모두를 좋아하려 했다) 그들의 눈을 통하여 삶을 보는 법을 배웠다.

로마 군단의 병사는 힘의 상징이었다. 하지만 그의 무서운 병기는 인간의 공포와 갈망을 은폐했다. 향수병이 난 신병이 역사에서 새로운 것이겠는가? 로마 군단의 병사는 외롭고 두려워했을 수 있다. 그들은 미움과 의심을 받으며 살았다. 폭동이나 반역은 언제든지 일어날 수 있었다. 로마 군인은 제국을 방위하려고 먼 변방에 가라는 명령을 따랐다. 평범한 가정 생활은 힘들거나 불가능했다. 로마 군인은 육체적인 불편을 계속 참았다(그런 무거운 장비를 착용하는 것이 얼마나 잔인할 정도로 덥거나 춥고 칙칙했을지 상상해 보라). 만일 로마 군인을 참으로 안다면, 그는 힘의 상징이 아니라 한 인간이었다.

로마 군단에 소속한 사람들은 많은 성공을 거두었다. 그들은 강력한 단체 정신으로 결집했다. 그들은 전투에서 성과가 입증된 장비와 전술을 사용했다. 그들에게는 강하고 유능한 지도자들이 있었다. 달마티아의 언덕이나 골 포도원 출신의 신병은 전투를 위하여 갑옷을 입을 때 외롭고 두렵고 향수병을 느꼈을 것이다. 그러나 그들은 어떻게 싸워야 하는지를 배웠다. 그것은 까다로운 부분이 아니다. 군인의 일 가운데 힘든 부분은 결정적인 순간에 필요한 일을 행하는 것이다. 물론 그건 도망치고 싶은 순간이다. 전쟁이 끝났을 때 그 군인이 어떻게 느꼈는지를 묻는 사람은 없다. 단지 그가 무엇을 했는지를 물을 따름이다.

우리는 전쟁과 그리스도인의 생활의 많은 차이점을 논의하고 있지 않다. 지금 그런 질문을 제기하면, 주제에서 천리 만리 벗어나게 될 것이다. 우리는 유사점에 관심을 갖는다. 기독교는 개별 그리스도인을 위한 그리고 전체 교회를 위한 몸부림이다. 군인은 자신의 편리할 때가 아니라 싸움의 필요가 발생할 때 싸울 준비를 갖추어야 한다. 그리스도인도 마찬가지이다.

많은 그리스도인은 이렇게 생각하는 듯하다. "만일 형편이 다르기만 하다면, 나는 얼마나 멋진 그리스도인이 될 수 있을까. 다른 분이 장모님이셨다면, 나의 성품을 얼마나 훌륭하게 유지할 수 있을까. 나의 경쟁자들이 별로 꼼꼼하지 않은 사람이기만 하다면, 사업에서 얼마나 고상하게 믿음을 실천할 수 있을까. 선한 사람이 되고 싶지만, 모든 사람이 다 그렇게 하고 있는데 엉뚱한 사람이 되는 것은 싫어." 그처럼 우리는 행한다. 만일 형편이 다르기만 하다면, 사정을 다를 것이다. 참으로 전혀 쓸모없는 생각이다. 사령관은 자신의 군대를 위험한 지점에 배치한다. 군인은 그것을 위하여 존재한다. 그리스도인은 그것을 위하여 존재한다.

다음으로 주위 환경 때문에 그리스도인이 될 수 없다고 생각하고플 때, 에베소서를 다시 살펴보라. 군비를 갖추라는 이 요청 바로 앞에 나오는 말을 읽어 보라. 이 말은 노예에게 전한 말이다. 만일 괴로운 일이 있다고 생각하면, 로마의 노예가 그리스도인이 되는 것이 어떤 일인지 상상해 보라. 오늘날 노예처럼 일하는 사람들이 공산주의 수용소에서 어떻게 지내는지 생각해 보라. 그리고 탈출한 사람들이 계속 전해 주는 말을 기억하라. "계속해서 밀고 나갔던 것은 오직 나의 믿음 때문이었습니다." 당신이 맞이하는 곤경을 얕보는 사람은 아무도 없을 것이다. 그러나 그리스도를 믿는 믿음 때문에 다른 사람들이 훨씬 큰 위험을 지나갔던 것을 기억하라. 당신의 장비는 전투에서 입증된 것이다. 당신의 사령관은 그리스도이시다. 주 안에서 강건하라.

B. 군비

에베소서에서 바울이 하나님의 전신갑주를 입으라고 우리에게 명령하는 단락은 아마 전체 편지에서 가장 친숙하고 사랑받는 구절일 것이다. 이는 그리스도인의 믿음의 실천과 로마 보병의 군비를 비교하는 확대된 은유이다. 이 은유는 여러분의 상상력에 호소하도록 만들어졌다. 그런 은유로부터 가능한 모든 의미 조각을 짜내려고 시도하지 말라. 이 은유가 하나의 핵심 진리를 담고 있다면, 그것이 은유의 목적에 이바지하는 것이다.

로마 군단의 병사는 본질적인 기능에 따라 서로 상이한 군비를 갖고 있었다. 하지만 각각의 군비는 자신의 일을 하기에 필요한 것이었다. 그처럼 그리스도인은 서로 상이한 근본적 기질을 갖고 있지만, 각 기질은 그리스도인의 싸움에 꼭 필요하다.

그리스도인의 군비를 보라. 이는 그리스도인이 평생 갖고 있는 기질이다. 종종 바울은 그리스도께서 그리스도인을 위하여 하신 것에 관하여 말하지만, 여기서는 그것을 말하지 않는다. 그리스도께서 지금 그대로이시며 과거에 일들을 행하셨기 때문에 그리스도인은 분명한 책임을 갖는다. 그리스도는 대장이시며, 그리스도인은 군대이다.

첫번째로 거명되는 것은 진실함의 기질이다. 이는 종교 문제와 다른 것에서의 진실함을 뜻한다. 그리스도인이 진리가 믿음에 본질적임을 새로이 깨닫는다면, 우리 시대는 크게 유익을 얻을 것이다. 우리가 다른 사람을 좋아하지 않거나 그와 심하게 의견을 달리할 때, 우리의 의견이 불일치한 정확한 이유를 진술하기보다 그를 공산주의자로 매도하는 것이 더 쉽다. 결국 정확함에서 벗어나는 그런 자유로부터 유익을 얻는 것은 공산주의자뿐이다. 그리스도인은 그리스도인이므로 사랑 가운데 진리를 배우고 말할 의무가 있다.

그리스도인의 흉배인 의는 매일 행동에서 그리스도와 같아지는 기질이다. 우리는 결코 완벽하게 그리스도와 같아질 수 없음을 안다. 우리 그리스도인으로서의 삶이 언제나 불완전하므로, 하나님은 그리스도의 의를 믿는 우리에게 전가하셨다. 그러나 우리는 이제 그것에 관하여 이야기하고 있는 게 아니다. 하나님이 그리스도인에게 그리스도의 의를 전가하셨기 때문에, 그리스도인은 모든 일에 정직하려고 최선을 다해야 한다. 공평하고 공정하고 사려 있어야 한다. 한 마디로 의로워야 한다. 우리 설교자들은 항상 하나의 시험에 맞닥뜨린다. 우리에 대한 요구가 너무 무겁고 다양하므로, 종종 우리는 설교 준비할 시간을 빼먹는다. 우리는 종종 다른 사람의 설교를 가져다가 자신의 것인양 전한다. 사업가와 주부와 학생, 우리 모두는 그와 비슷하게 자신의 소명에 내재한 시험을 당한다. 우리는 오직 그리스도의 전가된 의가 필요하다. 그러나 그리스도께서 옳은 일을 행할 수 있는 매일의 힘을 그리스도인에게 주실 때와 같이 그의 속에서 역사하시는 의도 필요하다.

그리스도인 군병의 신발은 "평안의 복음의 예비한 것"이다. 로마 군인은 행진하고 방어하고 싸우기 위하여 신을 신는다. 그처럼 그리스도인은 아무리 불편한 시간이라 해도 혹은 아무리 성가신 시험이라 해도 복음을 선포할 준비가 되어 있어야 한다. 이는 그의 기본적인 의무이다. 우리는 결국 미움으로 가득 차고 전쟁으로 저주 받은 이 세상에 평안을 전해 줄 메시지를 갖고 있다. 우리가 바라는 모습으로가 아니라 우리의 현재 모습 그대로 그것을 선포하는 것은 우리의 영광스러운 기회이다.

로마의 보병은 무거운 방패를 갖고 다녔다. 확실히 방패가 도움이 되기보다 거추장스러워 보이는 때가 많이 있었을 것이다. 그러나 군인은 전장에 나가서 원수가 화전을 소나기처럼 군단에 쏟아 부을 때 방패로 자신을 화전에게서 보호했을 것이다. 그는 방패의 무거운 가죽으로 화전을 잡았을 것이다. 그러면 화전은 꺼졌을 것이다. 믿음은 그와 같다. 그리스도인은 할 수 있는 대로 머리와 손을 가지고 믿음을 사용하여 악의 공격에서 자신을 보호한다.

이 시점에서 약간의 변화가 일어난다. 바울은 자기 앞에 군비를 놓고 하나씩 집어 착용하는 군인을 묘사했다. 이제 그는 할 수 있는 대로 무장을 갖추었다. 투구와 검은 다른 사람에게 그에게 주어야 한다. 구원의 투구는 하나님의 선물이다. 사람은 그것을 만들지 못했다. 그는 그것을 할 수 없었다. 하나님이 그것을 만드셨다. 하나님이 그것을 개별 그리스도인에게 주시며 그리스도인은 그것을 쓴다.

지금까지 묘사된 모든 것은 방어용 갑옷이다. 군인은 공격할 수 있기 위하여 방어용 갑옷을 입는다. 하나님의 영은 검 곧 말씀을 제공하신다. 이 표현은 흔히 생각하듯이 성경을 뜻하지 않는다. 이는 하나님이 그리스도인에게 주셔서 말하게 하시는 말씀이다. 이 말씀은 성경에 있는 하나님의 계시에 기초를 두고 있다. 이는 특정한 악에 대한 그리스도인의 공격, 잔인한 감금의 시절에 있는 그리스도인의 증거이다. 하나님은 말(speech)이라는 위험천만한 은사를 주셨다. 그리스도인은 이 은사를 취하여 자신의 신앙을 표현하고 넓히는 데 사용한다. 그리스도인은 악에 둘러싸이고 온갖 측면에서 공격을 받으므로 항상 갑옷을 입고 안전하게 벗어날 수 없다. 그는 공격해야 한다. "악에게 지지 말고 선으로 악을 이기라"(롬 12:21).

바울이 더 이상의 무기를 언급하지 않지만, 그리스도인에게 항상 기도하고 깨어 있으라고 요구할 때 군사적인 수사법을 이어 간다. 기도는 본부와의 연락이다. 한 군인이 매우 용맹해도 대장과 연락을 취하지 못하면, 패배한다. 기도하라. 쉬지 않고 기도하라. 성령 안에서 기도하라. 하나님의 지혜와 인도와 힘을 위하여 기도하라.

기도하고 깨어라. 군인은 투구로부터 신발까지 무장한다. 그의 장비는 완벽한 상태이다. 그는 보초의 임무를 맡고는 잠에 떨어진다. 그가 무슨 소용이 있는가? 그의 군비나 그의 선한 의도가 무슨 소용이 있는가? 군인의 의무는 깨어 있는 것이다. 그리고 이것은 기독교 군병의 의무이다.

C. 전투

바울은 기독교 군비를 생생하게 서술한 다음, 전투에 관해서는 민간인이 듣기에 상당히 따분하고 산문적으로 서술한다. 핵심 낱말은 "선다"이다. 위풍당당한 기병대의 돌격이나 거창한 전투 전략에 관한 것이 전혀 없다. 서라. 비 가운데서 서라. 흑암 가운데 서라. 진흙 가운데서 서라. 온통 위험이 있을 때 서라. 달아나고 싶을 때 서라. 서라.

전투를 겪어 본 사람은 자신이 필요로 하는 곳에 서 있는 것으로 주로 전투가 진행되는 것을 안다. 아마 지금까지 무장 충돌에 관하여 기록된 최고의 서술은 스티븐 크레인(Stephen Crane)이 쓴 「용기의 붉은 계급장」(*The Red Badge of Courage*)일 것이다. 크레인은 한 군인의 눈으로 챈슬러스빌의 전투를 보여준다. 이 군인은 대대와 맞서려고 선회하는 대대의 넓고 포괄적인 광경을 보지 못한다. 그가 보는 것은 가로장 울타리와 그 뒤의 몇몇 원수뿐이다. 그의 임무는 자신이 서 있는 곳에서 의무를 행하는 것이다. 그의 의무는 주로 서 있는 것으로 이루어진다. 공격을 받아 보지 못한 사람은 자기 속의 모든 신경과 근육이 도망치라고 소리치고 있을 때 굳게 서는 것이 얼마나 힘든지를 알지 못할 것이다.

군인의 생활처럼 그리스도인의 생활은 크고 영광스러운 일을 할 기회가 별로 없다. 신앙의 단조롭고 따분한 의무를 행할 기회만 숱하게 제공한다. 위대한 행동을 취할 수 있는 기회가 생길 때, 그 현장에 있는 사람만이 그것을 포착할 수 있다. 전진할 수 있는 기회는 멀리 떨어져 있는 것처럼 보인다. 후퇴하지 않는 것도 상당한 업적이다.

결론

바울은 가정의 전선에 나선 자신의 보병대에게 편지를 쓰는 외국 선교사였다. 그는 그들이 신앙을 실천할 때 맞닥뜨린 곤경과 위험을 알았다. 바울은 그들이 이교 사회에서 그리스도인이 되는 것을 돕기 위하여 에베소서를 썼다. 이 편지에서 그는 그 깊이와 높이를 탐구한다. 그는 역사의 역류가 교회를 파멸시키려고 위협할 때 하나님이 여전히 그 목적을 성취하시며 교회 안에서 교회를 통하여 일하고 계심을 보여준다. 성경을 포함하여 에베소서에서보다 우리가 천상의 신비로 높이 올라가는 곳은 없다. 하지만 전체 문제의 결론은 천상의 신비에 관한 게 아니라 지상의 의무에 관한 것이다. 그리고 우리의 지상의 의무에 관한 핵심적인 말씀은 이렇다.

"그러므로 하나님의 전신갑주를 취하라. 이는 악한 날에 너희가 능히 대적하고 모든 일을 행한 후에 서기 위함이라"(6:13).

빌립보서, 골로새서

폴 리스(Paul S. Rees)

머리말

세 가지 문제가 나의 마음에 있다:

1. 이 시리즈의 전체 제목에 있는 "선포한다"는 말의 의미. 복음은 소식이다. 이는 현저히 알릴 만한 것이다. 만일 우리가 복음을 다룰 때 이런 특성을 놓치면, 그 잘못은 우리의 잘못이지 복음의 잘못이 아니다. 그러므로 쓰고 있는 글이 회중 앞에 서거나 주일 학교나 성경 공부반 앞에 서서 기독교 메시지의 다양하고 부요로움을 선포하는 사람들에게 자극제와 도움이 되어야 한다는 사실은 한 번도 잊지 않았다. 존 위클리프는 14세기의 훌륭한 영어로 자신은 "사람들이 이해하는 언어"로 성경을 번역하고 싶다고 말했다. 이는 참으로 여러분과 내가 성경의 위대한 메시지를 전하고 가르쳐야 할 방법이다.

2. 성경으로 충만한 마음을 가질 때 설교자와 교사에 있을 헤아릴 수 없는 가치. 나는 해석의 규칙을 잘 아는 것이 중요함을 안다. 성경의 구조적 사상과 그 전개, 핵심 사건과 그 의미를 파악하는 것이 절박하게 필요한 것임을 잊지 않는다. 그러나 나는 또한 성경적 선포와 교훈의 책임이 그 마음이 성경에 젖어 있지 않는 사람들의 손에 놓여 있는 경우가 너무도 많음을 안다. 성 크리소스톰이 후손에게 남긴 설교 책들에는 구약의 인용문이 칠천 번, 신약의 인용문이 만 천 번 있다는 주장이 있어 왔다. 내가 직접 확인한 것으로 오해하지 말기 바란다. 다른 바람직한 목적 가운데서 바울의 세 서신에 대한 이 탐구가 성경을 알고자 하는 충족되지 않는 갈급함이 일어나도록 자극을 주는 데 이바지하기를 바란다. 덧붙여 성경을

아는 것은 성경에 관하여 아는 것과 아주 다른 것임을 지적해야겠다.

3. 바울의 저술에서 발견되는 진리와 현실 대응의 장엄한 다양성과 조화성. 빌립보서와 골로새서와 빌레몬서는 이 사실을 훌륭하게 입증한다. 빌립보서에서는 사의를 표하는 사람의 관대한 마음이 자신의 미묘한 감정을 올바르게 평가하기 위하여 예의의 온갖 미묘한 차이와 뉘앙스를 사용한다. 골로새서에서는 숭고한 기독론의 높은 곳으로 오르고 깊은 곳을 헤아리는 놀라운 신학적 지성의 강렬한 확장이 있다. 부피가 얼마 되지 않는 빌레몬서에서는 주인과 달아난 노예의 개인적 문제를 믿기 어려울 정도로 능숙하게 다룬다. 그리고 이 모든 것은 하나님의 성령의 권위로 그처럼 지식을 얻고 수많은 인간적 상황에 적절하므로, 보편의 교회는 이를 무엇과도 바꿀 수 없는 것으로 간직했다.

웨스트코트 감독은 오리게네스에 관하여, 성경 전체를 용해하여 마음 속에 갖고 있었던 것 같다고 말했다. 이 책이 그처럼 가치 있는 성취에 조금이라도 이바지한다면, 이 책을 준비하면서 쏟은 노력이 넘치도록 가치 있는 것으로 여길 것이다.

마지막으로, 나는 가깝고 뜻깊은 관계를 맺고 있으며 형제로서 베푸는 그 관대함을 항상 신뢰하며 의지하는 두 기독교 단체에 나의 뜨거운 감사를 표하는 것이 합당하다고 생각한다.

1. 미국 복음주의 언약 교회에 감사를 드린다. 하나님의 다스림을 받아 나의 목사 임직 서약에 대한 후견인이었으며, 지금도 내가 광범위한 교회 간 사역에 참여하는 축복을 베풀어 주었다. 그리고
2. 선명회에 감사를 드린다. 탁월한 총재 봅 피어스(Bob Pierce)를 통하여 나의 설교 사역에 못지 않게 집필 사역을 격려해 주었다.

나는 찰스 클레튼 모리슨(Charles Clayton Morrison)「개신교는 미국

을 얻을 수 있는가?」(*Can Protestantism Win America?*, 1948)에서 인용할 수 있도록 허용한 하퍼 엔드 로 사에 심심한 감사를 표하고자 한다.

회갑을 지난 지금 나는 받을 자격도 없는 사랑을 받아 마음에서 우러나오는 감사의 무게가 그 어느 때보다 나를 무겁게 짓누름을 발견한다.

폴 리스
선명회, 국제 본부,
캘리포니아 패서데너

차례

빌립보서

빌립보서 제1장

진보를 위한 기도

1:9. "내가 기도하노라 너희 사랑을 지식과 모든 총명으로 점점 더 풍성하게
하사."

I. 역사적 배경

바울은 감옥에서(아마 로마나 에베소인 듯하며 가이사랴는 아닌듯함)
감사와 사랑과 염려의 편지를 빌립보의 그리스도인들에게 쓴다. 그들은 자
신들의 사신인 에바브로디도 편으로 바울에게 선물을 보냈고, 곧 에바브로
디도 편으로 즐겁고 쾌활한 감사의 서신을 받게 될 것이다. 빌립보 교회는
일 년 전에 들은 한 설교에서 기억나는 구절마냥 "바울의 애인 같은 교회"
이다. 이 말이 너무 감상적인 말로 들린다 해도, 의미는 통할 것이다. 이 신
자들은 유럽에서 사도의 첫 열매였다. 그들에게 복음을 전달하는 것은 값
비싼 시도였다. 사도행전 16:12-40에 그 이야기가 나온다. 로마의 자유시
의 깃발이 자랑스럽게 펄럭였던 이 빌립보에서, 바울과 실라는 채찍질에
거반 죽을 뻔했다. 여기서 그들은 잔인하게 옥에 갇혔다. 이 진통으로부터
귀한 아이가 나왔다: "그리스도 예수의 종 바울과 디모데는 그리스도 예
수 안에서 빌립보에 사는 모든 성도와 또는 감독들과 집사들"(1:1).

II. 용어 해설

1:1. "종" 헬라어 둘로이에서 나온 말로 비굴하지 않은 순복을 암시한다.
이 종살이는 사랑의 종살이이며 자원하는 영혼의 봉사이다.

바울이 말하는 "성도"는 믿음으로 "그리스도 안에" 있는 모든 사람이다.

이들은 새 언약 아래 있는 하나님의 백성이다. 그들은 그리스도와의 관계 때문에 "거룩한 자들"이다. 여기서 강조점은 그리스도를 닮은 것보다는 그리스도 안에 있는 생명에 있다. 바울의 용어에서 이 말의 역은 "너희 안에 계신 그리스도"이다. 여기서는 강조점이 참으로 우리가 그의 모습으로 바뀌고 있다는 데 있다.

1:2. "은혜"와 "평강." 헬라 세계에서 나온 말 하나와 히브리 세계에서 나온 말 하나이다. 하나는 선물과 선의를 말하고 다른 하나는 건강과 안녕을 말한다. 그리고 둘은 하나님이 자신의 인자하심을 나타내고 화목케 하시고 건강을 주시는 자비를 베푸시기 위하여 예수 그리스도 안에서 행하신 일과 관련되어 있다.

1:5. "복음에서 교제함"은 3절의 감사에 그 선례가 나온다. 교제를 뜻하는 낱말 코이노니아는 아가페처럼 우리 시대에 친숙하게 되었다. 그 의미는 공동의 이해와 상호 참여이다. 문맥은 "복음 안에서"가 복음의 증진 안에서라는 뜻으로 사용될 수 있음을 보여준다.

1:6. 라이트푸트에 따르면 "시작하신"과 "이루실"은 성례적 의미를 담고 있는 헬라어에서 나왔다. 암시된 이미지는 제사 의식이 시작되고 완료되었다는 이미지이다. 따라서 바울의 마음에서 "착한 일"은 빌립보인들이 "사도와 협력하고 사도를 사랑하는 것"일 것이다. 이는 라이트푸트의 견해이며, 위의 말은 그의 말이다. 매튜 헨리는 여기서 빌립보 교회의 설립을 가리킨다고 본다. 이 일은 하나님이 하신 일이며 하나님은 그리스도의 재림의 완성까지 "철지히 살피실" 것이다. 다른 사람들은 "착한 일"을 "은혜 가운데 장성"이라고 말한다. 또 어떤 사람들은 이것을 전체적으로 본 그리스도인의 삶을 뜻한다고 해석한다.

1:8. "예수 그리스도의 속(bowel)"[흠정역]은 예수 그리스도의 심장[한글개역성경]과 같은 말이다. 헬라어 스플락흐나는 윗 내장 즉 심장과 간과 폐를 뜻한다. 이 말은 고대인에게 감정의 좌소를 뜻했다.

1:9. 사랑을 뜻하는 헬라어 아가페는 너무 친숙해져서 "영어화"되었다. 이는 관능적 사랑, 부모 자식간의 사랑, 넓은 의미의 호의적 사랑(예. "나는

그를 좋아해")과 구별되어야 한다. 아가페의 성경적 의미는 감정보다 의지와 훨씬 밀착되어 있다. 이는 자신이 제공하는 동기에서 활동하는 선의이지 그 대상에서 발견되는 선의가 아니다. 그래서 "사랑"과 "은혜" 사이에는 밀접한 연결이 있다. 아가페는 자기 순복과 자기 희생으로 나타나는 선의이다. 종종 말하듯이 자기 보존이 자연 질서의 제일 법칙이라면, 자기 희생은 초자연적 질서의 제일 질서이다. 왜냐하면 "사랑은 하나님께 속하고"(요일 4:7), "하나님은 사랑이시기"(요일 4:8) 때문이다.

"너희 사랑." 당신이 품은 당신을 향한 하나님의 사랑. 당신을 향한 하나님의 사랑으로 생긴 하나님을 향한 당신의 사랑. 나를 향한 그리고 서로를 향한 당신의 사랑. 이 모든 의미가 있다. 한 의미를 선호하여 다른 의미를 배제하는 매우 정교한 구분은 지양되어야 한다.

"풍성하게." "점점 더 풍성하게 하사"라는 말은 현재진행적 시제의 효과를 갖고 있다.

"지식." 헬라어 에피그노시스는 문맥에서 진보된 지식을 말하는데, 학문적인 지식보다 실험적 지식, 이론적 지식보다 실천적 지식에 강조점이 있다.

"총명." "지식"을 적용해야 하는 생활의 영역에서 보이는 특이한 예민함과 분별력.

1:10. "너희로 지극히 선한 것을 분별하[게 하시]며"는 헬라어에 대한 두 가지 가능한 번역 가운데 하나이다. 다른 하나는 "너희로 상이한 사물들을 입증하게 하시며"이다. "사랑의 식별력은 시험하여 훈련되지 않은 도덕감으로서는 불가능한 구분을 짓는다"(빈센트).

"진실하여." 헬라어 에일리크리네스는 어원이 불분명하다. 이는 햇빛으로 검사받은 혹은 회전에 의하여 가려진을 뜻한다. "회전"은 체질할 때 빙빙돌아가는 것과 같은 것일 것이다. 가령 "투명한"(transparent)이라는 말을 사용하는 마팻은 첫번째 것에 의존한다. "순수한"을 사용하는 개역표준역(개역표준역)은 두번째 것에 의존한다. 신영어성경(New English Bible)은 "흠없는"으로 번역하여 번역자에게 이 어원이 중요한지 저 어원이 중요한지 거의 실마리를 주지 않는다.

"허물 없이[흠정역은 '무례함 없이'로 되어 있다—역주]" 아프로스코포이는 다른 사람으로 걸려 넘어지게 하지 않고 혹은 넘어짐이 없이로 번역될 수 있다. 대부분의 번역자가 "허물 없이"로 번역한다.

1:11. "의의 열매." 가장 좋은 사본은 단수 "열매"를 선호하며, 마팻과 신영어성경은 "수확물"(harvest)로 잘 번역한다. 그러므로 바울이 의로 이루어진 수확물이 아니라 의가 산출하는 수확물을 언급하는 것으로 생각하는 것이 가장 좋다. 사도가 3:9에서 언급하게 될 믿음-의의 실제적 산물이 여기 있다. 오직 믿음만이 우리를 구원하지만, 구원하는 믿음은 결코 혼자 있지 않다. 그 믿음은 활동한다.

Ⅲ. 교리적 의의

빌립보 교회에 대한 바울의 중보적 관심에서 세 가지 교리가 적어도 씨앗의 형태로 나온다. (1) 기도의 교리 (2) 사랑의 교리 (3) 장성의 교리. 신약은 각각에 관하여 풍부한 자료를 제공한다.

Ⅳ. 실천적 목표

이 서신은 매우 단순하게 말하면 한 그리스도인이 그리스도인 집단에게 표하는 "감사"의 글이다. 그들은 하나와 같이 애정을 담은 선물을 그에게 보냈다. 그리고 이제 그 선물을 받은 사람은 항상 감사하는 심정을 가지고 예의가 뛰어난 자로서 그들에게 이렇게 말한다. "에바브로디도 편에 너희의 준 것을 받으므로 내가 풍족하니 이는 받으실 만한 향기로운 제물이요 하나님이 인정하시고 환영하시는 제사라"(4:18, 마팻역).

감사와 연결된 것이 관심이다. 이 관심은 기도의 형태를 취한다. 우리가 인정하듯이 기도는 경건한 것이다. 우리는 기독교가 실제적인 것이라고 즉각 인정하는가? 참으로 우리가 획득할 수 있는 "결과" 때문에 기도를 유도하거나 실행한다면 그것은 기도를 망치는 것이다. 하지만 사시는 하나님과 하나님의 뜻이 이루어지기를 갈망하는 살아 있는 사람이 있다면, 기도는 확신 있고 놀라운 방식으로 현실에서 결과를 내게 된다. 이는 여기 바울의 경우처럼 기도가 다른 사람을 위한 사심 없고 사랑 넘치는 중보의 기도일 때보다 역동적으로 참된 경우가 없다. 기도는 전화와 라디오가 접근하기 전 모든 것을 압도하는 시간이었다. 존 매기(John Magee)가 말하듯이 "다른 대륙의 친구를 위하여 기도하는 것은 옆 방에 있는 사람을 위하여 기도하는 것만큼 열매를 맺는다. 우리 모두는 하나님 안에서 함께 있다. 그의 존재 안에서 우리는 서로 친밀하게 연결되어 있으며 참된 관계를 갖는다." 이런 기도는 무익하지도 않고 실체 없는 것도 아니다. 이는 최고 질서의 능력이다.

V. 설교 개요

제목: "진보를 위한 기도."

도입부

스코틀랜드의 유명한 설교자 고(故) 고십(A. J. Gossip)은 독실하고 분별력 있는 평신도에게 예배식에서 가장 유익하다고 생각하는 부분이 무엇이냐고 물었던 날에 관하여 이야기한다. 분명 그 사람의 대답은, 자기로서는 예배식에서 최고의 순간은 중보 기도라는 것이었다(그리고 그는 다른 많은 사람들도 그렇게 생각하는 것으로 알고 있었다고 고십은 대답했다).

이 사람 바울이 빌립보 그리스도인들을 위하여 기도할 때 우리는 그런 순간과 그런 분위기로 끌려 들어간다.

그의 기도의 짐은 무엇이었는가? 기독교적 사랑을 실천하는 생활에서 그들이 발전하고 풍부해지는 것이다. 참으로 여기에 모든 기독교적 장성의 핵심과 정수가 있다. "너희 사랑을 점점 더 풍성하게 하사."

이제 이 기도에서 언급하는 관심사를 살펴보자.

A. 여기 사랑의 소유에 관심을 갖는 기도가 분명 있다.

이는 "너희 사랑"인데, 이는 파생된 것에 불과하다. 실제로 그것은 당신에게 주신 하나님의 사랑이다.

그 선물은 그리스도였다. 포장물이 아니라 인격이었다. 그리스도를 영접할 때 당신은 사랑을 받았다. 바울과 요한은 일치한다: "사랑은 여기 있으니 우리가 하나님을 사랑한 것이 아니요 오직 하나님이 우리를 사랑하사 우리 죄를 위하여 화목제로 그 아들을 보내셨음이니라"(요일 4:10).

어떤 기독교적 해석 구도에서든 바울이 말하는 사랑은 인간 본성이라는 중독된 흙의 본래적 산물이 아니다. 이는 외래적인 것이다. 그것은 분명 하나님의 마음에서 우리의 마음으로 이식된 것이다.

그리고 복음이 관심을 쓰는 것이 바로 이것이다: 하나님은 주시는 분이며 인간은 받는 자이다. 그것이 사랑을 은혜로 만든다. 순종과 봉사로 하나님과 관계를 맺게 하는 우리의 사랑은 우리를 향한 하나님의 그 큰 사랑에 의하여 생겼다. 우리와 하나님 사이의 장벽 혹은 멀어짐은 하나님이 사랑으로 그리스도의 죽음 안에서 이루신 화목의 행위에 의하여 제거되었다. 동기의 새로운 능력 즉 우리 자신을 넘어서고 우리의 수단을 넘어서서 위하여 살 만한 그 무엇은 하나님이 사랑으로 제공하신 것이다.

이 모든 것은 바울이 그들에게 한 줄의 편지를 쓰기 전 그 혁명적 시작에서 빌립보 그리스도인들의 마음에 사무쳤다. 그는 그것을 안다. 그들도 그것을 안다. 그리스도 안에 있는 하나님의 사랑이 그들을 사로잡았다. 그들은 그 사랑을 소유하고 있다.

그러나 거기서 어디로 갈 것인가? 이것이 사도의 목회적 관심사이다.

B. 그래서 우리는 여기 사랑의 진보에 관심을 두는 기도가 있음을 깨닫게 된다.

하나님의 사랑이 우리 안에 머물게 하는 것은 큰 일이다. 그 사랑을 우리 안에 넘치게 갖는 것은 더욱 큰 일이다. 바울의 "점점 더"의 모든 역동적 발전이 여기서 나타난다.

사랑의 성장은 우리가 아는 것과 분리될 수 없다. 우리의 사랑은 "지식과 모든 총명으로" 넘쳐야 한다. 혹은 신영어성경대로 "온갖 종류의 지식과 통찰에서 더욱 부요하게 되어야" 한다.

"사랑은 맹목적이다"하고 우리는 말한다. 우리의 감상적이며 관능적인 몰입에 적용한다면, 맞는 말이다. 그러나 우리가 그리스도로부터 얻는 자기희생적 선의에 적용하면 틀린 말이다. 우리 가운데 역사하는 그리스도의 아가페는 규제되지 않은 감정도 아니며 계명되지 않은 신비도 아니다. 그것은 그리스도께서 우리의 굶주림과 우리의 떡이 되신다. 우리의 필요를 자극하고 충족시키는 분이 되신다는 진리를 향한 특별한 갈구이다.

게다가 사랑의 진보는 우리가 귀하게 여기는 것과 분리될 수 없다. 왜 사랑은 많아지는 지식과 예리해지는 통찰을 향하여 꾸준히 움직여야 하는가? 바울의 대답은 이렇다. "너희로 지극히 선한 것을 분별하도록 하기 위함이다." 어떤 번역자는 헬라어 본문을 이렇게 옮기기를 좋아한다: "너희로 상이한 것들을 검사하도록 하기 위함이다." 어떤 번역에서든 우리는 동일한 지점에 도달한다: 평가 능력, 우선 순위를 평가할 수 있는 능력, 우선된 일이 우선되도록 하는 식견 있는 주장. 설교자에게는 이것이 필요하다. 그렇지 않으면 그는 교회적으로 미묘한 것들과 승진할 궁리를 견고한 기도와 강력하고 적절한 강해 설교의 훈련보다 앞세울 것이다. 평신도에게도 이것이 필요하다. 그렇지 않으면 그는 위원회의 활동과 그리스도께 대한 헌신된 태도를 혼동하며 하나님께 자신의 마음을 드리기보다 교회에 돈을 냄으로써 "갈고리에 걸리게" 된다.

더욱이 사랑의 성장은 우리가 행하는 것과 분리될 수 없다. 우리는 "예수 그리스도로 말미암아 의의 열매가 가득하여"(11절)야 한다. 만일 사랑이 과학적으로 입증될 수 없다면(당신은 시험관에 그것을 '포착'하거나 현미경에 '고정'시킬 수 없다), 실제에서 입증될 수 있다. 신약에서 이 요점이 얼마나 자주 확신있게 말하는지 생각해 보라.

"너희가 이것을 알고 행하면 복되도다."

"빛의 열매는 모든 착함과 의로움과 진실함에 있느니라."

"너희가 열매를 많이 맺으면 내 아버지께서 영광을 받으실 것이요."

"너희가 나를 사랑하면 내 계명을 지키려니와."

하나님의 책에서 빛나는 페이지들을 살필 때마다, 사랑과 행위, 믿음과 열매, 있음과 행함, 교리와 실증의 결합에 대한 이런 주장이 있다.

바울의 서신에서 그리스도인들은 이상화되지 않고(즉 마치 그들이 흠이 나 결점이 없는 것처럼 묘사되지 않고), 표준화되어 있다(즉 그들은 반복해서 하나님이 의도하는 존재로 그리고 믿음으로 예수 그리스도와의 연합 때문에 가능한 존재로 묘사되어 있다).

그런 묘사에서 그리스도인이 누구이며 무엇을 행하는가 하는 것이 오늘날 교회 생활에서 너무도 자주 간과되는 밀접한 관계라는 점은 주목할 만하다. 바울에 따르면 여기서 규범은 무엇인가? 그것은 그리스도의 사랑의 다스림을 받는 구속받은 인류이다. 그들은 사랑이 점차 가져다주는 모든 통찰과 가치에 열려 있고 그래서 하나님은 이 사랑의 소유자들에게 "순전하고 흠없다"고 하시는 성품을 주신다.

하지만 사랑의 이 순수함 혹은 진실함이 "덧없고 세상과 무관한 덕"이 아니라 "의의 열매가 가득한" 것이라는 점을 바로 덧붙여 말해야 한다.

한 인도 선교사가 치명적인 병을 앓고 있는 사람을 자기 집에서 병원으로 옮기려 할 때 물리적인 도움이 필요했다. 이 여선교사는 가까운 곳에 앉아서 기도에 몰두하고 있는 두 명의 "성자"에게 도움을 청했다. 그들 가운데 한 사람이 "우리요? 우리는 성자요. 우리는 다른 사람을 위하여 아무 일도 하지 않소"하고 말할 때 그 눈에 분개의 불꽃이 이글거리던 것을 결코 잊지 못할 것이라고 말했다.

그와 같은 "거룩함"의 개념은 이상하게 왜곡되고 위험천만하게 거짓되다. 하지만 우리가 이 사건을 이교적 타락의 서글픈 예로 간단히 치부해 버리면, 자기 만족에 자기 만족을 더하는 꼴이 될 것이다. 오늘날 경건으로 통하는 많은 것의 내향적이며 자기몰두적인 사소함은 우리의 게으른 마음에서 사그라져야 한다.

"의의 열매!"
귀하신 하나님! 우리에게 그 열매로 가득하게 하소서!

C. 여기 마지막으로 사랑의 전망에 관심을 갖는 기도가 있다.

두 표현에 우리는 관심을 갖지 않을 수 없다: "그리스도의 날"(10절), "하나님의 영광과 찬송"(11절).

첫번째 것을 살펴보라. 우리는 "선한 것"을 인정하고 "진실하여 허물 없는" 사람이 되어야 한다. 흠정역처럼 단순히 "그리스도의 날" "때까지"가 아니라 개역표준역처럼 "그리스도의 날을" "위해"이다. 헬라어는 '~을 배경으로, 혹은 ~할 목적으로'로 번역할 수 있다.

"그리스도의 날"(1장 처음 열 절에서 사도가 두 번 사용했다)은 특별히 예언적이다. 이는 그리스도의 재림을 말하며 더불어 재림에 동반될 승리와 주되심이 전적으로 드러난다. 지난 세기 탁월한 스코틀랜드 강해자인 로버트 존스턴이 이 절과 단락에 관하여 주석한 것에 귀를 기울이라. "주님의 오심은 바울에게 정통 신조의 단순한 항목이 아니었으며 단순히 완전한 신앙고백의 필수 요소도 아니었다. 이는 매우 현실적인 것으로 그의 앞에 두드러졌다. 그 일에 대한 생각이 그의 전존재를 채색했다. 초림 때 고난당하고 죽으신 분께 대한 타오르는 사랑 … , 그의 재림에 대한 생생하게 실현되는 믿음, 죽은 자를 살리고 세상을 심판하고 자기 백성을 완전한 복과 구원의 영광에 들이시기 위하여 그의 영광스럽게 나타나심, 이런 것들은 이 위대한 그리스도인의 생활의 감동적인 원천이 분명했다."

참으로 그러했다.

이제 두번째 구절을 보자: "하나님의 영광과 찬송이 되게." 성장하는 사랑의 생활에서 "의의 열매"가 목적과 목표로서 항상 가리키고 있는 것은 바로 이것이다.

어떻게 두 전망이 서로 비교되는가? 그것을 이렇게 표현해 보자: 영감을 위해서 사랑은 "그리스도의 날"을 앞서 바라본다. 반면에 자극제를 위해서는 "하나님의 영광과 찬송"을 우러러 본다.

사랑과 분리된 의가 다양한 모양으로 나타난다는 것을 주목하자. 우리 주님의 이야기에서 바리새인을 보라. 자신의 덕을 과시하고 주제넘게 옆에 있는 비참한 세리를 깔보는 바리새인 말이다. 여기 스스로 속아 고백하는 자의 영광과 찬송이 되게 하는 의가 있다. 그의 의는 곧 자신의 행위이다. 역설적으로 이는 자신의 저주가 된다. 교만하여 스스로 하나님으로부터 비극적으로 멀어지게 된 자가 아니라 그가 모욕했던 그 사람이 "의롭다 하심을 받고 집에 내려갔느니라."

그러므로

"예수여, 내 마음의 소원을 굳게 하여
주님을 위하여 일하고 말하고 생각하게 하소서.
또 저로 거룩한 불을 지키게 하시고
주님의 은사가 내 안에 일어나게 하소서.

"주님의 모든 완전한 뜻에 신속하게
나의 믿음과 사랑의 행위가 거듭되되,
죽을 때까지 주님의 끝없는 자비가 그 제사를
보증하며 완전하게 하소서."

빌립보서 제1장

곤경이 문이 될 때

1:12. "형제들아 나의 당한 일이 도리어 복음의 진보가 된 줄을 너희가 알기를 원하노라."

I. 역사적 배경

만일 의심을 남기지 않고 입증될 수 없다 해도, 바울이 13절에서 언급하는 "매임"이 사도행전 28:30에 나오는 누가의 기록과 연결되어야 한다고 합당하게 추정할 수 있다. "바울이 온 이태를 자기 셋집에 유하며." 그러므로 그 장소는 로마였을 것이다. 그러니 바울이 사로잡힌 형식은 로마가 실행했던 가장 엄한 형벌(감방이나 지하 감옥)도 아니고 가장 관대한 형벌("보석 출옥"과 거의 비슷한 것)도 아니었을 것이다. 이는 죄수가 거주지에 관하여 말하지만 어디든지 군대에게 밤낮으로 보호받는 중간 형태였다.

II. 용어 해설

1:13. "나의 매임이 그리스도 안에서 나타났다"는 것은 좀더 최근의 영어 번역 가운데 가장 최근의 것에 좀더 잘 해석되었다. 가령 개역표준역에서는 "내가 그리스도를 위하여 매인 것이 알려지게 되었다"로 되어 있다. 제시된 것은 매임이 아니라 매임의 이유이다. 그처럼 흠정역의 "궁전"은 개역표준역[한글개역성경도 마찬가지임]에서처럼 "전체 시위대"로 잘 번역되어 있다. 시위대(praetorian)는 사실상 헬라어를 영어화한 형식이다. 이는 하나의 장소나 사람들 집단을 서술하는 데 사용된다. 장소를 가리켜 사용될 때, 그 의미는 (1) 장군의 야전 본부에서 (2) 중요한 장교의 거주

지나 (3) 중요한 인물의 집이나 별장으로 바뀌었다. 사람들을 가리켜 사용될 때 그 정의는 아주 구체적이었다. 이는 황제 근위대의 군사를 뜻했다. (드물게 군인들이 할당된 병영을 뜻하기도 했다.) 마빈 빈센트(Marvin Vincent)는 「국제비평주석」(*International Critical Commentary*)에서 이렇게 말한다. "그들의 수는 일만 명으로 본래 이탈리아 태생을 선발하지만 후에는 마케도니아와 노르쿰과 스페인에서 차출했다. 이 군대는 원래 아우구스투스가 설립했는데, 그는 로마에 보병대 셋을 배치하고 인접 도시에 다른 보병대를 흩어 놓았다." 매일 매주 이 최고 연대의 군인들은 바울의 집에서 보호 의무를 맡았을 것이다.

1:14. "주[의]"라는 표현은 "형제들"보다 "신뢰한다"는 말을 수식하는 것 같다. 이 문장의 문법적 구조가 이를 허용한다. 가령 빈센트는 이 구조가 다음의 의미에 더욱 이바지한다고 느낀다: "바울의 매임으로 형제들은 **주를 믿는 확신이 굳어지게 되었다**"(고딕체는 필자의 것임).

1:15. "어떤 이들은 투기와 분쟁으로 그리스도를 전파하나니." 그들은 16절에서 "순전치 못하게 다툼으로 그리스도를 전파하는" 자들로 좀더 자세히 서술되어 있다. 그들은 누구인가? 이것은 심콕스(Simcox)가 "서신에서 처음으로 당혹스러운 지적"이라고 부르는 것이다. 이 구절 때문에 빈센트가 말하는 "매우 고달픈 토론"이 생겼다. 엄격하게 말해서 이 문제는 석의적인 것이 아니다. 바울이 사용하는 낱말의 의미에 관해서는 심각한 논쟁이 없다. 해석의 차이는 다음의 질문에서 나온다: 바울이 누구를 언급하고 있는가? (복음을 '큰소리로 말했지만' 바울의 원수의 미움을 화끈 불러 일으켰을) 불신자인자? 크리소스톰이 그렇게 말했다. (복음을 반박하고 불신하기 위해서 복음을 논의했을 따름인) 유대인인가? 그로티우스가 그렇게 말했다. (율법과 은혜를 섞는) 유대주의화하는 그리스도인인가? 벵겔, 라이트푸트, 마이어, 비트 등이 말하는 것처럼. 혹은 "개인적으로 사도를 질투하여 그의 영향력을 해치려 했던" 자들이 오늘날의 소위 "복음주의 그리스도인"인가? 빈센트, 핀레이슨(Finlayson), 바클레이(Barclay), 아마도 무울(Moule)이 말하는 것처럼.

로버트슨은 말한다. "사실상 이 모든 요소가 그 상황에 개입했을 가능성이 농후하다. 왜냐하면 바울은 이 사람들이 여러 동기에서 '순전치 못하게' 그리스도를 선포했다고 명시적으로 말하기 때문이다."

1:19. "이것이 내 구원에 이르게 할 줄." 육체적 구제의 의미에서나 확실히 영원한 생명을 얻는다거나 하나님의 화목케 하시는 호의를 입는다는 의미에서의 "구원"이 아니라 하나님의 섭리의 질서에서 사도의 총체적인 안녕과 관련된 구원이다. "예수 그리스도의 성령의 도우심." 어떤 학자들은 이를 주관적으로(성령의 주심으로) 어떤 학자들은 객관적으로(성령이 도우시며 붙으실 때 베푸시는 것으로) 본다. 바울은 참으로 삼위일체를 견지했으므로, 주저없이 성령을 하나님과 하나 되신다고 하듯이 그리스도와 하나 되신다고 한다.

1:20. "나의 간절한 기대와 소망." "간절한 기대"는 헬라어에서 단연 생생한 낱말이다. 이는 말 그대로 머리를 돌림을 뜻한다. 이해와 욕구의 대상에 집중하기 위하여 비전의 영역에 다른 주제가 들어오지 못하게 막는다. "기대"와 "소망"을 구분한다면, 전자는 이 집중적 태도의 외적인 혹은 좀 더 가시적인 측면을 가리키고, 후자는 내면적 태도를 가리킬 것이다. 신영어성경은 "내가 간절히 소망한다"는 번역어로 두 낱말의 핵심을 포착하려 한다.

"아무 일에든지 부끄럽지 아니하고." 즉 그는 자신이 장차 기만당한 전령(傳令)으로, 그 믿음과 증거가 거짓된 것으로 입증된, 길을 잘못 접어든 광신주의자로 드러나지 않을 것을 확신했다.

"온전히 담대하여." 특별히 말의 용기 혹은 오늘날 익숙한 구절인 "언론의 자유"이다. 라이트푸트는 이 점에 관하여 "자유로운 연설의 권리는 그리스도의 종의 상징과 특권이다"하고 논평한다.

"내 몸에서 그리스도가 존귀히 되게 하려 하나니." 증인의 다함 없는 용기는 바울의 몫이 되었으며 그 영광은 그리스도의 것이 되었을 것이다. 그리고 사도가 살든지 죽든지 취한 태도였다.

1:22. "만일 육신으로 사는 이것이 내 일의 열매일진대." 헬라어의 문장

구조가 매우 변칙적이므로 다양한 번역이 가능하다. 로버트슨 교수의 재구성은 주목할 만하다: "그러나 육신 가운데 사는 삶(이것이 나의 것이다)이라면, 이는 내게 일의 열매를 뜻한다." 즉 육신으로 사는 생활은 내게 일할 기회와 따라서 열매를 얻을 기회를 더욱 허용할 것이다.

"나는 알지 못하노라." 이 옛날 어투는 개역표준 성경과 신영어성경에서 "나는 말할 수 없다"로 단순하게 바뀌었다.

1:23. "떠나서 있을 욕망을 가진." 말 그대로 해산함, 풀림을 뜻한다. 항해때 배가 정박지에서 자유롭게 되는 것이나 전쟁때 진영을 해산하는 것에 관하여 사용된다. 후자가 바울의 생각에 훨씬 적합한 형태의 은유이다.

1:27. "오직 너희는 그리스도 복음에 합당하게 생활하라." 말 그대로 무울이 제시하듯이 "시민 생활을 하라." 바울과 빌립보의 많은 사람이 로마 시민이었는데, 이 로마 시민이 제국의 질서에 합당하게 생활하려고 하듯이, 그리스도인들은 그리스도의 나라의 더 높은 시민이 된 것을 증거하는 태도로 생활을 꾸려야 한다(참조. 3:20).

1:28. "이것이 저희에게는 멸망의 빙거요 너희에게는 구원의 빙거니." 무울의 강해적 부연 설명이 유익하다: "그처럼 고요하고 통합된 용기가 거룩함의 완고한 원수를 기다리는 그들에게는 멸망의 증거와 확실한 표와 전조이지만, 그리스도의 신실하신 증거를 기다리는 너희에게는 구원의 증거와 확실한 표와 전조이다."

1:30. "같은 싸움." "싸움"에 해당하는 헬라어는 현대 영어에서 "고뇌"라는 뜻으로 들어왔다. 원어가 원래 가리키는 것은 투기장의 싸움이었다. 이 말은 확장되어 내적인 혹은 외적인 심한 갈등을 표시한다. 빌립보인들은 자신들이 복음의 원수와 벌이는 갈등이 본질적으로 바울이 자기들의 도시에서 매질당하고 감옥에 갇힐 때 목격했으며 이제는 바울이 로마에서 당하는 것과 동일하다는 것을 알아야 했다.

Ⅲ. 교리적 의의

편지의 이 부분은 일차적으로 자서전적이지만, 그 신학적 함의는 다음과 같이 암시적으로 등장한다: (1) 섭리론(12, 29절), (2) 기도론(19절), (3) 성령론(19절), (4) 그리스도인과 그리스도의 신비한 연합에 관한 교리(21절), (5) 미래의 일에 관한 교리(23절).

IV. 실천적 목표

고난이 삶의 일부이며 기독교적 승리가 고난과 무관하지 아니하고 고난을 돌이켜 그리스도의 더 큰 존귀와 그의 나라의 더 넓은 확장에 이바지하게 함으로써 고난을 이기는 데 있다는 흔들림없는 확신이 동료 그리스도인들에게서 자라게 함.

V. 설교 개요

제목: "곤경이 문이 될 때."

도입부

우리에게 일어나는 것이 무엇인가가 그리스도인의 생활 경영에 핵심적인 게 아니라 일어나는 일에 대하여 우리가 반응하는 방법이 그리스도인의 생활 경영에 핵심적이다. 랄프 어스킨(Ralph Erskine)은 뼈를 깎는 고통의 침상에서 그는 이렇게 증거했다: "나는 생애를 통튼 것보다 이 침상에 눕게 된 이후로 하나님께 대하여 더 많이 알았다." 이는 쐐기풀 무리를 잡아 거기서 달콤한 음료를 뽑아내는 믿음의 믿기 어려운 방법이다. 비극적 사건이 아니라 그 사건을 비극이 아닌 다른 것으로 바꾸는 것이다. 이것이 승리이다.

이것이 바울의 승리였다. 우리의 승리가 될 수 있다. 그러나 광범위하고 가볍게 믿음을 말하는 것은 충분치 못하다. 바울에게 믿음은 언제나 자신이 복음이라고 부르는 놀라운 선포와 그가 알게 되었던 예수 그리스도라는 놀라운 인격과 연결되어 있다. 그는 때로는 복음에 관하여 때로는 그리스도에 관하여 말하지만, 어느 경우든지 하나는 다른 하나를 함축한다. 교리적으로나 역동적으로 이 둘은 영원히 함께 만난다.

자유로운 영혼으로 족쇄에 묶인 몸에서 벗어난 이 사람이 빌립보의 친구들에게 편지할 때 하는 말을 들어 보라: "복음에서 너희가 교제함." 이는 내가 표현할 수 있는 것보다 더 많은 것을 내게 뜻한다. "복음의 진보"—이는 나의 갇힘에서 생긴 결과이다. "복음을 변명함"—이것이 나의 일이며 나를 아는 모든 사람은 그것을 안다. "복음의 신앙"—이것은 내가 내 모든 그리스도인 친구들에게 서 있기를 바라는 현실의 구도이다.

바울의 이 서신의 1장에 복음에 대한 이 모든 열정적인 강조점이 있다.

지금 가이사의 포로인, 복음에 흠뻑 젖은 이 사람 바울을 보면서, 우리는 무엇보다도 다음의 것을 생각한다.

A. 복음을 전진케 하는 곤경들.

캐롤 심콕스는 빌립보서를 번역할 때 12절을 이렇게 적었다: "형제들이여 나는 내게 일어난 일이 복음의 전진에 이바지하는 것을 여러분이 알기를 원합니다." 부채가 자산으로 바뀌었다. 좌절이 성취로 변모했다. 복음을 막는 것 같았던 그 괴로움이 사로잡혀 복음에 이바지하게 되었다.

이 곤경들은 무엇인가?

첫째로 신체적 한계이다. 이 십자가의 기사, 불타는 심정과 길디긴 옷을 입은 그는 지금 어디 있는가? 매주, 매달, 아무 여행도 하지 않고, 바다를 건너지 않고, 대로를 달리지 않고, 새로운 도시에 들어가지 않는다. 대신에 로마의 경찰력에 의해 그는 단조로운 연금 상태에 있었다.

하지만 이 신체적 감금은 바울에게 통상적으로 접근하지 못했던 영역에 복된 소식을 전할 기회를 안겨다 주고 있었다. 우리는 잠시 이 점을 좀더 자세히 말할 것이다.

신체적 장애는 당황스럽고 쓰라진 좌절이 되거나 우리가 드물게 나타나는 생활에서 흥미진진한 성취로 바뀔 수 있다. 오래 전에 나는 버지니아 리치먼드 유니언 신학교에 재직하는 한 교수에 관하여 글을 읽었다. 그가 하루는 강의를 하면서 로마서 8:28을 인용했다. 학생들 하나가 토론중에 이렇게 말했다. "그러나 교수님, 교수님은 모든 고통과 고난과 비참 등 '모든 것이 합력하여 선을 이룬다'는 것을 믿지 않으시지 않습니까?" 교수의 대답은 이랬다. "사물 자체는 선하지 않을 수 있지만 여러분은 그것들을 합력하여 선을 이룰 수 있습니다." 한낮의 해가 지기 전에, 그의 아내가 자동차 사고로 죽었으며, 그는 상처를 입어 불구자가 되었다. 신학교 교장이 그를 방문했을 때, 그는 이렇게 말했다. "내 학생들에게 로마서 8:28은 여전히 유효하다고 말해 주십시오!" 일년이 지나기 전에 죽음이 그에게 입맞추어 그는 하늘 아버지 곁으로 갔다. 그들은 로마서 8:28을 그의 비명에 새겼다. 남부의 가장 저명한 설교자의 한 사람은 이 무덤을 자주 방문하면서 저 불굴의 교수의 정신을 기도하는 심정으로 받아들인다고 증거했다. 불구자가 되었지만 그는 승리했다. 신체적으로 박탈당했지만 그는 이전보다 영적으로 풀려나고 창조적이게 되었다.

바울이 복음을 봉사하면서 이용할 수 있다고 본 또 하나의 곤경은 사회적 겸비였다. 이 사람은 죄수가 아니었던가? 그러므로 그는 자기의 이름에 새겨질 오명을 참아야 했다. 13절에서 흠정역은 "나의 매임"이라고 하는데 신영어성경은 "나의 갇힘"이라고 한다. 하지만 이 무례한 대우는 두 가지 방법으로 복음에 유리해졌다. 이 무례한 대우는 복음의 새로운 활동 가능한 영역이 생기게 하였고, 로마에 있는 복음의 친구들에게 증거할 새로운 힘을 주었다. 첫번째 효과는 필립스의 13절 번역에 감탄할 정도로 밝혀져 있다: "나의 갇힘은 출입하는 다른 사람들은 말할 것도 없고 궁정 시위대 앞에 그리스도를 위한 개인적 증거를 뜻합니다." 바울은 로마의 유대인들 앞에서 예수님의 복된 소식을 증거했다. 그러나 어떻게 그는 고고하고 말쑥한 제국의 정예 근위병에게 들어갈 수 있었는가? 드러났듯이 이 대답은 겸비한 대답이었다. 그는 그들 아래 있는 죄수가 되었다.

밤낮으로 군인이 그의 옆에 있었다. 번갈아 가며 군인이 바뀌고 날이 흘러 일주일 되고 일주일이 한달이 되었다. 처음에 바울은 그들에게 여러 범죄자와 다름없었다. 혹은 또 하나의 정치범이었다. 곧 그들은 우리가 말하는 것처럼 "우리가 착각했군"하고 말했다. 왜 이 사람은 족쇄에 매여 있었는가? 그가 예수님께 관하여 믿고 가르친 것 때문이었다. 예수가 누구였는가? 이 그리스도인들은 누구인가? 그들은 무엇을 하려고 하는가? 그들은 가이사에게 위협 인물인가? 법률과 질서에 위협 인물인가? 신들에게? 그처럼 기독교 메시지는 확실히 가이사가 결코 짐작하지 못했던 집단에 알려져 인상을 주게 되었다. 우리는 바울이 황제의 궁전에서 모습을 드러낸 증거를 갖고 있지 않다. 우리가 아는 것은 "가이사 집 사람" 가운데 "성도"가 있었다는 것이다(4:22). 아마 이는 죄를 자각한 사람이거나 호기심이 동한 사람, 회개한 사람이거나 막 각성한 사람이거나 흥미진진한 메시지를 전달한 관정의 구성원이었을 것이다.

그래서 바울의 곤경은 겉으로는 방해하는 담처럼 보였지만, 열린 문이 되었다. 역경이 유리하게 되었다.

17세기 영국의 조지 폭스(George Fox)와 퀘이커 교도들이 증거하고 있었다. 수백 명이 회개했다. "기존" 종교의 자기 만족이 기독교적 진실성과 생명력이라는 불가항력적 무기에 찔려서 각성되고 있었다. 폭스는 영국 북부 칼라일 성에서 설교하고 있었을 때 신성 모독의 죄목으로 체포당하고, 심문받은 다음 벌레와 죄수들로 우글거리는 더러운 지하 감옥에 던져졌다. 그를 알게 된 친구 가운데 그를 한 번이라도 쳐다볼 수 있는 사람은 없었다. 그에게 음식을 가져다주려는 사람들은 하급 교도관 집단에게 매를 맞았다. 150마일 떨어진 곳에 16살 먹은 제임스 파넬(James Parnell)이라는 머리가 뛰어난 신체 장애자가 있었는데 폭스의 곤경에 관하여 이야기를 듣고 먼 길을 걸어 겨우 감옥 안에 들어갔다. 그후 그는 딴사람이 되었다. 월터 윌리엄스(Walter Williams)는 퀘이커교 역사에 관한 책에서 이렇게 말했다. "조지 폭스와 함께 얼마간 교제를 나눈 다음, 그 소년은 불타는 심정을 품고 카라일 지하 감옥을 떠나 남은 생애를 그리스도와 퀘이커파 운동에 바쳤다." 그의 "남은 생애"가 길지 않았지만 — 삼 년이 되지 않았다. — 오직 교회의 영적 각성과 갱생에 일관된 문필 활동을 통하여 날카로운 영향력을 끼쳤다. 곤경은 온통 어둠인 것은 아니다. 거기 어둠 가운데 나타나는 빛들을 위하여 눈이 틀림없이 존재한다.

게다가 바울의 갇힘은 로마의 그리스도인들에게 유리하게 되었다. 바울이 빌립보인들에게 말하듯이 그들의 용기 있는 증거가 쌓였다. 그들은 "겁

없이 하나님의 말씀을 더욱 담대히 말하게"(14절) 되었다. 참으로 그들 가운데 어떤 사람들은 고상하지 않은 동기에서 설교를 하고 있었다. 하지만 그렇더라도 사도는 거기서 만족을 얻는다고 말한다. 결국 그리스도께서 전파되고 있었다. 침묵하던 친구들이 그리스도를 위하여 시끄럽게 소리를 낸다. 소심하던 형제들이 거리낌 없이 말한다. 곤란의 두려운 것이 증거의 기쁨으로 바뀌었다. "이로써 내가 기뻐하고 또한 기뻐하리라"(18절).

> "하오니 은혜로우신 주여, 기회를 지키게 하소서.
> 사람들에게서 벗어나고 오직 주께 매이게 하소서.
> 주님의 영광이 이제 나타나소서.
>
> 이 작은 곳이 주님의 투기장이 되게 하소서.
> 시간을 알리는 소리가 퍼질 때
> 주님의 은혜를 쏟으시며 주님의 능력을 보이소서."
> (Geoffrey Bull, *God Holds the Key* [Chicago: Moody　Press], p. 29.)

B. 복음에서 생기는 딜레마

"딜레마"는 사실 웨이마우스가 23절을 번역할 때 쓰는 말이다: "나는 딜레마에 빠졌으니, 내 간절한 소망은 떠나 그리스도와 함께 있는 것이니 이는 그것이 더욱 좋기 때문이다. 그러나 너희를 위해서는 내가 여전히 육신 가운데 머무는 것이 훨씬 중요하다." "딜레마"는 마팻이 쓰는 말이기도 하다. 바울이 두 대안을 이처럼 미묘하게 저울질하는 것에 관하여 말할 때 그의 생각에 무엇이 있는지를 정확하게 이해하도록 하자. 엄격하게 말해서 그것은 "생명이냐 죽음이냐"의 딜레마가 아니다. 험악한 상황과 우울한 분위기에서 많은 사람은 처절하게 "죽는 것과 사는 것 가운데 무엇이 더 나은가?"하고 질문했다. 이는 사도의 감정도 아니며 그의 문제도 아니었다. 이는 "존재냐 부재냐"의 딜레마가 아니다. 햄릿은 감상적인 자기 질문을 던지면서 한숨짓는다. "사느냐 죽느냐 그것이 문제로다!" 그런 것이 아니다. 그것은 꾸며낸 질문일 따름이다. 일단 우리가 존재한다면, 존재하는 것을 멈추지 못할 것이다. 하지만 특별히 삶이 무의미하게 보이고 의미의 절망이 마음을 압도하고 말 그대로 공허함이 사면에서 우리를 노려보고 있는 때가 있다. 소멸에 대한 갈망이 존재하고픈 소망과 경쟁하는 때가 있다. 하지만 이 비극적 긴장은 바울이 빌립보인들에게 자신의 마음을 열고 보이는 문제와 정반대에 있는 것이다.

그러면 그 문제는 무엇이었는가?

우리는 햄릿을 언급했는데, 바울의 순간적인 우유부단의 성격을 분명하게 지적하는 일에 햄릿이 유용한 것을 발견할 것이다. 햄릿은 삶의 악과 복잡함에 압도되었던 사람을 표상한다. 반면에 우리의 사도는 삶의 선함과 가치로움과 부요함을 확신하고 거기에 압도된 사람을 표상한다. 여러분 가운데 햄릿들은 극단으로 떠밀려가서 (그들의 견해에 따르면) 죽음이 그들을 해방시켜 줄 삶의 괴로움을, 삶이 그들을 사면으로 두르는 죽음의 공포에 비추어 평가하려 한다. 그러나 여러분 가운데 바울들은 전혀 다른 사려에 의하여 마음이 움직여 두 개의 괴로움을 서로 견주어 보는 것이 아니라 두 개의 달콤한 것을 견주어 보려 한다. 여기 죽음 이편의 삶은 좋다. 저기 죽음 저편의 삶은 더 좋다.

게다가 딜레마의 양자는 그리스도 안에 나름대로의 비밀과 중심을 둔다.

그러므로 무엇을 선택할 것인가?

이 문제와 두번째 문제는 밀접하게 연결되어 있다. 두번째 문제는 사도가 형제에게 유익한 점에 비추어 자신을 위한 행복을 가늠하는 딜레마이다. 여기서 24절(마지막 부분)과 25절의 긴장이 나타난다. 바울은 "그리스도와 함께 있는 것"이 내게 "더욱 좋다"고 말한다. 신영어성경은 이를 "너희를 위해서는 내가 육신에 거하는 것이 더 유익하리라"고 번역한다.

한때 자우엣(J. H. Jowett)은 이 절에 대한 즐겁고 분별력있는 주석에서 이렇게 썼다: "어떤 사람을 도와 몇 걸음 천성가는 길을 향하게 한 것, 그들의 영혼에 조금 더 거룩한 용기를 불어넣은 것, 그들이 좀더 힘있게 길을 행하게 한 것, 이런 봉사들은 여행 중의 지체됨을 넘치게 정당한 것으로 만들며 우리에게 우리 아버지의 집에서 좀더 영광스러운 환영을 우리로 분명히 받게 할 것이다."

사실상 인간적 필요에 대한 이런 상기시킴, 쓸모있을 것을 권하는 이런 권유는 이 딜레마를 그 두 가지 형식으로 푸는 열쇠가 된다: 사도는 자신의 복된 상태를 제쳐두고 다른 사람의 복이 향상되도록 기다릴 것이다.

그래서 복음에서 나오는 이 딜레마는 인간의 이기심과 추구에서 생기는 딜레마와 달리 우리를 산산조각내어 기진맥진하게 하거나 의지를 무력하게 하거나 건강을 해치지 않는다. 만일 그 이유를 묻는다면, 분명 그 대답은 바울이 21절에서 밝히는 단순한 선언에 있다. "내게 사는 것이 그리스도니." "우리의 삶의 정수 … 우리의 삶의 모델 … 우리의 삶의 목표 … 우리의 삶의 위로 … 우리의 삶의 상급" — 이 모든 것이 마이어(F. B. Meyer)가 옳게 지적하듯이 그분 안에 있다. 그분 안에 있는 생명이 모든 것이므로, 사망은 부수적인 것이다. 루퍼트 부룩(Rupert Brooke)은 "내가는 길이 안전하리"하고 노래했다.

"모든 사망의 노력에 맞서서 튼튼히 지킴받고,

모든 안전이 사라진다 해도 안전하고, 사람들이 넘어지는 곳에서 안전하며

이 가련한 팔다리가 멸하더라도, 모든 안전보다 가장 안전하리."

그렇다. 우리가 일컫는 그리스도인의 생활에는 분명 곤경과 딜레마가 있다. 그것을 부인하는 것은 어리석은 짓이었다. 하지만 우리가 결코 잊을 수 없는 것은, 그리스도와 그 영혼이 연합된 그리스도인이 곤경과 딜레마를 만날 때 그 곤경과 딜레마는 막다른 골목도 아니고 갈 곳이 없는 좌절스러운 길도 아니며 꺼질 수 없는 소망의 불이 나란히 놓여 있는, 손짓하며 유혹하는 길이라는 점이다. 그러므로 마지막으로 다음에 대하여 생각하라.

C. 복음에 수반되는 담대함

우리의 믿음의 견고한 구조는 이 장의 마지막 넉 절 각각에서 강조된다.

27절에서 사도는 "'견고하게'[한글개역성경에는 빠져 있음] 서서" 하고 외친다.

"아무 일에든지 대적하는 자를 인하여 두려워하지 아니하는"은 28절을 지탱하는 권고이다. "그리스도를 위하여 너희에게 … 주신 것은 … 그를 위하여 고난도 받게 하심이라"는 29절에 나오는 사유의 놀라운 반전이다.

30절은 우리에게 "같은 싸움"을 상기시키지만, 바울의 생애에서 우리가 보았던 빛과 흑암의 본질적인 갈등이라는 것은 우리 자신의 삶에서도 싸워나가야 하는 것이 분명하다.

담대한 그리스도인은 순전한 충성의 가치를 아는 그리스도인이다. 신영어번역은 "너희가 서 있음을 알게 하라"(27절)고 번역한다. 오늘날 생존하는 주석가들 가운데 한 사람은 이렇게 말한다. "세상은 후퇴하는 그리스도인으로 가득 차 있다." 얼마나 가련한가!

담대한 그리스도인은 그리스도에 의존하여 자신의 불굴성을 믿는 그리스도인이다. "떠는 그런 일이 없이 네 대적을 만나는"(28절. **NEB**). "네 원수를 조금도 개의치 말라"하고 필립스는 생생하게 번역한다. 겁먹지 말라. 그저 "우리를 소유하시며 우리가 섬기는" 승리자를 고요하고 흔들림없이 확신하라.

담대한 그리스도인은 자신의 책임을 의식하며 사는 그리스도인이다. 심콕스와 다른 사람들은 29절을 이렇게 번역한다: "너희에게 단순히 그리스도를 믿는 믿음이 아니라 그를 위하여 고난받는 특권을 주셨기 때문이다." 고난은 신뢰와 특권이다. 그것이 부패를 피하는 것보다 더 빠른 걸음으로 불편을 피하는 세대의 귀에 이런 말씀이 떨어지다니 얼마나 이상한가! 우리 그리스도인들은 우리 주님이 말씀하시듯이, "많이 받은 자에게는 많이 찾을 것이다"(눅 12:48) 하는 점을 잊지 않는다. 병적으로 고난을 피하는 것은 어리석고 노이로제에 걸린 짓이다. 그런데도 고난이 닥칠 때 고난을 붙들고 그것을 이용하여 고난이 갖고 있는 "흑암의 보화"를 내놓게 만드는 것이 하나님의 사람의 일이다. 그런 다음 마지막으로 자신의 청지기 활동을 설명할 준비를 갖춘다.

게다가 대담한 그리스도인은 괴로움의 쉬지 않는 전쟁에서 동정심으로 가득 차 있는 그리스도인이다. 나는 지금 동료 의식이라는 좀더 정확한 의미로 동정심이라는 낱말을 사용한다. 이는 우리 자신과 다른 사람을 동일시하는 능력이며 행위이다. 이는 30절에 대한 신영어성경의 번역이 잘 드러낸다: "너희와 나는 동일한 싸움에 연루되었다. 너희가 한때 내 안에서 그것을 보았으며 너희 듣는 바와 같이 내가 지금도 그 안에 있다." 고독 — 때로는 신체적이고 심리학적이며 때로는 오직 심리학적인 고독 그것은 자기 연민을 일으키는 경향이 있다. 그리고 자기 연민은 언제든지 용기의 죽음이다. 바울은 이렇게 외친다. "우리는 함께 이 싸움에 있으니, 인간의 연약함과 부족함을 상호 인식하고 우리가 함께 모시며 붙들고 있는 승리하신 주님 안에 있는 우리의 무한한 자원을 상호 확신하며 전진하자."

그러므로 여기서 바울은 동료 그리스도인의 삶에 담대함이 있도록 대담히 간구한다. 바울만큼 그런 청원을 할 권리를 가진 사람은 없었다. 바울의 생애와 성품에 관한 많은 책 가운데 가장 최신의 책인 「비범한 사도」(*Apostle Extraordinary*)에서 화이트(R. E. O. White)는 전적으로 정당한 근거를 갖고서 이렇게 쓴다. "바울의 대담한 영혼을 겁주거나 그의 판단을 위축시킬 수 있는 것은 없었다. 교회와 국가에 대한 모든 기독교적 대의 명분이 곤란과 위험의 절정으로 옮겨갔을 때, 교회는 그 싸움이 집중되거나 모든 기독교적 마음의 굳건함과 용기를 살찌우고 불러일으킬 수 있는 더 믿음직한 전사를 발견할 수 없었다."

예수 그리스도의 친구들을 멈추게 하고 그들에게 고통을 주는 그 어떠한 일이 일어나든지 그들이 신뢰하는 복음이 전진하지 후퇴하지 않을 것임을 고집스럽게 확신한 것은 바로 이 사람이다. 복음은 좌절되기는커녕 앞서 나아갈 것이다.

"삶과 죽음을 통하여, 슬픔을 통하여 그리고 범죄하는 일을 통하여
그는 나를 만족케 하실 것이니, 그가 지금껏 만족케 하셨기 때문이다.
그리스도는 끝이시니, 이는 그가 시작이셨기 때문이다.
그리스도는 시작이시니, 이는 그리스도가 끝이시기 때문이다."
괴롬이 닥치든 공포가 몰려오든 언제나 그리스도는 헤쳐나가는 길이시다.

빌립보서 제2장

우리는 그리스도의 마음을 가졌는가?

2:5. "너희 안에 이 마음을 품으라. 곧 그리스도 예수의 마음이니."

I. 역사적 배경

빌립보에 있는 신자의 모임은 오직 하나의 점에서 결함이 있었다. 이 모임은 파벌과 불화로 위협당했다. 이것을 보여주는 힌트는 1:27에서 나온다. 여기서 바울은 이렇게 권한다. "일심으로 서서." 이 힌트는 2장의 처음에서 훨씬 강하다. "마음을 같이 하여 … 뜻을 합하며 한 마음을 품어 아무 일에든지 다툼이나 허영으로 하지 말고"(2, 3절). 바울은, 이것을 치료하는 약이 겸손의 은혜, "겸손한 마음"이라고 주장한다. 그리고 겸손의 비밀은 우리가 "그리스도의 마음"에 소유된다는 것에 있다.

II. 용어 해설

2:1. 흠정역에서 1절에 네 번 나오는 "~라면"은 의심이 아니라 확실성을 가리킨다. 이는 로버트슨이 표현하듯이 수사적으로 "관심을 잡기" 위하여 사용된다. "긍휼(bowels)과 자비"가 개역표준역에서는 "애정과 동정심"으로 표현된다. 우리는 부드러운 감정을 뜻하는 이미지를 원할 때 심장이라는 기관을 사용한다. 반면에 고대인들은 동일한 목적을 위하여 내장을 사용하는 것을 전혀 이상하게 생각하지 않았다. 바울이 사용하는 두 낱말은 처음에는 자비의 좌소를 그 다음에는 자비 자체를 언급한다.

2:3. "다툼"(흠정역), "이기심"(개역표준역) 외에 많은 강해자들은 "분파

정신"과 같은 번역을 선호한다. 파벌심과 분파심을 사도는 분명히 생각한 것 같다. 헬라어로는 한 낱말로 된 "겸손한 마음"은 복음의 조폐국에서 만든 화폐이다. '겸손한'을 뜻하는 첫째 부분은 둘째 부분이 없는 상태로 고전 헬라어에 나오지만, 비열함 혹은 비천함이라는 뜻으로 사용된다. 바울은 영어의 일반적 표현인 "사고 방식"(frame of mind)이라는 말에 거의 비슷한 것을 암시하는 낱말과 이 말을 혼합한다.

2:4. "뿐더러"를 간과해서는 안 된다. 이 말은 바울이 촉구하는 바에 원근감과 균형을 제공한다. 금하는 것은 다른 사람의 이익을 배제하고 자신의 이익에 집착하는 일이다. 실제로 로버트슨 교수는 이 문장을 꿰뚫는 자신의 예리한 통찰을 그와 같은 말로 표현한다.

2:5. 개역표준역은 흠정역의 독법을 바꾸어 "이 마음이 너희들 가운데 있게 하라"고 읽는다. 개역표준역보다 훨씬 이전에 빈센트는 이런 독법을 반대한다. "너희 안에"가 가장 좋아 보인다. "안에"는 개인적일 뿐만 아니라 공동체적이다. 말 그대로 "그리스도 안에 있는 이 성향 혹은 정신은 너희들 안에 가지고 있으라."

2:6. "본체"는 물질적 모양이 아니라 본질적 본성을 가리킨다. 그리스도의 영원하고 본래적으로 정당한 지위는 신성의 지위이다. "취하다"(robbery)는 영어로 번역할 때 어쩔 수 없이 어색하게 번역할 수밖에 없는 얼떨떨한 번역이다. 전문적으로 이는 약탈의 과정을 가리키지만, 문맥은 바울이 약탈의 대상을 염두에 두고 있음을 보여준다. 무울의 부연 설명은 찬성할 만하며 유익하다: 그는 "하나님과 동등됨을 약탈자의 전리품으로 여기지 않았다." 그가 그것을 그런 전리품으로 여겼다면, 자신 외에 다른 사람은 생각지 않고 탐욕스럽게 그것에 집착했을 것이다.

2:7. 영어 본문에는 "자신을 이름 없는 자로 만들어"로 되어 있지만 개역표준역에 "자기를 비어"로 잘 번역되어 있다.

"종의 형체"는 종복의 본질적 본성(자신의 권리를 도무지 갖고 있지 않고 오히려 다른 사람의 권위에 복속하는 것)이 하나의 인격 즉 예수 그리스도의 본질적인 신성과 결합되었음을 뜻한다.

"사람들과 같이 되었고"는 세심한 석의를 요구하는 구이다. "같이"는 실제적인 것이지 가면을 뜻하지 않았다. 즉 예수님을 환영의 존재로 만들지 않았다. 하지만 인성과 하나됨은, 전적으로 참된 것이긴 하지만 그의 인성이 그의 자아의 전체를 표현하지 못한다는 점에서 제한되었다. "사람의 모양"을 취하신 그분은 사람의 모양을 취하시는 동안 "하나님의 본체"를 보존하셨다. "만들어졌고"(말 그대로 "되었고")로 번역된 동사 형태로부터 바클레이는 그리스도의 인성에 관하여 잠정성의 이론을 수립하려 한다. 그는, "예수님의 인성은 영구적이지 않았다. 그분은 사람이 되셨지만 잠시 되셨을 뿐이다. … 그의 인성은 전적으로 참되었지만 사라지는 것이었다"고 주장한다. 신학적으로 이는 원숭이가 나무에서 떨어지는 격으로 보인다. 엘리코트(Ellicott), 로버트슨 등의 학자들은 우리 주님의 "인성이 영구히 그의 신성에 덧붙었다. 그분은 이전에 하나님의 아들이셨던 것처럼 이제 인자이시다"하는 보편의 교회의 증거를 되울린다(로버트슨도 마찬가지이다).

2:8. 흠정역이 "형태에서 사람으로 발견되셨으니"로 번역하는 반면 신영어번역은 "사람의 모양으로 나타나셨으매"로 번역한다. "형태"에 해당하는 헬라어는 본질적 본성과 상황적 외형을 훌륭하게 구분한다. 그분이 "하나님의 본체"로 계심은 가려진 실재였지만, 그분이 사람과 같이 보이심 즉 먹고 마시고 걷고 이야기하심은 그분을 만나는 사람들에게 전적으로 명백한 것이었다. 그분은 이와 같이 명백한 인성의 상태로 계셨으며, 더 나아가 자신으로 하여금 십자가를 지게 만들었던 아버지의 주권적 뜻에 자신을 내세우지 않고 지극히 순종하시는 행동으로 자신을 낮추셨다.

2:9. "이러므로"는 단순히 결과 혹은 상급이라는 뜻으로 볼 수 있다. 칼빈은 후자를 반대한다. 빈센트는 좌우간 "그리스도께서 마태복음 28:12에서 말씀하신 것이 자신의 경우에 영광스럽게 성취되었다"는 점에서 마이어와 의견을 같이하면서 그런 반대를 불필요한 것으로 여긴다.

"지극히 높여"는 (1) 이전보다 더욱 높임 혹은 (2) 간단히 최상의 상태로 높임을 뜻할 수 있는 바울이 만든 헬라어 합성어에서 나온 것이다. 만일 전자라면, 이 말은 시점에 관한 문제를 제기한다. 즉 승귀의 일이 발생하기 전인가(이 경우를 가리키는 것이 아주 분명해 보인다)? 혹은 자기를 비우기 이전인가? 어떤 강해자들은 여기서 성육신 이전 하나님의 아들의 영광을 넘어서는 영광이 "마지막 아담, 하늘로부터 오신 주"께 속한다는 확언을 발견한다. 하지만 대부분은 (석의자뿐만 아니라 번역자도 마찬가지이다) 바울의 말의 취지가 "'이전보다 더한'도 아니고 '이전의 낮아진 상태를 넘어선'도 아니고 '최상의 정도로'에 있다"는 데 의견이 일치하는 것처럼 보인다. "모든 이름 위에 뛰어난 이름"은 (1) "예수"(맥클라렌은 감동적으로 이를 변호한다) (2) "예수 그리스도"(빈센트의 주장) (3) "주"(히브리인들에게는 여호와라는 신성한 이름이다) 혹은 (4) "엄위" "위엄" "명성"(라이트푸트가 주장한 견해)을 뜻할 수 있다.

2:10. "이름에"(At the name)보다 후대의 번역의 경우처럼 "이름 안에서"(in the name)로 번역하는 것이 더 좋다. 이 이름은 마술적 칭호가 아니다. 이는 의미심장한 나타남이다. 제2위께서는 그 이름을 통하여 나타나신다.

"모든 무릎"은 이사야 45:23의 성취를 보여주는데, 바울은 이사야 45:23을 무울이 다음과 같이 표현하는 것처럼 생생하게 해석한다. "그 높이와 낮은 곳에 있는 모든 피조된 존재; 영혼, 사람, 다른 모든 피조물이 각자 자신의 방법으로 높아지신 예수님의 주권에 절한다."

2:11. 어떤 사람들은 "시인하다"가 단순히 "공공연히 선언하다"를 뜻한다고 본다. 다른 사람들(가령 라이트푸트)은 이것이 "감사함으로 고백하다"를 뜻한다고 본다.

"예수 그리스도는 주시다." 많은 학자들은 이것이 초대 교회 신조에 대한 참된 표현이라고 믿는다. 그리스도께서 주이시다는 사실이 "아버지 하나님께 영광을 돌리는 것"인가? 아니면 그 사실의 고백인가? 아마 후자일 것이다.

2:12. "그러므로"는 기독교적 논리를 지적한다. 말하자면 사도가 이 장에서 지금까지 말해 온 모든 것 뒤에 있는 기독교적 논리이다: 참된 성취

와 뛰어남과 존귀에 이르는 길은 개인적 다툼이나 파당적 분쟁의 길이 아니라 우리 주님의 경우에 매우 현저하고 숭고하게 드러나는 것처럼 자신을 비우는 길이다.

"너희 구원을 이루라." 거저 주시는 선물로 너희가 받은 것은 또한 위탁물로 너희의 것이다. 그러므로 그것의 높고 거룩한 의미를 일관되게 성취하라.

"두렵고 떨림으로"는 후대의 몇몇 역본에 유지되어 있는 독법이다. 마팻은 이를 "경외와 떨림으로"라고 바꾸어 읽는 반면, 빈센트는 이를 "의식적인 주의와 자기 불신으로"라고 번역한다. 실패의 위험으로부터 벗어나려는 건전한 위축과 혼합된, 매우 예민한 자녀의 시선. 이것이 바울이 간청하는 적절한 분위기이다. 그런 위험들 가운데 그 교회의 몇몇 지체들을 희생물로 삼은 것으로, 결국 불화를 일으킨 교만이라는 위험이 있었다. 교제를 단절시키는 모든 오만함이나 좀스러움을 두려워하라.

2:13. "너희 안에서 행하시는 하나님"은 너희로 의무를 "행할" 수 있도록 하는 분이다. 기독교적 구원의 완성은 신자의 책임일 수 있지만, 하나님의 힘의 내적 활동이 없이는 전혀 불가능한 일이다. 은혜와 자유 의지는 갖가지로 서로 연결된 신비이지만 궁극적으로 모순되지 않다.

2:14. "원망"(murmurings). 헬라어는 의성어인데, 영어로는 "grumblings"가 좀더 비슷할 것이다.

"시비"는 나쁜 의미로 사용된다. 심술은 논쟁이다.

2:15. 우리가 잘못 이해할 수 없지만 감히 설명해 넘어갈 수 없는 세 가지 서술적 용어가 나온다. "흠이 없고"(blamless) "순전하여"(harmless) "흠 없는"(without rebuke). 세상 앞에 흠이 없고, 자신 안에서(그리스도와의 연합을 통하여) 순전하고 혹은 순수하여, 결백하여, 하나님이 보시기에 "흠없는" 즉 책망할 것이 없는. 바클레이가 석의한 전체 문단은 탁월하다.

2:16. "밝혀." 여기에 암시되어 있는 것은 선물의 공유이다. 혹은 "굳게 지속하다." 이 경우에는 보화의 보존이 암시되어 있다. 개역표준역은 후자

를 택한다. 물론 흠정역[즉 "밝혀"]이 가장 나아 보인다.

"생명의 말씀"은 빈센트가 표현하듯이 "생명의 메시지뿐만 아니라 하나의 원리를 자체 속에 갖고 있는" 복음이다.

"그리스도의 날에." 이는 심판과 상급의 날에 비추어 혹은 그 날을 고려한다는 뜻을 갖고 있다.

"수고." 헬라어는 진을 **빼는** 노고를 뜻하는 강한 말이다.

2:17. "관제로 드릴지라도"는 신들에게 제사하면서 제주를 붓는 이교의 관행에서 끌어다 쓴 회화적 표현이다. 이 절을 의역하면 이렇게 될 것이다: "너희는 그리스도를 믿는 믿음을 하나님께 드리고 있다. 너희의 이 믿음이 하나님이 바라시는 대로 빛과 증거의 열매를 맺기를 바라는 나의 소망이 너무도 강렬하므로 내가 너희에게 내 봉사를 수행하다가 죽더라도 즐겁게 나의 쏟아 부은 생명을, 너희 믿음의 제사의 최후를 장식하는 제물로서 볼 것이다."

2:20. "뜻을 같이 하여." 말 그대로 동일한 영혼으로. 이는 너희를 염려하는 일에 나와 하나된다는 측면에서 디모데만한 사람이 이곳에서 내게 없다는 뜻이다.

"진실히[흠정역은 '자연히'로 되어 있음—역주]." 말 그대로 하면 출생 관계에 의하여라는 뜻인데, 이는 참됨을 가리킨다.

2:21. "저희가 다 자기 일을 구하고"는 매우 엄한 비난이므로, 빈센트가 "좀더 많은 정보가 없이는 만족스러운 설명이 불가능해 보인다"고 주장할 때 옳은 태도를 취한 것 같다. 아우구스티누스와 안셀무스는 로마에 있는 바울의 동행들이 돈을 주고 고용한 사람이었다는 뜻으로 본다. 이 말이 누가에게 해당될 수 있겠는가? 혹은 바울이 이것을 쓰고 있을 때 누가는 부재중이었는가?

2:25. "사자." 이는 사도를 뜻하는 헬라어에서 나왔다. 필립스는 이를 "특별한 사신"으로 번역하고자 한다

"수고하고." 이 말은 헬라어로는 명사인데 봉사나 사역을 수행하는 사람을 뜻한다. 현대 영어의 "liturgy"는 이 용어에서 유래했다. 헬라인들 가운

데 리투르곤은 자신의 자원으로 공동체에 현저히 봉사한 공공심이 강한 시민이었다. 그래서 이는 바울이 이 대목에서 취하여 에바브로디도에게 적용하는 높은 경의를 표하는 말이다.

2:28. "내가 보낸." 이곳과 25절에서 사용된 시제는 서간체 부정 과거이다. 그 취지는 영어 관용어구에도 있듯이 "내가 보낸다"이다.

2:29. "이와 같은 자들을 존귀히 여기라"는 개역표준역의 번역이 "그런 자를 명망 있는 자로 여기라"는 흠정역보다 낫다.

2:30. "자기 목숨을 돌보지 아니한 것"은 노름계에서 끌어다가 뜻을 바꿔쓴 구절이다. 에바브로디도는 자신의 안전이 전혀 도모하지 않고 목숨을 걸었다.

"나를 섬기는 너희의 일에 부족함을 채우려 함이니라"는 표현보다 신영어성경의 표현이 더 낫다: "너희가 할 수 없는 봉사를 내게 행하려 함이니라."

Ⅲ. 교리적 의의

라이트푸트가 지적하듯이 이 서신은 "사도의 편지 가운데 가장 교의적이지 않은 것"이지만, 신약 성경에서 예수 그리스도의 인격과 사역에 관한 가장 숭고한 구절 가운데 하나, 아니 가장 숭고한 구절을 담고 있다. 그것은 이 장의 5-11절에 나온다. 참으로 이는 숙고된 신학적 의도에 따른 것이 아니며, 신학적 주장의 방법에 의한 것은 더더군다나 아니며, 차라리 겸손하게 따라서 조화롭게 살라는 실천적 권고를 강력하고 탁월하게 예시하는 방법에 의한 것처럼 보인다.

또한 이 구절의 구조가 시적이며 찬미와 비슷하지 형식적으로 교훈적이거나 교의학적이지 않다는 것 역시 참되다.

바울이 여기서 사도적 신앙으로 가정하는 것은, 마치 이것이 그리스도의 독특한 인격과 구원 사역에 관한 초대 교회의 교의를 선언하려는 미리 계산된 시도인 것처럼 모든 부분에서 뜻깊다. 캐핀(Caffin)은 *The Pulpit Commentary*(빌립보서와 골로새서를 다룬 책)에서 이 문제를 투명하게

표현한다: "2장의 위대한 교리적 구절은 기독교 신조의 특별한 조항 대부분을 확언한다. 성 바울은 그리스도의 신성, 그의 선재, 아버지 하나님과 동등되심, 그의 성육신, 그의 완전한 인성, 십자가의 고귀한 죽으심, 그의 영광스러운 높아지심을 주장한다." 이는 교회가 즐거이 노래하는 신앙이다.

IV. 실천적 목표

이는 3절의 첫번째 부분에서 소극적으로 명시되어 있다: "아무 일에든지 다툼이나 허영으로 하지 말고." 그리고 그 마지막 부분에서 적극적으로 명시되어 있다: "오직 겸손한 마음으로 각각 자기보다 남을 낮게 여기고." 이것을 주목하라: 지금 교리를 건전하게 취하고 그리스도 안에 있는 생명이 힘있게 표현되고 있는 곳은 전에 분열이 움트고 나쁜 꽃으로 만개하려고 위협하고 있던 곳이었다. 무울이 표현하듯이, 바로 이 문맥에서 바울은 빌립보인들에게 "자신을 사랑하라는 간청에서부터 그리스도 예수께서 하늘에서 내려오셨을 때 '그 안에 있는 마음'을 본받으라는 최고의 간청까지 펼쳐져 있는, 사랑의 하나됨을 위한 온갖 사랑의 주장으로" 강력하게 권한다.

V. 설교 개요

제목: **"우리는 그리스도의 마음을 가졌는가?"**

도입부

"나는 그리스도인이다. 마르쿠스 도즈 목사님이 그리스도인이므로 나는 그리스도인이다. 기독교의 증거에 관하여 이야기하라. 도즈 목사님이 바로 기독교의 증거이다"하고 이전 세대의 어느 스코틀랜드 사람이 말했다. 만일 바울 사도가 그처럼 순전하고 찬란한 증거를 들을 수 있었다면, 빙그레 웃었을 것이다. 그의 웃음은 이런 뜻이 담겨 있었을 것이다. "내가 빌립보인들에게 말했던 것이 바로 그것이다. 그들 모두가 걸어 다니는 예수 그리스도의 증거가 되어 그리스도의 영에 사로잡혀서 그 증거를 재생산할 수 있고, 그리스도의 성품처럼 되어 어디를 가든지 자신을 비우는 매력적인 태도를 지닐 수 있게 되라는 뜻으로 말했다."

이제 바울이 스승의 이 겸손한 마음을 취하여 그것을 환하게 드러내고 어떻게 우리에게 그것을 시험해 보라고 요구하는지를 살펴보자.

우리는 무엇을 보는가?

A. 한 가지 예를 들면, 이것은 자기를 비우는 마음이다.

웨이마우스의 번역에 귀기울여 보라. "처음부터 그는 하나님의 본성을 가지셨다. 하지만 그는 하나님과 동등됨을 자신이 거머쥘 것으로 여기지 않으셨다. 오히려 그는 자신에게서 자신의 영광을 벗어버리셨다"(6, 7절). "자신을 비어"는 헬라어의 문자적 표현이다. 테니슨의 대구가 생각난다:

"만물의 주께서 스스로
영광을 벗고 썩어질 변화를 취하셨도다."

오래 전 윈저 공은 웨일스의 공작이었을 때, 하루는 버킹엄 궁전을 떠나 서쪽으로 여행을 떠나 석탄 광산이 있는 곳으로 가서 광부의 모자를 쓰고 거무죽죽한 터널로 내려가 영국 산업의 힘들고 위험한 분야에서 사람들이 고생하는 형편을 직접 보았다. 왕가 사람으로서 그는 런던 왕궁에서 살던 때보다 석탄 광산에서 더욱 군주다웠다. 그러나 그가 본질적으로 왕과 동등됨이 변하지 않았지만, 더 이상 체험은 동일하지 않았다. 그는 이전에 궁전의 우아함과 특전 가운데 있을 때는 접하지 않았던 체험을 해보기로 했다.

그처럼 하나님의 영원하신 아들이 역사의 예수님이 되셨을 때, 요한이 표현하듯이 "말씀이 육신이 되셨을" 때, 그분은 본질적 신성을 비우지 않으셨다. 그분이 분명하게 행하신 것은 자신의 신성과 결부된 천상의 엄위를 벗으신 것이었다. 에밀리 엘리엇(Emily Eliott)의 소박한 찬송은 이를 잊혀지지 않게 말한다(나는 '소박한'이라는 낱말을 영국의 칭찬하는 의미로 사용했다).

> "주님이 나를 위해 땅에 오셨을 때
> 그 보좌와 왕관을 버리셨으나,
> 베들레헴 집에는 주님의 거룩한 탄생을 위한
> 자리가 없었네.
> "천사들이 주님의 왕위를 선포하며
> 노래할 때 하늘의 아치들이 울렸으나,
> 비천히 태어나시며 주님은 땅에 오셨네.
> 큰 겸손 가운데 오셨네."

이제 우리는 바울이 예수님 안에 있는 이 겸손한 마음을 가장 순수하고 멋지게 우리에게 보일 때 던지고 있는 실제적 목표를 보려고 노력해야 한다. 빌립보 교회의 직접적 필요는 기독교적 하나됨에 대한 새로운 느낌이다. 형제됨의 유대는 끊어지지 않았다. 하지만 이 유대가 위협당하고 있었다. 그래서 바울은 열정적으로 호소한다: "너희가 일심으로 서서 한 뜻으로 복음의 신앙을 위하여 협력하라"(1:27).

사도가 지적하듯이 두 가지 불행한 일이 있다. 그것은 이 하나됨을 방해하고 결국 파괴할 것이다. 하나는 3절에 밝혀져 있고 다른 하나는 4절에 있다. "아무 일에든지 이기심이나 자만으로 하지 말라"(개역표준역). 여기 다른 사람이 자신의 이익에 굴복해야 한다고 주장하는 자만이 있다. 그런 다음 이런 내용이 따라 나온다. "각자 자신의 이해를 돌아볼 뿐만 아니라 다른 사람의 이해를 돌아보라"(개역표준역). 여기에 자신의 이해를 살피는 것만큼 다른 사람의 이해를 살피는 일을 불가능하게 만드는 자기 도취가 함축되어 있다.

우리 주님은 자신을 비우실 때 이 두 가지 파괴적 악을 완전히 피해 가는 사람의 완전한 모범을 우리에게 제시하신다. 만일 주님이 "자신의 이해"만 살펴셨다면, 하나님과 동등됨을 전적으로 인정하는 천상적 존재 방식을 견고히 붙드셨을 것이다. 이는 "비움"이 아니었을 것이다. 이것이 부적당한 일은 아니었을 것이다. 이 존귀는 영원한 권리에 따라 주님의 것이었다.

그런데도 주님은 그것을 버리신다. 주님은 그것을 내세우지 않으셨다. 그것에 등을 돌리셨다. 구속받지 못한 세상은 주님을 필요로 했다. "구원할 팔"과 "긍휼을 보일 눈"이 없었을 때,

"주님은 보셨으며, 오 놀라운 사랑이여,

우리를 건지셨네."

그와 같은 그리스도의 자기를 포기하심과 자기를 비우심은 내적 원리에 따라 우리가 주님의 '마음'에 자신을 맡길 때 우리 안에서 활동할 수 있다.

B. 다른 각도에서 볼 때 그리스도의 마음은 종의 마음이다: "종의 형체를 가져"(7절).

로버트슨은 이렇게 말한다. "그리스도께서는 신성의 참된 속성을 가지셨던 것처럼, 종의 참된 속성을 취하셨다." 다만 그리스도께서 인간적인 종의 자격을 취하신 것이 신적 아들의 자격을 버리심으로써 취하신 것이 아님을 분명히 하자. 살아 있는 인격적 종합으로 둘을 하나되게 함으로써 취하셨다.

서양 문화에서 "봉사"라는 말은 비천한 말이 되었다. 이는 꽤 철저하게 상업주의화했다. 한 국제 사업가 단체는 "자아를 넘어선 봉사"를 모토로 삼는다. 분명 이 모토는 어떤 구성원들보다 다른 구성원들에게 더 많은 뜻을 담고 있다. 그래도 "봉사"라는 측면이 "자아"라는 측면의 꼭대기를 넘기가 힘들다는 느낌은 피하기 어렵다.

우리가 간과하기 쉬운 것은 봉사하는 것과 종이 되는 것의 차이점이다. 실론의 나일즈(D. T. Niles)는 이렇게 외친다. "봉사를 나누어 베푸는 것은 지독하게 쉽다. 그러나 종이 되는 것은 그렇게 쉽지 않다."

예수님이 제자들의 발을 씻기신 후에, "나는 너희가 봉사하기를 원한다" 하고 말씀하지 않으셨다. 예수님은 사실상 "나는 너희가 종이 되기를 원한다" 하고 말씀하셨다. 실상 예수님이 하신 것은 이것이다. "종이 상전보다 크지 못하며"(요 13:16). 노예는 자신을 주인보다 더 낮다거나 더 높다고 생각해서는 안 된다. 반대로 기독교 제자는 주님이 자기 앞에 종의 역할을 맡으셨다면 노예의 역할조차 존귀한 일로 여길 수 있다는 확신을 갖고 종의 역할을 맡아야 한다.

오랜 세월 인도에서 지낸 한 선교사가 오늘날 인도 교회에 협력자로서 유능하게 일할 젊은 선교사에 관하여 쓴 글을 읽어 보라:

"그는 개인주의자 혹은 이전의 의미로 개척자가 되어서는 안 됩니다. 그는 인도 교회에 '여기 내가 여러분을 위하여 하고자 하는 일이 있습니다. 내가 그 일을 해도 되겠습니까?' 하고 말하기보다 '내가 무엇을 하기를 원합니까?' 하고 말하는 정신으로 와야 합니다. 그는 언제나 둘째 자리를 취할 준비를 갖추어야 하며 종종 자기보다 자격없는 인도인을 자기보다 높게 보아야 합니다. 그러나 그는 인도 교회의 부름을 받을 때 직무와 책임을 거절하지 말아야 합니다. 그는 생명을 걸고 와야 합니다. 계약 결혼의 정신으로 와서는 안 됩니다. 게다가 정치적 형편이 때때로 생명의 봉사를 불가능하게 만들 수 있다는 사실에도 개의치 말아야 합니다."

어떤 일에든 이렇게 한다면, 무엇보다 사도의 발을 씻는 일을 다시 행하는 데도 마찬가지이다. 이는 "종의 형체"로 화한 "그리스도의 마음"이다. 반드시 인용한 문장의 정확함을 보증하지 못하지만 나는 이런 말을 한다.

주권자 하나님은 그리스도 안에서 종 하나님이 되셨다. 그리고 그분은 자신의 사랑하는 아들로 하여금 종의 나라를 다스리게 하셨다.

C. 우리는 그리스도의 마음의 세번째 국면으로 옮겨 가자, 그것은 동정의 마음이다.

바울은 이렇게 말한다. "[그는] 사람들과 같이 되었고." 여기는 "형체"라는 낱말이 사용되지 않았다. 왜냐하면 그리스도께서 '종'의 본성을 취하기 위하여 하나님의 영광에서 자원하여 벗어나신 것이 이미 분명하게 되었기 때문이다. 여기서는 그리스도께서 종이 되실 때 참으로 인간이 되셨음을 확언한다. 단지 인간이 되신 것이 아니라 참으로 인간이 되셨다.

그래서 하나님의 아들은 사람들의 아들들과 하나가 되신다. 이것이 "동감"의 깊은 의미이다. 우리는 장례식에서 떨어뜨리는 눈물이나 우편함에 떨어져 있는 애도의 카드를 말할 때 이 낱말을 축소해서 사용했다.

이 말은 강력하고 큼직한 의미에서, "~와 함께 느낀다"를 뜻한다. 이는 "~위하여 느낀다"보다 훨씬 강한 어취를 갖는다. 제사장과 레위인이 어느 정도 강도 만난 사람을 위한 감정을 품지 않았다고 말할 수 있는 사람이 있는가? 그러나 그 사람과 함께 느낄 능력을 나타낸 사람은 사마리아인이었다. 그는 길가에서 강도 만난 사람과 일체감을 느끼고 예민하게 그의 입장이 되었다. 그와 같은 일체감에서 행동이 나왔다. 첫째로 도움을 주었고 상처를 싸매어 주었고 길옆 여관에서 간호를 받게 했고 완전한 치료를 약속했다.

히브리서 기자는 이런 생각을 파악하고 우리를 위하여 그 생각의 예를 들며 그것이 예수님 안에서 완전히 구현된 것을 우리에게 보라고 요구한다: "이는 실로 천사들을 붙들어 주려 하심이 아니요 오직 아브라함의 자손을 붙들어 주려 하심이라. 그러므로 저가 범사에 형제들과 같이 되심이 마땅하도다." 그러고나서 이유를 붙인다. "이는 하나님의 일에 자비하고 충성된 대제사장이 되어 백성의 죄를 구속하려 하심이라. 자기가 시험을 받아 고난을 당하셨은즉 시험받는 자들을 능히 도우시느니라"(2:16-18).

이와 같은 동감적 일체감의 마음이 우리 안에 없다면, 우리의 사랑은 감상적이며 우리의 이상은 흐릿하며 우리의 봉사는 형식적일 것이다. 에스겔이 그발 강가에 있는 포로들에 관하여 "내가 그발 강가에 거하는 자들에게 나아가 지내니라"(겔 3:15)하고 말할 수 있은 다음에, 그는 그들의 궁핍한 상황 속에서 그들에게 봉사할 수 있었다. 댄 크로퍼드(Dan

Crawford)는 "생각하는 흑인"이 참으로 무엇을 뜻하는지 배웠을 때, 아프리카인의 마음에 이를 수 있었다.

D. 그리스도의 마음을 갖는 것은 또한 순복의 마음을 포함한다.

바울이 표현하듯이 "자기를 낮추시고 죽기까지 복종하셨으니"(8절). 필립스는 이렇게 표현한다. "그는 완전한 순종의 삶을 사심으로써 자신을 낮추셨다."

하나님의 아들이 땅에서 사신 인간적 삶을 기독교적으로 이해하면, 그분은 아버지의 뜻의 질서 아래에 자신을 두셨다는 것이다. 그래서 그분은 친히 다음과 같이 힘있게 증거하는 저 순복의 충성의 모범이 되셨다. "내가 하늘로서 내려온 것은 내 뜻을 행하려 함이 아니요"(요 6:38).

현대인은 갖가지로 자랑하지만, 종종 눈이 멀고 고집부린다. 방종을 해방으로, 속박없음을 자유로 착각한다. 현대인은 말 그대로 음탕하다. 제자리에 있지 않다. 체스터튼의 논평은 정곡을 찌른다: "너무 많은 현대인이 족쇄를 풀어버리려고 하다가 결국 옷의 단추까지 끌러버린다."

지극히 높으신 분에 대한 순종의 원리는 기독교적 사물 구도의 위와 아래에 새겨져 있다. 지극히 높으신 분께 마음을 향하라. 낮고 가치없는 것에 대한 순복은 힘이 아니라 연약을 뜻한다. 하나님께 대한 순복은 연약이 아니라 힘을 뜻한다.

참으로 그리스도의 마음이 표현되는 헌신된 그리스도인은 충성과 전략을 살피는 시간을 자주 가져야 한다. 우리의 순종은 "평가"되어야 한다. 어떤 것들은 다른 것보다 우선되어야 한다. 가령 가정에서 그리스도인은 서로에게 충실해야 할 책임이 있다. 하지만 자녀된 그리스도인은 부정직한 아버지에게 명령을 받았어도 거짓말하거나 도둑질하지 않을 것이다. 그리스도인은 시민의 의무를 지니고 있다. 하지만 그리스도인은 양심을 침범하라고 요구하는 정부의 독재 정치에 맹목적으로 순종하지 않을 것이다. 그리스도인은 오직 하나의 절대적 충성을 나타낸다. 하나님과 그의 나라에 바치는 충성이다. 나머지 충성은 상대적이다. 어떤 상황에서는 하지 않을 수도 있다.

1930년대에 독일의 그리스도인들은 불길하고 고통스러운 결정에 직면했다. 히틀러의 정권 탈취는 독일인의 종교적 신념을 포괄하는 데까지 이르렀다. 교회는 "나치화"되어야 했다. 히틀러식의 성경을 받아들여야 했다. 국가가 최고여야 했다. 많은 목회자들은 뮌헨의 작은 사람이 절대 권력을 이처럼 강탈한 데 순응했다. 그러나 모두가 그렇게 한 것은 아니었다. 1934년 "바르멘 선언"을 작성한 비협조적인 목회자들이 있다. 사실상 이 선언문은 이렇게 말했다: "우리가 '가이사에게 바치는' 것에는 한계가 있지만, '하나님께 바치는' 것에는 한계가 없다. 둘 사이에 충돌이 있는 이런 경우에는 하나님이 우선되셔야 한다."

이제 그로부터 사반세기 후에 글을 쓴 한 주석가의 말에 귀를 기울이라: "유럽의 나라들이 하나씩 히틀러와 타협하고 있는 동안, 독일의 대학들이 히틀러로 하여금 진리 의식을 침해하도록 허용하는 동안, 가르치는 교수들이 그의 부식시키는 영향력에 저항하지 못하는 동안, 고백 교회는 고난을 당했으나 이겨냈다."

때때로 가느다랗게 보였지만, 2천 년의 교회사 내내 "우리는 사람이 아닌 하나님께 순종해야 한다"고 말한 사람들의 줄은 결코 끊어지지 않았다.

E. 마지막으로, 그리스도의 마음은 희생의 마음임을 생각하라.

우리가 우리 주님이 순종하셔서 어디까지 이르셨으며 얼마만큼의 희생을 치르셨는지 질문한다면, 성 바울의 대답은 이렇다: "죽기까지 복종하셨으니 곧 십자가에 죽으심이라."

무울 주교의 논평은 지적할 만하다: "헬라어 본문은 우리 주님이 죽음에 순종하신 것이 아니라 죽음에 이르기까지 완전히 아버지께 순종하셨음을 분명히 보여준다."

우리가 사실상 그의 "마음"에 사로잡힐 경우 그리스도인으로서 당할 희생과 그리스도의 희생이 어떤 관계가 있는지 우리는 물을 수 있다. 신약을 우리의 확실한 지침으로 삼아, 우리는 그의 희생이 원리에서가 아니라 업적에서 독특하셨음을 말하지 않을 수 없다.

그리스도께서 죽음으로 자신을 희생하심으로써 성취하신 것은 신약에서 다양하게 밝혀져 있다. 바울은 로마서를 기록할 때 이렇게 표현한다: "우리가 아직 죄인되었을 때에 그리스도께서 우리를 위하여 죽으심으로 하나님께서 우리에게 대한 자기의 사랑을 확증하셨느니라. 그러면 이제 우리가 그 피를 인하여 의롭다 하심을 얻었은즉 더욱 그로 말미암아 진노하심에서 구원을 얻을 것이니"(5:8, 9). 다른 이로서는 그렇게 할 수 없었다.

사도는 갈라디아서를 기록하면서 이렇게 선언한다: "그리스도께서 우리를 위하여 저주를 받은 바 되사 율법의 저주에서 우리를 속량하셨으니 기록된 바 나무에 달린 자마다 저주 아래 있는 자라 하였음이라"(3:13). 다른 이로서는 그렇게 할 수 없었다.

히브리서 기자는 그 점을 이렇게 표현한다: "이제 자기를 단번에 제사로 드려 죄를 없게 하시려고 세상 끝에 나타나셨느니라"(9:26). 다른 이로서는 그렇게 할 수 없었다.

십자가에 달리시고 부활하신 그리스도의 업적은 아무도 접근할 수 없는 곳에 홀로 선다. 죄없음이 죄를 사로잡고 우리 대신에 죄의 권세를 부수었다.

> "죄의 값을 능히 지불할
> 다른 선은 없었네.
> 오직 그분이 하늘의 문을 여시고
> 우리를 들이실 수 있었네."

이제 우리는 이 모든 것의 중심에 놓여 있는 원리를 보자. 바울의 전체 요점은 그리스도께서 자신을 주장하지 않고 자신을 드리시며 자신을 부요롭게 하기보다 자기를 버리시는 원리로 사시고 죽으셨다는 것이다. 그리고 이것은 우리 삶의 지배 원리여야 한다. 이는 곧장 4절로 돌아간다: "각각 자기 일을 돌아볼 뿐더러 또한 각각 다른 사람들의 일을 돌아보아."

하나님은 심지어 이 원리를 스스로 따르신다. 결국 그 결과는 십자가였다. 그리고 하나님은 십자가 위에서 손을 뻗으셨다.

그러면 이것은 입술로 그리스도의 이름을 부르는 우리와 무슨 상관이 있는가? 이는 하나님이 우리의 보잘것 없고 종종 사소하고 자기를 추구하는 태도에 대하여 그러지 말라고 하셨고, 바울이 다른 곳에서 "산 제사"라고 부르는 정신으로 자신을 드리는 우리의 태도에 대하여 옳다고 인정하셨음을 뜻한다.

만일 이것이 손해라 해도, 우리는 불평하지 말아야 한다. 그리스도께는 손해였다. 이것이 우리를 비난하고 우리의 풍습과 동기를 왜곡하여 실제와 다른 것으로 바꾸는 것을 뜻한다 해도, 우리는 놀라지 말아야 한다. 그리스도도 그런 일을 당하셨다. 이것이 희생적 사랑의 활동이 행복한 결말로 끝나지 않더라도(세상 지혜자는 이 사랑을 갖은 방법으로 시험했을 것이다), 우리는 실망하지 말아야 한다. 그의 이야기는 로마의 십자가 형으로 끝났다(혹은 그의 원수들은 그렇게 생각했다).

그리고 그의 "마음"은 우리의 것이 되어야 한다.

더욱이 우리가 그 마음에 자신을 맡기고 성령이 그 마음의 찬란한 줄을 엮어 우리의 삶을 만드시도록 허용한다면, 그것은 참으로 우리의 마음이다.

자신을 비우고, 봉사하고, 동감하고, 순복하고, 희생하는 성향은 우리의 몸부림을 넘어서지만 베푸시는 하나님의 은혜는 넘어서지 못한다.

빌립보서 제3장

유익과 해: 그리스도인의 태도

3:7. "그러나 무엇이든지 내게 유익하던 것을 내가 그리스도를 위하여 다 해
로 여길 뿐더러."

I. 역사적 배경

우리가 지적했듯이 갈라디아 교회나 고린도 교회처럼 교리와 행위의 악
이 빌립보 교회에 퍼져 있었던 것은 아니다. 그런데도 곤경의 위협하는 것
이 거기 있었고, 사도의 관심사를 보여주는 표시들이 그가 글을 쓸 때 없
지 않다. 이 장에서 그는 두 위험에 관심을 기울이는데, 첫째는 소위 율법
주의이며 둘째는 방종주의라 할 수 있다. 첫번째 것에 의해서는 복음이 위
험천만하게 협소하게 되었고 두번째 것에 의해서는 위험천만하게 광범위
해졌다.

첫번째 견해를 옹호하는 자들은 신약 학자들이 "유대주의자"라고 자주
서술하는 교사들이었다. 그들은 복음으로 혼성품을 만들 것을 주장했다.
즉 그리스도와 율법을 섞을 것을 주장했다. 그들은 십자가와 할례를 혼합
하고자 했다. 바울이 2, 3절에서 강한 말을 쓸 때 주로 이런 것들이 그의
마음에 있었을 것이다.

다른 위험은 다른 곳에서 생긴다. 이는 18, 19절의 삽입 문장에서 서술
하는 자들이 자칭 그리스도인들인데, 아마 영지주의(혹은 역사적으로 영지
주의에 앞서는 비슷한 것)에 영향을 받아 그리스도인의 자유를 부도덕한
방종으로 바꾸었다. 여기 순종의 엄격함에서 풀려나 그리스도의 마음에 이
른 그리스도인의 행동이 있다. 그래서 바울의 강력히 주의하는 말이 있다.

세번째 이단 즉 완전주의가 12-14절에서 밝혀져 있는 바울의 견해에 있다고 주장하는 강해자들이 있다. 바울이 어떤 완벽주의적 사치에서 벗어나기를 바라는 것이 사실이지만, 대부분의 해석자들이 시인하는 것처럼, 율법주의자나 방종주의자와 구분되는 이런 유의 분파나 운동을 이 교회에서 발견할 수 있다고 믿을 만한 확고한 이유는 없다.

II. 용어 해설

3:1. 이 절의 첫 문장 다음에, 사도는 글 쓰기를 중단하고 새로운 방향으로 사유를 시작하고 있었던 것이 아닌가? 어떤 해석가들은 그렇다고 주장한다. 이 이론은 그가 에바브로디도가 전해준 것보다 이후의 소식이 도착하여 괴로웠다는 신념을 요구한다. 혹은 "손할례당"에 대하여 이처럼 갑작스럽게 발하는 경고는, 이 편지와 같이 비공식적인 편지에서는 얼마든지 허용되듯이 자신이 글을 쓰고 있는 와중에 마음에서 형성되며 성령의 주권적 인도를 받아 이제 표현된 새로운 생각이 아니었는가? 두 견해의 대립이 해소되지 않았지만, 첫번째 견해는 본문의 증거에 관련하여 전혀 타당성이 없다고 말하는 것이 정당하다. "너희에게 같은 말을 쓰는 것"이란 표현은 바울이 빌립보인에게 보낸 이전의 메시지를 지적하는 것이 분명해 보인다.

3:2. 세 가지 강한 별칭이 나온다: "개들" "행하는 자들" "손할례당." 서양 사회에서는 개를 키우고 세련되게 만드는 일에 너무 지나치므로 이 유쾌한 애완동물을 좋아하는 사람들은 동양 세계에서 유대인이나 이방인 할 것 없이 개들을 그렇게 모욕적으로 다룬 것을 이해하기가 쉽지 않다. 고대 문헌 자료에는 개를 사려고 돈을 지불하는 것과 창녀를 고용하는 것이 동일한 범주에 속했다는 것을 입증하기 위하여 사용할 수 있는 것들이 있다. 그러므로 바울이 여기서와 같이 상징적으로 사용하는 이 말은 매우 심한 모욕의 말이다. 성경 다른 곳에서는 나오지 않는 "손"은 말 그대로 절단으로 번역할 수도 있다. 그 입장은 이렇다. 할례가 구원에 필수적인 것이라고 주장하는 자들은 몸을 절단하는 것과 진배없다.

질문: 세 가지 별칭은 유대주의자를 가리키는가? 혹은 신자가 경계해야 하는 여러 집단을 서술하는가? 만일 후자라면, 이 집단은 어떤 집단인가? 어떤 사람들은 (1) 이방인("개들") (2) 자신의 이익을 추구하며 자임하는 기독교 교사("행악하는 자") (3) 믿지 않는 유대인("손할례당"). 많은 강해자는 이를 필요없이 세분된 해석이라고 본다. 좀더 자연스러운 구성은 바울이 할례당이라는 골치덩이들을 정죄하는 말을 세 번 언급할 따름이라고 그들은 느낀다.

3:3. 은혜와 믿음의 새언약에서 할례는 마음에 하는 것이다. 할례의 세 가지 표지는 (1) 활기찬 예배 (2) 영광스럽게 되신 그리스도 (3) 십자가에 달린 자아이다. 흠정역과 달리 "영"은 "성령"을 가리키는 것으로 이해하는 것이 더 좋다. 그분이 예배를 드리도록 영감을 불어넣으실 때 그 예배는 참된 것이다. 그리스도께서는 자신의 계명한 제자들이 사람이나 형식이나 분파나 파당의 자랑을 떠나서 자신을 자랑과 기쁨으로 삼으므로 존귀하게 되신다. 그러나 그리스도께서 실제로 이와 같은 존귀의 중심을 차지하신다면, 자랑의 기초나 확신의 토대로서 "육체"는 거부되어야 한다. 무울은 「빌립보서 연구」(*Philippian Studies*)에서 "육체"에 대한 바울의 용법에 대하여 유용하게 주석을 단다: "바울에게서 사르크스(육체)는 이 문맥과 같은 곳에서 종교 용어에서 흔히 사용되는 '자아'라는 낱말로 매우 근사하게 표현된다. … 여기서 이 말은 프뉴마(영)와 다소간 구분되지만 '신체'의 동의어는 아니다. '육체'의 죄는 가령 '분쟁'(갈 5:20)과 같이 순전히 마음의 죄일 수 있다."

3:5. "히브리인 중의 히브리인"이라는 표현은 "히브리인에게서 태어난 히브리인"을 뜻하는 것으로 이해하라. "바울은 헬라파이지만 히브리어를 말하는 부모에 의하여 히브리어를 사용하면서 훈련받았다"(빈센트).

"바리새인." 모든 바리새인이 위선자는 아니었다. 이 파는 율법에 대하여 가장 정확하고 엄격한 헌신을 전통으로 삼았다.

3:6. 바울은 상대적인 의미로 "흠이 없는"이라는 말을 쓴다. 즉 "흠없음"은 바리새인의 기준에 따른 것이다.

3:8. 흠정역의 "그리스도를 쟁취하고[win]"라는 표현은 매우 빈약하게 이해되기가 쉽다. "얻고"[gain]가 "쟁취하고"보다 나은 번역이다. 바울은 손해와 이익의 대차대조표를 그리고 있다. 그리스도를 얻는 것은 엄청나고 도무지 측량할 수 없는 "이익"이므로, 바울은 한때 자신을 하나님께 받으실 만하게 만들려고 부질없이 시도하며 매달렸던 쓸모없는 가치를 저 멀리 떨쳐 버리고 있다. 그러나 그리스도를 "얻는" 것은 바울이 회심할 시절에 그랬듯이 그를 발견하는 것이나 그에 의하여 발견되는 것 이상을 뜻한다. 이 "얻음"은 그리스도 안에서 줄곧 발견하는 가치의 단절없는 증가를 포함한다. 몇년 전 어느 곳에서 나는 이 구절을 '내가 그리스도를 쌓고'로 번역해도 된다고 주장했다. 그리스도와 함께 한 삶은 가치가 누적된다. 그 삶은 부요에 이른다. 그리스도 안에는 무한한 차원이 있고 인간이 그리스도를 체험해도 결코 다함이 없으므로, 우리가 그리스도의 사랑 안에 살고 그리스도의 마음으로 영양을 공급받을수록 그분이 우리에게 더욱 크신 그리스도가 되신다고 말해도 정당하다.

3:9. "내가 가진 의"는 바리새인의 표준에 따라 나의 것이라고 부를 수 있는 의를 뜻한다.

3:10. 8절과 이 절을 연결시켜라. 여기 이 절은 그리스도를 아는 것과 그리스도를 얻는 것을 가리키는 관련된 구절에 함축되어 있는 의미를 드러낸다. "그의 죽으심을 본받아"라는 구절에는 현재 분사형이 사용되어 있다. 신자가 십자가에 달림과 부활에서 그리스도와 하나되는 것은 헌신의 관점에서 총체적인 것일 수 있고 총체적인 것이 되어야 한다. 여기에 "좀더 깊은 생명의 갈림길"이라는 진리가 있다. 그러나 이 일체됨은 성취의 관점에서 보자면 부분적인 것에 불과하다. 그래서 좀더 깊은 죽음의 과정에 진리가 있다. 죄에 대하여 죽는 것인가? 원칙적으로 그렇다. 그리고 이제 죽음이라는 이 신앙의 입장은 나를 계속 이끌어 헤아릴 수 없이 많고 측량할 길이 없는 십자가에 달리는 일들에 들어서게 한다. 이와 같은 일들에 의하여 나의 잘못된 판단과 쓰라린 기억과 흔들리는 용기와 다른 데 사로잡힌 생각과 지친 혹은 죽은 몸은 분명 거룩한 열광과 십자가의 고상

한 상승과 조화를 이루어야 한다.

3:11. (대부분의 후대 번역에 나오는 것처럼) "죽은 자의"에서 "죽은 자로부터"로 바뀐 것은 정당하다. 여기에 사용된 헬라어 전치사는 의인의 부활과 불의한 자의 부활의 차이를 함축한다. 이는 어떤 종말론적 구도에서 실현되는 둘의 차이점 모두를 함축할 수도 있고 함축하지 않을 수도 있다. 가정법 절은 그 도식적 신학이 성경보다 엄격한 자들에게만 문제를 제기한다. 그래서 이 절은 두 가지 비성경적인 극단을 회피하는 의미로 볼 수 있다: (1) 우리가 결국 구원받은 자 가운데 있는 것에 관하여 의심하며 벌이는 갈등 (2) 하나님의 무조건적 선택과 예정을 선호하여 신자의 책임을 주제넘게 폐기하는 것. 웨스트민스터 신학대학원의 존 머리 교수의 호소는 시기 적절하고 건전하다: "성도의 견인이라는 교리를 이해하여 우리가 끝까지 믿음과 거룩함 가운데 인내할 경우에만 그리스도 안에서 우리의 안전함에 대한 믿음을 누릴 수 있음을 깨닫자."

3:12. 첫번째 절에 대한 정확한 해석은 두 가지 요점에 달려 있다. (1) 이는 그리스도를 아는 지식을 강조하는 10절의 재현인가? (2) 부활과 그 완성적 복에 참여하는 미래의 목표에 도달하는 그림이 그려져 있는 11절을 언급하는가? 전자라면 바울이 부인하는 영적 지식이나 체험의 완전이었을 것이다. 만일 후자라면 부인하는 자는 분명 부활의 지복과 "종결성"을 이야기한다. 11, 12절에 나오는 "이른다"의 용법은 표면적으로는 두번째 견해를 지지한다. 하지만 이 경우를 지지하는 주장은 두 가지 다른 낱말이 헬라어에서 사용되고 있다는 사실에 의하여 약화된다. 유능한 신약학자들의 주장을 인용하여 각 견해를 지지할 수 있다. 결국 실제로 중요한 것은, 사도는 자신의 무슨 증거가 그의 기독교적 인격이 완성되었다거나 그의 기독교적 여로가 끝났다는 것을 주장하거나 함축한다고 단연코 주장하지 않을 것이라는 점이다. 결론적인 가정법 절은 후대의 번역에 좀더 투명하게 번역되었다: 가령 필립스는 "그리스도께서 나를 잡으신 목적을 더욱 굳게 잡는다", 또 빈센트는 "나는 내가 회개할 때 그리스도께서 깊이 생각하셨던 것을 얻고 성취하는 쪽으로 매진하고 있다"고 번역한다.

3:14. "상"과 "위에서 부르심"은 동일한 것인가? 구별되는 것인가? 만일 동일한 것이라면 우리는 바울이 사실상 "나는 하늘에서 나를 부르심의 형태를 취하는 그 상을 얻기 위하여 목표로 향해 나아간다"고 말하는 것으로 보아야 한다. 만일 우리가 후자의 해석을 취한다면(나도 이 해석을 취한다), 바울이 운동 경기의 수사법으로 불러일으키는 그림은 달리기 선수가 "도착점" 즉 승리의 줄에 이른 다음 승리의 상으로 전통적인 화관이나 화환을 왕에게서 받는 것이다. 그 상급은 "면류관" 즉 높아지신 그리스도의 영광에 참여함이다.

3:15. "온전히 이룬 자들"이라는 표현이 12절과 모순되지 않는다면, 우리는 "온전히"라고 번역된 말에 이중적인 의미가 있다고 보아야 한다. 12절에서 이 말은 부활의 몸을 포함한 완성된 그리스도인을 뜻한다. 여기서는 하나님의 은혜로 사실상 일편 단심으로 진보와 완전의 낮은 단계에서 높은 단계로 옮겨가는 영적인 성숙에 들어간 그리스도인을 뜻한다. 우리는 모호한 성숙 과정으로 만족함으로써 복음적 완전(즉 믿음으로 말미암아 은혜로 되는 완전)에 대한 바울의 요구를 완화하려는 시도를 피해야 한다. 바울은 실제로 "성숙한" 사람을 본다. 그는 실제로 "신령한" 사람을 본다 (참조. 고린도전 2:15, 3:1).

3:18. 겉으로 나타나는 바와 같이 이들은 2절의 율법주의자가 아니다. 이들은 방종주의자들이다. 전자는 은혜와 행위를 섞음으로써 은혜를 비천하게 만든다. 후자는 은혜와 행위를 분리시킴으로써 은혜를 악용한다.

3:20. 흠정역의 conversation("교제")는 우리로 길을 잃게 만든다. 몇몇 후대의 번역에 나오는 것처럼 "시민권"이 더 나은 번역이다. 그 의미는 식민지 빌립보의 시민권의 중심지가 로마이듯이 빌립보에 있는 그리스도인의 생활 중심이 "하늘"이라는 것이다. "우리가 기다린다"는 말은 간절함과 강렬함을 암시한다.

3:21. 흠정역의 "하찮은 몸"도 필립스의 "비참한 몸"도 만족스러운 번역이 아니다. "우리의 낮은 몸"(개역표준역) 혹은 "우리의 비천의 몸"(무울 등)이 훨씬 낫다. 이는 그 자체로 악한 몸이 아니며 부활 때 다시 만들어

질 "영광의 몸"과 비교할 때 연약함과 썩어짐의 표지를 갖고 있는 몸이다.

III. 교리적 의의

이 장은 세 가지 신학적 관심 영역에 빛을 비춘다. (1) 은혜에 대한 기독교적 이해(이는 할례의 율법주의를 배제한다) (2) 복음적 완전의 교리. 이에 따라 하나님은 실제로 자기 백성에게 입증 가능한 성숙함을 주신다. 이 성숙함은 하나님 백성의 명백한 불완전과 긴장 상태를 유지함에 틀림없다. 그리고 이 명백한 불완전은 그 긴장을 대처하기 위하여 부단없는 성장의 모든 경계와 훈련을 요구한다. (3) 그리스도의 재림의 "복된 소망."

IV. 실천적 목표

두 가지 목적이 저자가 3장에서 말하지 않을 수 없는 것 뒤에 놓여 있다고 할 수 있는데, 이 두 가지 목적은 모두 권고이다: (1) 행위에 의한 구원의 어리석음과 부질없음에 대한 경고 (2) 행위를 경시하여 무법 상태와 무정부 상태로 떨어지는 구원을 고백하는 어리석음과 부질없음에 대한 경고. 여기 율법주의와 방종주의라는 대립적 위험이 있다. 바울은 이 둘에 반대하여 사랑 안에서 자신의 한없는 생명을 교회에 주셔서 강력한 주권으로 교회를 통치하시는 그리스도를 믿는 신자의 확신을 강하게 함으로써 교회를 견고케 하려 한다.

V. 설교 개요

제목: **"유익과 해: 그리스도인의 태도."**

도입부

당신의 가치 기준은 무엇인가?

우리 각자는 나름대로 가치 기준을 갖고 있다. 우리는 그것에 관하여 반성할 수도 있고 하지 않을 수도 있다. 우리는 그것을 말로 표현하려고 노력하기도 하고 하지 않을 수도 있다. 좌우간 우리의 삶을 형성하고 채색하고 통제하는 가치 기준이 있다.

텍사스의 한 대학 교수는 5년 동안 신입생들에게 간단한 설문 조사를 실시했다. 세 가지 질문 가운데 이런 질문이 있다: "당신이 목숨을 기꺼이 내놓을 만한 것이 있는가? 있다면 그것이 무엇인가?" 그렇게 섬뜩한 것이 아니었다면 단조로웠을 정도로 천편일률로 그 대답은 "없다"였다. 이 실험을 6년째 하던 때 한 신입생이 이렇게 썼다: "내 가족을 위하여 목숨을 기꺼이 내놓겠다."

현재 상황에서 바꾸었으면 하는 것을 묻는 2번 질문에 대해서는 높은 비율의 응답자들이 "쓸 수 있는 돈이 더 많아지는 것" 혹은 "두 대의 차를 갖는 것" 등으로 대답했다.

가치관! 이 사람 바울은 가치관에 관하여 한두 가지 말한다. 그는 그리스도인이 되기 이전에도 놀라울 정도로 많은 미국 대학생보다 높은 가치관을 갖고 있었다. 그래도 바울이 지금 본문에서 말하고 있는 전체 요점은, 그가 예수 그리스도를 만났을 때 자신의 가치관이 엄청난 변화를 겪었다는 것이다. 그의 말은 시장 거리나 기업 중역 회의에서 오고가는 말이다. 즉 이익과 손해이다. "내게 유익하던 것을 내가 그리스도를 위하여 다 해로 여긴다." 그리고 그 다음 부분에서 좀더 강력한 말을 한다: "내가 그를 위하여 모든 것을 잃어버리고 배설물로 여김은 그리스도를 얻고."

바울은 이런 방식의 말을 좋아한다:

"모든 것을 포기하고서 나는 모든 것을 회복한다."

"그리스도를 위하여 모든 것을 포기하고서 나는 그리스도 안에서 모든 것을 발견한다."

"나의 남루함을 인정하면서 나는 그의 부유함을 입는다."

그런데 사실상 바울은 자신의 옛 생활을 포기하고 그리스도 안의 새 생활을 얻는 이 교환을 통하여 무엇을 "얻었는가?"

A. 그는 자신이 매우 독특하다고 여긴 정체성을 얻었다.

그에게 그의 이전 정체에 관하여 물어보라. 그러면 그는 다양한 대답을

줄 수 있다: 엄격하게 "할례받은" 이스라엘인, "베냐민 지파"의 자손, 입문자가 아니라 완전한 "히브리인", 율법을 지키는 "바리새인."

이런 칭호 가운데 어떤 것으로 그에게 말해 보라. 그러면 그는 시인하며 고개를 끄덕일 것이다.

그러나 큰 변화가 그에게 찾아왔다. 테니슨은 다음과 같은 애처러운 시구를 쓴다.

"그리고 아, 한 사람이 내게서 일어나니,
  하여 지금의 내가 존재하지 않네!"

이전의 바울은 "존재하지 않았다." 그리고 옛 사람을 대신하여 일어난 새로운 사람은 오직 그리스도의 사람으로 알려지기만을 자신이 바란다는 것을 발견했다: 그리스도의 "종", 그리스도의 "사도", 그리스도의 "사신."

그리스도의 사람은 독특한 의식에 참여한다고 바울은 주장한다. 바울은 자신과 동료 신자에 관하여 이렇게 증거한다. "우리는 영으로 하나님을 봉사하는 할례당이다" 혹은 미국표준역(American Standard Version)은 그와 다르게 번역한다. "우리는 하나님의 영으로 섬기는 참된 할례당이다"(3절). 바울은 이렇게 말한다. 예배로 하나님께 자신을 드릴 때처럼 무슨 외적인 예식 자체가—그것이 할례든지 세례든지 상관없이—하나님께서 받으실 만하게 자신을 만든다는 우쭐대는 감정을 영원히 버렸다고 말한다. 나는 하나님의 영에 의해서 계속 나의 가치없음을 기억하고 나의 씻음을 확신하고 받으실 만한 찬양과 기도를, "외모"를 보지 않고 "마음을" 보시는 하나님께 드릴 준비를 갖춘다.

더욱이 그리스도의 사람은 독특한 종류의 자랑을 갖는다. 바울과 그의 동료는 "그리스도 예수를 자랑한다"(3절).

당신은 대성당의 본당과 성가대 뒤쪽과 제단을 보고 놀라지 않는가? 어떤 사람은 놀라고 어떤 사람은 놀라지 않는다. 당신은 정교한 형식을 갖춘 성찬 예배의 화려함에 감동되지 않았는가? 어떤 사람은 감동을 받고 어떤 사람은 감동을 받지 않는다.

어떤 경우든지, 예민한 그리스도인에게 궁극적인 전율은 상징에 있지 않

고 상징된 실재에 있다. 아이작 왓츠(Issac Watts)는 그 점에 관하여 이렇게 썼다:

"유대 제단에서 죽인
집승의 모든 피가
범죄한 양심에 평강을 주거나
우리의 얼굴을 씻을 수 없었네.
그러나 천상의 어린양 그리스도는
우리의 모든 죄를 없이하시네.
그보다 더 고귀한 이름의 제사
더 값진 보혈일세.
우리는 믿으며
저주가 없어진 것을 즐거워 하네
우리는 즐거운 목소리로 어린양을 찬송하며
그 피흘리시는 사랑을 노래하네."

그리고 바울은 또 한 가지를 말한다: 그리스도의 사람은 독특한 부인을 실천한다. 그리스도 안에 있는 자들은 "육체를 신뢰하지 않는다"(3절). 사도가 "육체"를 자주 언급하므로, 심지어 그의 생애를 연구하는 자들 가운데서도 어리석은 말을 하곤 했다. 나는 어떤 사람이 주장하듯이 그의 특별한 연약함이 성(性)의 영역에 있었다는 증거를 전혀 발견할 수 없다. 이런 식의 해석은 그 표현이 등장하는 대부분의 구절에서 담고 있는 특별하고 윤리적인 의미를 놓친다. 이는 인간의 삶을 위한 하나님의 뜻과 질서를 거부하거나 그런 질서에 적어도 원칙적으로 완전히 순종하지 못하는 측면에서 본 인간의 본성을 상징한다. 이는 자신의 길을 고집하려는 의도를, 갖은 미묘한 형태로 숨기는 분명 옛 자아이다.

바울은 바로 그것을 부인했고 부인하고 있고 앞으로도 부인해야 한다고 말한다. 자신에 대한 신뢰는 언제나 잘못된 것이다. 그리스도께 대한 신뢰를 대신하는 것은 결단코 없다.

그러므로 여기 자아가 맹목적으로 사랑하는 반짝이는 상을 바울이 기꺼이 버림으로써 얻은 독특한 정체성이 있다.

B. 바울은 보답이 있는 친교를 얻었다.

다소의 사울은 열광적으로 율법을 지키고 법전을 따르려고 애쓰는 사람이었다. 다메섹의 바울 즉 그리스도인 바울은 한 인격과의 교제에 담긴 순수한 기쁨과 힘을 발견하는 사람이었다.

자기 연민조가 아니라 즐거워하며 선포하는 그의 말에 귀를 기울이라. "또한 모든 것을 해로 여김은 내 주 그리스도 예수를 아는 지식이 가장 고상함을 인함이라"(8절). 신약 학자인 가비(A. E. Garvie)는 말한다. "그리스도와의 이런 개인적 연합은 바울의 종교 체험과 도덕적 성품에서 항구적인 지배적 요소이다." 그리고 바클레이는 "안다"에 해당하는 바울의 헬라어가 "단순히 지적 지식이 아니라 … 다른 사람에 대한 인격적 체험이라"는 것을 우리에게 상기시킨다.

그리스도에 대한 그런 인격적 체험이 "유익"이라고 느끼는 바울의 세 가지 이유를 주목하라:

첫째로, 이는 우리로 하나님의 받아주심을 얻게 하기 때문이다. 9절의 증거는 이 요점을 밝혀 준다: "그리스도를 얻고 그 안에서 발견되려 함이니 내가 가진 의는 율법에서 난 것이 아니요 오직 그리스도를 믿는 믿음으로 말미암은 것이니 곧 믿음으로 하나님께로서 난 의라." 사람의 업적이 아니라 하나님의 선물인 의는 복음의 중심에 있다. 이것에 대한 확실한 기초는 그리스도께서 십자가에서 우리를 대신하여 행하신 것이다. 하지만 의라는 획득된 복은 그리스도께서 이제 자신의 약속을 신뢰함을 통하여 그리고 그 영의 역사를 통하여 우리에게 의도하시는 바에 있다.

"그러므로 예수께로 오는 즐거움과 아울러

그가 주시는 영원한 생명을 취하라.

그리고 확신을 가지고 당신이 결코 죽을 수 없음을 알라.

이는 그대의 의가 되시는 예수께서 사시기 때문이다."

둘째로, 그리스도와의 교제는 우리로 하나님께 받아주심을 얻게 하는 것 이상의 일을 행한다: 그 교제는 십자가의 **모범**으로 우리를 향하게 한다. 이제 바울이 구속받은 자신의 영혼의 계속되는 창의적 갈망을 설명하는 말을 들어 보라: "내가 그리스도와 그 부활의 권능과 그 고난에 참예함을 알려 하여 그의 죽으심을 본받아"(10절).

이는 전 세대에 설교하면서 이렇게 경고하고 탄원했던 맨체스터의 불타는 맥클라렌과 같은 말이었다. "오늘날 세상의 전쟁 구호는 두 가지입니다. '얻어라!', '즐겨라!' 그리스도의 명령은 '포기하라!' 입니다. 그리고 우리는 포기하면서 다른 목표들 모두를 실현하게 될 것입니다. 그러나 이 목표들을 추구하는 자들은 결코 얻지 못합니다."

그리스도인의 삶은 언제나 십자가 형태이다. 그것을 말로 하는 것은 쉽다. 오직 내주하시는 그리스도만 그 모범을 우리를 통하여 채우실 수 있다.

셋째로 그리스도와의 이런 교제는 **신앙의 법**으로 우리를 묶는다. 9절에 나오는 믿음에 대한 이중적 언급은 바울의 특징이다. 믿음으로 사도는 "그 [그리스도] 안에서 발견되었고" 그런 생명의 연합으로 하나님의 의가 그의 것이 되었는데, 이는 그가 율법을 지키려고 노력해서가 아니라 율법을 성취하시는 구주를 신뢰하기 때문이다.

바울보다 1800년 후에 또 한 사람의 추구자가 동일한 것을 발견했다. 그의 이름은 존 웨슬리였다. 바울과 달리 그는 기독교적 배경을 갖고 있었다. 하지만 바울과 마찬가지로 그는 예식과 절차의 종교, 생명 없는 형식의 종교 그리고 정열 없는 신조의 종교는 "기독교"라는 이름을 갖고 있어도 평화를 주지 못한다는 것을 발견했다.

그런 다음 올더스게이트가 등장했다. 1738년 5월의 어느 날 밤 웨슬리는 그가 바울의 로마서에 대한 루터의 서문을 한 사람이 읽고 있는 것을 듣고 있었다. 웨슬리의 말을 들어 보자: "그가 하나님이 그리스도를 믿는 믿음으로 말미암아 마음에서 일으키시는 변화를 말하고 있었을 때, 나는 이상하게 마음이 뜨거워지는 것을 느꼈다. 나는 내가 구원을 위해 그리스도, 오직 그리스도만을 믿는다는 것을 느꼈다. 그리고 그분이 나의 죄를 심지어 나 자신을 없애시고 나를 죄와 사망의 법에서 건지셨다는 확신이 내게 들었다."

바울과 웨슬리는 행위의 법은 좌절을 가져다주지만 믿음의 법은 자유를 가져다 준다는 것을 배웠다.

바울의 대차대조표를 보면서 우리는 그가 그것을 보듯이 그의 이익이 그의 손해를 훨씬 능가한다는 것을 보았다. 그는 독특한 정체성과 보답 있는 교제를 얻었다.

이제 그의 원장(原帳)을 마지막으로 살펴보자.

C. 바울은 유쾌한 기대감을 얻었다.

이 전망은 11절에 나타나며 20절에 찬란한 빛으로 서술되어 있다. 11절에서 그는 "죽은 자 가운데서 부활에 이를" 자기 마음의 소망을 열어 보인다. 20절에서는 이 복된 사건과 그리스도의 재림을 연결짓는다: "오직 우리의 시민권은 하늘에 있는지라. 거기로서 구원하는 자 곧 주 예수 그리스도를 기다리노니 그가 만물을 자기에게 복종케 하실 수 있는 자의 역사로 우리의 낮은 몸을 자기 영광의 몸의 형체와 같이 변케 하시리라."

멋지고 단단한 줄에 꿴 보석처럼 여기 세 가지 연관된 생각이 있다.

확실한 재림! "거기로서 구원하는 자를 기다리노니." 그분은 가셨다. 그리고 다시 오신다고 약속하셨다. 그분이 오실 것이라는 것이 우리의 흔들릴 수 없는 소망이다.

찬란한 구속! 그분은 "우리의 낮은 몸을 자기 영광의 몸의 형체와 같게 변케 하시리라." 우리의 몸은 구조와 기능의 온갖 놀라운 점이 있어도 "낮은 몸"이다. 이는 연약함에 붙들려 있고 한계에 갇혀 있고 고통이 따르고 죽게 되어 있다. 참으로 낮은 것이다.

그러나 부활은 그 모든 것을 바꾸어 버릴 것이다: 연약함이 끝나고 한계가 걷히고 고통이 사라지고 죽음 자체가 멸할 것이다.

빛나는 바울의 시구처럼 존 던(John Donne)의 시구는 찬란하면서도 성경적이다.

> "누가 그대 죽음을 힘있고 두렵다 하여도,
> 죽음이여 교만하지 말라. 실상 그대는 자랑스럽지 못하도다.
> 그대 생각에 그대가 뒤엎는 사람들이
> 죽지 않는도다. 가련한 죽음이여. 그대 나를 죽일 수 없으며 …
> 그대는 숙명과 우연과 왕들과 처절한 사람에게 매였고
> 독과 전쟁과 병과 더불어 거하도다.
> 양귀비나 마력이 그대의 때림보다 더 유능히
> 우리를 잠들게 하도다. 그러니 왜 우쭐하는가?
> 짧은 한바탕의 잠이 지나고 우리는 영원히 깨며
> 죽음은 더 이상 없으며, 그대 죽음은 멸하리!"

그러므로 이 모든 것이 틀림없이 일어나도록 하는 충분한 능력이 있다. 바울은, 이 능력이 다름 아니라 "만물을 자기에게 복종케 하실 수 있는 자의 역사"라고 우리에게 확신을 불어넣는다. 그분은 죽은 자 가운데서 일어나셨을 때 궁극적 승리의 보증을 우리에게 주셨다. 바울처럼 신자에게 어젯날 원수를 멸하는 그 승리는 해돋이의 즐거움과 더불어 이 썩을 것이 썩지 않을 것을 입고 이 죽을 것이 죽지 않을 것을 입을 더 큰 승리에 대한 충분한 증거이다.

아, 바울이여 그대는 틀림없이 옳도다!
이와 같은 "유익"이 당신의 손해를 훨씬 능가하도다.
새로운 정체로다! 나는 그리스도의 것이다.
새로운 교제로다! 그분은 그것을 믿을 자에게 행하시듯이
내게 그 마음을 여시며 나는 그분께 대한 사랑으로 산다.
새로운 기대로다! "최고의 것은 아직 나타나지 않았다.

빌립보서 제4장

"나는 할 수 있다"고 말하는 법.

4:13. "내게 능력 주시는 자 안에서 내가 모든 것을 할 수 있느니라."

I. 역사적 배경

바울은 이제 빌립보 교회의 교제를 위협하는 균열을 다룰 것이다. 그런 다음 그는 빌립보의 친구들이 자신에게 보낸 선물에 대하여 훌륭한 감사의 말을 표하고, 이것이 자신에게 보낸 그들의 첫번째 재정적 도움이 아니었다는 사실로 그의 감사가 커졌음을 표시할 것이다. 마지막으로 그는 그리스도께서 바로 로마의 가이사 궁정에 자신의 증인을 두신 것을 드러낼 것이다.

II. 용어 해설

4:2. "권하노니"라는 말이 반복하여 각 이름에 붙였다. "내가 유오디아를 권하고 순두게를 권하노니"라는 번역이 반복된 말을 살린 번역이다. 각자에게 각각의 메시지를 전달하여, 필립스의 말마따나 그들로 "차이점을 해결하고" "같은 마음을 품으라"고 간청한다.

4:3. "멍에를 같이한 자"는 간단히 동무를 뜻한다. 혹은 헬라어가 허용하는 용법을 따르면 이 말은 그가 누구인지 사색할 수밖에 없는 사람을 가리키는 고유 명사일 수 있다. 제시된 인물로는 바울의 아내, 디모데, 실라, 누가 혹은 빌립보의 감독 등이 있다.

4:5. 흠정역의 "온건"은 "관용"으로 번역하는 것이 더 좋다. 바울의 이 말은 인내와 친절함의 개념을 결합한다. 그래서 웨스트(Wuest)의 "친절한

온당성"이라는 번역이 있다. 물론 이는 바울의 말치고는 조금 감상적으로 들린다.

"주께서 가까우시니라"에 관해서는 주석가들이 대체로 두 진영으로 나누어진다: (1) 이 말이 아람어 마라나타 "주여 오시옵소서"라는 기독교 슬로건과 동일한 말이라고 보는 사람 (2) 이 말을 바울이 시편 119:151이나 시편 34:18의 형태를 따라 주의 직접적이고 친근한 가까우심을 가리키는 것으로 보는 사람. 충분히 납득할 수 있듯이 주님의 재림과 그 임박성의 교리를 열렬하게 믿는 두 사람(마이어와 해리 아이언사이드[Harry Ironside])은 두번째 해석을 주장했다. 어떤 견해든지 문법적인 문제가 남아 있다: 바울은 우리가 이 말을 과거지향적으로 받아들이기를 의도하는가 아니면 미래지향적으로 받아들이기를 의도하는가? 전자라면 이 말은 인내와 관대함에 대한 자극제이다. 후자라면 평온함과 평정에 대한 자극제이다.

4:6. "염려하지." 캐핀(Caffin)은 이 말이 "걱정하고 정신 산란한 염려"를 뜻한다고 말한다. 물론 빈센트는 이 말이 신약에서 항상 이런 의미를 취하는 것은 아니라고 주장한다.

"기도와 간구." 신약 성경 기자 가운데 오직 바울만 이 두 말을 연결해 쓴다. "기도"는 일반적 용어이며 "간구"는 각각의 경우 우리가 인도를 받아 드리는 특별한 기원이라는 점에서 다르다.

4:7. "모든 지각에 뛰어난." 라이트푸트와 빈센트가 옳다면 바울은 영혼에 임하는 하나님의 평강이 헤아리거나 파악할 수 없는 것이라고 말하고 있는 게 아니다. 오히려 그는 이 평강이 우리의 "명민함"이나 "고안력"을 통하여 성취하려고 하는 고요함을 "능가하는"(말 그대로) 혹은 넘어서는 고요함을 허용한다고 말하고 있다.

4:8. 흠정역의 "정직하며"는 "공경할 만하며"로 혹은 이 말이 연륜의 의미를 담고 있기 때문에 "존경할 만하며"로 번역하는 것이 더 좋다.

"정결하며." 헬라어 원어는 강력한 말이다. 빈센트가 지적하듯이 "행위뿐만 아니라 동기에서도" 철저한 순수함을 말한다.

흠정역의 "좋은 평판을 들으며"는 웨이마우스처럼 "칭찬할 만하며"로 번역하는 것이 더 좋다.

"무슨 덕" 즉 어떤 종류의 도덕적 탁월함(하나님의 선함에 터를 둔).

"생각하라." 이는 "마음을 집중하라"는 의미이다.

4:10. 흠정역의 "융성하다"(flourish)는 "소생하다" 혹은 "꽃이 피다"라는 의미로 이해해야 한다[한글개역성경은 "싹이 남이니"로 번역한다—역주].

흠정역의 "너희가 또한 염려하였고"는 불완전 시제로서 [한글개역성경처럼] "너희가 생각은 하였으나"라는 뜻이다.

4:11. "배웠노니." 헬라어 시제는 부정과거인데, 모호한 학습 과정을 가리키지 않고 그 비밀이 바울에게 주어진 시점을 가리킨다. 이는 그가 그리스도인이 되었거나 그후 위기에 처했을 시점을 가리킬 수 있다.

"자족하기." 순전히 평온함이 아니라 상황에서 독립함이다. 이는 자족의 스토아적 이상이 기독교화한 것이다. 즉 자아가 아니라 그리스도에 터를 둔 것이다.

4:12. "배웠노라." 흠정역에는 "교훈을 받았노라"로 되어 있다.

4:14. "그러나." 연결어로서 이 말의 논리는 이렇다. "내가 외적인 상황에서 독립하여 너희가 보낸 도움을 경시한다고 생각하지 말라."

"잘하였다"는 약한 번역이다. "고상하도다"라고 번역해야 더 좋다.

"참예하다(commucate)." 이 영어 단어는 "공유하다"의 옛스런 의미로서 오늘날은 거의 사용되지 않는다. 그러므로 대부분의 현대 번역가들은 "공유하다"는 말을 더 선호한다.

4:15. "복음의 시초" 즉 마게도냐에서 복음을 처음 선포한 때.

4:17. 여기 뛰어난 정중함이 나타난다. 바울은 이미 큰 해를 끼치는 부족 상태를 부인했으므로 이제 그 자체로 가치있다고 간주할 수 있는 선물을 바라는 마음이 없음을 주장한다.

4:22. "가이사 집 사람 중 몇이니라." 반드시 혹은 개연적으로도 왕가의 식구라고 볼 필요는 없고, 종이나 관원일 수 있다. 라이트푸트는 바울이 로

마에 왔을 때 기독교 신앙을 이미 고백한 회심자들이 있었다고 생각한다.

Ⅲ. 교리적 의의

서신의 실천적 부분에 속하는 이 장은 섭리론에 대한 즐거운 연구를 함축하고 있다. 칼빈은 이렇게 썼다. "섭리라고 하는 것은, 하나님을 하늘에서 태평스럽게 세상에 일어나는 일의 처리를 지켜보시는 분이 아니라 우주의 조종키를 가지시고 모든 사건을 규제하시는 분으로 서술한다"(「기독교강요」 1권). 존 웨슬리는 「하나님의 섭리」(*Divine Providence*)에서 동일한 주제에 관하여 글을 쓰면서 하나님이 "지상의 모든 피조물에게 떨어지는 것에 매순간 관심을 쓰시며 사람의 자녀들에게 떨어지는 모든 일에 관해서는 좀더 특별히 관심을 쓰신다"고 지적했다(6권, 317쪽). 바울이 이 장에서처럼 증거할 수 있는 것은 이런 이해의 맥락에서이다.

Ⅳ. 실천적 목표

첫째로 빌립보의 기독교 집단의 교제와 하나됨에서 발생할 심각한 균열을 미리 바로잡기 위하여. 둘째로 예수 그리스도 안에서 자신을 계시하신 하나님의 전적으로 의지할 만하심과 무한히 능력있으심을 믿는 믿음을 장려하기 위하여. 셋째로, 빌립보인들이 자신에게 보낸 선물에 대하여 그들에게 아주 깊은 감사를 표하기 위하여.

Ⅴ. 설교 개요

제목: " '나는 할 수 있다' 고 말하는 법"

도입부

"나는 할 수 없다"고 말하는 사람을 발견하기는 전혀 어렵지 않다. 그들은 완전히 좌절한 사람이다. 그렇지 않더라도 어떤 마을이든지 교회 회원을 포함하여 서글프게 많은 비율을 차지하는 절반쯤 패배한 영혼보다 심한 사람이다.

그들의 말을 들어보라.

"나는 성질을 죽일 수 없어." "생각을 말끔하게 할 수 없어." "일에 집중할 수 없어." "정신 맑은 상태로 있을 수 없어." "공중 앞에서 기도할 수 없어." "일을 성공적으로 이룰 수 없어." "하나님 나라를 위하여 십일조를 낼 수 없어." "승리하며 살 수 없어." "마음에서 근심을 몰아낼 수 없어." "장모님에게 참을 수 없어."

이런 목록은 끝없다. 당신은 그렇게 많은 경우에 항상 이런 말을 들어왔다. 그리고 당신도 비참한 찬양대에 언제나 속해 있었다고 말하지 않을 것인가?

"나는 할 수 없어 … 할 수 없어 … 할 수 없어."

우리 가운데 어떤 사람들에게는 행동의 자유를 빼앗아 버리는 습관이 있다. 좌지우지하는 분위기가 있다. 불행을 만들어 내는 정신 상태가 있다. 찬란하고 적절한 생활에 대한 모든 소망이 질식되었다.

이 모든 것을 본문의 정신과 전망과 대조해 보라.

여기 "나는 할 수 있다"고 말하는 사람이 있다. 그가 어떻게 그것을 말하는가—바로 그것은 어떤 의미와 더불어 우리가 살아갈 때 우리의 관심을 사로잡을 문제이다. 당분간 우리에게 들이닥치는 크고 기운을 돋우는 일은 그가 나는 할 수 있다고 말하는 사실이다.

때때로 "뉴스 캐스터"가 말하듯이 이제는 세부 사항을 살피자.

A. 바울이 말한 것 즉 "나는 할 수 있다"를 말하는 법을 우리가 배우는 것이 중요하다.

사실 — 그리고 이는 여러분 가운데 몇 사람에게 충격으로 다가올 것이다 -- "나는 하겠다"보다 "나는 할 수 있다"고 말하는 것이 훨씬 중요하다. 이는 우리가 정서적으로 강하게 연루되는 책임이나 도전에 직면할 때 특별히 그렇다. 이는 긴 기간 동안 잠재 의식이 부정적인 사고 방식의 길디긴 흐름에 젖어 있다가 패배와 실패의 후유증을 저장하는 곳이 되었을 때도 역시 마찬가지이다.

1차 세계대전 때 전쟁 부상자들을 많이 실험한 한 의사가 이야기하는 한 사건을 들면 내가 말하고자 하는 뜻이 더 분명해질 것이다. 이 의사는 이탈리아 전투에서 부상을 당해서 두 발이 마비되어 집으로 돌아온 20살 먹은 청년을 치료했다. 신체적 불구 상태는 제거되었다. 그런데도 환자는 걸으려 시도했지만 실패했다. 혼자 일어서려고 결연히 노력해 보았지만 번번히 실패와 비참에 떨어지고 말았다. 신경 조직이 실제로 손상되지 않았다고 확신한 이 신경과 의사는 최면 상태에서 젊은 군인을 치료하려 했다. 물론 최면 상태에서 최면술 거는 사람은 잠재 의식에 직접 호소한다. 이 경우 [젊은 군인의] 무의식의 마음은 다리의 정상적인 사용이 실제로 가능하다는 확신을 갖게 되었다. 그 결과는 어떻게 되었는가? 몇 주 후에 젊은이는 축구를 하고 있었다.

이 경우는 특이한 사례이다. 그러나 이 경우가 예시하는 요점은 우리 대부분에게 다양하게 적용된다는 것을 인정하자. 젊은이의 승리는 "내가 하겠다"에 있지 않고 "내가 할 수 있다"에 있었다. 가장 심층적 차원에서 이는 의지의 힘이라기보다 신앙의 힘이었다. 그 원리의 중요성은 아무리 강조해도 지나침이 없다. 예수님은 "믿는 자에게는 '능치' 못할 일이 없다"고 말씀하신다.

B. 반드시 우리는 올바른 방법으로 "나는 할 수 있다"고 말해야 한다.

바로 덧붙이자면 그 올은 방법이란 기독교적 방법 즉 바울의 방법이다.

바울이 "내가 모든 것을 할 수 있다"고 말하고 글쓰기를 멈추었을 것으로 가정해 보자. 그런 상황이었다면, 이 여섯 낱말은 광기의 단절음이 되었을 것이다. "나는 모든 것을 할 수 있다"고 말하는 사람은 단숨에 두 가지 죄를 범한다: 거짓의 죄와 자만의 죄이다.

그러나 오늘날 "적극적 사고 방식의 힘"에 관하여 사람들이 말하는 것을 들으면, 그들이 자신 속에 갇혀 있는 모든 숨은 능력을 깨우도록 되어 있는 이 마술적 공식으로 자신과 세계를 정복하려 한다는 인상을 받게 된다.

나는 잠시도 우리 대부분이 실제로 활용하고 있는 그 어떤 것보다 훨씬 뛰어넘는 마음과 몸의 능력을 갖고 있다는 것을 부인하지 않다. 창조주께서 우리에게 그런 능력을 부여하셨고, 그 능력들은 우리 본성의 일부이다. 우리 대부분은 기억 장치의 절반 정도만 지적 신체적 동력을 가동시키는 것으로 만족한다.

그러나 여기 장애가 있다. 만일 당신이 자신 속에서 일깨우는 능력에만 의존한다면, 바로 당신이 중심에 있지 그리스도께서 중심에 계시지는 않는다. 바울은 그러지 않았다. 그가 말하는 모든 것을 이기는 힘은 그에게 집중되어 있지 않았다. 그것은 그의 안에 계시는 주 예수 그리스도께 집중되었다. 지배권을 경험하는 이 두 가지 방법의 차이는 엄청나다. 하나의 경우에는 당신은 "큰 치즈"이지만 결국 큰 지푸라기로 끝난다. 다른 경우에는 그리스도께서 힘있게 하시는 위대한 분이시며 결국 당신은 큰 것을 받는 자가 된다. 마팻은 본문을 이렇게 번역한다. "내게 힘을 주시는 그분 안에서 나는 어떤 것에 대해서든 할 수 있다." 내 안에서는 어떤 일이 가능하지만 그분 안에서는 모든 것이 가능하다. 나의 지배력은 그분에 의하여 통제되어야 한다. 나의 족함은 그분에게 충분히 굴복되어야 한다. 이것이 "내가 할 수 있다"고 말하는 올바른 방법이라고 기독교는 주장한다.

C. 우리가 기독교적 방법으로 "나는 할 수 있다"고 말할 때 우리의 가능성의 범위를 살피는 것은 불가능하다.

한 가지 예를 들면, 바울은 내가 사랑할 수 있다고 말한다. 나는 사랑하는 일이 자연스럽지 않을 때 사랑할 수 있다. 미움과 싫음과 혐오가 종종 발견되는 곳에서도 그렇다. 1절의 말들을 깊이 생각하라: "그러므로 나의 사랑하고 사모하는 형제들, 나의 기쁨이요 면류관인 사랑하는 자들아 이와 같이 주 안에 서라." 마팻은 이렇게 번역한다. "내가 고이 사랑하고 사모하는 이들."

사도가 그렇게 부드러운 시선으로 품에 고이 간직한 이들은 누구였는가? 이들은 그의 지파나 민족에 속하지 않은 자들이었다. 그는 유대인이며 그들은 이방인이었다. 바울의 설교를 듣고 복음의 능력으로 변화되기 전에, 그들은 이교도였다. 그들에게 대한 바울의 사랑이 그렇게 강렬하고 자기희생적이었으므로 그는 생애의 얼마간 그리스도를 그들에게 전하려고 고생했다. 기억하듯이, 바울과 실라가 잔인하게 매맞고 야만적으로 감옥에 갇히게 된 곳은 바로 빌립보였다. 하지만 그들 안에 있는 그리스도의 사랑은 모든 것을 이겼다: 기독교 교회가 저 부패한 도시에 세워졌다.

바울 안에 있는 사랑의 승리는 여러분 안에서 사랑의 승리가 될 수 있다. 다함 없고 창조적인 선의의 승리로서 여러분은 사랑스럽지 않은 사람을 사랑할 수 있다. 당신은 사랑하기 힘든 사람을 사랑할 수 있다.

인도에서 부유한 힌두교 가정에서 자란 한 젊은이가 그리스도인이 되었다. 기독교를 모질게 반대하던 나머지 가족들은 "우리는 네 상속의 몫을 빼앗을거야" 하고 말했다. 젊은이는 전혀 화를 내지 않으며 상속의 몫을 그들이 취하게 했다. 그러나 곧 그들은 그의 몫을 두고 서로 싸웠다. 마침내 막다른 골목을 벗어나기 위하여 그들은 그에게 중재자가 되어 달라고 부탁을 했다. 왜냐하면 그만이 그들 모두가 신뢰할 수 있는 유일한 사람이었기 때문이다. 그는 거기 앉아서 자기가 도둑질당한 재산 분배를 중재해 주었다. 우리 모두는 "나는 할 수 없어. 그렇게 하지 않을 거야" 하고 말했을 것이다. 그는 그렇게 하지 않았다. 갈보리의 사랑에 충만한 마음으로 그는 "나는 할 수 있다"고 말했고 실제로 그렇게 했다. 후에 그는 인도의 큰 주의 수상이 되었다.

"나는 할 수 있다"는 기독교적 방식을 배웠을 때 내가 할 수 있는 다른 일이 있다. 나는 치유할 수 있다. 나는 성령께 쓰임을 받아 불일치가 있는 곳에 조화를, 다툼이 있는 곳에 화해를 가져다 줄 수 있다.

빌립보 교회의 상황을 살펴보라. 2절에 따르면, 그 교회의 두 명의 평교인 가운데 오해가 있었다. 아마 그들은 숙녀답지 못하게 행동했을 것이다. 왜냐하면 바울은 필립스가 번역하듯이 "유오디아와 순두게여 내가 이름을 거명하여 그리스도인으로서 마땅히 그대들의 다른 점을 해결하기를 간청하노라" 하고 말하기 때문이다.

그 다음 절에서 사도는 교회의 알려져 있지 않은 지도자(아마 램지[Ramsay]가 주장하듯이 누가일 것이다)에게 "저 부녀들을 도우라"고 그에게 촉구한다. 즉 그들이 "주 안에서" 협력하도록 도우라. 그들이 이처럼 언쟁하는 것을 끝내도록 도우라. 이 불행한 말다툼은 그들을 멀어지게 하고 온 교회를 분열시키려 한다.

우리가 "나는 할 수 있다"고 말하는 비밀을 간직할 때 누구든지 치유의 사역에 들어갈 수 있다. 만일 가족간에나 이웃간에나 교회 안에서 사이가 틀어지면, 당신은 무엇을 행하는가? 수다 부인에게 가서 이렇게 말하는가? "유오디아 부인과 순두게 부인에 관한 이야기를 들으셨어요? 서로 싸운데요. 정말 끔찍한 일 아니에요?" 그리고 당신과 수다 부인은 "끔찍하다"는 말을 연신 내뱉는다. 그런 쓸모없는 이야기말고 건설적인 일을 할 수 있다. 당신은 이런 의견 충돌이 끝나도록 기도할 수 있다. 더 많은 일을 할 수 있다. 하나님이 이들에게 당신을 인도하셔서 겸손한 사랑으로 그리스도의 정신 안에서 다른 점을 해결하도록 호소하기를 원하시는지 여쭐 수 있다. 그들에 관하여 이야기할 수 있다. 누구든지 그렇게 할 수 있다. 그러나 그들에게 직접 이야기할 수 있다. 여러분 안에 계신 그리스도께서 당신이 그렇게 할 수 있도록 하실 것이다.

아시시의 프란체스코의 간단하고 사랑스러운 기도를 기억하라:

> 주여 나를 주의 평화의 도구로 써 주소서.
> 미움이 있는 곳에 사랑을 심게 하소서.
> 상처가 있는 곳에 용서를 심게 하소서.
> 의심이 있는 곳에 믿음을 심게 하소서.
> 절망이 있는 곳에 소망을 심게 하소서.
> 어둠이 있는 곳에 빛을 심게 하소서.
> 슬픔이 있는 곳에 기쁨을 심게 하소서.

그렇다. 나는 치유하는 자가 될 수 있다.

내가 할 수 있는 또 한 가지 일이 있다. 나는 기뻐할 수 있다. 4절은 그 것을 말한다: "주 안에서 항상 기뻐하라 내가 다시 말하노니 기뻐하라." 이 말을 하고 있는 사람이 감옥에서 자신의 생각을 쓰고 있는 사람이라는 것을 기억하겠는가?

그리스도인의 기쁨이 ~불구하고 기뻐함임을 우리는 안다. 족쇄와 사나움과 친구없음에도 불구하고 기뻐한다.

그러나 그리스도인의 기쁨은 ~때문에 기뻐함이다. "주님!" 때문에. 재산이나 인기나 쾌락 때문이 아니라 이 모든 것이 없어도 "내가 이것을 너희에게 이름은 내 기쁨이 너희 안에 있어 너희 기쁨을 충만하게 하려 함이니라"(요 15:11)고 말씀하실 수 있는 주님 때문이다.

참으로 그리스도인의 즐거움은 반드시 떠들썩한 환희나 솟구치는 황홀경은 아니다. 바울의 친구 세네카는 다음과 같은 말을 할 때 그 점을 정확하게 지적했다: "참된 기쁨은 고요하고 정신 맑은 움직임이다. 그리고 웃음과 즐거움으로 아는 사람들은 비참할 정도로 정신빠진 사람이다."

존 케블(John Keble)은 성 마태 축일시에서 다음과 같이 아름답게 그 점을 표현했다.

> "인간의 염려와 범죄라는
> 이 크고 귀 멍멍한 풍조 가운데
> 영원한 종소리가
> 가득 넘치는 사람,
> 은밀한 영혼이 거룩한 노래를 거듭 노래하므로
> 먼저 많은 길과 언쟁하는 시장을 지나
> 바쁜 발걸음으로 일상의 일에 힘쓰면서도
> 그 마음에 음악이 흐르는 사람이 있다."

그러므로 내게 힘을 주시는 그리스도를 통하여 할 수 있는 모든 일 가운데 이런 것을 포함시켜라: 나는 기뻐할 수 있다.

또 한 가지, 나는 인내할 수 있다. 5절을 보라: "너희 온건[한글개역성경은 '관용'으로 되어 있음—역주]을 모든 사람에게 알게 하라." 윌리엄스는 이렇게 번역한다. "너희 관용하는 정신을 모든 사람에게 알게 하라." 사전을 보면, 관용은 "인내, 자기 절제, 통제력"임을 알게 된다.

여기 나온 헬라어에 담긴 좀더 멋진 어취는 다른 사람에게 양보할 수 있는 능력을 암시한다. 물론 이 양보는 고상한 의미이지 야비한 의미가 아니다. 그리스도의 사람은 자신의 원리나 확신을 결코 양보하지 않는다. 반면에 그는 편견이나 선호도나 쾌락이나 심지어 권리조차도 양보하는 것이 지혜로움을 종종 발견한다.

존 웨슬리와 한 악명 높은 불가지론자가 좁은 육교에서 마주쳤다. 불가지론자는 유명한 웨슬리 씨를 알아 보고 그를 노려보고 말했다. "바보에게는 절대 길을 양보하지 않소." 존 웨슬리는 정중하게 비키면서 미소를 짓고 말했다. "친구여, 나는 언제나 양보합니다!"

상한 자존심이나 타오르는 분노 대신에 인내가 필요했을 때 경건한 웨슬리 씨는 "나는 할 수 있다 … 나는 할 수 있다"고 말할 수 있었다.

여기서 우리는 멈추지 않을 수 없다. 그 이유는 그리스도께 능력을 받은 삶의 가능성을 다 나열했기 때문이 아니라 여백이 남지 않았기 때문이다. 사랑하고, 치유하고, 기뻐하고, 인내할 수 있는 능력. 이런 것은 예수 그리스도 안에서 우리의 것이 된 능력의 무한한 은혜를 보여주는 표본에 불과하다.

바울은 나아가 이렇게 말한다. "모든 지각에 뛰어난 하나님의 평강"(7절) 때문에 "나는 **고요할 수 있다.**"

"참되고" "경건하고" "정결하며" "사랑할 만하며" "칭찬할 만한" 것들이 내가 살찌울 수 있는 것들이므로 나는 생각할 수 있으며, 그리스도인으로서 **생각할 수 있다.**

나는 "어떠한 형편에든지 자족하기를 배웠으므로"(11절) 만족할 수 있다.

마지막으로, "내게 능력 주시는 자 안에서 내가 모든 것을 할 수 있느니라."

사도의 이런 증언에 대한 일종의 각주로서, 5절에 감추어져 있는 의미심장한 짧은 문장이 있다: "주께서 가까우시니라" 혹은 필립스가 표현하듯이 "너희 주의 가까우심을 결코 잊지 말라."

그러나 우리 가운데 어떤 사람들은 바로 이런 점에서 실패했던 것 같다. 우리는 그런 점에서 "내가 할 수 있다"고 말하는 비밀을 놓쳤다. 혹은 잃어버렸다. 우리는 우리 주님의 가까우심을 잊었다.

아마 우리는 결코 주님이 가까이 오셔서 우리의 구주가 되시도록 하지 않았다. 우리가 그렇게 했다면, 주님의 가까우심을 잊은 것이다. 그러지 않고 우리가 주님께 우리의 모든 것을 드렸으면 주님의 가까우심은 우리에게 훨씬 큰 일이 될 수 있었다.

좌우간 주님이 지금 그대로의 당신을 가지시게 하라. 당신 안에 있는 부질없음과 실패라는 비참한 부분도 가지시게 하라. 그리고 그분께서 당신에게 지금 그대로의 그분을 주시게 하라. 이는 다함이 없는 힘의 원천이며 패배를 모르는 승리의 비밀이다.

골로새서

골로새서 제1장

메시지를 가진 사람

1:25. "내가 … 일꾼된 것은 … 하나님의 말씀을 이루려 함이니라."

I. 역사적 배경

거의 확실하게 바울은 자신이 전혀 방문하지 않은 그리스도인 집단에게 말하고 있다. 하지만 에바브라를 통하여 그는 그들의 믿음과 증거에 관하여 알게 되었다. 그 교회의 설립자였을 에바브라는 공동체 안에 (신약 학자들이 서술했던) "골로새 이단"을 택한 한 집단에게서 일어난 신앙의 위험을 또한 알렸다. 이는 세 가지 구분 가능한 요소와 결합되어 있었던 것 같다: (1) 어떤 절기와 금식의 준수를 요구하는 유대교 율법주의의 요소 (2) 영적인 것을 높이 보고 물질적인 것을 낮게 보며 (후에) 거룩하신 하나님께서 물질적 질서를 창조해야 할 책임이 없으시다는 복잡한 구도로 발전한 희랍 철학의 요소 (3) "입교자"가 "많은 사람이 가질 수 없고 소수에게 유보된" 지식에 들어간다는 신비적 조명(enlightenment)의 요소. 바울이 보았던 것처럼 전체 문제의 요점은 이 오류가 자기를 계시하신 하나님이며 단독적 구주로서 예수 그리스도의 주권과 충족성을 위협했다는 것이다.

II. 용어 해설

1:5. "위하여." 헬라어에서 이 말은 '~때문에' 라는 어취를 갖는다. 그러므로 이 말이 끌어들이는 표현이 "모든 성도에 대한 사랑"과 연결되어야 하는지 3절의 "우리가 감사하노라"를 가리키는지에 관한 문제가 발생한다.

첫번째 견해에 대한 반론은, 이 견해가 최고로 기독교적 의미에서 자신의 동기를 제공하는 "사랑"을 장래의 상급에 대한 "소망"을 바라고 거기에 의존하게 만드는 것처럼 보인다는 것이다. 본문은 잘라 말하지 않는다.

1:6. "온 천하에서." 엘리코트는 "납득할 수 있는 과장법"이라고 부르는데, 그 이유는 무엇보다도 바울이 염두에 두는 복음이 그 당시 로마 세계에 두루 퍼졌던 것이 거의 확실하며 더 나아가 복음의 본질과 의도가 보편적이기 때문이다.

1:8. "성령 안에서 너희 사랑." 웨이마우스는 이렇게 잘 번역한다. "성령이 불러일으키신 너희 사랑."

1:9. "신령한 지혜와 총명." 둘의 차이점에 관하여 바클레이는 그 깊이를 헤아리지는 못하지만 단순함으로 칭찬받을 만한 지적을 한다. "바울은 친구들이 지혜와 총명을 가지도록 기도할 때, 그들이 기독교의 위대한 진리들을 깨닫고 이 진리를 일상 생활에서 만나는 일과 결정에 적용할 수 있도록 기도하고 있다."

1:10. "범사에 기쁘시게 하고"를 무울은 "그분의 소원을 모두 이루게 하시고"로 번역한다. 마팻은 "그분께 모든 만족을 드리고"로 번역한다.

1:12. "합당하게 하신." 흠정역에는 "충족하게 하다"로 되어 있음.

"빛 가운데서 성도의 기업": 하나님의 나라는 빛의 나라이다. 이 나라에서 각 신자는 그리스도로 말미암아 분깃을 얻는다.

1:14. 사본적 권위가 약하므로 대부분의 현대 번역본에는 "그의 피로 말미암아"가 빠져 있다. 그러나 그렇다고 바울의 속죄관은 바뀌지 않는다. 왜냐하면 가장 확고한 사본에 근거하여 이 표현은 20절에 나오기 때문이다.

1:15. "형상." 박식한 니콜슨(Nicholson) 감독은 골로새서 주석에서 이 낱말에 세 가지 개념이 결합되어 있다고 주장한다: 파생, 표상, 현현. 즉 그리스도는 하나님으로부터 와서 하나님을 표상하고 하나님을 드러내신다. "모든 창조물보다 먼저 나신 자"는 그리스도께서 피조물이라고 하는 여호와 증인의 주장을 정당하게 만들지 않는다. 헌터(A. M. Hunter)가 지적했듯이, "이 표현은 '창조 이전에 존재하신 자'를 뜻한다. 그리고 장자권은

탁월한 위엄을 함축했기 때문에, 그 사유는 그리스도께서 시간에서 뿐만 아니라 위엄에서도 모든 피조물보다 우선되신다는 것이다."

1:17. "먼저." 즉 시간이나 지위에서 우선된다는 뜻이다. 흠정역에는 "섰느니라" 대신에 "있다"(consist)로 되어 있다.

1:18. "죽은 자들 가운데 먼저 나신 자니." 이미 모든 창조물의 으뜸 혹은 주권자로 서술되신(15절) 그리스도는 이제 새 창조물, 구속받은 공동체의 으뜸 혹은 머리로 묘사되신다. 그리스도의 부활은 이 공동체의 머리 되심에 대한 최고의 표시이다. 왜냐하면 찰스 어드만이 지적하듯이 "그리스도는 죽은 자들 가운데 부활하여 다시는 죽지 않으시는 첫번째 존재이셨다."

1:20. "화목케." 어근이 단순히 '변한다 혹은 다른 것이 되다 혹은 다르다' 라는 뜻을 가졌던 헬라어. 이 말에 접두사가 붙어서 '교환하다 혹은 변모하다' 는 뜻을 갖게 되었고, 그래서 이 말은 쌍방의 무너진 혹은 적대적인 관계가 고쳐지고 올바르게 되고 치유되었을 때 일어나는 것을 서술하는 용어로 발전되었다.

"만물." 바울이 충분히 밝히지 않았지만, 신약에서 자기 모순에 빠지지 않는 가장 충분한 의미를 넣어서 이 말을 읽어야 한다. 신약에서 모순되므로 근거없는 견해를 보여주는 한 가지 예는 오리게네스의 견해이다. 그는 "만물"에 마귀와 타락한 천사도 포함되어야 한다고 주장했다. 그래도 바울의 확언이 갖는 힘은 분명 약화되지 않는다. 십자가에는 우주적인 것이 있다. 그리스도께서 죽으시고 다시 살아나셨기에 우주는 동일한 우주가 아니었다.

1:23. "만일." 이 조건절은 가장 자연스러운 의미에서 이해되어야 한다. 즉 구원이 전적으로 은혜에 속하는 것이라면 또한 전적으로 믿음에 속하는 것이다. 이디(Eadie)가 표현하듯이 "믿음의 상실은 소망의 조종(弔鍾)이다."

1:24. "그리스도의 남은 고난을 채우노라." 이는 (1) 바울이 그리스도의 고난에 동감하거나 공감하여 교회를 위하여 겪어야 하는 고난 혹은 (2)

그리스도께서 자기의 종 바울 안에서 그리고 그를 통하여 틀림없이 느끼시는 고난. 분명 여기서 바울의 마음에는 구주의 대속적 혹은 속죄적 고난이 없었다.

1:26. "비밀." 신약에서 "계시에 의하지 않고는 발견할 수 없는" 진리를 가리키는 데 일관되게 사용되는 말.

III. 교리적 의의

이 장은 무엇보다도 예수 그리스도의 신인(神人)적 위격과 독특한 구속 사역에 대한 심오한 신학적 해명이라는 점에서 독특하다. 이 장은 또한 우리와 "그리스도와의 연합"에 대한 교리를 우리에게 소개한다. 스튜어트(J. S. Stewart)는 「그리스도 안의 사람」(*A Man In Christ*)에서 이를 "바울 종교의 핵심"이라고 불렀다.

IV. 실천적 목표

그리스도의 "유일한 충족성"을 높이면서 바울은 골로새 신자로 하여금 오류를 범한 자들의 그럴 듯한 주장과 호소를 막도록 준비시키려 했다. 이들은 그리스도를 믿는 믿음에 유대교 의식과 엄격한 금욕과 점성술에 대한 신뢰를 덧붙여야 한다고 주장했다. 전체 편지와 바울의 전체 사역의 목적이기도 한 이 장의 목적은 28절에 잘 진술되어 있다: "우리가 그를 전파하여 각 사람을 권하고 모든 지혜로 각 사람을 가르침은 각 사람을 그리스도 안에서 완전한 자로 세우려 함이니."

V. 설교 개요

제목: "메시지를 가진 사람."

도입부

몇 년 전 「포춘」지는 "교회의 실패"에 대한 신랄한 사설을 실었다. 편집자는 이렇게 썼다. "우리는 계명을 위하여 교회로 돌아오라는 부탁을 받는다. 그러나 우리는 그렇게 할 때 교회의 음성에 영감이 없음을 발견한다. 오늘날 교회의 음성은 우리 자신의 음성의 메아리임을 발견한다."

오늘날의 설교는 현명한가? 그렇다. 분석적인가? 그렇다. 문제를 의식하는가? 그렇다. 사회적인 관심을 갖고 있는가?

그러나 이것은 온통 〈뉴욕타임즈〉나 〈하버드 비즈니스 리뷰〉나 〈월간 애틀랜틱〉이나 〈리포터〉의 메아리에 다르지 않을 수 있다.

한때 어떤 사람은 매튜 아놀드(Matthew Arnold)를 "좌우간 복음을 잘 못 두려고 했던 애처로운 복음주의자"로 서술했다.

많은 현대 설교에 일어나는 일이 바로 그것이 아닌가?

그 점을 직시하자: 이 일은 기독교의 1세기의 어떤 설교에도 일어났다.

그러나 바울의 설교에는 그런 일이 없었다.

그는, 나는 이 소명을 택하지 않았다고 외친다. 그 소명이 나를 택했다. 그의 말을 빌리면, "나는 일꾼이 되었노라", 그리고 나의 일은 "하나님의 말씀을 이루려 함"이다. 내게는 다른 일이 없다. 이 일을 대신할 수 있는 것이 전혀 없다.

그러므로 이 사람 바울의 메시지를 살펴보자.

A. 한 가지 예를 들면, 그것은 한 인격의 메시지였다.

27절에서 그가 어떻게 "그리스도"라는 높아진 칭호를 높이고 그런 다음 "우리가 전파하는 분"을 말하는지 보라.

"[전파하는] 무엇"이 아니라 "[전파하는] 분"임을 명심하라. 나는 그의 설교가 "무엇" 즉 논리적 신학적 씨줄을 갖고 있었지만 날줄은 인격적 그리스도이셨음을 완전히 잘 안다.

> "생명과 불의 원천,
> 우리가 아는 모든 즐거움을
> 그리고 우리가 바랄 수 있는 모든 것을 넘어서는."

기독교는 많은 것 즉 조직과 기관과 의식과 신학과 전통이지만, 복음은 그리스도이다. 설교는 그리스도에 관하여 단순히 말하는 것이 아니다. 사람들에게 전파되고 있는 것은 그리스도이다.

물론 바울은 그리스도를 구주와 주로 선포했다. 뿐만 아니라 사도가 뵈었을 때 예수님이라는 인물은 엄청난 분이었다. 필립스의 번역처럼 세련된 문단으로 그의 말을 들어 보라: "이제 그리스도는 보이지 않으신 하나님의 보이는 표현이다. 그는 창조물이 시작되기 전에 계셨으니, 영적인 것이나 물질적인 것, 보이는 것과 보이지 않는 모든 것이 그로 말미암아 만들어졌다. 또한 그로 말미암아 그리고 그를 위하여 보좌와 주관과 정사와 권세가 창조되었다. 사실 모든 개별 사물은 그로 말미암고 그를 위하여 창조되었다. 그는 창조의 전체 구도의 제1원리와 지지하는 원리이시다"(15-17절).

골로새에는 창조의 교묘한 교리로 깊은 목적을 미워한 이단 즉 후대 영지주의의 선구자들이 있었다. 그들은 물질을 낮게 보고 물질이 악한 것이라고 주장했다. 하나님은 선하시므로 물질을 창조하지 않으셨다. 물질은 좀더 낮은 등급의 영적 존재들 즉 아이온(aion, 세대)이 만들었다. 바울은 이 사변적 구도를 한편으로 치운다. 우주에 악이 있다는 것을 바울은 결코 부인하지 않았다. 그는 악한 우주가 있다는 것을 부인했을 따름이다. 그리고 그는 이것이 통일된 전체(universe)이지 다양한 전체(multiverse)가 아니었다. 물론 이 말은 우리의 용어이지 바울의 용어는 아니다.

이 장에서 바울의 주장은, 창조하시는 하나님이 구속하시는 하나님이시며 그리스도는 두 영역에 이루어지는 하나님의 행위의 기관 혹은 매개이시라는 것이다. 박식한 라이트푸트 박사의 영광스러운 문장을 빌리면, "영원하신 말씀은 우주의 출발점이셨듯이 우주의 목적이시다. 우주는 통일체에서 나왔듯이 통일체로 끝남에 틀림없다. 그리고 이 통일체의 중심은 그리스도이시다."

바울이 구주로 경배하고 선포한 이 영원하시고 창조하시는 그리스도께서 역사적 예수가 되셨다. 22절은 "그의 육체"를 말한다. 골로새에서 오류를 다른 사람에게 옮기는 사람들은 달리 가르치고 있었다. 그들은, 첫째 물질은 순수하지 못하고, 둘째 그리스도께서 물리적 몸과 일치되신다면 그리스도의 품위가 떨어질 것이라고 주장함으로써 자신의 이단 사설을 만들었다. 이 모든 것은 나쁜 철학이며 더 나쁜 종교라고 사도는 보았다.

반대로 바울은 수백만의 그리스도인이 부르는 찰스 웨슬리의 찬송에 찬사를 보내었을 것이다.

> "훗날 동정녀의 태 속의 자식으로
> 그분이 오신 것을 보라.
> 육신으로 가리우신 하나님을 보라.
> 성육신한 하나님 만세!"

영원하신 창조주이신 그리스도! 역사의 성육신하신 말씀이신 그리스도! 바울은 그분이 바로 우주의 속죄하시는 구주이시라고 외친다! 이 장을 읽으면서 나는, 당신이 14절부터 20절까지를 '줄곧' 정신차려 읽을 것을 제안한다. 그러므로 "그 아들 안에서 우리가 [그의 피로 말미암아] 구속 곧 죄사함을 얻었도다. … 그의 십자가의 피로 화평을 이루사 만물을 그로 말미암아 자기와 화목케 되기를 기뻐하심이라."

스튜어트(J. S. Stewart)는 자신의 한 저서에서 "죄사함 같은 것은 없다"고 말하는 헉슬리와 "용서는 거지의 피난처이며 우리는 빚을 갚아야 한다"고 말하는 버나드 쇼(Bernard Shaw)와 궁극적 힘은 결코 용서하는 것이 아니라 "가혹하고 준엄한 적개심"이라고 말하는 웰즈(H. G. Wells)를 인용하는 감동적인 구절을 적어 둔다. 스튜어트는 말하기를, 우리 그리스도인이 그 모든 사람에게 다음과 같이 대답해 줄 수 있다. "알려준 정보는 감사하지만, 이는 당신의 고루한 논리가 아니라 통치력을 발휘하는 하늘의 은혜이다."

그는 다른 많은 구절과 마찬가지로 속죄가 십자가로부터 다스린다는 말을 덧붙여도 되었을 것이다.

"오 그리스도, 잔인한 나무 위에

　높이 매달린 사랑의 희생물이여,

　나의 그리스도여 주께

내가 어떤 값진 것으로 보답할 수 있으리?

　이 날의 나의 땀과 노동,

　　나의 하나 있는 생명이

　힘을 다해 주님을 사랑하고

주님께 대한 사랑 때문에 죽게 하소서."

그러나 구주와 주이신 그리스도는 바울의 메시지의 핵심이지, 그의 메시지의 전체가 아니었다. 세상을 위한 그리스도가 그의 메시지의 전체인가? 그렇다. 그러나 교회 곧 그리스도인들을 위한 그리스도이시기도 하다. 여기서 사도는 그리스도를 교사와 모범으로 선포한다. 가령 그가 2장 6, 7절에서 말하는 호소와 지시를 보자: "그러므로 너희가 그리스도 예수를 주로 받았으니 그 안에서 행하되 그 안에 뿌리를 박으며 세움을 입어 교훈을 받은 대로 믿음에 굳게 서서 감사함이 넘치게 하라."

예수님은 "내가 너희에게 모범을 보였다"하고 말씀하지 않으셨는가? 예수님은 "너희가 이런 것들을 알고 행하면 복되도다"하고 주장하지 않으셨는가?

그리고 예수님의 이 말씀들은 너무 뻣뻣하게 받아들이지 말고 융통성 있게 받아들여야 한다. 즉 성령의 인도를 받아서. 결국 우리 주님이 기독교적 행위의 모든 양상에 대하여 하나의 모범을 주지 않으셨다는 좁은 인식이 있다. 우리는 어떻게 남편이 아내에게 행해야 하는가에 대한 무슨 모범을 찾으려고 예수님의 생애를 살펴봐야 헛수고이다. 수많은 사람이 토마스 아 켐피스의 「그리스도를 본받아」와 찰스 셸던(Charles Sheldon)의 「예수님이라면 어떻게 하실까」(*In His Steps*)에서 영감을 얻었지만, 두 책은 어느 것이나 우리를 잘못된 길로 이끌 수 있다. 「그리스도를 본받아」의 분위기는 이상적 생활이란 참으로 금욕적인 것임을 보여준다. 그리고 「예수님이라면 어떻게 하실까」에 관해서 말하면, 당신과 내가 "예수님이라면 어떤 일을 하실 것인가?"하고 묻지 않고 "예수님은 내가 지금 여기서 무엇을 하기를 바라셨을까?"하고 물어야 하는 삶의 정황이 많이 있다.

사례들을 인용해 보면, 노예를 소유했던 영국과 미국의 그리스도인들이 인간 노예제에 관하여 만족하고, 예수님이나 바울이 로마 제국의 노예제도를 공개적으로 공격하지 않으셨다는 사실을 들어 자신들의 만족을 정당화했던 것은 실수였다. 그리스도인이 이교의 경찰 국가에서 소수로서 어떤 일을 할 수 있었고 해야 했는가 하는 것과 그들이 그리스도인이라고 고백하는 자유로운 사회에서 무슨 일을 할 수 있었고 해야 하는가는 서로 다른 것이다. 우리 사회의 조직에서 노예제도를 궁극적으로 찢어낸 것은 그리스도의 마음의 빛이 사회적 양심을 꿰뚫었기 때문이었다.

오늘날도 비슷한 상황이 존재한다. 인종과 시민권에 관련하여. 가장 불행한 에피스드들 가운데 하나를 들면, 미국 교회사에서 수백만 명의 미국 교인은 정의에 대한 주님의 열정에 타오르는 양심이 아니라 뿌리깊은 사회적 관습에 더 많은 관심을 기울인다. 바로 한 교회가 자신의 "맛" 즉 내면적 영적 활력과 외면적 사회적 증거를 잃고 1917년 공산주의 혁명에서 "내쫓겨" "사람들의 발에 밟혔다."

예수님은 "내게 배우라"하고 말씀하셨다. 내가 열정적으로 "환전하는 사람들"(수구적 착취의 대표들)을 붙들고 그들을 성전에서 내쫓은 것을 배워라.

구주와 주이신 그리스도의 메시지가 우리에게 우리의 복음을 준다면, 교사와 모범이신 그리스도의 메시지는 우리에게 우리의 윤리를 준다.

둘이 다 필요하다. 둘 다 빠뜨려서는 안 된다.

B. 우리가 본문에서 확실히 파악해야 할 것이 또 있다.

우리는 바울의 메시지가 한 인격에 대한 것이라고 말해 왔다. 이제 우리는 그것이 소유에 대한 메시지였다고 말하지 않을 수 없다. 이 사람이 "너희 안에 계신 그리스도"를 선포하는 명령을 받았다고 말할 때 무슨 뜻으로 하는 말인가?

나는 헬라어 전치사가 "너희 가운데"라는 번역을 허용한다는 것을 잊지 않는다. 마팻은 그렇게 번역한다. 그러나 그런 태도는 다분히 그만이 취하는 것이다. "너희 안에"라는 말이 우리와 "그리스도의 연합"이라는 바울의 친숙한 교리 즉 우리 안에 계신 그리스도와 그리스도 안에 있는 우리라는 교리에 매우 철저하게 일치하므로, 우리는 압도적으로 많은 번역자를 따르는 것이 안전하다.

그러나 여기서 요점은 단순히 실제적인 것이 아니다. "너희 안에 계신 그리스도"는 개인적으로 체험하고 확실히 아는 그리스도이다.

우리는 예수 그리스도께서 확고하게 뿌리를 내리신 실재의 많은 영역이 있음을 깨달아야 한다: 역사, 신학, 도덕, 전례, 성례 등.

역사 안에 계신 그리스도? 그렇다. 그러나 바울이 말하는 것은 그것 이상이다.

신학 안에 계신 그리스도? 그렇다. 그러나 그것 이상이다.

조각과 시와 전례 안에 계신 그리스도? 그렇다. 그러나 그것 이상이다.

너희 안에 계신 그리스도이다.

그분은 거기 계신가? 당신의 승낙을 받으시고? 당신의 믿음을 통하여? 당신의 지식에 따라?

오래 전에 한 경건한 신부의 방문을 받은 농부 부부에 관하여 읽은 적이 있다. 남편은 잠시 외출중이었다. 그가 돌아왔을 때 아내는 "신부님이 우리를 만나러 오셨어요" 하고 말했다.

"무슨 말씀을 하셨소?"

"예수님이 여기 사시는지 물으시더군요."

"우리가 교회에 다닌다는 것을 말씀드렸소?"

"신부님이 물으신 건 거기 아니었어요. 예수 그리스도께서 여기 사시는지 알고 싶어하셨어요."

그것은 달랐다.

당신이 어떻게 대답했는가 하고 묻는 것은 올바르지 않다.

> "오 이날 우리 안에 사소서,
>
> 오 다시 인간의 진흙 안에서
>
> 주님의 목적을 친히 부여하소서.
>
> 우리의 연약함을 통하여 주님의 힘을 행하소서.
>
> 우리의 비천함을 통하여 주님의 고상함을 행하소서.
>
> 우리 영혼의 무력한 가난을 통하여
>
> 주님의 은혜와 주님의 영광과 주님의 사랑을 행하소서."

　　"이날 우리 안에 사소서."

그 기도에 대한 해답이 참으로 있다.

C. 이 메시지에 관하여 또 한 가지가 있다

그것은 전망에 대한 메시지이다. "너희 안에 계신 그리스도시니 곧 영광의 소망이니라"하고 바울은 말한다.

영광은 수백 가지 색을 가지고 번쩍이는 성경의 낱말이다. 이 말은 많은 형식의 표현으로 많은 어취를 갖는다. 일반적으로 거룩함과 위엄과 이렇게 표현할 수 있다면 목적의 성취로 나타나는 하나님의 적극적이며 찬란한 임재이다. 그래서 예수님의 죽으심과 부활은 인자를 영화롭게 하심으로 표현할 수 있다. 예수님 안에서 이루어진 성부의 뜻의 성취이며, 아버지 안에서 이루어진 예수님의 뜻의 성취이다.

그런데 그리스도 안에서 결정적으로 십자가에서 그리고 부활을 통하여 이기신 세상의 모든 어둡고 파괴적인 세력에 대한 승리를 궁극적으로 완성하는 것이 하나님의 목적에 속했다는 점은 사도에게 주신 부활의 본질적인 부분이었다. 이는 결국 그리스도의 다시 나타나심, 재림, 죽음의 정복, 무덤이라는 어두운 상징으로 표상되는 모든 싫은 것과 우울함의 종결, 자주 약화된 건강과 끈질기게 괴롭히는 두려움과 시들해진 꿈과 흐릿해진 이상과 썩어짐이라는 마지막 완고한 잔재의 산산조각남을 뜻할 것이다.

바울은, 그리스도의 부활로 보장되고 높이 솟은 주권적이신 하나님의 이 목적이 거칠 것 없이 성취될 것이라고 외친다. 거기에 당신의 소망이 있다.

한 무리의 버트란드 러셀파는 신랄하게 "인간의 삶은 짧고 무력하다. 그와 그의 모든 종족 위에 확실하고 느릿한 운명이 냉혹하고 어둡게 임한다"하고 선언할 것이다.

그러나 그것은 그들이 선택하는 입장이다. 그리스도를 선택하기를 거부하면서 그들은 틀림없이 그런 입장을 취한다.

그러나 그처럼 낙담스러운 냉소가 그리스도인의 영혼을 결코 붙잡지 않았다. 그리스도인의 소망은 다음과 같이 노래하는 흔들릴 수 없는 소망이다.

> "믿음은 비통한 시절을 이기고 남을 것이며,
> 소망은 지극히 캄캄한 두려움보다 더 빛나며,
> 사랑은 지극히 강한 힘보다 낫다─
> 영혼이 고귀하게 붙드는 모든 것을 위협하는 힘보다.

> "왜냐하면 죄와 두려움과 죽음이 죽었을 때,
> 믿음은 이길 것이며, 소망은 지속될 것이며,
> 사랑은 보좌 옆에서 통치할 것이기 때문이다."

인격! 소유! 전망!

바울은, 그것이 나의 메시지에 있는 모든 것이라고 외친다. 그 메시지의 진리는 나의 마음에 살아 있으며, 그것이 내 입술에서 발한다. "경고"로든 혹은 "가르침"으로든 언제나 "내 속에서 능력으로 역사하시는" 그 신적 능력의 힘 안에서 언제나 나는 이 메시지가 드러나도록 생활한다.

누가 바울의 일에 합류하려고 발걸음을 내딛는가?

골로새서 제2장

보살핌의 고뇌와 황홀경

2:1. "내가 너희를 위하여 어떻게 힘쓰는 것을 너희가 알기를 원하노니."

I. 역사적 배경

이 장에서 바울은, 몇몇 신약 학자들이 표현하듯이 앞에서 우리의 각주에 언급된 "골로새 이단"의 교사들에 대하여 "논쟁"을 펼칠 것이다. 8절부터는 "누가" "누구든지"라는 말이 잇달아 언급되기 시작하는데, 이 말은 바울이 단수형으로 사용하므로 이들 거짓되고 위험한 견해에 대한 중요한 대표자였을 특정한 교사를 뜻하는 것으로 볼 수 있다(그리고 많은 주석가들도 실제로 그렇게 본다).

II. 용어 해설

2:1. "힘쓰는 것." 헬라어로는 의미가 강하다. 이 말은 "고뇌하다" "고뇌" 등이 도출되는 어원이다.

2:2. "위안을 받고." 문맥에서 이 말은 "강해지고" 혹은 "격려를 받고"로 번역하는 것이 더 좋다. (웨이마우스는 "기운이 나며"라는 말을 사용하며 신영어역은 "선한 마음"이라는 말을 사용한다.) "[아버지의, 그리스도의] 하나님의 비밀인 그리스도를 깨닫게 하려 함"이라는 전체 구는 번역자와 강해자에게 고달픈 출발이 된다. 왜냐하면 번역자들은 사본 독법의 특이한 다양성 때문에, 강해자들은 신학적 어취가 선택한 특정 독법에 따라 약간씩 다르기 때문이다. 개역표준역의 번역을 칭찬할 만한 합당한 이유가 있다. 이 번역은 신비와 동격으로 "그리스도의"라는 말을 놓기보다 간단히

"하나님의 신비의, 그리스도의 지식"으로 읽는다.

2:5. "규모." 대열을 흐트리지 않은 군대와 같은 당신의 질서정연한 상태.

2:8. "철학." 성경 다른 곳에서는 사용되지 않는 말인데, 여기 문맥은 이 말이 인용 부호 안에 들어가야 한다는 것을 암시했을 것이다. 골로새의 오류를 범하는 자들이 철학으로 그럴 듯하게 부르는 것을, 바울은 "헛된 속임수"로, 즉 기만적으로 사변적인 것으로 폭로했을 것이다.

"세상의 초등 학문"은 (1) 의식과 규례(아마 유대교적인 것) (2) 의인화된 천상 몸체나 자연력 혹은 (3) 오류를 범하는 자들이 사실상 자연적 혹은 세상적 차원에서 제공되는 "초보"에 불과한 것을 영적인 것으로 받아들이기를 바라는 것을 제시하고 있다는 바울의 판단을 가리키는 것으로 이해할 수 있다.

2:9. "육체로"는 "신체적인 방식으로"(로버트슨) 혹은 "신체적 현현과 더불어"(라이트푸트)를 뜻하는 것으로 보아야 한다.

2:10. "그 안에서 충만하여졌으니"는 개역표준성경에서 "너희가 그 안에서 생명의 충만에 이르렀다"로 번역된다. 그리고 무울은 우리에게 "너희는 모든 충만이 거하는 그분 안에서 충만하게 채워졌다"는 번역을 제공한 후에 다음과 같은 확장적인 의미를 말한다: "너희는 그의 약속과 현존과 임재에서 '생명과 경건에 필요한 모든 것을' 소유한다."

2:11. 흠정역에 나오는 "죄의"라는 말은 사본적 권위가 충분치 않으므로 생략되어야 한다.

"육적 몸"(이 표현은 수정된 것으로 보고)이라는 말은 전형적으로 바울적인 것을 뜻한다. 물리적 몸이 아니라 자아 생활의 총체성 즉 하나님의 새롭게 하시고 정결케 하시는 은혜에서 벗어난 인간 본성이다. 좌우간 이 해석은 "육체"에 대한 바울의 독특하고 윤리적인 용법과 매우 일치한다. 물론 어떤 구절에서 바울이 신체적 몸을 명백히 가리켜서 이 말을 사용한다는 점을 잊어서는 안 된다.

2:12. "세례로 그리스도와 함께 장사한 바 되고." 주석가들의 다수 의견

에도 불구하고 니콜슨 감독과 같이 조심스러운 강해자의 견해는 당장에 버려서는 안 된다. 즉 바울은 여기서 예수님이 자신의 죽음을 가리켜 "나는 받을 세례가 있으니"(12:50)라고 말씀하셨을 때 사용하신 비의례적 의미로 그 말을 사용하고 있다는 것이다. 니콜슨은 바울의 말의 의미가 고린도전서 12:13과 같은 구절에 비추어서 가장 잘 이해된다고 결론을 내린다. 그런 견해에는 물 세례가 폐지되었다고 주장하는 극단적 세대주의의 근거 없는 극단이 동반되지 않는 점은 덧붙일 필요가 거의 없다.

2:14. "의문에 쓴 증서." "성취되지 않을 때 지불되지 않은 '손으로 쓴 어음'과 비슷한 모세의 율법"(애보트). 하나님의 율법이 폐지되어야 할 악으로 간주되는 것이 아니라, 여기서는 하나님의 율법이 범법자에 대한 주장 때문에 우리의 구원과 평화를 불가능하게 만드는 원수, 적의로 묘사된다. 십자가는 그런 곤경을 다루고 이기고 말소했다.

2:15. "정사와 권세를 벗어 버려." 그리스도는 악의 전체 위계 질서(인격적인 악이든 비인격적인 것이든)를 취하여 그것을 파괴하시고 정복자가 정복한 원수에게서 전리품을 빼앗듯이 악에서 권세를 빼앗으셨다.

2:16. "평론하다"는 반대하는 의미로 이해될 수 있다. "너희를 평론하다." "절기" "월삭" "안식일." 유대교 달력에서 세 가지 종류의 절기를 볼 수 있다: 연례, 월례, 주례 절기.

2:17. "몸"은 단단하고 영구적인 실재 즉 "실체"로서 이해되어야 한다.

2:18. "너희 상을 빼앗지 못하게 하라." 헬라어에는 한 낱말로 되어 있는데, 이 말이 "상급"의 개념을 함축하든지 "상"의 개념을 함축하든지 상관없이 학자들은 이 쟁점에 관하여 의견이 갈린다. 분명한 것은 무자격의 생각이다.

"일부러 겸손함." 해결이 곤란하여 끝없는 논쟁의 주제가 되는 표현이며, "자신의 단순한 의지로, 겸손을 인하여"로 번역하는 가장 좋을 것이다. 문법적으로 이 말은 자칭 부적격자를 수식하거나 부적격한 척하는 자를 수식하는 것으로 볼 수 있다. 어떤 경우이든 "겸손함"은 독단적이며 따라서 인위적인 겸손함을 지칭한다.

"저가 그 보지 않은[한글개역성경에는 '본'으로 되어 있음—역주] 것을 의지하여 헛되이 가장하고." 좋은 사본적 권위에 따르면 부정어는 빠질 수 있으며, 전체 구절은 반어법적으로 "자신의 '이상'에 바쁜" 것으로 해석된다.

2:19. "머리를 붙들지 아니하는지라." 개역표준역에는 "머리에 굳게 매달리지 아니하는지라"로 탁월하게 번역되어 있다.

2:20. "세상의 초등 학문." 비교적 지상적이며 비영적이었던 "유대교적 의식"(어드먼의 견해) 아니면 오류를 범하는 자들을 특별히 염두에 둘 때 그들이 그렇게 만든 천사, 세대, 의인화된 별들의 세력일 것이다.

"의문." 요구된 의식과 금욕적 관행인데 16절에 이미 암시되어 있다.

2:21, 22. 삽입구는 금지 명령에 대한 일종의 슬로건적 요약, 말하자면 구원얻는 공로를 갖는 것으로 생각된 금기들이다.

2:23. "지혜 있는 모양"은 지혜에 대한 자만을 뜻한다. "자의적 숭배." 그리스도 안에 있는 겸손한 신뢰에서 아주 멀리 떨어진 자의식적이며 자기 확신적인 주의주의(主意主義). 의역하는 것이 바람직하다면, "강요된 경건"이라는 신영어역의 독법이 탁월하다.

"육체를 무시하는." 한글개역성경에는 말 그대로 금욕적 강요와 자제에 의하여 육체를 괴롭게 한다로 되어 있다.

"육체 좇는 것을 금하는 데도 유익이 조금도 없느니라"를 무울은 "육체의 탐닉을 반대하는 데 아무런 가치도 없느니라"로 잘 바꾸었다.

III. 교리적 의의

물질적 질서의 창조를 포함하여 다양한 봉사를 수행하는 유사 신들인 유출(emanation)과 세대(aeon)에 대한 (골로새의 오류를 범하는 사람들이 선전한) 거짓 교리에 반대하여, 이 장은 예수 그리스도의 완전한 신성과 주권을 역설한다. 그분은 하나님의 공개된 비밀과 완벽한 요약이시다. 그분은 드러난 하나님의 "비밀"이시다. 밝혀진 하나님의 "충만"이시다. 게다가 바울은 (부패된 은혜를 뜻하는) 은혜-공로의 도식에 반대하여 그리스도와 신자의 믿음의 연합이라는 교리를 설명한다. 그리스도만이 십자가에서 이 구원의 준비를 위하여 충분하셨듯이 구원얻은 생명의 생활을 위하여 충분하다.

IV. 실천적 목표

바로 이 장에서 바울은 "골로새 이단"을 가장 명시적으로 다룬다. 물론 그 장본인의 이름을 거명하지는 않는다. 그의 목적은 교회로 하여금, 창조주와 구주로서 그리스도의 공유되지 않는 존귀를 손상시키고 은혜를 통하여 그리스도 안에 있는 하나님의 선물로서 구원의 전체 구조를 두고 타협하는 오류를 막도록 무장시키기 위함이다.

V. 설교 개요

제목: "보살핌의 고뇌와 황홀경"

도입부

월트 휫트먼(Walt Whitman)은 다른 사람의 입장에 자신을 둘 수 있는 능력인 동감의 좀더 깊은 의미에 관하여 신랄한 글을 쓴다:

> "고뇌는 나의 의상 변화 가운데 하나이다.
> 나는 상처 입은 사람에게 기분이 어떤지 묻지 않는다.
> 나 자신이 상처 입은 사람이 된다."

바울의 경우도 이와 비슷했다. 그는 휘트먼이 이해할 수 있는 것보다 훨씬 더 깊은 의미의 차원에서 다음과 같이 말할 수 있었다: "고뇌는 나의 의상 변화 가운데 하나이다."

"내가 어떻게 힘쓰는 것을 너희가 알기를 원하노니." 흠정역의 난외 독법이 좀더 낫다. 이 독법은 "힘쓴다"는 것 대신에 "보살핌"(care)을 쓴다. 마팻의 번역은 "깊은 관심"이며 필립스는 "걱정"이라고 한다. 신영어역의 의역은 "굽히지 않는 노력"이다.

번역이 어떤 것이든지 헬라어는 영어의 "고뇌" "고뇌하다"라는 낱말이 파생되는 바로 그 말이다. 사도가 느끼는 이것은 천박하게 성가시게 구는 일이 아니다. 이는 깊이와 예민함을 갖고 있다.

A. 바울이 느끼는 고통의 의미

나는 적어도 그 고통에서 세 가지 것을 본다.

그 안에는 애정이 있다.

편지의 모두에서 바울은 골로새인들에게 자신이 말하는 "모든 성도에 대한 사랑"(1:4)을 권했다. 우리는 이 사람 바울이 애정의 원 안에서 자신의 자리를 두고 있음을 확신할 수 있다. 그들이 모든 성도를 사랑했다면, 그는 조금도 뒤지지 않았다.

우리가 그리스도의 사랑에 다스림을 받을수록, 사람들에 대하여 더 많은 관심을 갖는다. 그리고 인격으로서 사람을 위하여라는 말을 덧붙이자. 사용할 사물로서가 아니라 고용해야 할 행위자로서가 아니며, "팔" 전망으로서도 아니고, 자신을 위하여 그리고 그리스도를 위하여 봉사해야 할 인격으로서 사람이다.

그러나 그들이 우리의 봉사나 우리의 관심이나 우리의 사랑을 원하지 않으면 어떻게 되겠는가? 참으로 그들은 분개나 모진 태도나 미움으로 우리의 등을 치면 어떻게 되겠는가?

혹은 그들이 우리의 사랑과 도움이 필요하다는 것을 의식조차 하지 못하면 어떻게 되겠는가?

우리는 사랑을 거두는가? 그렇지 않다. 혹은 좀더 심하게 사랑 대신에 우리에게 모질게 대하는 자들에게 다시 모진 태도를 거칠게 보이는가? 결코 그렇지 않다.

이는 사랑의 고통의 일부분이다. 이는 위험을 감수할 준비를 갖추고 있다. 기꺼이 상처를 당하려 한다. 조건을 달지 않고 상급을 요구하지 않는다.

런던 동부의 그늘과 더러움 가운데서 활동하던 캐서린 부스(Catherine Booth)는 "때때로 신체적 메스꺼움을 일으키곤 했던 고통이 없이는 무시된 종기나 무자비한 부정을 볼 수 없었다."

사랑은 보살핀다. 사랑은 보살피므로 고통을 당한다.

나는 바울의 고통에서 그 밖의 다른 것을 본다.

거기에는 **경종**이 있다.

바울의 생애에 나타난 한 사건을 여러분에게 상기시켜 드리겠다. 그 사건의 그림은 내 마음의 스크린에 자주 나타나곤 한다. 언제나 잊혀지지 않고 혼란스럽게 말이다. 이는 사도행전 20장에 기록되어 있다. 바울은 에베소 교회의 장로들에게 밀레도 항구로 내려와서 배가 항구에 있는 동안 자신을 만나러 올 것을 부탁했다. 지금이 마지막 때이며 그는 다시는 그들을 보지 못할 것임을 알고 있다. 그는 온유하게 그러나 장중하게 말한다. 자신이 그들의 사역자로 있던 때로 돌아가서 "내가 삼 년이나 밤낮 쉬지 않고 눈물로 각 사람을 훈계하던 것을 기억하라"(31절)고 말한다.

그런 다음 미래를 유심히 살피며, 이렇게 간청한다: "너희는 자기를 위하여 또는 온 양 떼를 위하여 삼가라. 성령이 … 너희로 감독자를 삼고 … 내가 떠난 후에 흉악한 이리가 너희에게 들어와서 그 양 떼를 아끼지 아니하며"(28, 29절).

늑대는 에베소 회중에 해를 끼쳤다. 그들 가운데서 사도는 지칠 줄 모르는 열정으로 일했다.

그러나 여기 골로새에는 바울이 결코 만나 보지 못한 기독교 공동체가 있었던 것 같다. 그런데도 그들은 바울의 기독교 형제 자매이다. 그리고 늑대가 그들을 노린다. 오류를 범하는 자들은 교묘하게 그들의 충성이 그리스도와 의식주의로, 그리스도와 점성술로, 그리스도와 금욕주의로 나누어지게 하려고 노력하고 있다.

바울은 놀랐다. 그는 나누어진 그리스도란 수치스런 그리스도라는 것을 충분히 잘 안다. 그러므로 그는 그들에게 경고하지 않을 수 없다.

초대 교부 가운데 한 사람은 이렇게 외쳤다. "가장 높은 하늘들이 나의 강단이라면 그리고 구속받은 모든 사람이 나의 청중이라면, 그리스도만이 나의 본문이 되실 것이다." 우리가 거기서 떠나는 우리 교회의 교인 혹은 주일학교의 학생 혹은 우리 가정의 식구를 볼 때, 놀랄 이유가 분명하다.

그러므로 바울이 필립스의 번역 본문처럼 "나는 너희를 향한 나의 걱정이 얼마나 깊은지 너희가 이해할 수 있기를 원한다"고 말해야 했던 것은 별로 놀라운 일이 아니다.

나는 바울의 고통에서 세번째 것을 본다.

그 안에는 **행동**이 있다.

애정과 경종은 공공연히 그리고 건설적으로 표현되지 않으면 감상적으로 부정적일 수 있다. 이것들은 우리를 곤란하게 만들고 분노로 얼굴이 벌겋게 만들고 혹은 우리로 자기 연민으로 기운이 빠지게 할 수 있다. 이런 결과들 가운데 가장 마지막의 것은, 우리가 아주 많이 관심을 보이고 아주 깊은 감정을 가져야 하는데 그렇지 못해서 유감일 때의 심리적 왜곡이다.

바울은 결코 이런 함정에 빠지지 않았다. 그는 죄수였지만, 중요한 일을 했다. 그의 애정은 출구를 발견했고, 그의 경종은 활용할 매체를 손에 넣었다.

가령 바울은 기도로 행동을 취했다. 우리는 "너희를 위하여 기도하기를 그치지 아니한다"(1:9)고 바울은 그들로 확신케 한다. "기도"라는 말이 2장 본문에 나오지 않지만, 이 부분에 대한 많은 연구자들은 영어의 "고뇌"라는 말이 파생되는 헬라어에 대한 바울의 용법에서 기도에 대한 언급을 발견한다.

우리 가운데 많은 사람은 기도의 아늑한(nestling) 측면에 대하여 다소간 안다. 즉 하나님과의 달콤하고 격려되고 값진 교제라는 측면말이다. 그러나 우리 가운데 기도의 씨름하는(wrestling) 측면을 잘 아는 사람은 별로 없다. 즉 세상에서 산개한 흑암의 파괴적인 세력에 맞선 거룩한 전투에서 하나님과 대열을 같이하는 측면말이다. 영국의 가장 고상한 영적 목자 가운데 한 사람으로 존 웰쉬(John Welsh)가 있는데, 그는 때때로 개인적인 중보 기도를 너무 밤중 늦게까지 하곤 했다. 그래서 그의 아내는, 어깨

걸이만 달랑 두르고 목사관에서 고개를 숙이고 있는 남편을 불러, 자야 할 시간이라고 말하곤 했다. 한번은 그가 이렇게 말했다. "오, 여인이여, 내게는 도움을 줄 삼천 명의 영혼이 있소. 그런데 나는 그들 가운데 많은 사람의 형편이 어떤지 알지 못하오."

아주 솔직히 말해서, 보살피는 심정이 열정적으로 뜨겁게 타올라 무릎을 꿇고 하나님과 더불어 어두운 데 있거나 깊은 슬픔에 잠겨 있거나 악에 매여 있는 어떤 사람에게 관심을 쏟은 때가 언제였는가? (만일 있다면) 기도에 거룩한 만족감을 주는 눈물을 흘린 때가 마지막으로 언제였는가?

바울은 다른 방식으로 활동했다.

그는 편지를 썼다. 그는 친히 골로새 친구들에게 갈 수 없었다. 왜냐하면 가이사의 죄수였기 때문이다. 전신 전보 제도가 없었으니 전보를 보낼 수 없었다. 그는 자신이 할 수 있는 일을 했다. 그리고 이 서신은 그 결과였다. 그는 문장마다 자신의 마음을 불어넣었다. 양피지에 눈물을 떨어뜨렸다. 구절 구절 자신의 영혼을 드러내고 증언했다.

존 웨슬리는 한 번은 아일랜드를 방문하는 길에 건강이 좋지 못한 젊은 숙녀를 만났다. 웨슬리의 마음을 무겁게 짓누른 것은, 그 숙녀가 그리스도께 자신의 마음을 결코 드리지 않았다는 점이었다. 후에 그는 편지를 썼다. 공사다망하고 또 당시로는 나이든 그 남자는 숙녀에게 자신의 영혼을 쏟아 냈다: "내 말을 믿으시오. 친애하는 아가씨. 소위 쾌락과 오락은 당신에게 견고한 행복을 줄 수 없소. 그것들은 형편없고 공허하고 부질없는 사소한 것들이오. … 당신은 천사보다 조금 못하게 지음 받았지만, 이는 영원히 천사와 더불어 살기 위함이오. 당신은 하나님으로부터 나왔고 하나님께로 돌아가고 있소. 쏜살같이 몇 년이 지나면 당신은 거기 이를 것이오. 그러나 나는 당신을 위하여 고통하고 있소. 나는 당신이 다른 작고 경솔하고 생각 없는 피조물처럼 이를 잊지 않을까 염려되오. … 서두르시오. 그리스도인이 되시오. 바로 지금 참으로 성경적인 그리스도인이 되시오."

"나는 당신을 위하여 고통하고 있소!"

웨슬리는 그 점에 관하여 중요한 일을 실제로 행했다.

그러나 사람들을 보살피는 것이 종종 값비싼 고통을 동반한다 해도, 우리는 그만큼 자주 그 일에 더 찬란하고 상급있는 측면이 있음을 보아야 한다.

B. 바울이 맛보는 쾌락을 주목하라

5절을 보라. 마팻과 같이 영어 번역으로 읽어 보라: "내가 몸으로는 떠나 있지만 영혼으로는 너희와 함께 있고, 너희의 한결같음과 그리스도를 믿는 너희 믿음의 견고한 태도를 보는 것은 기쁨이다."

에바브라가 골로새로부터 바울에게 보낸 보고는 비통한 이야기만이 아니었다. 그 보고에는 즐거워할 많은 합당한 이유가 있었다. 심각한 위험이 교회에 머물러 있었지만, 대체로 그 교회의 신자들은 믿음에서 견고했고 흔들림없이 충성을 바쳤다. 이 그리스도인들에게서 바울은 이중적 충성을 발견했다. 한편으로는 그들을 서로 관계를 맺고 하나되도록 유지한 공동체적 충성이 있었다. 이는 그들의 "질서" 혹은 "규모"였고 고린도 교회를 손상시켰던 무질서와 분열과 좋은 대조를 이루었다.

다른 한편 믿음으로 예수 그리스도께 드리는 개인적 충성이 있었다.

우리 가운데 수백만 명이 지나가고 있는 이 외롭고 단정치 못하고 열광적인 시대에 부족한 것은 바로 이런 종류의 보살핌이다. 부족한 것은 간절하고 소망스럽고 사교적이고 상상력이 풍부하고 감사하는 보살핌이다. 기독교 신앙을 모르는 자들에게는 의미와 소망의 느낌과 인정받고 환영받는 느낌이 커져야 한다. 우리들 가운데 신앙을 고백하는 자들에게는 우리의 영혼이 급료의 많고 적음이나 우리가 편안하게 누울 침대로 관심이 쏠리지 않도록 막는 일이 필요하다.

> "티가 없지도 않고 들보가 없지도 않지만,
> 사물은 보고 사람은 보지 않는
> 눈은 시력 잃은 눈이다."

교회를 향한 자신의 감정을 서술하는 사무엘 러더퍼드(Samuel Rutherford)의 말에는 보살핌의 고통뿐만 아니라 즐거움이 있었다: "나의 증거는 무엇보다 여러분의 하늘이 내게 두 하늘이 될 것이며 여러분의 구원이 내게 두 구원이 될 것이라는 것입니다. 여러분이 내 아버지의 집에 거할 곳이 있다고 그렇게 확신할 수 있다면, 수백년 동안 나의 하늘이 정지되고 연기되더라도 나는 동의할 것입니다."

그리고 한 필의 동일한 멋진 비단에서 잘려 나온, 이름없는 저자의 시구가 아래에 있다.

"미지 세계로 열려 있는
찬란하고 사람들이 사는 길 위로
'하늘이 나만을 위한 하늘이 아니라'고
말하는 것은 인생의 즐거움이리.

"내 형제의 궁핍으로 부요해진다고?
그런 재산은 쓸모없도다! 나는 오직
그들이 나와 공유하는 것에서만
내가 나머지 모든 사람과 공유하는 것에서만 행복하도다."

C. 마지막으로 바울이 요구하는 진보가 있다.

사도의 보살핌은 하나의 목표를 갖고 있다. 고통의 아픔과 기쁨의 향유는 똑같이 진보의 목표를 갖고 있다. 바울의 사례에서 그것을 서술하기 위해서 우리는 문맥에서 2, 6절을 주목해야 한다. 바클레이의 2절 번역을 보자: "나의 애쓰는 것은, 그들의 마음이 격려를 받고, 사랑 가운데 연합하고, 어떤 상황에서도 올바른 판단을 내릴 수 있는 확실한 능력의 모든 부요함에, 하나님의 진리만이 알 수 있는 그 진리의 지식에 이르도록 함이다. 내가 말하는 그 진리는 그리스도인데 그 안에 지혜와 지식의 모든 보화가 감추어져 있다."

아주 간단히 표현하여 바울은 멀리 떨어져 있는 이 친구들이 무엇보다도 사랑의 부요로움을 체험하기를 바란다. 그는 이 편지를 마치기 전에 "사랑이 완전함의 띠" 혹은 어떤 번역대로 "완전한 허리띠"라고 그들에게 말할 것이다. 그는 이 띠가 견고해지기를 기도한다.

"결합"의 힘을 주목하라. 사랑은 공동체 안에서 자란다. 공동체가 견고해지는 것이 사랑에 의해서인 것과 마찬가지이다.

하지만 사랑의 자람은 함께됨의 느낌이 점차 커지는 것 이상이다. 이는 그리스도 안에 모두 요약되어 있는 진리와 가치에서 점차 깨우치는 것이다. 우리는 그리스도를 아는 것에서 "어떤 상황에서도 바른 판단"을 내릴 수 있는 열쇠를 발견한다.

바울보다 사랑과 지식의 이와 같은 연결의 중요성을 잘 아는 사람은 없다. 골로새를 향한 그의 바람은 빌립보인들을 향하여 간직했던 바람과 동일했다: "내가 기도하노라. 너희 사랑을 지식과 모든 총명으로 점점 더 풍성하게 하사"(1:9). 행함이 없는 믿음이 죽은 것이듯이 지식이 없는 사랑은 맹목적이다.

조지 워싱턴 카버(George Washington Carver)는 아이오와 주 심슨 대학에 다니는 젊은 그리스도인이었다. 그는 화가가 되는 데 관심이 있었다. 하루는 그가 매우 존경하는 선생님이 그에게 이렇게 말했다. "조지, 네 민족이 원하는 것은 개량된 농업이야." 카버는 귀를 기울여 듣고, 말씀하신 그 사실에 감명을 받았다. 그래서 그의 필생의 "소명"이 그의 속에서 모양을 갖추었다. 그의 화구는 가방 밑바닥으로 내려갔다. 남부의 가난한 흑인들과 백인들을 걱정하며, 그는 농업을 공부하기 시작했다. 훗날 전개된 활동은 쉽게 미국 전통에서 가장 훌륭한 것 가운데 하나가 되었다. 그는 고구마에서 150가지 상업용 생산품을 추출했고, 대수롭지 않은 땅콩에서는 300가지의 상업용 생산품을 추출했다. 그는 남부의 농업에 5천만 달러를 기여했다고들 말한다. 누구도 경험해 보지 못한 가난의 짐에서 그가 건져 낸 사람이 얼마나 많은지 살펴보라.

분명히 아는 것은 하나님께 대한 사랑과 사람들에 대한 사랑이 카버의 보살핌 뒤에 있었다는 점이다.

이제 6절을 보라: "그러므로 너희가 그리스도 예수를 주로 받았으니 그 안에서 삶을 살되" 혹은 필립스의 번역처럼 "그 안에서 그렇게 계속 살되."

이 그리스도인들을 향한 바울이 염려하는 목표는 첫째로, 사랑의 부요로움이며 둘째로 삶의 진보이다.

실제로 사도는 그리스도인의 생활의 성장적 측면을 생생하게 보여주기 위하여, 세 가지 역동적인 은유를 빠르게 연속적으로 결합시킨다: 사람, 나무, 건물. 사람은 걷고 있다. 나무는 자라고 있다. 그리고 건물은 세워지고 있다.

감옥에 갇힌 이 사람의 고동치는 심장에서 다음과 같이 분명한 갈망이 나온다:

나는 너희가 그리스도 안에서 행하기를 원한다!

나는 너희가 그리스도 안에 뿌리를 박기를 원한다!

나는 너희가 그리스도 안에서 세워지기를 원한다!

그처럼 사랑의 관심, 사랑의 보살핌 즉 사랑의 고뇌와 황홀경이 역사하는 영혼은 그렇게 말한다.

여러분에게는 그리고 나에게는 어떠한가? 자신을 그리스도의 친구라고 부르는 자로서 우리는 동일하게 행하는가? 우리는 보살피는가?

만일 그렇다면, 그리고 우리를 움직이는 것이 사랑의 염려라면, 하나님이 우리를 통하여 하실 수 있는 일 즉 다른 사람들에 대한 사역에는 거의 한계가 없을 것이다.

리처드 백스터의 교인들은 때때로 "우리는 언제나 그리고 전적으로 우리를 사랑하는 한 사람으로부터 모든 것을 얻는다"고 말하곤 했다 한다.

보살피는 사람은 누구인가?

골로새서 제3장

감사에 대한 명령

3:15. "너희는 감사하는 자가 되라."

Ⅰ. 역사적 배경

역사적으로 이 장은 세 가지 배경에 비추어서 읽어야 한다: (1) 프리기아의 골로새와 같은 지역 사회의 윤리(5-9절) (2) 그 당시의 종족적 문화적 배타성(12절) (3) 로마 제국의 특징을 이룬 국내적 경제적 상황(18-25절).

Ⅱ. 용어 해설

3:1. "~면"은 "~때문에"라는 의미를 가지며 불확실이 아니라 논리적 인과성을 가리킨다.

흠정역의 "일으키심을 받아"는 "다시 살리심을 받았다"로 번역하는 것이 좀더 정확하다. 이렇게 해야 헬라어 부정과거가 요구하는 결정적 과거 행위가 드러난다. 앞 장에서 도입된 동일성의 원리가 계속되지만, 이제는 그 함축 의미를 구체적으로 언급하면서 계속된다. 그 원리의 세 가지 국면은 다음과 같다. (1) 역사적 의미에서, 그리스도가 죽으시고 다시 살아나셨을 때 우리는 죽고 다시 살았다. (2) 원칙적으로, 우리는 믿음으로 그리스도를 우리의 생명과 주로, 우리의 구주와 거룩하게 하시는 분으로 영접했을 때 죽고 다시 살아났다. (3) 실제적 경험에서 우리는 동일성의 원리를 적용하고 그리스도의 부활하신 생명의 능력으로 살 수 있게 되되, 오직 우리가 그리스도 안에서 우리의 위치와 특권을 분명하게 보고 성령에 의하여 그리스도께서 우리 생활의 전체 영역에서 그 원리가 활동하게 하시도록 허용할 때에만 그렇게 할 수 있다.

3:2. 흠정역의 "성정"(affection)은 "생각"[한글개역성경]으로 번역하는 것이 더 낫다. 그 의미는 "이것이 너희 생각과 소원의 성향과 경향이 되게 하라"이다. 만일 이 시작 문단의 직설법이 중요하다면, 명령법도 중요하다. 직설법은 다음과 같은 논리적 순서로 되어 있다: "너희가 죽었다"(3절), "너희가 다시 살리심을 받았다"(1절), "너희 생명이 그리스도와 함께 감취었다"(3절). 개역표준성경은 그런 순서로 되어 있다. 명령법은 이렇다: "땅에 있는 지체를 죽이라"(5절), "위엣 것을 찾으라"(1절), "위엣 것을 생각하라"(2절). 직설법에서는 하나님이 그리스도 안에서 수립하신 사실들이 있다. 명령법에는 우리의 믿음이 계속적으로 참여하는 기능들이 있다.

3:4. 이 절에서 직설적인 것과 서술적인 것이 구분된다: "그리스도는 우리의 생명이시다"; 너희는 "영광 가운데 그와 함께 나타나게 될 것이다"(개역표준역).

3:5. "죽이라." 후대의 몇몇 번역과 같이 "죽여라"가 아니라 헬라어 부정과거 명령법을 따라 "죽어 있게 하라"이다.

"지체." 즉 몸이나 정신에 속하는 부분 혹은 기능들.

"땅에 있는." 즉 너희의 참된 혹은 천상적 생명과 구별되는 너희의 실제적인 지상적 생명과 관련된. 천상적 생명은 "너희 안에 계신 그리스도"이시다. 너희가 죽어, 너희의 오래되고 독립적인 자아가 죽음의 장소 곧 십자가에 넘어갔으므로, 이제 단번에 죽음의 원리가 모든 본능과 충동, 모든 욕구와 성질, 너희의 모든 존재의 기능과 사용을 지배하는 것을 청산하라. 기독교적 사망의 원리에 따라 생활하는 것은 골로새의 오류를 범하는 자들의 금욕적 구도에 따라 사는 것과 거리가 멀다. 그들에게는 인간 존재의 썩을 측면 혹은 신체적 측면이 본래 악하고 불결하고 타락한 것이다. 계명한 그리스도인에게는 신체도 그 본능적 충동(집단 형성의 충동, 성욕, 공격성)도 엄밀하게 죄악된 것으로 치부될 수 없다. 죄악된 것은 이들 능력의 남용과 왜곡이며, 이는 죄악에 오염된 자아에서 나온다. 어원학과 신학은 때때로 교묘하게 충돌한다. 어원학적으로 "carnal"은 몸을 가진다는 것이다. 그러나 바울은 그런 의미로 carnal을 사용하지 않는다. 그는 "육적인 마음을 가진"이라는 의미로 그 말을 사용한다. 이는 전혀 다른 말이다. "육적인 마음을 가진"다는 것은 그리스도의 통치보다 욕구나 야심의 통치를 위에 두려는 성향이다. 바로 이 성향이야말로 갈보리에서 그 교만한 머리를 떨구고 "다 이루었다"고 말해야 하는 것이다.

이 절에서 바울은 능력에 대한 생각에서 능력의 사용(이 경우에는 잘못된 사용)으로 급속히 옮아간다. 그 결과는, "음란과 부정과 사욕과 악한 정욕과 탐심이니 탐심은 곧 우상 숭배니라."

3:8. "벗어 버리라." 역시 부정과거 명령법으로, 단호하고 완전하게 벗어 버리라는 뜻이다.

부루퉁하고 완고한 나쁜 성질이 갑작스러운 감정 폭발과 다르듯이 "분"(anger)과 "노"(wrath)는 구별된다.

흠정역의 "악의"(malice)를 웨이마우스는 "나쁜 의지"(ill will)로 잘 바꾸었다.

3:9. "옛 사람." 바울의 용례에서 이 말은 "내 안에 거하는 죄" "육적인 마음을 가진" "육신"과 같은 표현보다 내포적인 표현인 것 같다. 이 말은 그리스도와 그의 구원 직분을 떠나서 있는 우리의 총체성이다.

3:10. "새 사람." 하나의 관점에서 보자면 "새 사람"은 그리스도이시다. 왜냐하면 바울은 다른 곳에서 그는 "우리에게 지혜와 의로움과 거룩함과 구속함이 되셨다"(고전 1:30)고 표현하기 때문이다. 다른 관점에서 보자면, "새 사람"은 개별적으로 "새 피조물" 혹은 "새 창조"(고후 5:17)이다. 또 다른 관점에서 보자면, "새 사람"은 공동체적으로 새로운 공동체, 새로운 집합체, 교회이다(엡 2:15). 이 세 가지가 아마 바울이 이 문장을 쓸 때 그 마음에 있었을 것이다. 물론 처음 두 의미가 가장 현저한 것 같다.

이 모든 "부정과거"에는 가장 중요한 함축 의미가 있다. 매우 많은 주석가는 부정과거를 무시하거나 가볍게 다룬다. 신약의 전체 변증법이 포함되어 있다고 말해도 지나치지 않다. 바울은 골로새 신자들에게 그리스도께서 죽으셨을 때 잠정적으로, 그들이 믿음으로 그리스도께로 가고 그리스도께서 그들에게 가셨을 때의 전후 관계에 의지하여 이 모든 것이 참된 것이 되었음을 확신시키고 있다. 그들은 죽고 다시 살아났으며, "옛 사람을 벗고" "새 사람을 입었다." 혹은 바울의 저술 다른 곳에 나오는 용어를 사용하면, 그들의 성화는 그들의 칭의에 못지않게 완성되었다. 하나님이 그리스도를 모든 신자의 "의로움"과 "거룩함"이 되게 하셨다면, 달리 될 수 있는 가능성은 없다.

그러나 바울이 골로새서의 이 단락에서 말하는 바의 전체 요지 가운데 많은 부분이 이렇게 서술될 수 있다: 형제들아, 너희가 경험적인 사실에서는 영적인 지위와 특권에서의 너희가 아니다. 그리고 너희가 아주 많은 세월동안 줄곧 노력한다 해도 너희와 그리스도의 연합이 참으로 뜻하는 바가 무엇인지 알기 전에는, 이 동일성의 원리가 너희 안에서 활동하게 하기 전에는—즉 승리와 성화가 너희의 노력하는 것이나 힘쓰는 것이나 심지어 그리스도께서 개입하셔서 도움을 주시도록 요구하는 것의 최종 결과가 아니며, 그리스도께서 담당하시도록 하고 그분이 사실상, 언제나 무력하고 무가치하지만 주저없이 양보하는 여러분의 존재 안에서 그 생명을 실현하시는 그리스도가 되시도록 하는 것의 결론이라는 것을 너희가 깨닫기 시작하기 전에는—결코 그렇게 되지 못할 것이다.

골로새서의 바로 이 구절에 대한 통찰력 있는 주석을 통하여, 핸들리 무울 감독은 이 신자들에 대하여 이렇게 말했다. 그들은 "새 사람"을 입었지만 "이것은 지위와 소유의 문제였다. 또한 깨달음과 사용과 현현의 '입음'이 있어야 한다. 그렇지 않으면 그 복된 수단은 그 목적을 놓칠 것이다."

질크리스트 로손(Gilchrist Lawson)의 「유명한 그리스도인들의 내적 체험」(*The Deeper Experiences of Famous Christians*)과 같은 책을 읽어 보면, 이 "깨달음"의 날 혹은 시간이 얼마나 중요할 수 있는지 알게 된다.

성화의 계속적 과정에 관하여, 바울은 "새 사람"이라는 표현을 수식하는 이 절에서 이 점을 깨달았다. "자기를 창조하신 자의 형상을 따라 지식에까지 새롭게 하심을 받는." 이 현재 분사는 "새롭게 하심을 받고 있다" 혹은 의역하여 "계속 새롭게 하심을 받고 있다"로 번역해야 한다. 그리스도의 좀더 깊고 풍요한 개인적 지식에서 새 사람은 성자 그리스도 안에 흠없이 계시되신 창조주 하나님의 형상에 더욱 더 닮아가고 있다.

3:11. "거기는." "새 사람"의 영역과 수준에서는. 이제 강조점은 새로운 실체의 공동체 혹은 공동적 특성에 좀더 무겁게 놓인다. 이는 중생자의 사회이다. "그리스도께서 만유가 되시는" 여기서는 갈라놓는 장벽이 모두 무너진다: 인종적("헬라인이나 유대인이나"), 의식적("할례당이나 무할례당이나"), 언어적 문화적("야만이나 스구디아인이나"), 사회적("종이나 자유인이나") 장벽.

3:12. 흠정역의 "자비의 그릇"은 "긍휼의 마음"으로 의역하는 것이 좋다.

3:14. 흠정역의 "자선"(charity)은 곧 사랑(love)이다.

"온전하게 매는 띠." 즉 완전한 띠 혹은 허리띠로 모든 덕을 "조화로운 전체"로 묶는다.

3:15. 흠정역에는 "하나님의 평강"이라고 되어 있으나, 대부분의 후대 번역자들은 좋은 사본적 권위에 따라 "그리스도의 평강"을 택하여 우리에게 요한복음 14:27을 상기시킨다. 이는 그리스도께서 친히 주시는 확신과 평온이다.

"주장하다." 말 그대로 "심판자로 활동하다." 그리스도의 사랑이 결정적이며 지배적인 것이 되게 하라.

"한 몸으로." 즉 "교회의 통일성은 그리스도인으로서 너희의 소명에 속하며, 너희가 달성한 무엇이 아니라 너희가 보존해야 할 무엇이다." 그러므로 "동기나 충동이나 이유"(이 말은 라이트푸트의 것이다)가 상충할 때, "그리스도의 평강"이 심판이나 중재자의 역할을 맡아야 한다. 개인적으로 아무리 참되다 해도 개인주의적인 것을 넘어서는 의미를 "너희 마음"이라는 표현에 부여하지 않으면 바울의 사유를 정당하게 평가할 수 없다. 이는 공동체적인 것이다.

3:16. "그리스도의 말씀." 신약에서 오직 이곳에만 나오는 표현 형식이

다. 많은 강해자에 따르면 이는 구두 메시지로서 주의 승천하신 때와 영감된 문서가 기록되고 모이는 시기 사이에 널리 회람되었던 복음을 뜻한다고 볼 수 있다. 덧붙이면 복음은 우리 주님이 가르치신 것의 기록에 그치지 않았다. 그것은 우리 주님이 행하신 것 즉 그의 죽으심과 장사되심과 부활하심이라는 구원의 사건들에 대한 이야기이며 고지된 공포였다.

"거하여." 즉 "너희에게서 평안히 있다, 광범위하고 가치있는 환대를 발견하다."

"모든 지혜로." 이 표현을 선행하는 동사보다 뒤에 나오는 분사에 부착하는 것이 문법적으로 허용될 뿐만 아니라 논리적으로 적절하다. 그러므로 표준개역성경은 이렇게 되어 있다. "모든 지혜로 피차 가르치고 권면하고."

"시와 찬미와 신령한 노래." 이들을 정확하게 구분하려는 시도는 다소간 자의적이다. 로버트슨은, "시"에 나타난 주도적인 개념은 음악적 반주의 개념이며, "찬미"에서는 하나님께 대한 찬송의 개념이며, 반면에 "신령한 노래"는 반주가 있거나 없거나 시나 찬미에 적용할 수 있는 일반적인 표현이라고 주장한다.

3:18. "복종하라." 필립스는 이 말을 "순응하라"로 부드럽게 표현한다. 이 표현은 좋은 의미를 갖지만 바울의 말을 너무 자유롭게 대하는 것이다. 무울은 "충성하라"로 번역한다. 이는 좀 강한 의미를 담긴 하지만 "머리"를 요구하고 따라서 아내가 머리를 인정할 것을 요구하는 저자의 가정관을 그다지 드러내지 못한다. 후대의 몇몇 번역본처럼, "복종하다" 혹은 "순종하다"는 말을 실제적으로 부드럽게 만드는 것은 두 가지를 고려한 데 따른 것이다. (1) 바울이 강하게 강조하고 이교 사회(여기서는 모든 권리가 남편의 것이다)에서는 거의 알지 못했고 유대 사회에서도 별로 알지 못했던 상호적 의무의 원리 (2) 기독교 진영에서 모든 인격간의 관계가 "주 안에서" 즉 삶의 전체가 주님의 눈앞에 있고 그분의 앞에서처럼 살아야 할 것이며 그분의 영에 의하여 판단을 받는다는 인식으로 다루어져야 한다는 사실.

3:21. "격노케 말지니." "분통을 터뜨리거나 화나게 하기를 멈출지니"를

뜻한다. 여기에 함축되어 있는 것은 어떤 어린이들에게는 극도의 반발심을 일으키지만 어떤 어린이들에게는 아마 대부분 불건전한 퇴보와 태만을 일으키는 습관적인 괴롭힘이나 극도의 혹독함이다.

3:22. "육신의"는 주님과의 높은 관계와 구별되는 외적이며 지상적인 관계에 관하여라는 뜻을 가진 것으로 보인다.

흠정역의 "주인의 눈앞에서만 일함"(eyeservice)에 해당하는 말은 아마 바울이 만든 말일 것이다. 무울은 이 말을 "눈가림"(eye-bondage)으로 번역한다. 이런 종은, 오늘날 끝나는 시간만 기다리는 직원이나 공장 피고용자에 해당할 것이다.

3:24. "유업의 상." 상급으로 받는 영원한 천상적 유업이 그 의미이다. 실제로 "종교를 인민의 아편"으로 만드는 그리스도인들이 이 관점을 남용하지만, 가치 있는 봉사를 위한 동기로서(결코 최상의 동기가 아니다) 미래의 상급이 없어지지 않도록 해야 한다.

Ⅲ. 교리적 의의

편지의 앞부분에 소개된 신자와(교회와) 그리스도의 연합에 대한 교리는 이 장의 시작 문단에서 좀더 자세히 설명되지만, 실제 생활의 적용에 대한 논의를 도입하는 머리말 역할을 할 따름이다.

Ⅳ. 실천적 목표

바울은 5장에서 시작하여 어떻게 그리스도인이 사실로부터 사실의 기능으로, 우리가 죄에 대하여 죽음으로서의 그리스도로부터 실천적으로 거룩한 우리의 삶으로서의 그리스도께로 옮아가는가를 보여준다. 18절부터 사도의 관심 목표는 가정이 된다. 가정에서 남편과 아내, 부모와 자식, 주인과 종은 그리스도의 통치하시는 주권 영역에 들어와야 한다.

Ⅴ. 설교 개요

제목: "감사에 대한 명령"

도입부

중세의 한 전설에 따르면, 두 천사가 한 번은 땅에 보내심을 받았는데 한 천사는 사람들의 청원을 모으고 다른 천사는 그들의 감사를 수집했다. 첫째 천사는 가는 곳마다 청원을 발견했다. 그는 많은 청원을 등에 짊어지고 양손에 가득 들고 하늘에 돌아왔다. 두번째 천사는 자신의 임무를 수행하기가 쉽지 않았다. 그는 부지런히 인내하며 감사를 두루 찾았지만, 결국 하늘로 돌아오는 길에 몇 개만 달랑 들고 있었다.

물론 전설은 억지가 섞이고 근거없는 것일 수도 있고, 혹은 시사적으로 매우 정확할 수 있다. 우리는 이 전설이 너무 정확하여 즐겁게 읽을 수만 없다는 데 동의하지 않을 수 없을 것이다.

우리의 요구 사항과 불만 사항은 길고 길지만, 감사는 너무 짧다.

그러나 우리는 이런 말을 덧붙일 수 있다. 이는 사도 바울의 책망이 아니다. 세상에 그리스도의 영혼을 소유한 사람이 더 많다면, 찬송은 부족하지 않을 것이다.

이 서신에 줄곧 울려 퍼지는 감사의 음악에 귀기울여 보라.

1장 3절: "우리가 하나님 곧 우리 주 예수 그리스도의 아버지께 감사하노라."

1장 12절: "아버지께 감사하게 하시기를 원하노라."

2장 7절: "감사함을 넘치게 하라."

3장 17절: "그(그리스도)를 힘입어 하나님 아버지께 감사하라."

4장 2절: "기도를 항상 힘쓰고 기도에 감사함으로 깨어 있으라."

바울은 어느 곳을 가든지, 유창한 선지자들 가운데 한 사람이 말했던 "찬송의 옷"을 입고 나타났다. 잘 알다시피, 어머니날이나 결혼식에 옷에 꽃을 꽂듯이 감사할 때마다 찬송의 옷을 입는 사람들이 있다. 그러나 바울은 그렇지 않다! 바울은 사람이 평상복을 입듯이 감사를 표했다. 찬송은 그의 삶의 구조에 얽혀 있었다. 그는 모든 곳의 믿음의 형제들도 그렇게 되기를 바랐다. 그래서 지금 본문에는 "너희는 감사하는 자가 되라"는 강력한 명령의 말이 있다.

A. 먼저 이 점을 직접 다루도록 하자: 감사는 요구되는 덕목이다.

바울은 이를 그리스도인의 생활의 사치품에 두지 않는다. 그는 필수품 가운데 그것을 둔다.

감사가 그리스도인의 체험이라는 대학에서 선택 과정이 아니라 필수 과정에 속해 있음을 직접 살펴보라. 12절로 돌아가서, 필립스의 번역을 사용해 보면, 기독교 공동체의 지체로서 당신과 나를 위한 성령의 요구가 있다.

"너희는 행위에서 자비롭고 마음으로 친절하고 지성에서 겸손하라."

그런 다음 13절: "너희가 누구와 차이가 있다면 서로 지극히 인내하고 참으며 용서할 준비를 갖추라."

14절: "참으로 사랑하라. 이는 사랑이 모든 덕목의 황금 사슬이기 때문이다."

그런 다음 이 장의 요절의 처음 부분이 나온다: "하나님의 조화가 너희 마음을 다스리게 하라."

이제 사도는 기록하고 있는 이 명령법에 아무 변화를 일으키지 않고 (필립스의 표현을 빌리면) 다음과 같이 말한다: "하나님이 너희를 위하여 하신 일에 감사하기를 결코 잊지 말라."

우리 가운데 아주 많은 사람은 감사가 감정과 성향의 문제라는 기발한 개념을 어떻게 얻었는가? 그리스도인의 감사함은 겸손과 의무의 문제를 넘어선다.

나는 하나님께 감사한다: 감사가 없고 우울한 영혼은 침울함을 퍼뜨리지만, 화창하고 노래하는 영혼은 상쾌한 감화력을 퍼뜨린다. 용감하고 찬란한 선교 전사인 프란시스 자비에르(Francis Xavier)는 형제들이 낙담할 경우 그들이 와서 자신의 얼굴을 보기만 하면 의기소침의 귀신을 능히 내쫓을 수 있었다고 한다.

그러므로 나는 나 자신에게 감사하지 않을 수 없다: 배은망덕의 비열함과 비뚤어짐은 건강에 해롭지만 감사함과 찬송은 치유하고 원기를 돋우는 효과를 갖는다.

바울은 이 모든 것을 알았다. 그래서 그는 주저하지 않고 감사를 필수 조건에 포함시켰으며 단순히 바람직한 그리스도인의 자질로 두지 않았다.

B. 더 나아가 감사에 관하여 두번째 것을 말해 보자: 이는 온당한 덕목이다.

내가 보기에는 우리가 왜 감사를 그런 덕목이라고 서술할 수 있는지 두 가지 이유가 있다.

첫째로, 삶의 낮고 일상적인 차원에서 우리가 감사를 느끼는 것이 분명 자연스러운 일이므로 감사는 온당하다. 내가 "느낀다"고 말하는 것은, (인정하건대, 종종 이기심에 영향을 받곤 하는) 감사의 본능이 어린아이에게서도 분명히 나타나기 때문이다. 감사를 느낀다는 것은 사실상 감사를 표현하는 것보다 훨씬 이전의 체험이다.

예컨대 6살 먹은 아들과 교회 앞의 거리를 걸어 내려가는 어머니가 있다 하자. 그 어머니를 아는 신사는 자연히 멈춰 서서 그들에게 인사한다. 그는 호주머니에서 5센트짜리 동전을 꺼내서 소년에게 준다. 소년의 얼굴은 빛나고 그의 눈은 분명 감사의 빛으로 빛난다. 하지만 소년의 입술에는 감사의 말이 번지지 않는다. 아들이 절대 그러지 않을 것을 어머니는 느끼고 이렇게 말한다: "자니, 고마운 분께 '감사합니다' 하고 말해야지." 자니는 단지 대답하지 않았을 뿐 아니라 그의 얼굴에는 감사의 빛이 사라지며 당황함과 코멘 소리와 심지어 고집스러움이 번진다. 소년은 은혜를 저버릴 생각으로 침묵했던 게 아니라 이런 일에 관하여 특별히 낯선 사람이 보이는 그런 태도에 익숙하지 않았기 때문에 침묵했다. 당연한 감정이 거기에 있었다. 감정에 대하여 적절히 표현하는 법을 배워야 했던 것이다. 왜냐하면:

> "마음은 문처럼 쉽게
> 아주 아주 작은 열쇠에 열리리.
> '감사합니다' '괜찮으시다면' 이라는
> 열쇠가 있음을 잊지 말라."

그러나 이제 우리가 감사에 대한 바울의 더욱 분명한 기독교적 가르침을 깊이 살핀다면, 좀더 강한 말을 하지 않을 수 없다. 이 사도에게는 감사의 온당함이 감사의 자연스러움이 감사에 제공할 수 있는 발판보다 더 확고한 발판을 갖고 있다. 그는 감사를 예수 그리스도께서 그리스도인의 정신에 형성하고 만드시는 태도라고 본다. 그래서 우리는 17절에서 사도가 다음과 같이 말하는 것을 듣는다. "또 무엇을 하든지 말에나 일에나 다 주 예수의 이름으로 하고 그를 힘입어 하나님 아버지께 감사하라" 혹은 다른 번역처럼 "그를 통하여" 감사하라.

"그를 통하여!"

감사가 번영을 통하여 생긴다면 좋고 선하다. 분명히 감사를 표하라. 그러나 번영이 그칠 때 당신은 어떻게 할 것인가? 그러면 감사할 이유가 없다는 느낌에 빠지게 될 것이다.

감사가 건강에서 솟아난다면 좋고 선하다. 아무리 찬송해도 그 표현은 지나침이 없다. 그러나 사고로 장애를 입거나 병들어 몸져 누울 때는 어떻게 할 것인가? 그러면 시무룩하고 증오에 차게 되어 찬송의 노래를 부를 이유가 없다고 느낄 게 분명하다.

그러나 이제 우리의 귀하신 주 그리스도를 통하여 감사의 예술을 계발한다고 하면 어떠한가? 바울이 1장에서 보여주듯이 우리는 그리스도를 통하여 "구속 곧 죄사함을 받았다." 그리스도를 통하여 우리는 "그의 십자가의 피로 화평을 갖는다." 우리는 그리스도를 통하여 "흑암의 권세에서 건져내사 [하나님의 아들의] 나라로 옮기"웠다. 그리스도를 통하여 우리는 "그 영광의 힘을 좇아 모든 능력으로 능하게 하시며 기쁨으로 모든 견딤과 오래 참음에 이르게" 되었다.

이 모든 것이 다르지 않는가? 왜냐하면 내가 감사하는 영혼이 되는 것이 그분 안에서 그리고 그분을 통해서라면, 은행의 돈이 아무리 쓸모있더라도 나를 마음대로 하지 못한다. 나는 돈을 잃더라도 여전히 감사할 수 있다. 몸의 건강이 아무리 큰 혜택이라고 해도 나를 마음대로 하지 못한다. 몸이 약해져 병들고 고통받을 때, 나는 여전히 감사할 수 있다.

런던의 한 도시 선교사는 말기 여환자가 어찌나 침침하고 차가운 아파트에서 살고 있던지 도처에 가난이 쓰여 있는 것처럼 느꼈다. 하지만 죽어 가는 여인은 겨우 힘없이 미소를 지으며 '내게 참으로 필요한 모든 것을 나는 가졌어요. 나는 그리스도를 모셨어요"하고 말했다.

어떤 사람이 쓴 글을 읽어 보라.

> "런던 시의 심장부에
> 가난한 자들의 거처 가운데
> 이 찬란한 황금의 언어가 들렸다.
> '나는 그리스도를 모셨어요.' 내게 뭐가 더 부족한가?

> "한 외로운 여인이 말했네.
> 지상의 위로라곤 전혀 갖지 못한 채
> 다락방 바닥에 누워 죽어 가면서
> '나는 그리스도를 모셨어요' 하고. 내게 뭐가 더 부족한가?

> "그 말을 들은 그가 달려와 세상의
> 가장 큰 상점의 물건을 그녀에게 주려 하였네.
> 그것은 필요없었네. 그녀는 죽었네.
> '나는 그리스도를 모셨어요' 하고 말하며. 내게 뭐가 더 부족한가?

> "오 나의 귀한 나의 동료 죄인이여!
> 높은 자나 낮은 자나, 부자나 가난한 자나,
> 깊은 감사로 말할 수 있네
> '나는 그리스도를 모셨어요!' 내게 뭐가 더 부족한가?"

그리스도를 감사의 살아 있는 샘물로 삼으라. 그러면 "감사하는 자가 되라"는 요구가 온당한 것임을 발견하게 될 것이다.

C. 본문에 나오는 또 하나의 모범을 따라 우리는 감사가 원숙하여 가는 덕목이라고 말하자.

감사의 충분한 의미와 기준은 일거에 모두 나타나지 않는다. 학자들이 자주 지적하듯이, 우리가 사도의 마음을 좀더 문자적으로 번역한다면, 본문을 다음과 같이 읽어야 한다. "너희는 감사하는 자가 되라." 본문을 이런 식으로 볼 때, 우리는 바울이 참으로 말하고 있는 것이 이것임을 안다: "형제 그리스도인들이여, 나는 그대들의 마음에 감사의 꽃이 있음을 압니다. 그러나 나는 여러분이 그 꽃을 재배하기를 원합니다. 그 꽃이 피는지 확인하십시오."

바울은 이 편지의 앞 부분에서 그들을 분명 감동시켰을 표현을 사용했다. 2장 7절에서 그는 "감사함을 넘치게 하라"고 말한다. 필립스는 전체 절을 다음과 같이 묘사한다. "식물이 심기운 흙에서 자라듯이 그로부터 자라서, 너희의 '토양'을 더욱 확인하라. 그러면 너희의 삶이 기쁨과 감사로 흘러넘치게 되리라."

감사가 무엇보다도 삶 전체를 향한 내면적 성향이라는 것을 보지 못할 때 감사의 일에서 참으로 자라는 사람이 있을지 의심스럽다. 삶에는 정상과 골짜기, 빛과 어둠, 영광과 음울이 있다. 삶은 그런 식이다. 삶은 오랫동안 그렇게 전개되어 왔다.

그러므로 어디에 강조점을 두어야 하며 어떻게 사물을 평가해야 하는지를 결정하는 것은 우리의 책임이다. 윌리엄 파크(William Park)는 이를 예시하면서 노스필드(Northfield)의 자기 학생들에게 이렇게 말했다: "두 소녀가 포도를 모으고 있습니다. 한 소녀는 자기들이 포도를 발견하게 되어 행복합니다. 다른 소녀는 포도에 씨가 있기 때문에 기분이 나쁩니다. 두 여인이 덤불을 살핍니다. 한 여인은 덤불에 가시가 있어서 기분이 나쁩니다. 다른 여인은 장미를 발견하고 그 향기에 너무 기뻐합니다." 파크 박사는 이렇게 덧붙였다: "우리는 이생에서 보도록 훈련받은 그대로 봅니다."

여기 30년 동안 건장하고 기운차게 살다가 목 뒤에 욕창이 걸려 마치

곰처럼 행동하는 사람이 있다. 당신이라면 온 우주가 자신을 대적한다고 생각했을 것이다. 여기 어쩌다 병들어 오랜 세월 침대에 갇혀 지내는 여인이 있다. 하루는 병문안을 온 친구를 쳐다보고는 이렇게 말했다. "아니 나는 너무 행복하고 감사해!" 방문객이 그 이유를 물으니, 그 여인은 이렇게 대답했다. "의사 선생님이 내게 말하는데, 병의 차도가 나아지고 날씨가 계속 좋고 특이한 일이 일어나지 않으면 두 주 후면 몸을 뒤집어 반대편으로 누울 수 있대."

나의 친구들이여, 이는 이런 감사의 덕목에서 계속 자라는 과정에서만 생긴다. 그처럼 높은 수준의 감사는, 오직 감사가 외적인 행복의 문제가 아니라 내적 태도의 문제임을 배운 사람에게만 생긴다.

D. 마지막으로, 바울이 요구하는 이 감사가 상급있는 덕목임을 보아야 한다.

그리고 세 가지 점에서 그럴 것이다.

1. 감사는 하나님을 높인다.

사람이 자신을 높일 때 보잘것 없고 비천하게 될 뿐이다. 하나님을 높일 때는 역설적이게도 가장 위대하고 훌륭하게 나타난다.

바울은 로마서의 처음 장에서 바로 이런 훌륭한 말을 한다. 여기서 그는 원래 사람이 하나님으로부터 고의적으로 멀어짐을 서술하면서 이렇게 말한다. "하나님을 알되 하나님으로 영화롭게도 아니하며 감사치도 아니하며"(1:21).

배은망덕은 전능자에 대한 모욕이다. 감사함은 그를 영화롭게 하고, 신비한 반사 작용에 의하여 사람을 영화롭게 한다.

2. 그러나 감사는 음울을 내쫓는다.

본문에 나오는 다음 절을 보라: "그리스도의 말씀이 너희 속에 풍성히 거하여 모든 지혜로 피차 가르치며 권면하고 시와 찬미와 신령한 노래를 부르며 마음에 감사함으로 하나님을 찬양하고"(16절).

얼마 전에 나는 흥미있는 제목을 보았다: "음울한 가이사와 행복한 예수님." 짧은 기사에서 필자는 주후 30년에 로마를 다스렸던 티베리우스 카이사르에 관한 것과 예수님에 관한 것을 대조했다. 티베리우스의 모든 권력과 화려함과 소유에 관하여 역사가 플리니우스는 이렇게 썼다: "그는 인간 가운데 가장 음울한 사람이다." 그러나 예수님에 관해서는, 그분이 십자가의 그늘에 앉아 계시면서 "떡을 떼며 사례하시고 저희에게 주시며"(눅 22:19) 하는 글을 우리는 읽는다. 그리고 그 일이 끝나셨을 때 즉 이 거룩한 저녁을 마치고 그들은 "찬미하고 나가니라"(막 14:26).

당신과 나는 가이사의 음울을 나누어 주는 자가 되어서는 안 된다. 우리는 예수님의 기쁨을 전달하는 자가 되어야 한다.

3. 그리고 확실히 감사는 정중함을 장려한다.

나는 버클레이역이 4:6을 번역하는 방식을 좋아한다: "너희 말을 항상 정중하게 하라." 나는 "감사합니다" 하는 말의 선물이 없이 참된 정중함을 달성할 수 있다고 하는 사람의 말을 무시한다. 만일 사회적 차원에서 그것이 옳다면, 우리와 하나님의 관계라는 차원에서도 더욱 옳다.

그러므로 코멘 소리를 버리라! 귀에 거슬리는 불만의 소리와 흠잡는 옹졸한 눈을 버리라! 즐거워할 일보다 비통해할 일을 더 많이 발견하는 무례함을 버리라!

감사는 영혼의 공손함이다. 감사의 상급은 백만 달러 정도가 아니다. 그 상급은 정중한 영혼이다. 그리고 그것은 백만 달러보다 가치있다.

애들레이드 프록터(Adelaide Proctor)는 "감사함"이라는 시로 그런 생각을 얼마나 감동적이며 섬세하게 포착했는가.

> "나의 하나님, 하늘을 그렇게 밝게
> 만드신 주님께 감사합니다.
> 광채와 기쁨으로,
> 아름다움과 빛으로 지극히 넘치네.
> 그렇게 많은 영광스러운 일이 여기 있네.

고상하고 올바른 일.

"또한 주님이 기쁨이 넘치게 하신 것을
  감사드립니다.
그렇게 많은 온화한 생각과 행동이
  우리를 두르니
땅의 가장 어두운 곳에서도
  얼마간의 사랑이 발견되네.

"우리의 모든 즐거움이 고통으로 생기니
  주님께 더욱 감사합니다.
그늘이 가장 밝은 날에도 지고
  가시가 남아 있으니
이는 땅의 지복이 우리의 길잡이이지
  우리의 사슬이 아니도록 함이니.

"주님, 여기 우리의 영혼이
  풍성히 복 받을지라도
완전한 안식을 찾아도 결코 발견할 수 없으며,
  예수님의 품에
기대지 않고는 결코 발견하지 못하니
  주님께 감사드립니다."

골로새서 제4장

그분의 뜻과 우리의 뜻

4:12. "하나님의 모든 뜻 가운데서 완전하고 확신있게 서기를."

I. 역사적 배경

(1) 바울이 장려하는 행동에 관련하여 말하면, 그 맥락은 서로 대립하는 기독교 공동체와 이교 사회의 맥락이다. (2) 바울 자신에 관련하여 말하면, 그는 로마의 죄수로 있으면서 자신과 골로새인들과 관계를 맺고 있는 친구들에 관하여 개인적으로 언급한다(가령, 오네시모는 종으로서 도망쳤다가 회개하여 골로새의 주인에게로 돌아간다). (3) 이 편지의 수신인에 관련하여 말하면, 라오디게아 교회와 루쿠스 골짜기의 또 한 교회도 포함되었던 게 분명하다.

II. 용어 해설

4:1. "의와 공평." "옳음과 공평함." 전자는 규칙에 따라 행함을 가리키고 후자는 엄격한 규정으로 환원될 수 없는 것을 함의한다.

4:3. "전도할 문." 즉 "복음의 말씀을 위한 열린 문"이다. 신영어역은 "전도를 위한 열림"으로 산뜻하게 번역한다.

"그리스도의 비밀." 1:26-28에 비추어 이해해야 한다. 그리스도의 이 "비밀"은 골로새의 오류를 범하는 자들의 비밀과 달리 열려진 비밀이다. 이 비밀에 따르면 이방인들이 유대인과 마찬가지로 그리스도의 구속에 포함되고 그리스도의 교회에서 동일한 발판을 갖는다. 바울이 붙잡혀 옥에 갇힌 것은 이 메시지를 전했기 때문이다.

4:5. "외인." 넓은 의미에서는 그리스도를 믿는 믿음의 진영 바깥에 있는 모든 사람. 좁은 의미에서는 이 골로새 신자의 이웃에 사는 이교도들.

4:6. "은혜 가운데서." 상냥함을 뜻한다.

"소금으로 고르게 함." 건강에 좋고 향긋하고 활발함이 그 특징이다.

"각 사람에게 마땅히 대답할 것을 알리라." 이 의미는 신영어역에 잘 밝혀져 있다. "만나는 각 사람과 어떻게 이야기를 가장 잘 나눌 수 있는지 연구하라." 어떤 사람들은 거룩한 사람과 진부한 사람, 경건한 사람과 꼼꼼한 사람을 동일시한다. 바울은 결코 그렇게 하지 않았다. 그는, 거룩함이 불꽃을 일으킬 수 있고, 명랑함이 경건과 함께 있을 수 있음을 믿었다.

4:10. "너희가 명을 받았으매." 이 "명령" 혹은 "지시"는 바울이 준 것이 아니라 바울이 알고 있는 다른 어떤 사람이나 집단이 준 것 같다.

4:11. "하나님의 나라를 위하여." 즉 하나님 나라의 진행에라는 뜻을 갖고 있다.

4:12. 흠정역의 "열정적으로 역사하는"에 해당하는 헬라어는 [한글개역성경처럼] 씨름하다, 애를 쓰다, 그래서 2:1에서 보았듯이 바울이 참여한 동일한 열정적 사역에 참여하다 하는 뜻을 가진 한 낱말이다.

"완전하고." 몇몇 현대 번역성경은 "성숙한"(가령 개역표준역, 마팻, 버클리, 필립스)을 선호한다. 그러나 "어떤 의미로 그런가?"에 관한 질문은 여전히 남아 있다. 바울의 독자들이 "완전한"과 동의어로서 "성숙한"의 용법이 정의(定義)의 난점을 피하는 길로 생각한다면, 그들은 잘못이다. 가령 빌립보서 3장의 유명한 자서전적 구절에서 완전한과 성숙한을 바꿔 써 보라. 12절에서 그는 이렇게 말한다. "내가 … 이미 성숙하였다 함도 아니라 오직 … 좇아가노라." 그러나 석 절 뒤에서 바울은 이렇게 말한다. "그러므로 우리 성숙한 자들은 이렇게 생각할지니." 비성숙한 자의 성숙함은 불완전의 완전이라고 부르는 것처럼 바울의 가르침에서 모순된 것이다. 어떤 사람들처럼 그리스도 안에서는 우리가 완전히 성숙하며 우리 자신 안에서는 언제나 성숙하지 못하다고 말하는 것은 문제를 정직하게 해결하는 것이 아니다. 여기 인위적이므로 거짓된 대립들 가운데 하나가 있다. 이 대립은 사도의 실제 가르침에서 나오지 않으며 오히려 우리가 설명해 주지 않는 설명을 해결하려고 그의 가르침에 부가한 대립이다. 만일 하나님의 완전을 빼고 모든 완전이 상대적이라면, 바울에게 그리스도인의 성숙이 진행되는 한 단계이며 (이런 유비가 위험스럽긴 해도) 사춘기가 성인기로 가는 것과 같은 의미로 들어갈 수 있고 검증할 수 있는 단계일 수 있다. 이 때 (이 유비를 더 밀고 나가서) 성인기는 성숙의 더 깊고 완숙한 의미로서 간주된다. 완전에 관하여 가르치는 바울의 이중적 가르침에 대한 이런 견해(이름과 이르지 않음, 실현됨과 아직 실현되지 않음의 역설)를 확증하는 증거는 에베소서 4:12-15에 나오는 것 같다. 여기서 "온전한 사람" 즉 "그리스도의 충만"을 받는 자가 되는 사람은, 완성된 사람 즉 하나님이 인격을 온갖 정화하심과 성숙케 하심으로 되는 최종 결과가 아니라 단지 더 이상 "교훈의 풍조에 밀려 요동하는 어린아이" 가운데 있지 않는 사람일 뿐이다. 이것 이후에 그리고 이것을 넘어서 "자라는"(15절) 과정은 계속된다.

흠정역의 "완벽한"은 "완전히 설복된" 혹은 "완전히 확신한"이라는 의미를 갖고 있다.

4:15. "그[한글개역성경: '그 여자의'] 집에 있는 교회." 다양한 사본 독법 때문에 까다로운 절이다. 어떤 독법은 "그들의 집"이라고 하여 이것이 라오디게아 교회인지 그 도시의 두 교회 가운데 하나인지 하는 문제를 일으킨다. 라이트푸트는 골로새의 한 가정이 라오디게아에 터전을 잡았고 일단의 신자가 거기서 만났다고 주장한다.

4:16. "라오디게아로서 오는 편지." 네 가지 가능성이 있다. (1) 우리가 전혀 알지 못하는 소실된 편지 (2) 제롬이 4세기에 위조 문서라고 부른 "라오디게아서"라고 하는 현존하는 편지 (3) 빌레몬서 (4) 에베소서. 가장 좋은 추측: 이는 회람용이었던 에베소서였다. 만일 이것이 옳다면 골로새 교회와 에베소 교회 간에 서신을 주고받아 각각 두 편지로 유익을 얻었을 것이다.

III. 교리적 의의

이 마지막 장에서 신학적 고찰은 사소한 역할을 한다. 두 영역에 관련하여 함축 의미가 있다: 중보 기도의 영역, 기독교적 거룩함의 영역.

IV. 실천적 목표

이 서신의 "실제적" 단락은 충고와 요청과 인사말로 끝난다. 처음 것은 주인과 종의 관계와 그리스도인이 이교도들 앞에서 증거하는 방식에 관한 것이며, 둘째는 친구들이 기도하듯이 바울이 친구들을 위하여 드리는 신실한 중보 기도에 대해 갖는 명시적 소원 혹은 골로새인들이 직분자 가운데 한 사람인 아킵보에게 보여야 하는 격려에 관한 것이며, 셋째는 그들의 영적 아버지 에바브라와 "사랑받는 의원" 누가가 보낸 인사말과 관계있다.

V. 설교 개요

제목: **"그분의 뜻과 우리의 뜻."**

도입부

세상에 있는 잘못됨과 부서짐과 비극을 서술하는 방법은 많다. 한 가지 방법은 전체 불행한 혼돈을 의지의 충돌로 말하는 것이다.

확실히 부분적으로 인간의 의지들의 충돌이 있다. 당신의 의지와 반대되는 나의 의지! 골치아픈 이웃의 의지와 반대되는 당신의 의지! 장모의 의지와 반대되는 사위의 의지! 손해를 입혔다고 고소하는 어떤 사람의 의지와 고소당한 사람의 의지! 그런 것은 계속된다.

그러나 우리가 삶의 현실을 깊이 그리고 기독교적으로 읽어 낸다면, 인간 의지의 충돌이 더 높은 갈등 즉 우리의 의지와 하나님의 의지의 충돌 때문에 빚어졌다는 것을 분명히 본다.

이 골로새인들을 위하여 기도하고 있는 이 사람은 두 원이 그려진 그림을 염두에 두고 있는 듯하다. 한 원은 우리와 우리의 삶을 위한 하나님의 뜻을 표상한다. 다른 원은 우리의 뜻을 표상한다. 당신의 자기 의지라는 원에서 하나님의 의지라는 원으로 옮겨가서 하늘이 무너지더라도 거기 서 있으라. 에바브라의 기도가 뜻하는 바는 바로 이것이다. 당신의 의지와 하나님의 의지 사이에는 전투가 아니라 혼합이 있어야 한다.

이것이 가능한가? 그렇다. 물론 그것이 쉽다고 말하지 못한다. 그 뜻은 무엇인가?

A. 다음을 직시하자: 하나님의 뜻을 이해하는 것은 우리의 문제이다.

바울이 최근에야 그리스도를 자기의 구주로 받아들인 골로새 사람들이 있음을 알았을 때, 그들에게 이렇게 썼다: "우리도 듣던 날로부터" "너희를 위하여 기도하기를 그치지 아니하고 너희로 하여금 모든 신령한 지혜와 총명에 하나님의 뜻을 아는 것으로 채우게 하시고." 왜 하나님의 뜻을 이처럼 아는 것이 중요한가? 가장 중요한 이유는, 그것이 실용성에서 직접적이며 현실적이기 때문이다: "주께 합당히 행하여 범사에 기쁘시게 하고"(골 1:9, 10).

있을 수 있는 오해를 피하기 위한 혹은 제거하기 위한 시도로서 나는 네 가지를 제안하고자 한다.

1. 내 생각에는 우리가 의지의 자유가 하나님의 의지의 일부임을 깨닫는 것이 중요하다. 하나님은 우리와 같은 인간을 창조하셨을 때 자신의 목적을 위하여 우리가 의지를 갖고 한계 안에서 의지를 자유롭게 발휘하기를 원하셨다.

물론 하나님은 이렇게 하실 때 모험하셨다. 그러나 그것은 계산된 모험이었다. 나는 하나님이 선택의 능력을 우리 인간에게 부여하신 것이 자신의 목적 때문이라고 금방 말했다. 성경이 분명히 밝히듯이 그 목적은 이것이다: 하나님이 사랑과 봉사의 생활로 교제를 나눌 수 있는 지적이고 도덕적으로 책임있는 사람들의 사회를 두시려 함이었다. 이 모든 것은 마가복음 3:14에 기록된 하나의 간단한 문장으로 요약될 것 같다. 여기서 예수님은 제자들에게 "자기와 함께 하도록" 부르신 것으로 언급되어 있다. 즉 원칙상 창조 배후에 바로 그것이 놓여 있다. 하나님은 교제를 원하신다. 그리고 어떤 사람이 유익하게 표현했듯이 교제는 "인격체간의 살아있는 교통"이다.

그러나 교제는 결코 강요될 수 없다. 이는 요청하고 추구하고 제공하는 것이지 결코 강요될 수 없다. 교제를 계속하거나 교제를 단절할 자유란, 항상 교제가 근거하는 조건 가운데 하나이다. 하나님의 뜻에 대한 어떤 이해든지 이 두려운 사실을 고려해야 한다.

2. 우리의 두번째 지적은 첫번째 것과 밀접히 연결되어 있다: 우리의 의지의 자유는 하나님의 의지의 일부분이므로, 하나님의 의지는 때때로 가변적인 것으로 보이지만 반면에 그의 성품과 그의 영원한 목적은 변하지 않고 남아 있다.

하나님 중심의 것으로 창조된 인간 생활이 자기 중심적인 것이 되었음을 기억하라. 그래서 기독교 신학은 "구원"이라는 이 말로 가득 차 있다. 인간 가정에 비극적인 "잘못됨"이 있다. 그리고 하나님은 심판과 자비로 그것을 다루시지 않을 수 없다.

이런 상황에서 의도로서의 하나님의 의지는 허용으로서의 하나님의 의지와 구별되어야 한다.

가령 의도로서, 이 땅에 있는 우리 썩을 인생을 향하신 하나님의 참된 소망으로서 하나님의 의지에 따르면 혼인이 한 남자와 한 여자의 인생 동반 관계여야 한다. 그런데도 예수님이 무너진 부부 관계의 문제를 직면하지 않을 수 없게 되셨을 때, 모세에 따라 남자가 여러 가지 이유로 아내를 버릴 수 있도록 허용되었음을 지적하셨다. 그러나 곧바로 예수님은 이렇게 덧붙이셨다. "본래는 그렇지 아니하니라." 예수님이 표현하신 바에 따르면 이혼은 사람의 마음이 "완악함"을 인하여 허용되었다. 그것은 사람의 도덕 발전이 유치원 단계에 있는 동안 허용되었다. 이혼은 언제든지 이런 저런 방법으로 인간의 실패와 어리석음에 대한 증거이다. 결코 하나님의 의도가 아니다.

혹은 다른 경우를 인용하면, 의도로서의 하나님의 의지는 사람이 건강해야한다는 것이다. 성경이 우리에게 말해 주듯이 하나님은 처음 창조를 "좋았다"고 보셨다. 그 말은 건강으로 찬란한 몸, 조화롭게 작용하는 정신을 뜻한다. 그러나 인간적 타락과 어리석음이 있는 세상에는 온갖 신체적 정서적 정신적 질병이 들어왔다. 이것들은 하나님의 바라심이 아니다. 그것은 하나님을 악마로 만드는 것이었다. 그러나 이것들은, 죄악된 인간 가족의 구성원으로서 우리의 삶을 살아야 하는 권징적 질서의 일부로서 하나님이 허용하신 것이다.

그것을 나 자신에 적용하면 이런 뜻이다. 만일 내가 내일 '소아마비'에 갑자기 걸린다면 나의 몸이 마비되고 신경과 근육이 오그라들고 다른 사람들의 건강에 위협이 되며 내 가정의 짐이 되는 것이 나에 대한 하나님의 바라심이었다고 말하지 않을 것이다. 오히려 나는 기독교적 신앙을 힘입어, 이런 위험한 세상에서 하나님이 나로 이런 병에 걸리게 허용하셨고 심지어 지금이라도 하나님이 (기도에 의해서나 의료 기술과 시설에 의하여) 나의 건강을 회복하시려고 나와 더불어 일하고 계신다고 말할 것이다.

허용으로서 하나님의 의지의 구조 안에는 내가 깨닫기를 바라시는 임시적 목적이 있다. 하나님은 내가 건강의 회복을 위하여 하나님과 더불어 좀 더 잘 행하도록 기도하기를 바라신다. 하나님은, 내가 새로이 인내의 습관과 용기와 다른 사람에 대한 동정심과 어떤 가치가 가장 중요한지를 알 수 있는 통찰력을 발전시키기를 바라신다.

물론이다. 그리고 한 가지 더 있다: 하나님은, 자신이 참으로 친히 일하고 계시며 언젠가 이루실 것이, 이 치명적인 병이 깨끗이 사라지고 병이 파멸할 수 없고 무덤이 흉하게 할 수 없는 멋진 나라이며 그 나라를 우리가 갖게 하실 것임을 우리가 깨닫기를 바라신다.

3. 하나님의 뜻에 대한 오해가 때때로 발생하는 또 한 가지 점은 이것이다: 우리의 성품에 대한 하나님의 뜻은 그리스도 안에 영구적으로 계시되었지만, 우리의 활동과 우리의 삶에서 그와 관련된 세세한 일에 관한 하나님의 뜻은 우리 각자가 직접 찾아야 하는 것이다.

바울이 우리에게 확실히 말하듯이, 그리스도인은 하나님이 "그 아들의 형상을 본받게"(롬 8:29) 하려고 미리 정하신 사람이다. 사람의 첫번째 할 일은 그리스도를 받아들이는 것이다. 이것과 더불어 그 사람이 되어야 할 인간의 인격에 관련된 문제가 해결된다. 그리스도를 닮는 것이 규범이다. 그는 자신이 정직해야 하는지에 관하여 인도의 계시를 얻기 위하여 밤새 기도할 필요가 없다. 물론 정직함이 구체적인 상황에서 정확하게 무엇인지에 관하여 빛을 얻기 위하여 기도할 기회는 있을 수 있다. 그는 자신이 사랑스럽고 인내하고 용기있고 충성하고 인자하고 거룩해야 하는지에 관하여 기다리며 의아해할 필요가 없다. 이 모범은 정해졌다. 그 빛은 주어졌다. 우리는 안다. 그리스도를 닮은 인격은 언제나 하나님의 뜻이다.

그러나 당신의 활동과 나의 활동에 관해서는 그렇지 않다. 나는 집을 지어야 하는가? 혹은 책을 써야 하는가? 농부가 되어야 하는가 비행사가 되어야 하는가? 사모가 되어야 하는가 아니면 미혼 수간호사가 되어야 하는가? 피아노를 잘 치도록 연마해야 하는가 아니면 시계 만드는 인기없는 기술을 익혀야 하는가? 예수님의 모범과 가르침은 이런 문제에 관하여 직접적인 빛을 내게 주지 않는다. 여기서는 하나님의 뜻이 개별화되어야 한다. 우리 각자는 직접 그 뜻을 찾아야 한다. 덧붙여 말하면, 이런저런 방법으로 그 뜻이 주어질 것이라는 확신을 갖고 찾아야 한다.

4. 우리가 때때로 하나님의 뜻을 이해하는 데 도움이 필요한 또 한 가지 점은 이것이다: 두 가지 길이 열릴 때 하나는 즐겁고 다른 하나는 즐겁지 못할 경우 우리는 즐겁지 않은 것이 필연적으로 하나님의 뜻이라고 결론을 내려서는 안 된다. 하지만 많은 사람이 바로 이런 감정을 갖는다. 한 사람은 사역자와 대화를 이런 말로 끝맺었다. "내가 하고 싶은 것은 이것이니, 그것은 하나님의 뜻일 수 없을 거예요."

종종 우리가 주기도문의 "뜻이 이루어지이다"하고 말하는 분위기는 선생이신 주님이 우리로 이 말을 하게 하셨을 때 의도하셨던 분위기와 전혀 다르다는 생각이 스친다. 우리는 반쯤 슬픔에 잠겨 마치 체념의 태도에 다름아닌 듯이 이 기도를 되풀이한다. 이 말씀을 긍정적인 형식으로 즐겁게 말해야 한다고 생각하지 말아야 할 이유가 무엇인가? 당신은 사랑하는 자가 치명적인 수술을 받으려고 수술실로 가는 것을 지켜볼 때 "뜻이 이루어지이다"하고 중얼거린다. 자녀의 성탄절 양말을 걸 때 찬란하게 그 기도를 왜 드리지 않는가?

물론 하나님의 뜻은 당신으로 하여금 달갑지 않은 행동 과정에 연루시킬 수 있다. 하지만 나의 논지는, 달갑지 않음 자체가 하나님의 뜻이라는 표시가 아니라는 점이다. 전기 기사가 되기를 바라는 것은 당신이 선교사가 되기를 원치 않는 것만큼이나 참으로 당신에 대한 하나님의 계획을 보여주는 실마리일 수 있다. 여기서 결정적인 논지는 우리가 이 메시지의 끝에서 해결해야 하는 것이다.

B. 이제 하나님의 뜻을 아는 것이 우리의 문제라면 그분의 뜻을 행하는 것은 우리의 특권이라고 말하도록 하자.

우리가 보았듯이 바울은 골로새인들에게 쓴 편지의 처음에서 그들이 "그 뜻을 아는 것으로 채우게 하시고"라고 기도했다. 서신의 말미에 이를 때, 바울은 본문에 있는 것처럼 그들의 친구 에바브라가 그들이 "하나님의 모든 뜻 가운데서 완전하고 확신있게 서기를" 기도하고 있다는 것을 말해준다. 혹은 다른 번역처럼 "하나님의 모든 뜻에 완전하고 완벽하게 서기를" 기도하고 있다.

하나는 다른 것 위에서 이루어진 진보이다. 하나님의 뜻을 아는 것은 중요하다. 하지만 결코 그것으로 충분치 않다. 우리는 하나님의 뜻 안으로 들어가 그것에 친해지고 그것에 순복하고 그것 안에 서야 한다. 당신과 나는 오늘 하나님의 알려진 뜻에 관련하여 서 있는가? 우리는 그 뜻 안에 서 있는가 아니면 그 뜻 바깥에 서 있는가?

어떤 것을 현세적인 것으로 '일상'을 당신의 직업이나 당신의 할 일로 생각해 보라. 당신은 생활의 이런 영역에서 매일 하나님의 뜻을 찾고 있으며 그 뜻에 순복하는가? 그리스도인으로서 당신은 골로새인들에게 주는 바울의 교훈의 의미에 관하여 충분한 관심을 쏟았는가? "무엇을 하든지 말에나 일에나 다 주 예수의 이름으로 하고"(3:17).

여기 큰 공공 시설 공장에 보일러실의 감독과 그 밑으로 여덟 사람이 있다. 그들은 6개국에서 온 거친 친구들이며 긴장 관계를 이루며 신경질이 심하다. 때때로 불가능한 상황이 벌어진다. 그러나 그리스도인 감독은 기도를 통하여, 한낮에 "협력하는" 시간을 갖는 것을 자신을 향한 하나님의 뜻이라고 확신하게 된다. 거기서 그들은 화나게 하는 원인을 거론하여 대화를 통하여 없앤다. 그 결과는? 긴장 관계가 완화되었다. 불경한 태도가 많이 그쳤다. 그리고 보일러실의 가동 효율은 상당히 상승했다.

다른 남자와 혼인하려고 이혼을 원하는 새 고객을 맞이한 젊은 변호사가 여기 있다. 법적 가능성이 여러 가지 있다. 그러나 이 그리스도인 변호사에게 도덕적 가능성과 책임은 법적 가능성과 다른 문제이다. 그 점에 관하여 집에서 저녁에 기도한 후에 변호사는, 고객이 부부 관계를 망치기보다 어려움에서 건질 수 있는지 말해 주는 것이 자신을 향한 하나님의 뜻이라고 결심한다. 그는 그렇게 한다. 그 가정은 보존되었다.

하나님의 뜻은, 당신이 사업에서 모든 일에 기독교적으로 접근하는 것이다. 당신은 그렇게 하고 있는가?

혹은 감정의 문제를 들어 보자. 감정은 우리의 삶에 크게 영향을 발휘하며 삶을 엉망으로 만드는 경우가 아주 많다. 3장 2절에서 "위엣 것을 생각하고 땅엣 것을 생각지 말라"고 말한 다음, 사도는 8절에서 구체적인 예를 든다: "분과 악의와 훼방" 등. 웨이마우스는 "분노하고 격렬한 폭발, 악의"라고 번역한다.

콜린 타운젠드 에반스(Colleen Townsend Evans)는 작은 지하 주방에서 에든버러 대학 박사 학위를 취득하려는 남편과 더불어 생활하고 있는데, 빙그레 웃으면서 이렇게 말했다. "여기 정신과 의사는 최근에 우리 모두가 가끔 '노발대발' 하는 것이 좋으며 항상 성질을 죽이는 사람이 문제 사례가 된다고 말하더군요." 그녀는 말을 이었다. "그러나 나는 그에게, 기독교적 방법을 이해하지 못한 것 같군요 하고 말했어요. 실제로 화나는 일이 생기면 나는 '눈 감아 버려요.' 기도와 사랑으로 넘겨 버리죠." 물론 그녀가 옳았다. 이런 감정 통제는 우리를 향한 하나님의 뜻이다.

혹은 삶의 다른 영역을 예로 들어보자. 오락과 즐거움의 영역 말이다. 당신은 거기서 하나님의 뜻을 찾고 따르는가? 그렇다면, 조금 전에 우리가 보았듯이 "말에나 일에나" 무엇을 하든지 "주 예수의 이름으로" 해야 한다. 그런 다음 어떤 형태의 오락은 사라지고 다른 형태의 오락이 들어오게 된다. 미국의 어떤 지역에서는 전대학 미식축구 게임이 시작할 때 "미국 국가"를 노래할 뿐만 아니라 기도도 한다. 많은 사람이 생각하듯이 그것이 공허한 형식이라고 이러쿵저러쿵 말하든지 간에, 그것이 표상하는 원리는 건전하다: 우리가 하나님의 뜻 가운데 있다면, 우리가 취하는 즐거움에 대하여 하나님의 복주심을 정직하게 구할 수 있는 것이다.

찰스 클레이튼 모리슨(Charles Clayton Morrison)이 쓴 한 문단은 여러분이 주의해서 들어야 할 말이다: "우리의 상업화된 연예 제도는 삶의 깊고 궁극적인 쟁점에서 탈피하려는 정신 구조를 낳고 있다. 이는 자발성 즉 이 제도가 오락으로 제공하는 주제에 관하여 비판적이고 지적으로 반응할 수 있는 능력을 꺾는다. 이 제도는 기준을 침해함으로써 금지를 무너뜨렸다. 금지를 무너뜨림으로써 취향을 부패시켰다. 그리고 취향을 부패시킴으로써 판단을 어리석게 만들었다. 그래서 지성은 비교적 활기 없게 되어 감각을 받아들이는 수동적 기능은 소유하지만 그것을 선택하거나 버리거나 평가할 수 없게 되었다."

그렇다. 하나님의 뜻에는 우리의 오락과 휴식을 위한 여지가 있다. 그러나 우리의 도덕적 민감함을 둔화하고 가치관을 혼동시키고 교만한 생각을 가진 사람에 대한 우리의 영향력을 무효화하고 그렇지 않으면 예수 그리스도의 얼굴에 대한 우리의 시야를 흐리는 방종을 위한 여지는 없다.

그처럼 우리는 때로는 삶의 이런 측면을 때로는 저런 측면을 보면서 언제나 이런 질문을 던질 수 있다: 여기서 나를 위한 하나님의 뜻은 무엇인가? 그리고 나는 그것에 헌신하는가?

C. 이제 이 점을 살펴보라. 하나님의 뜻을 아는 것이 우리의 문제이며 그의 뜻을 행하는 것이 우리의 특권이라면, 진지하게 우리는 하나님의 뜻을 해치는 것이 우리의 위험이라고 말하지 않을 수 없다.

본문에서 두 절 아래 여러분이 들어야 할 이름이 나온다. 그것은 "데마"이다. 바울은 "사랑을 받는 의원 누가와 또 데마가 너희에게 문안하느니라"고 말한다. 우리가 알고 있는 한 누가는 자신의 삶을 위하여 하나님의 뜻에서 벗어나지 않았다. 그러나 데마의 경우는 달랐다. 조금 뒤에서 바울은 친구 디모데에게 편지를 쓰면서 아픈 마음을 품고 "데마는 이 세상을 사랑하여 나를 버리고"(딤후 4:10) 하고 말했다.

데마의 헌신에는 무엇이 잘못이었는가? 나는 알지 못한다. 이 그리스도인의 마음에 내내 도사리면서 그를 물어 삶 전체에 독을 퍼뜨릴 날을 기다리는 불완전한 순복이라는 또아리 튼 뱀은 구체적으로 무엇이었는가?

절반의 순복은 기독교 제자도의 장애이다. 하나님은 모든 것을 요구하고 계시는데 우리는 좀 못한 것으로 하나님을 "돈 주고" 내쫓기를 원한다.

국제적인 영향력을 가진 하나님의 종 에드윈 오르(Edwin Orr)는 자신의 책 「완전한 순복」(*Full Surrender*)에서, 그리스도인으로서 하나님의 뜻에 복종함이 전적이지 않고 부분적이었던 생활에 찾아든 위기에 관하여 말했다. 그는 벨파스트에서 몇 명의 친구들과 더불어 하룻밤 무릎을 꿇고 무슨 일이든지 "순복하고 충만하게 되기 위하여 무슨 일이든지" 하려 한다고 주님께 말씀드렸다. 그러나 속에서 소리가 들려 왔다. "네 의지는 어떠냐?" 얽매이기 쉬운 죄는 어떠냐 하는 질문을 받았다면, 오르는 "예, 다시금 그 죄를 고백합니다"하고 대답했을 것이라고 지적한다. 그러나 이번에는 달랐다: "네 의지는 어떠냐?"

그는 중국 내지 선교회에서 개설하는 선교 통신 과정을 듣고 있었기 때문에, 선교사가 되려 한다고 주님께 말씀드렸다. 그러나 그 내면의 소리는 잠잠해지지 않고 계속되었다. 내면의 소리는 그의 삶에 꽃피우고 있는 어떤 로맨스에 관하여 묻고 있었다. 그는 그것을 하나님의 뜻에 순복할 준비가 되어 있었는가? 그리고 오르는 입술로는 그렇다고 대답할 수 있었지만 마음으로는 아니라고 대답하고 있었다고 말한다. 이것이 전체 문제의 핵심이었다. 보류하는 그 부분은 그의 생애에서 하나님의 뜻을 침해하는 것이었다.

오직 그가 솔직하게 불완전한 순복을 죄로 고백하고 자아의 최종적 근거지를 그리스도께 양보할 때에야 하나님은 그에게 성령을 충만케 하시고 그를 사역에 임하게 하셨다. 그의 사역은 세상의 헤아릴 수 없이 많은 사람들에게 복을 끼쳤다.

훗날 오르 박사는 이렇게 쓰게 된다:

"나를 살피소서, 오 하나님. 그리고 오늘 내 마음을 아소서.
오 구주여. 나를 시험하시고, 내 생각을 아소서. 내가 기도하나이다.
내게 악한 길이 있는지 보소서.
나를 모든 죄에서 정결하게 하시고 나를 자유롭게 하소서."

"주여 주님께 기도하오니 나를 이제 죄에서 정결하게 하소서.
주님의 약속을 이루소서. 속에서 나를 순결하게 하소서.
전에 수치로 불탔던 그곳에서 내게 불로 채우소서.
주님의 이름을 찬송하려는 나의 소원을 허락하소서."

"주여, 내 생명을 취하사 전부를 주님의 것으로 삼으소서.
오직 주님을 섬기는 데 내 생명을 쓰고자 하나이다.
내 모든 의지와 내 열정과 자아와 교만을 취하소서.
이제 내가 순복하나이다. 주님, 내 속에 거하소서"

신약**강해**설교전집 **3**

초판 발행 1999년 1월 20일
중쇄 발행 2008년 9월 30일

발행처 **크리스챤 다이제스트**
발행인 박명곤

주소 경기도 고양시 일산동구 정발산동 1193-2
전화 070-7538-9864, 031-911-9864
팩스 031-911-9824
등록 제 98-75호
판권 © 크리스챤다이제스트 1999
총판 (주) 기독교출판유통
전화 031-906-9191~4
팩스 080-456-2580

· 값은 표지에 찍어 있습니다.

● 본사 도서목록은 생명의 말씀사 인터넷서점
(lifebook.co.kr)에서 출판사명을 "크리스챤다이제스트"
로 검색하시면 됩니다.